Mussel / Pätzold
Grundfragen der Wirtschaftspolitik

# Grundfragen der Wirtschaftspolitik

von

Prof. Dr. Gerhard Mussel

und

Prof. Dr. Jürgen Pätzold

6., überarbeitete Auflage

Verlag Franz Vahlen München

VERLAG
VAHLEN
MÜNCHEN
www.vahlen.de



ISBN 3 8006 3243 8


Wilhelmstr. 9, 80801 München

Satz: Fotosatz Otto Gutfreund GmbH, Darmstadt

Druck und Bindung: Druckhaus Nomos
In den Lissen 12, 76547 Sinzheim

Gedruckt auf säurefreiem, alterungsbeständigem Papier
(hergestellt aus chlorfrei gebleichtem Zellstoff)

## Vorwort zur 6. Auflage

Auch in dieser Auflage wurde am bewährten Aufbau der bisherigen Auflagen festgehalten. Wiederum wurde der gesamte Text aktualisiert und inhaltlich ergänzt. Dies betrifft etwa die Diskussion um Instrumente des zweiten Arbeitsmarktes, die geänderte geldpolitische Strategie der Europäischen Zentralbank oder neuere Entwicklungen im Handel mit Umweltzertifikaten.

Stuttgart, im Juli 2005

*Gerhard Mussel*
*Jürgen Pätzold*

## Vorwort zur 1. Auflage

Wer in letzter Zeit die Medien verfolgt, stellt fest, wie sich Meldungen über das Wirtschaftsleben häufen. Bedauerlicherweise sind die Inhalte zumeist wenig erfreulich; Kurzarbeit, Entlasungen, Auftrags- und Produktionsrückgänge, Konkurse oder wirtschaftliche Probleme der Wiedervereinigung rücken in die Schlagzeilen. In der Tat bedeuten die gegenwärtigen Probleme eine große Herausforderung für die Wirtschaftspolitik. Sie hat in Deutschland den gesetzlichen Auftrag, gegen wirtschaftliche Fehlentwicklungen anzukämpfen. Die konkrete Grundlage liefert das Stabilitäts- und Wachstumsgesetz, in dem die „Idealzustände" für die deutsche Volkswirtschaft verankert sind. Sie münden in das sog. „magische Viereck", zu dem ein hoher Beschäftigungsstand, Stabilität des Preisniveaus, stetiges und angemessenes Wachstum sowie ein außenwirtschaftliches Gleichgewicht zählen.

In der Vergangenheit wurden diese vier Ziele jedoch nur sehr selten gleichzeitig erreicht. Zielverletzungen waren eher die Regel. Insbesondere in der gegenwärtigen Situation besteht für die praktische Wirtschaftspolitik ein großer Handlungsbedarf. Erfahrungsgemäß erweist sich eine erfolgreiche Bekämpfung wirtschaftlicher Fehlentwicklungen zumeist als äußerst schwierig. Dies sollte indes nicht vorschnell als „Politikversagen" abgetan werden. Vielmehr basiert diese Feststellung auf der Tatsache, daß die Ursachen, die zu Störungen des Wirtschaftslebens führen, außerordentlich komplex und nicht vollständig bekannt sind.

In dem vorliegenden Buch wird der Versuch unternommen, die vielfältigen Hintergründe für das Zustandekommen von Zielverletzungen darzustellen und daraus geeignete Bekämpfungsmaßnahmen für die Wirtschaftspolitik abzuleiten. Im Rahmen der Vermittlung dieser Kenntnis soll der Leserin bzw. dem Leser klar werden, daß für die praktische Wirtschaftspolitik zwar zahlreiche Ansatzpunkte, aber keine Patentrezepte vorliegen.

Dieses Buch ist als Einführung gedacht und als eine solche geschrieben. Es richtet sich daher in erster Linie an Studierende im Grundstudium, sei es an Universitäten, Fachhochschulen, Berufsakademien oder anderen einschlägigen Aus- und Weiterbildungsinstitutionen. Aber auch interessierte Praktiker sollen durch die Lektüre dieses Buches befähigt werden, das aktuelle wirtschaftliche Geschehen zu begreifen und zu beurteilen.

Stuttgart, im März 1993

*Gerhard Mussel*
*Jürgen Pätzold*

## Inhaltsverzeichnis


Vorwort ... V
Abkürzungsverzeichnis ... XIII

**A. Aufgabenbereiche der Wirtschaftspolitik in der Marktwirtschaft** ... 1
I. Das System der marktwirtschaftlichen Selbstregulierung ... 1
1. Kennzeichen eines marktwirtschaftlichen Systems ... 1
2. Funktionsschwächen der freien Marktwirtschaft ... 3
II. Politikbereiche in der gestalteten Marktwirtschaft ... 4
1. Allokationspolitik ... 4
2. Humanisierungspolitik ... 6
3. Stabilisierungspolitik ... 7

**B. Stabilisierungspolitische Konzeptionen** ... 11
I. Neoklassische stabilisierungspolitische Konzeption ... 11
1. Basishypothesen ... 11
2. Stabilisierungspolitische Konsequenzen ... 13
II. Keynesianische stabilisierungspolitische Konzeption ... 15
1. Basishypothesen ... 15
2. Stabilisierungspolitische Konsequenzen ... 17

**C. Hoher Beschäftigungsstand** ... 23
I. Begründung der Notwendigkeit eines hohen Beschäftigungsstandes ... 24
II. Operationalisierung des Beschäftigungszieles ... 25
1. Beschäftigungsindikatoren ... 27
2. Aussagefähigkeit der Arbeitslosenquote ... 32
3. Ausgewählte Arbeitsmarktdaten ... 34
III. Klassifikation der Arten von Arbeitslosigkeit ... 36
IV. Friktionelle und saisonale Arbeitslosigkeit: Ursachen und Bekämpfungsmöglichkeiten ... 38
V. Konjunkturelle Arbeitslosigkeit: Ursachen und Bekämpfungsmöglichkeiten ... 39
1. Ursachen der konjunkturellen Arbeitslosigkeit ... 39
2. Bekämpfungsmöglichkeiten der konjunkturellen Arbeitslosigkeit ... 42
a. Expansive Fiskalpolitik der öffentlichen Haushalte ... 43
b. Expansive Geldpolitik der Zentralbank ... 50
c. Expansive Außenwirtschaftspolitik des Staates und der Zentralbank ... 53
3. Zusammenfassung ... 55

VI. Strukturelle Arbeitslosigkeit: Ursachen und Bekämpfungsmöglichkeiten ... 57
1. Strukturelle Arbeitslosigkeit im weiten und engeren Sinn ... 57
2. Ursachen und Arten der strukturellen Arbeitslosigkeit ... 58
a. Strukturwandelbedingte Arbeitslosigkeit ... 58
b. Persönliche Eigenschaften von Arbeitslosen ... 63
3. Bekämpfungsmöglichkeiten der strukturellen Arbeitslosigkeit ... 65
a. Bekämpfungsmöglichkeiten der sektoralen Arbeitslosigkeit ... 65
b. Bekämpfungsmöglichkeiten der regionalen Arbeitslosigkeit ... 67
c. Bekämpfungsmöglichkeiten der berufs- bzw. qualifikationsspezifischen Arbeitslosigkeit ... 69
d. Weitere Bekämpfungsmöglichkeiten ... 71
VII. Wachstumsdefizitäre Arbeitslosigkeit: Ursachen und Bekämpfungsmöglichkeiten ... 73
1. Ursachen und Arten der wachstumsdefizitären Arbeitslosigkeit ... 73
a. Technischer Fortschritt und technologische Arbeitslosigkeit ... 74
b. Wachstumsschwäche und Stagnationsarbeitslosigkeit ... 78
c. Bevölkerungsentwicklung und demographische Arbeitslosigkeit ... 80
2. Bekämpfungsmöglichkeiten der wachstumsdefizitären Arbeitslosigkeit ... 82
a. Offensive Strategien ... 83
b. Defensive Strategien ... 86

**D. Preisniveaustabilität** ... 91
I. Begründung der Notwendigkeit der Preisniveaustabilität ... 92
1. Negative Allokations- und Wachstumseffekte ... 92
2. Inflation und Beschäftigung ... 93
3. Beeinträchtigung der internationalen Wettbewerbsfähigkeit ... 97
4. Negative Verteilungseffekte ... 97
II. Operationalisierung der Preisniveaustabilität ... 99
1. Preisindizes ... 99
2. Aussagefähigkeit der Preisindizes ... 103
3. Empirischer Befund ... 106
III. Klassifikation der Ursachen von Inflation ... 107
IV. Nachfrageinflation und ihre Bekämpfung ... 108
1. Inflation im Konjunkturverlauf ... 108
2. Bekämpfungsmöglichkeiten der Nachfrageinflation ... 113
a. Kontraktive Fiskalpolitik ... 114
b. Kontraktive Geldpolitik ... 115
c. Kontraktive Außenwirtschaftspolitik ... 115
V. Angebotsinflation und ihre Bekämpfung ... 117
1. Inflation und Verteilungskampf ... 117
a. Lohnkosteninflation ... 118
b. Kostensteuerninflation ... 121
c. Importierte Kosteninflation ... 122
d. Marktmachtinflation ... 124
2. Bekämpfungsmöglichkeiten der Angebotsinflation ... 125

VI. Geldmengeninflation . . . 127
1. Quantitätstheorie des Geldes . . . 127
2. Paradigmawechsel in der Geldpolitik . . . 129
3. Instrumente der Geldpolitik . . . 136

**E. Wirtschaftswachstum** . . . 145
I. Begründung des Wachstumsziels . . . 145
II. Operationalisierung des Wachstumsziels . . . 148
1. Inlandsprodukt und Produktionspotenzial . . . 148
2. Methoden zur Schätzung des Produktionspotenzials . . . 150
a. Potenzialschätzung der Deutschen Bundesbank . . . 152
b. Potenzialschätzung des Sachverständigenrates . . . 153
3. Aussagefähigkeit der Wachstumsindikatoren . . . 155
III. Klassifikation der Ursachen von Stagnation . . . 158
IV. Nachfrageseitige Stagnation . . . 159
1. Ursachen der nachfrageseitigen Stagnation . . . 159
2. Nachfrageorientierte Wachstumspolitik . . . 161
V. Angebotsseitige Stagnation . . . 164
1. Ursachen der angebotsseitigen Stagnation . . . 164
2. Basishypothesen der Angebotspolitik . . . 166
a. Die Stabilitätshypothese . . . 166
b. Das Saysche Theorem . . . 166
c. Die Schumpeter-Hypothese . . . 167
d. Das Laffer-Theorem . . . 167
e. Konstanz der Wirtschaftspolitik . . . 168
3. Angebotspolitische Empfehlungen . . . 169
a. Finanzpolitik . . . 169
b. Geldpolitik . . . 173
c. Lohnpolitik . . . 175
d. Wettbewerbspolitik . . . 177
e. Sozialpolitik . . . 180
f. Forschungs- und Entwicklungspolitik . . . 180
g. Bildungspolitik . . . 182
h. Ressourcen- und Umweltpolitik . . . 183

**F. Außenwirtschaftliches Gleichgewicht** . . . 187
I. Begründung der Notwendigkeit des außenwirtschaftlichen Gleichgewichts . . . 187
II. Operationalisierung des außenwirtschaftlichen Gleichgewichts . . . 190
1. Aufbau der Zahlungsbilanz . . . 190
2. Definitionen des außenwirtschaftlichen Gleichgewichts . . . 194
3. Empirischer Befund . . . 196
III. Klassifikation der Ursachen von außenwirtschaftlichen Ungleichgewichten . . . 200
1. Determinanten von Devisenzuflüssen . . . 200
2. Determinanten von Devisenabflüssen . . . 203

IV. Marktmäßige Bekämpfungsmöglichkeiten von Zahlungsbilanzungleichgewichten . . . 206
1. Beeinflussung des Wechselkurses . . . 206
a. Der Devisenmarkt . . . 207
b. Das System flexibler Wechselkurse . . . 208
c. Das System fester Wechselkurse . . . 210
2. Beeinflussung des internationalen Preisgefälles . . . 213
3. Beeinflussung des internationalen Einkommensgefälles . . . 216
4. Beeinflussung des internationalen Zinsgefälles . . . 217
V. Dirigistische Ansätze zur Bekämpfung von Zahlungsbilanzungleichgewichten . . . 219
1. Nicht-tarifäre Handelshemmnisse . . . 219
2. Devisenbewirtschaftung . . . 221

**G. Ökologisches Gleichgewicht** . . . 225
I. Begründung und Operationalisierung des Umweltziels . . . 225
1. Nachhaltige Entwicklung . . . 225
2. Ursachen des Umweltproblems . . . 226
II. Externe Effekte in der Umweltökonomie . . . 228
1. Begriff und Inhalt externer Effekte . . . 228
2. Produktionsentscheidung und externe Effekte . . . 229
a. Produktionsentscheidung ohne Berücksichtigung externer Kosten . . . 229
b. Produktionsentscheidung mit Berücksichtigung externer Kosten . . . 230
3. Theoretische Möglichkeiten zur Internalisierung externer Effekte . . . 231
a. Das Internalisierungskonzept nach Pigou . . . 231
b. Das Internalisierungskonzept nach Coase . . . 233
III. Prinzipien der Umweltpolitik . . . 235
1. Das Verursacherprinzip . . . 235
2. Das Gemeinlastprinzip . . . 236
3. Das Vorsorgeprinzip . . . 236
IV. Ordnungsrechtliche Instrumente der Umweltpolitik . . . 237
1. Ordnungsrecht bzw. Auflagenpolitik . . . 237
2. Problematik des Ordnungsrechts . . . 238
V. Marktwirtschaftliche Anreizinstrumente der Umweltpolitik . . . 241
1. Kriterien und Anforderungen . . . 241
2. Umweltabgaben – die Preisvariante der Marktlösung . . . 242
a. Der Standard-Preis-Ansatz von Baumol und Oates . . . 242
b. Vor- und Nachteile von Umweltabgaben . . . 243
c. Ausgestaltungsvarianten von Umweltabgaben . . . 244
d. Die deutsche Ökosteuer . . . 247
e. Fazit . . . 249
3. Handelbare Umweltzertifikate – die Mengenvariante der Marktlösung . . . 250
a. Funktionsweise von Umweltzertifikaten . . . 250
b. Probleme der Umsetzung von Umweltzertifikaten . . . 253

c. Der Kyoto-Prozess ... 254
d. Nationaler Allokationsplan in Deutschland ... 255
e. Fazit ... 257
4. Umwelthaftungsrecht als Internalisierungsstrategie ... 257
a. Grundgedanke des Umwelthaftungsrechts ... 257
b. Das deutsche Umwelthaftungsrecht ... 258
5. Öko-Audit ... 258
VI. Ökologische Erweiterung der Volkswirtschaftlichen Gesamtrechnung 260
1. Ermittlung eines Öko-Nationalprodukts ... 261
2. Satellitenrechnungen ... 262
3. Soziale Indikatoren ... 262
VII. Umweltschutz und Standortqualität ... 262

Literaturverzeichnis ... 265
Sachverzeichnis ... 271

# Abkürzungsverzeichnis

A = Arbeit
a = autonom
AB = Außenbeitrag
AF = Angebotsfunktion
AL = Arbeitslose
$AL^{reg}$ = „registrierte“ Arbeit
$AL^{SR}$ = Stille Reserve
ALQ = Arbeitslosenquote
AZ = Arbeitszeit
b = Beschäftigungsstand
C = privater Konsum
E = Erwerbstätige
$E^{a}$ = abhängige Beschäftigte, Arbeitnehmer
EM = Emissionsmenge
EP = Erwerbspersonen
EPP = Erwerbspersonenpotenzial
$E^{s}$ = Selbständige
Ex = Exporte
G = Staatsausgaben
GA = gesamtwirtschaftliche Angebotsfunktion
GE = Grenzerlös
GK = Grenzkosten
GN = gesamtwirtschaftliche Nachfragefunktion
I = private Investitionen
Im = Importe
K = (Sach)kapital
Kr = Nettokreditaufnahme
l = Lohnsatz
M = Geldmenge
N = Nachfrage
NF = Nachfragefunktion
P = Preisniveau
PI = Preisindex
PP = Produktionspotenzial
R = Ressourcen
S = Sparen
t = Steuersatz
T = Steuern
tF = technischer Fortschritt
TO = technischer und organisatorisches Wissen
V = Umlaufgeschwindigkeit des Geldes
VP = Verfügbarkeit, Präferenzen
w = Wachstumsrate
wk = Wechselkurs
X = Gütermenge
Y = Volkseinkommen, Einkommen, Produktion
z = Zinssatz
$\pi$ = Arbeitsproduktivität

# A. Aufgabenbereiche der Wirtschaftspolitik in der Marktwirtschaft

## I. Das System der marktwirtschaftlichen Selbstregulierung

### 1. Kennzeichen eines marktwirtschaftlichen Systems

Wie kaum ein anderer Bereich ragt das Wirtschaftsleben in den menschlichen Alltag hinein. Die Ausübung eines Berufs, der Gebrauch und Verbrauch von Gütern oder Entscheidungen über Geldanlagen bilden nur wenige Beispiele für das äußerst vielfältige Wirtschaftsleben. Die Gesamtheit aller wirtschaftlichen Vorgänge nennt man den **Wirtschaftsprozess**. Er ist in einer Volkswirtschaft das Ergebnis millionenfacher Einzel- bzw. Gruppenentscheidungen, hinter denen als Träger die Wirtschaftssubjekte stehen.

Das Kernproblem dieses komplexen Wirtschaftsprozesses bildet dessen **Koordination**. Es geht dabei letztlich um die Abstimmung der Konsumpläne von Haushalten sowie der Produktionspläne von Unternehmungen. Die Wirtschaftswissenschaften bieten zur Lösung dieses Koordinationsproblems zwei idealtypische Wege an: Entweder erfolgt die Organisation der Wirtschaft zentralverwaltungswirtschaftlich (planwirtschaftlich) oder aber marktwirtschaftlich. Bekanntlich trifft man diese Koordinationsmodelle in den real existierenden Wirtschaftssystemen nicht in „Reinform" an. Vielmehr handelt es sich dabei um Mischformen, in denen bestimmte Elemente des einen oder anderen idealtypischen Systems dominieren.

Bei der **Zentralverwaltungswirtschaft** handelt es sich um eine bürokratisch gelenkte Volkswirtschaft. Die zentrale Planungsbehörde trifft sämtliche für die Güterproduktion relevanten Entscheidungen. Hierzu zählen insbesondere Vorgaben über Niveau und Struktur der Produktion, Zeitvorgaben, anzuwendende Technologien sowie die Festlegung der zum Einsatz vorgesehenen Betriebe, die sich konsequenterweise im Eigentum der Planungsbehörde befinden müssen. Die Verteilung der Produktion erfolgt über die Verteilung von Einkommen, die zugleich Ansprüche auf Güter darstellen.

Um all diese Daten festzulegen, würde die Lenkungsinstanz ein perfektes Informationssystem benötigen. In der Praxis zeigt sich jedoch, dass die zentralen Instanzen in einer Planwirtschaft nicht über die erforderlichen Informationen verfügen. Die Folge ist eine unzureichende Steuerungsfähigkeit des Systems. Da in der Zentralverwaltungswirtschaft Märkte und Anreizmechanismen fehlen, ist dieses System durch eine im Vergleich zu westlichen Volkswirtschaften geringe Effizienz gekennzeichnet. Wie die Erfahrungen in der jüngeren Vergangenheit belegen, waren die bisher installierten Planwirtschaften nicht zuletzt aus ökonomischen Gründen zum Scheitern verurteilt.

Kennzeichnend für das Funktionieren einer idealtypischen **Marktwirtschaft** ist das Fehlen einer staatlichen Planungsinstanz. Die Wirtschaftssubjekte erstellen individuelle Wirtschaftspläne. Voraussetzung für die freie Individualplanung der Produktion ist das Privateigentum an den Produktionsfaktoren. Die Koordination der Wirtschaftspläne findet nicht über zentrale Befehle statt, sondern ausschließlich über Märkte. Hier treffen Angebot und Nachfrage aufeinander. Für den Ausgleich sorgt die freie Preisbildung.

Damit kommt dem **Preismechanismus** die entscheidende Bedeutung in einer Marktwirtschaft zu. Er liefert den Marktteilnehmern die erforderlichen Kenntnisse über relative Knappheiten von Gütern bzw. Produktionsfaktoren (**Informationsfunktion**). Daraus ziehen die Unternehmen entsprechende Schlüsse und passen ihre Produktionspläne den sich ändernden Marktsignalen an. Änderungen der Preisverhältnisse, also der relativen Preise, bewirken eine Umstrukturierung der Produktion. Die Produktionsfaktoren werden in die von den Nachfragern gewünschte Verwendung gelenkt. Der Preismechanismus übernimmt sozusagen die Rolle eines „Verkehrsleitsystems" für die Produktionsfaktoren. Dies ist die **Allokationsfunktion** der Preise. Schließlich übernehmen Preise auch eine **Sanktionsfunktion**. Leistungsstarke Anbieter erhalten über höhere Preise eine Belohnung in Form eines Gewinns, leistungsschwache Anbieter werden durch Verluste bestraft. Der Preismechanismus wirkt quasi für die Unternehmen wie „Zuckerbrot oder Peitsche". Die Gewinnanreize sind zugleich wesentliche Triebfeder für technische und organisatorische Fortschritte.

Die Funktionsweise der Marktwirtschaft impliziert ein System individueller **Freiheiten**. Dies gilt sowohl im ökonomischen als auch im politischen Sinne. Aus ökonomischer Sicht bedarf es neben des Privateigentums vor allem der Vertrags- und Gewerbefreiheit. Unter politischem Aspekt plädieren Marktwirtschaftler für eine Demokratie, da dieses gesellschaftliche System am ehesten dazu geeignet ist, persönliche Freiheiten zu garantieren.

Basis des marktwirtschaftlichen Systems ist die Mitte des 18. Jahrhunderts geborene sozialphilosophische Idee des klassischen Liberalismus. Der englische Liberalismus forderte vor allem auf Grund des berühmten Werkes von Adam Smith („Wealth of Nations") die Hinwendung zu einem freiheitlich-marktwirtschaftlichen Wirtschaftssystem. Nach dieser Auffassung stehen einzel- und gesamtwirtschaftliche Ziele keineswegs in Konkurrenz zueinander – im Gegenteil: Das individuelle Streben nach Nutzen- bzw. Gewinnmaximierung (sog. „Utilitarismus") führt – so die Überzeugung der Klassik – zugleich zur Maximierung des gesamtwirtschaftlichen Nutzens und damit zu einem höchstmöglichen „Wohlstand der Nationen".

Die klassischen Nationalökonomen wiesen dem **Staat** nur begrenzte wirtschaftspolitische Aufgaben zu. Sie waren der Überzeugung, dass die „unsichtbare Hand" des Wettbewerbs staatliche Interventionen überflüssig machen würde. Die Aufgabe des Staates wurde lediglich darin gesehen, die für die Funktionsweise des Systems erforderlichen rechtlichen Rahmenbedingungen zu schaffen, um sicherzustellen, dass sich der freie Wettbewerb auch voll entfalten kann. Ansonsten sollte sich die öffentliche Hand in wirtschaftspolitischer Hinsicht weitgehend neutral und insoweit als **„Nachtwächterstaat"** verhalten.

Die wirtschaftliche Entwicklung des 19. und beginnenden 20. Jahrhunderts bestätigte die Hoffnungen, die man mit dem Selbststeuerungssystem „Markt" verband: Die gesamtwirtschaftliche Produktionsleistung stieg stark an. Der Beleg für die Überlegenheit einer Wettbewerbswirtschaft war damit erbracht. Im Zuge der Industrialisierung wurden im Wege der Schaffung neuer Sachkapazitäten die Angebotsmöglichkeiten in den marktwirtschaftlich strukturierten Volkswirtschaften stark erhöht. Es gelang in großem Ausmaß, bestehende Engpässe infolge begrenzter Verfügungsmöglichkeit über die Produktionsfaktoren Arbeit und Kapital zu beseitigen und ungeahnte Leistungsreserven zu mobilisieren. Das Problem einer „resource constraint economy" war damit weitgehend gelöst.

## 2. Funktionsschwächen der freien Marktwirtschaft

Unbeschadet dieser wirtschaftlichen Prosperität kam es jedoch auch zu **Fehlentwicklungen**. Verantwortlich hierfür war in erster Linie der Staat. Er hatte auch nach klassisch-liberaler Auffassung die Aufgabe, das Marktsystem zu erhalten und zu korrigieren. Dieser Aufgabenstellung kam er jedoch nur unzureichend nach. Die Fehlentwicklungen lassen sich auf drei Problemkomplexe reduzieren:

- das Problem der zunehmenden **„Ineffizienz der Marktwirtschaft"** infolge von Kartellbildungen und Monopolisierungstendenzen,
- das Problem der **„Inhumanität der Marktwirtschaft"** infolge einer als ungerecht empfundenen Einkommens- und Vermögensverteilung, und
- das Problem der **„Instabilität der Marktwirtschaft"** infolge von Konjunktur- und Strukturkrisen.

Diese Problembereiche sollen im Folgenden etwas genauer skizziert werden.

**Ineffizienzen** können in einer sich selbst überlassenen Marktwirtschaft vor allem dadurch auftreten, dass der Wettbewerb infolge von Monopolisierung und Kartellierung beeinträchtigt wird. Sie bedeuten eine Gefährdung des marktwirtschaftlichen Systems schlechthin, das ja auf der Funktionsfähigkeit des Preis- und Wettbewerbsmechanismus basiert. Infolge der wettbewerbspolitischen Zurückhaltung des Staates und der immanenten Kartellierungs- und Monopolisierungstendenzen wurde der Allokations- und Anreizmechanismus „Markt" zunehmend außer Kraft gesetzt. Dabei begünstigte auch das Recht auf Privateigentum die Bildung von Monopolen und damit das Entstehen wirtschaftlicher Macht. Eine falsch verstandene Vertragsfreiheit unterstützte zudem die Kartellierungswelle der zwanziger Jahre des 20. Jahrhunderts und führte zur Aushöhlung des Wettbewerbs. Da der Staat diesen wettbewerbsfeindlichen Tendenzen nicht nachdrücklich genug entgegentrat, degenerierte das Konkurrenzsystem mehr und mehr zum Kartell- und Monopolkapitalismus. Es ist daher in der Marktwirtschaft unzweifelhaft Aufgabe das Staates, durch eine entsprechende Wettbewerbspolitik dafür Sorge zu tragen, dass das Marktsystem funktionsfähig bleibt.

Obwohl die ökonomischen Erfolge der Marktwirtschaft in Gestalt einer stark gestiegenen Produktion deutlich sichtbar wurden, kam es in sozialer Hinsicht zu gravierenden Missständen. Trotz des gesteigerten Produktionsniveaus vollzog sich dessen Verteilung höchst ungleichmäßig. Die vor allem im 19. Jahrhundert zu beobachtende Verelendung der Arbeitnehmerschaft (sog. „Soziale Frage“) zeugt von der als ungerecht empfundenen Einkommens- und Vermögensverteilung. Existenzminimumlöhne, Kinderarbeit, unmenschliche Arbeitsbedingungen oder das Fehlen sozialer Sicherungssysteme sind Ausdruck der **„Inhumanität“** eines sich selbst überlassenen marktwirtschaftlichen Systems. Die Ergebnisse des Marktsystems bedürfen daher zweifellos der politischen Korrektur durch sozial- und verteilungspolitische Maßnahmen.

Darüber hinaus kam es zu **Instabilitäten**. Die Hoffnung der Klassiker, dass das Marktsystem aufgrund seiner immanenten Stabilitätseigenschaften permanent zum „gesamtwirtschaftlichen Gleichgewicht“ tendiere, erfüllten sich nicht. Besonders ausgeprägt waren die gesamtwirtschaftlichen Instabilitäten in den Jahren 1929 bis 1933. Sie kulminierten in der bislang schwersten Erschütterung der Weltwirtschaft. Während der Weltwirtschaftskrise sank die Produktion in den meisten Industrieländern um rund die Hälfte. Über ein Drittel der Arbeitskräfte waren arbeitslos. Die Deflation wurde begleitet von einer starken Rückbildung des internationalen Handels. Diese Erfahrungen machten auf drastische Weise deutlich, dass marktwirtschaftliche Systeme in konjunktureller und struktureller Hinsicht von schweren Wirtschaftskrisen erschüttert werden können. Auch hieraus ist die Schlussfolgerung zu ziehen, dass es Aufgabe des Staates ist, derartigen Instabilitäten entgegenzusteuern und das System zu stabilisieren.

Im Unterschied zur klassischen Auffassung vom „Nachtwächterstaat“ kommen damit dem Staat in einer „gestalteten Marktwirtschaft“ offensichtlich weitreichende Aufgaben zu. Der deutsche Weg zur „Gestaltung der Marktwirtschaft“ wird als **„Soziale Marktwirtschaft“** bezeichnet. Bei der Erfüllung dieser Aufgaben sollte sich der Staat allerdings solcher Instrumente bedienen, die sicherstellen, dass die unbestrittenen Vorteile eines funktionierenden Wettbewerbssystems auch erhalten bleiben. Das Marktsystem braucht ein staatlich geschaffenes Regelwerk, einen effizienten institutionellen Rahmen, damit sich die Marktkräfte zum Wohle der Allgemeinheit voll entfalten können. Zudem sind – zumindest bei extremen Fehlentwicklungen – regulierende Eingriffe seitens des Staates erforderlich. Die Intervention des Staates in das System darf jedoch nicht zur Zerstörung des Systems selbst führen. Staatliches Handeln muss vielmehr „marktkonform“ sein. Die drei genannten Politikfelder zur Bekämpfung von „Ineffizienz“, „Inhumanität“ und „Instabilität“ sollen im Folgenden genauer erläutert werden.

## II. Politikbereiche in der gestalteten Marktwirtschaft

### 1. Allokationspolitik

Die Bekämpfung der Ineffizienz erfolgt mit Hilfe der Allokationspolitik. Sie kann in drei verschiedene Felder unterteilt werden, nämlich die

- Wettbewerbspolitik
- Marktergänzungspolitik
- Marktsubstitutionspolitik.

Oberste Aufgabe der Wirtschaftspolitik in einer Marktwirtschaft ist es, dafür Sorge zu tragen, dass der Wettbewerb funktionsfähig bleibt. Dies ist das Aufgabenfeld der **Wettbewerbspolitik**. Die Funktionsweise der Marktwirtschaft ruht auf dem Fundament des Wettbewerbsprinzips. Daher kommt der Erhaltung und Förderung des Wettbewerbs die dominante wirtschaftspolitische Bedeutung zu. Wettbewerbspolitik ist so gesehen „Systemerhaltungspolitik". Die „Peitsche der Konkurrenz", die Sanktionsfunktion der Preise, verführt verständlicherweise dazu, den Wettbewerb so weit als irgend möglich auszuschalten. Nicht-wettbewerbliche Verhaltensweisen sind die Folge: Es kommt zu Absprachen zwischen den Anbietern und/oder Nachfragern, zu Behinderungen anderer Unternehmen, zur Entstehung marktbeherrschender Stellungen und zur Ausnutzung wirtschaftlicher Machtpositionen. Aufgabe der Wettbewerbspolitik ist es, den Wettbewerb vor Wettbewerbsbeschränkungen zu schützen und ihn zu fördern. Dies geschieht durch geeignete Gesetze (in der Bundesrepublik durch das Gesetz gegen Wettbewerbsbeschränkungen), aber auch durch Öffnung der nationalen Märkte gegenüber der internationalen Konkurrenz, durch Beseitigung wettbewerbsverzerrender steuerlicher Regelungen und Abbau von Subventionen sowie durch die Privatisierung öffentlicher Unternehmen.

Der Preismechanismus kann in einer Marktwirtschaft jedoch auch falsche Signale geben. In solchen Fällen muss der Markt durch staatliche Maßnahmen ergänzt werden (**„Marktergänzungspolitik"**). Ein typisches Beispiel hierfür ist die Umwelt. So führt die kostenlose Inanspruchnahme der vermeintlich „freien Güter" Luft oder Wasser zur Fehllenkung der Ressourcen. Kennzeichnend für freie Güter ist, dass mit der Nutzung dieser Güter keine Kosten verbunden sind – obwohl die Verschmutzung von Luft und Gewässern sehr wohl gesamtwirtschaftliche Kosten verursacht. Der sich selbst überlassene Marktmechanismus ist jedoch umweltpolitisch blind. Er signalisiert nur die unmittelbar über die Märkte in Rechnung gestellten Kosten, nicht aber die sog. „externen Kosten" in Form von Umweltverschmutzung.

Aufgabe des Staates in einer „ökologisch gestalteten Marktwirtschaft" ist es zweifellos, den Marktmechanismus durch eine entsprechende **Umweltpolitik** zu ergänzen. Bildlich gesprochen geht es darum, dem Markt eine „umweltpolitische Brille" zu geben, um so die negativen externen Effekte bei denjenigen, die die Umweltbelastung verursachen, zu „internalisieren". Ohne eine konsequente Umweltpolitik würde sich die Marktwirtschaft langfristig ihrer eigenen Lebensgrundlagen berauben. Dabei ist bemerkenswert, dass es offensichtlich in zentral gelenkten Volkswirtschaften noch weniger als in Marktwirtschaften gelungen ist, dem Umweltziel adäquat Rechung zu tragen, obwohl man doch annehmen könnte, dass die staatliche Lenkung in der Zentralverwaltungswirtschaft günstige Voraussetzungen für eine umweltpolitische Steuerung bietet.

Die Umweltpolitik kann sich unterschiedlicher Instrumente bedienen. In Betracht kommen ordnungsrechtliche Maßnahmen, wie Gebote und Verbote (insbesondere die Festlegung von Emissionsgrenzwerten), aber auch Instrumente, die sich unmittelbar der Marktkräfte bedienen, um die umweltpolitischen Ziele zu erreichen. Zu nennen sind in diesem Zusammenhang insbesondere Ökosteuern und Umweltnutzungsrechte (sog. Umweltzertifikate). Auf Einzelheiten der Vor- und Nachteile dieser Instrumente kann hier nicht näher eingegangen werden. Zweifellos stellt die Umweltpolitik in Zukunft eine entscheidende Herausforderung für die soziale Marktwirtschaft dar.

Als dritter Bereich der Allokationspolitik gilt die **Marktsubstitutionspolitik**. Dahinter verbirgt sich das Versagen des Marktmechanismus bei der **Bereitstellung öffentlicher Güter**. Öffentliche Güter, wie innere und äußere Sicherheit oder Rechtsprechung, sind seitens des Staates zur Verfügung zu stellen. Es handelt sich hierbei um ureigenste Aufgaben eines Staates. Ein Angebot dieser Leistungen über den Markt kommt aus verschiedenen Gründen nicht in Betracht. Darüber hinaus zählen auch die Bereitstellung von Infrastruktur, das öffentliche Bildungssystem und die Grundlagenforschung zu Aufgaben, die dem Staat obliegen. In all diesen Fällen tritt die parlamentarisch legitimierte Entscheidung des Staates an die Stelle der „unsichtbaren Hand" des Marktes. Der marktwirtschaftliche Allokationsmechanismus wird durch die staatliche Allokationsentscheidung substituiert, d. h. ersetzt. Hinsichtlich der Notwendigkeit der Bereitstellung öffentlicher Güter durch den Staat besteht im Grunde Konsens. Unterschiedliche Auffassungen existieren jedoch bezüglich der Frage, wie groß der Anteil der staatlichen Güterversorgung (Staatsanteil) sein soll.

## 2. Humanisierungspolitik

Eine zweite wesentliche Aufgabe der Wirtschaftspolitik besteht darin, die Ergebnisse des Marktmechanismus insbesondere in sozial- und verteilungspolitischer Hinsicht zu korrigieren. Die Verfolgung dieses Zieles ist ein Gebot der Gerechtigkeit und Humanität. Ein Wirtschaftssystem kann auf Dauer nur dann überleben, wenn es von den Bürgern akzeptiert wird. Die sozial- und verteilungspolitische Korrektur einer Wettbewerbswirtschaft bildet den Gegenstand der **Humanisierungspolitik**. Insbesondere in der „sozialen Marktwirtschaft" der Bundesrepublik Deutschland wurde versucht, das Marktsystem in diesem Sinne zu gestalten. Zu den zentralen Zielen zählen hierbei soziale Gerechtigkeit, soziale Sicherung, humane Arbeitsbedingungen sowie die Mitbestimmung. Daraus resultieren die Hauptbereiche der Humanisierungspolitik:

- Umverteilungspolitik
- Sozialpolitik
- Humanisierung und Demokratisierung der Arbeitswelt.

Die **Umverteilungspolitik** zielt darauf ab, die marktmäßig entstandene Einkommens- und Vermögensverteilung zu korrigieren. Es ist das Ziel, eine größere soziale Gerechtigkeit zu schaffen. Instrumente sind beispielsweise progressiv ausgestaltete Steuersysteme oder die Vermögensbildungspolitik.

Gegenstand der **Sozialpolitik** ist die Schaffung von sozialen Sicherungssystemen (z. B. Rentenversicherung, Krankenversicherung, Arbeitslosenversicherung, Sozialhilfe). Dadurch sollen im Marktsystem „benachteiligte" gesellschaftliche Gruppen eine ausreichende materielle Lebensgrundlage erhalten. Die angeführten Beispiele zeigen, dass es problematisch ist, eine eindeutige Trennungslinie zwischen der Umverteilungspolitik und der Sozialpolitik zu ziehen.

Zur Humanisierungspolitik zählt zudem die **Humanisierung und Demokratisierung der Arbeitswelt.** Das sind zum einen jene Maßnahmen, die zu einem menschenwürdigen Arbeitsleben beitragen sollen (z. B. Lärmschutz, Sicherheitsvorschriften, Arbeitspausen). Zum andern gehört in diese Kategorie die demokratische Teilhabe der Arbeitnehmer im Betrieb in Form verschiedener Formen von „Mitbestimmung". Die erforderlichen Regelungen fallen sowohl in den Kompetenzbereich der Tarifpartner als auch des Staates.

Je nach politischer Prioritätensetzung fällt die Humanisierungspolitik jedoch von Land zu Land recht unterschiedlich aus. So nimmt dieser Politikbereich beispielsweise in Deutschland oder in skandinavischen Ländern einen höheren Stellenwert ein als in Japan oder den Vereinigten Staaten von Amerika. Die Wissenschaft kann bei der Beantwortung der Frage, wie weitgehend die sozialen Sicherungssysteme auszubauen sind, und wie weitgehend die Einkommens- und Vermögensverteilung zu korrigieren ist, nur bedingt Orientierungshilfen geben. Den Sozial- und Gerechtigkeitsargumenten halten Kritiker entgegen, dass eine zu großzügige Humanisierungspolitik leistungshemmend wirken und den Anpassungsdruck an sich verändernde ökonomische Bedingungen mindern kann. Angesichts des immanenten Zielkonfliktes zwischen Humanität einerseits und ökonomischer Effizienz andererseits kann es daher kaum überraschen, dass die Ausgestaltung der Humanisierungspolitik je nach Land divergiert.

### 3. Stabilisierungspolitik

Der dritte Bereich der Wirtschaftspolitik, nämlich die Stabilisierungspolitik, erscheint zunächst als ein Widerspruch in sich. Die „unsichtbare Hand" des Wettbewerbs sorgt ja dafür, dass das System permanent zum Gleichgewicht tendiert. Unerwünschte Entwicklungen verschwinden dank der Selbstheilungskräfte nach kurzer Zeit wieder. Insoweit müssten sich eigentlich staatliche Eingriffe in den Wirtschaftsprozess als überflüssig erweisen. Die praktische Notwendigkeit zur Stabilisierung der Wirtschaftsentwicklung zeigte sich jedoch spätestens in der Weltwirtschaftskrise. Zur Bekämpfung dieser schweren Depression stellte die Klassik der Politik keine adäquaten Strategien und Instrumente zur Verfügung. In der politischen Realität dieser Zeit war das klassische Postulat des „laissez faire" nicht mehr durchzuhalten. Die Regierungen konnten der Massenarbeitslosigkeit, der Schrumpfung von Produktion und Einkommen, nicht tatenlos und mit Verweis auf die Selbstreinigungskräfte des Marktes zusehen. Die Folge waren unsystematische und zumeist systeminkonforme Interventionen in die Marktwirtschaft.

Die Notwendigkeit einer Stabilisierung der Marktwirtschaft richtet sich auf die Stabilisierung des Wirtschaftsablaufs in kurzfristiger und längerfristiger Sicht. Die Stabilisierungspolitik umfasst folgende drei Politikbereiche:

- gesamtwirtschaftliche Stabilisierungspolitik,
- Wachstumspolitik,
- Strukturpolitik.

Die **gesamtwirtschaftliche Stabilisierungspolitik** ist im Wesentlichen mit dem identisch, was vielfach auch als **„Konjunkturpolitik"** bezeichnet wird. Zu den gesamtwirtschaftlichen Fehlentwicklungen zählen insbesondere Inflation, Arbeitslosigkeit, kürzerfristige Abschwächungen der Produktionstätigkeit und Ungleichgewichte im internationalen Handel. Bekanntlich lieferte J. M. Keynes mit seinen Arbeiten eine theoretische Erklärung für die Weltwirtschaftskrise und die in deren Gefolge auftretende Arbeitslosigkeit. Keynes zweifelte angesichts der historischen Erfahrungen an der Selbstregulierungsfähigkeit des Marktsystems – ohne allerdings die Marktwirtschaft selbst abzulehnen. Wirtschaftliche Krisen sind nach keynesianischer Auffassung Folge einer unzureichenden Funktionsweise der Märkte (insbesondere des Arbeitsmarktes) sowie einer zu geringen Güternachfrage. Zur Bekämpfung wird eine antizyklische Beeinflussung der gesamtwirtschaftlichen Nachfrageaggregate („demand management" oder „Globalsteuerung") empfohlen. Diese Aufgabe kommt in erster Linie dem Staat, aber auch der Zentralbank zu.

Inzwischen akzeptieren klassisch orientierte Wirtschaftstheoretiker und -politiker ebenfalls die Notwendigkeit der Korrektur gravierender gesamtwirtschaftlicher Fehlentwicklungen. Die Ursachen der Fehlentwicklungen liegen allerdings ihrer Meinung nach nicht primär auf der Nachfrageseite, sondern auf der Angebotsseite der Volkswirtschaft. Empfohlen wird daher eine „angebotsorientierte Wirtschaftspolitik" („supply side economics"); sie verfolgt das Ziel, die Bedingungen für Produktion und Investition zu verbessern.

Ein zweiter Bereich der Stabilisierungspolitik in der Marktwirtschaft ist die Stabilisierung und Sicherung des **wirtschaftlichen Wachstums**. Darunter ist jedoch nicht die kürzerfristige Entwicklung der Produktion, d. h. die „Konjunktur", zu verstehen. Es geht vielmehr um die längerfristige Entwicklung der Produktion bzw. der Produktionskapazitäten einer Volkswirtschaft. Folgt man der klassischen Vorstellung, so sorgt der Wettbewerb für eine dynamische Entwicklung des Wachstums. Dem Staat fällt dann konsequenterweise lediglich die Aufgabe zu, den Wettbewerb funktionsfähig zu erhalten und zu fördern. Nach Überzeugung der Wachstumstheoretiker ist Wachstumspolitik jedoch mehr als nur Wettbewerbspolitik. Es geht vor allem darum, Wachstumshindernisse zu beseitigen, ein „wachstumsfreundliches Klima" zu schaffen und den Ausbau der Infrastruktur voranzutreiben. Die „unsichtbare Hand" des Wettbewerbs braucht nach dieser Vorstellung die „sichtbare Hand" der Politik. Bei der Unterstützung des Wirtschaftswachstums kommt dem Staat also eine mehr oder weniger aktive Rolle zu.

Die Erfahrung zeigt: Wirtschaftliche Entwicklung ist immer mit **Strukturwandel** verbunden. Gesamtwirtschaftlich profitieren alle von diesem beständigen Wandel; Produktion und Realeinkommen steigen, und der Wohlstand erhöht sich. Im Zuge dieses Strukturwandels gibt es allerdings nicht nur Gewinner, sondern auch Verlierer. Die Strukturmerkmale sind dabei höchst unterschiedlich: Branchen, Regionen, Berufe, Geschlecht oder Altersgruppen werden vom Strukturwandel in unterschiedlicher Weise betroffen. Aufgabe des Staates ist es vor allem, Hemmnisse im Strukturwandel zu beseitigen und ihn – soweit erforderlich – für die negativ Betroffenen sozialpolitisch abzufedern. Aufgabe des Staates kann und darf es allerdings nicht sein, alte und überkommene Strukturen zu konservieren (z. B. durch Erhaltungssubventionen), um Produktion und Beschäftigung in bestimmten Wirtschaftszweigen aufrechtzuerhalten. Eine derartige Erhaltungspolitik muss auf

Dauer mit weniger Wachstum und weniger Beschäftigung bezahlt werden. Zur Bewältigung des Strukturwandels können dagegen durchaus befristete und degressiv gestaltete Anpassungshilfen zum Einsatz kommen. Sie sind als „Hilfe zur Selbsthilfe“ zu verstehen.

Die Strukturpolitik sollte im Übrigen nicht der Versuchung erliegen, die wirtschaftliche Entwicklung in eine bestimmte strukturelle Richtung zu lenken. Staatliche Instanzen verfügen nämlich kaum über eine bessere Zukunftsvoraussicht als die Marktkräfte. Dies gilt auch für eine Strukturpolitik, die unter dem Etikett **„Industriepolitik“** firmiert. Ein Beispiel hierfür ist die gegenwärtig in Deutschland geführte Diskussion um die Erhaltung „industrieller Kerne“ in den neuen Bundesländern.

Einen zusammenfassenden Überblick über die Kennzeichen, Probleme und Politikbereiche der Marktwirtschaft gibt Abbildung A.1.

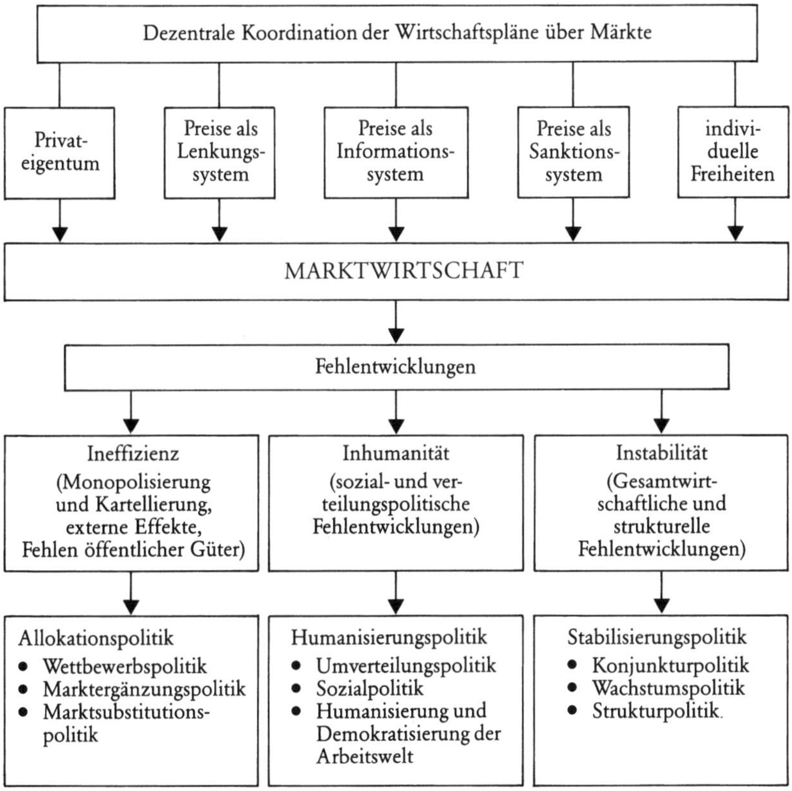


*Abb. A.1: Elemente, Probleme und Politikbereiche der Marktwirtschaft*

Den Gegenstand dieses Buches bildet die **Stabilisierungspolitik**. Am Beispiel der Stabilisierungspolitik wird exemplarisch in die zentralen Bereiche der Wirtschaftspolitik eingeführt. Wirtschaftspolitisches Handeln basiert in aller Regel auf Theorien. Das ist auch dann der Fall, wenn dies nicht offenkundig gemacht wird. Bevor im Folgenden aufgezeigt wird, wie man wirtschaftlichen Fehlentwicklungen entgegensteuern kann, ist es daher zweckmäßig, zunächst die bereits mehrfach angesprochenen unterschiedlichen stabilisierungspolitischen Konzeptionen etwas detaillierter darzustellen. Diese Konzeptionen lassen sich auf zwei grundlegende Positionen (sog. **„Paradigmen“**) reduzieren, die die Volkswirtschaftslehre wie einen roten Faden durchziehen:

- das (neo)klassische Paradigma und
- die Keynesianische Sichtweise.

# B. Stabilisierungspolitische Konzeptionen

## I. Neoklassische stabilisierungspolitische Konzeption

### 1. Basishypothesen

Die klassische Lehre der Nationalökonomie wurde etwa in der Mitte des 18. Jahrhunderts begründet. Sie erfuhr zum Ende des 19. Jahrhunderts eine mikroökonomisch fundierte Weiterentwicklung, die üblicherweise unter der Bezeichnung „Neoklassik" firmiert. Mit dem Aufkommen Keynesscher Gedanken zur Zeit der Weltwirtschaftskrise geriet der klassische Ansatz jedoch lange Zeit in Vergessenheit. Erst in den sechziger Jahren führten vor allem die Arbeiten von M. Friedman zu einer Renaissance des klassischen Denkens. Diese Strömung trägt vielfach die Bezeichnung „Monetarismus". Friedman untersuchte vor allem das Inflationsproblem und stellte die Bedeutung der Geldpolitik für die Preisniveaustabilität heraus. Der Monetarismus wurde in den siebziger Jahren um weitere Fragestellungen ergänzt, woraus dann die „Angebotstheorie" („supply side economics") entstand. In der Bundesrepublik Deutschland werden angebotstheoretische Positionen vor allem vom Sachverständigenrat zur Begutachtung der gesamtwirtschaftlichen Entwicklung (sog. „Fünf Weise") vertreten. Alle diese Stufen der Weiterentwicklung der Klassik werden im folgenden unter den Begriff **„Neoklassik"** subsumiert.

Die stabilisierungspolitische Konzeption der Neoklassiker basiert auf drei zentralen Hypothesen:

- der Hypothese der inhärenten Stabilität des privaten Sektors,
- der angebotstheoretischen Fundierung,
- der Dominanz der Geldpolitik.

Grundlegend für die neoklassische Sichtweise des Wirtschaftsprozesses ist der Glaube an die **inhärente** (d. h. innewohnende) **Stabilität des privaten Sektors**. Danach schafft es ein privatwirtschaftlich-kapitalistisches Wirtschaftssystem aus eigener Kraft heraus, mit seinen Problemen fertig zu werden. Der wirtschaftliche Organismus verfügt sozusagen über ein sehr starkes Immunsystem. Dank dieser Selbstheilungskräfte neigt die Volkswirtschaft nicht eigendynamisch zu Konjunkturschwankungen, sondern baut exogene Schocks in gedämpfte Bewegungen ab. Störungen sind allenfalls temporärer Natur und als solche hinzunehmen. Das gilt auch für vorübergehende Arbeitslosigkeit. Auf längere Sicht erreicht eine Volkswirtschaft wieder ihren Gleichgewichtszustand.

Das Marktsystem funktioniert nach klassischer Auffassung also wie eine automatische Zentralheizung: Ist die Temperatur erst einmal eingestellt und das Heizungssystem in Ordnung (funktionsfähige Märkte), so wird die Raumtemperatur mit geringen vorübergehenden Abweichungen (temporäre Ungleichgewichte) auf dem vorher eingestellten Wert stabilisiert. Dies bezieht sich nicht nur auf die Gütermärkte, sondern auch auf den Arbeitsmarkt, wo sich längerfristig automatisch ein Vollbeschäftigungsgleichgewicht einpendelt. Neoklassiker können daher aufgrund ihres unverbrüchlichen Vertrauens in die Marktkräfte als **„Marktoptimisten"** bezeichnet werden. Sie sind zugleich skeptisch hinsichtlich der Fähigkeit der Politik, das Marktsystem durch staatliche diskretionäre Maßnahmen zu stabilisieren (**„Staatsversagen"**). Eine noch so gut gemeinte (antizyklische) Wirtschaftspolitik richtet im Zweifel mehr Schaden an, als sie Nutzen stiftet.

Theoretische Basis der Neoklassik sind das Saysche Theorem und die Theorie der relativen Preise. Gemäß des **Sayschen Theorems** (J. B. Say, 1767–1832) schafft sich jedes Angebot seine erforderliche Nachfrage. Denn bei der Produktion von Waren und Dienstleistungen entstehen in gleicher Höhe automatisch auch Einkommen (z. B. Lohneinkommen) und somit kaufkräftige Nachfrage; sie stellt sicher, dass die Produktion auch abgesetzt wird. Eine gesamtwirtschaftliche Überproduktion ist somit allenfalls vorübergehend zu erwarten. Dagegen besteht auf einzelnen Märkten durchaus die Gefahr von temporären Ungleichgewichten zwischen Angebot und Nachfrage; sie werden jedoch nach kurzer Zeit wieder abgebaut.

Die Erklärung für die **„Verkaufsgarantie"** der Güter liefert – wie erwähnt – der Sachverhalt, dass im Zuge der Herstellung von Gütern wertgleiches Einkommen entsteht. Dieses geben die Wirtschaftssubjekte wieder aus. Tun sie dies vollständig, so besteht die Nachfrage nur aus Konsumnachfrage. Sparen die Haushalte hingegen einen Teil ihres Einkommens, so tritt über den Zinsmechanismus an die Stelle des Konsumverzichts eine gleich hohe Investitionsnachfrage. In jedem Fall wird das Einkommen zu kaufkräftiger Nachfrage.

Das Problem eines Ausfalls von Nachfrage, also Nachfragemangel, wird von den Klassikern bestritten. Das Saysche Theorem impliziert also die **Unendlichkeit der Bedürfnisse**. Diese Vorstellung findet ihre Unterstützung in den Arbeiten von J. A. Schumpeter (z. B. Schumpeters „Theorie der wirtschaftlichen Entwicklung", 1911). Seiner Auffassung nach treten zwar auf einzelnen Märkten im Laufe der Zeit Sättigungstendenzen auf. Innovative Unternehmer („Pionierunternehmer") erschließen jedoch über neue Produkte und Produktionsverfahren immer wieder neue Märkte. Im Wege dieses Prozesses der „schöpferischen Zerstörung" (Schumpeter) werden Nachfragesättigungen auf alten Märkten durch Mehrnachfrage nach neuen Gütern überkompensiert. Dadurch ist in einer Volkswirtschaft der Wachstumsprozess langfristig gesichert. Der Wachstumsprozess ist zudem mit einem permanenten Strukturwandel verbunden. Das Hemmen dieses Wandels würde auch den Entwicklungsprozess zum Erliegen bringen. Den Innovatoren, die neue Güter und Technologien in den Marktprozess einschleusen, fällt damit die Schlüsselrolle für die wirtschaftliche Entwicklung zu. Dem Schumpeter-Theorem folgend, können Neoklassiker deshalb auch als „Fortschrittsoptimisten" bezeichnet werden. Sie lehnen die Vorstellung einer allgemeinen Nachfragesättigung konsequenterweise ab.

Bezüglich des Zeithorizonts argumentiert die Neoklassik **längerfristig**. Die Gültigkeit des Sayschen Theorems und die Theorie von Schumpeter belegen die „lange Sicht" der wirtschaftlichen Entwicklung. Für Neoklassiker ist der **Trend** der Wirtschaft entscheidend, nicht der Zyklus. Die Wirtschaftspolitik soll sich nicht antizyklisch, sondern stetig verhalten. Nicht die aktuelle Entwicklung des Inlandsprodukts soll Richtschnur für das Handeln sein, sondern das vergleichsweise stetige Wachstum der volkswirtschaftlichen Produktionskapazität (sog. Produktionspotenzial).

Die Arbeiten der Klassiker basieren, wie bereits mehrfach erwähnt, auf der Funktionsfähigkeit des Preismechanismus auf allen Märkten. Die dahinterstehende **Theorie der relativen Preise** existiert in Form einer älteren und einer modernen Version. Der ursprüngliche klassische Ansatz ging davon aus, dass die Struktur der Produktion durch das Verhältnis der Güterpreise bestimmt wird. Ändert sich die Nachfragestruktur, so ändern sich auch die Preisverhältnisse und damit die Zusammensetzung der Produktion. Denn an diesem „Spiel der relativen Preise" orientieren die Unternehmen ihre Produktionspläne. Steigen dagegen alle Preise infolge einer Geldmengenausweitung proportional an, so hat dies keine Auswirkungen auf die Entwicklung im realen Sektor. Diese **„Neutralität des Geldes"** bildet den Inhalt der sog. „naiven Quantitätstheorie" des Geldes.

Die moderne Fassung der relativen Preistheorie ist wesentlich komplizierter und subtiler. Sie kommt zum Ergebnis, dass eine Änderung der Geldmenge kurzfristig durchaus realwirtschaftliche Effekte auslösen kann. Der Grund hierfür liegt darin, dass Geldmengenveränderungen das Vermögensgleichgewicht der Wirtschaftssubjekte stören. Dadurch kommt es zu Anpassungsvorgängen, in die zuerst finanzielle Aktiva, schließlich aber auch reales Vermögen (z. B. die Investitionstätigkeit) involviert werden. Es finden jedoch auch Rückkoppelungsprozesse statt, welche die realwirtschaftlichen Effekte wieder rückgängig machen. Letztendlich wirkt sich die Geldmengenänderung lediglich auf das Preisniveau aus. Damit behält die **Quantitätstheorie** weiterhin ihre Gültigkeit, Geld ist in güterwirtschaftlicher Hinsicht langfristig neutral. Eine Geldmengenerhöhung wirkt langfristig ausschließlich inflationär.

In wirtschaftspolitischer Hinsicht wird von Neoklassikern vor allem die Bedeutung der Preisniveaustabilität betont. Inflation beeinträchtigt den Marktmechanismus, indem sie das Spiel der relativen Preise stört und zur Fehllenkung der Produktionsfaktoren führt. Die Folgen sind langfristig weniger Wachstum und weniger Beschäftigung, als dies in einer inflationsfreien Wirtschaft der Fall wäre. Besonderes Gewicht legen die Neoklassiker daher auf die Geldpolitik. Sie soll so gestaltet werden, dass die Preisniveaustabilität aufrechterhalten wird. **Geldpolitische Impulse** gelten zudem als **dominant** im Vergleich zur Fiskalpolitik. Letztere wird als vergleichsweise unwirksam eingestuft. Die Dominanz geldpolitischer Impulse verleiht den Neoklassikern auch die Bezeichnung **„Monetaristen"**.

## 2. Stabilisierungspolitische Konsequenzen

Ihrer Grundidee des stabilen privaten Sektors folgend, sehen Neoklassiker grundsätzlich keinen Bedarf für diskretionäre Eingriffe des Staates in den Wirtschaftsprozess. Insoweit orientiert sich die Neoklassik an der **liberalen Laissez-faire-Staatsauffassung** der Klassik. Das Wirtschaftsleben ist eine „private Veranstaltung", die ohne Zutun des Staates optimal funktioniert. Die in der Realität beobachtbaren Instabilitäten sind nicht privatem „Fehlverhalten“ zu verdanken, sondern Folge der interventionistischen Eingriffe des Staates in die Marktprozesse. Antizyklische Maßnahmen mögen zwar gut gemeint sein; sie führen jedoch nicht zur Stabilisierung, sondern zur Destabilisierung des Systems. Erst die staatliche Intervention in die Marktprozesse produziert die Fehlentwicklungen (These vom Staatsversagen). Daher treten Neoklassiker für „weniger Staat“ ein und lehnen die Prozesspolitik, d. h. die Konjunkturpolitik, ab.

Das Schwergewicht der Wirtschaftspolitik legen die Neoklassiker auf die **Ordnungspolitik.** Der Gesetzgeber hat die Aufgabe, den ordnungskonformen Rahmen für das Funktionieren des Marktsystems zu schaffen. Hierzu zählen in erster Linie der Ausbau der Wettbewerbsgesetzgebung, eine weitreichende Entstaatlichung im Unternehmensbereich („Deregulierung“), der Abbau administrativer Hemmnisse und allgemein die Schaffung eines investitionsfreundlichen Klimas (z. B. durch eine entsprechende Ausgestaltung des Steuersystems). Im Übrigen soll sich die Wirtschaftspolitik durch Stetigkeit und Berechenbarkeit auszeichnen. Staatsdefizite sind zu vermeiden, von Seiten der Zentralbank ist eine konsequente Politik der Geldwertstabilität zu betreiben.

Der Preisniveaustabilität gebührt konsequenterweise innerhalb des Zielbündels der Stabilisierungspolitik der oberste Rang. Sie ist Garant für die Funktionsfähigkeit und Leistungsfähigkeit des marktwirtschaftlichen Systems. Die Bekämpfung von Inflation ist Aufgabe der **Geldpolitik.** Träger der Geldpolitik ist die Zentralbank (Notenbank, Währungsbehörde; in der Bundesrepublik Deutschland: Deutsche Bundesbank). Um Preisniveausteigerungen konsequent bekämpfen zu können, sollte die Zentralbank autonom, d. h. von Weisungen der Regierung unabhängig sein. Im Unterschied zum Staat übernimmt also die Zentralbank eine explizite stabilisierungspolitische Verantwortung. Richtschnur für ihr Handeln ist gemäß der quantitätstheoretischen Vorstellung die Trendentwicklung des Produktionspotenzials. Die Erhöhung der Geldmenge sollte an diesem Zuwachs der volkswirtschaftlichen Produktionskapazität ausgerichtet werden. Friedman spricht in diesem Zusammenhang von der „Geldmengenregel“. Neoklassiker plädieren somit für eine **potenzialorientierte Geldpolitik.**

Da Änderungen des Produktionspotenzials naturgemäß nur langsam vonstatten gehen, impliziert die Potenzialorientierung der Geldpolitik auch Stetigkeit und Berechenbarkeit. Eine Stabilisierung der Erwartungen und des Verhaltens der privaten Wirtschaftssubjekte ist die Folge. Daraus erhoffen sich Neoklassiker zugleich eine stetigere Wirtschaftsentwicklung. Neoklassische Politik ist deshalb von ihrem Charakter her **längerfristige** Politik.

Bezüglich des Beschäftigungszieles lehnen Neoklassiker staatliche Vollbeschäftigungsgarantien ab. An die Stelle der „Sozialisierung des Beschäftigungsrisikos“ soll dessen „Privatisierung“ treten. Damit übernehmen die Tarifpartner mit ihrer Lohnpolitik die Verantwortung für den Beschäftigungsstand in der Volkswirtschaft. Voraussetzung für eine vollbeschäftigungskonforme **Lohnpolitik** ist die Orientierung der Lohnsteigerungen an der Entwicklung der Arbeitsproduktivität.

Die staatliche Einnahmen-Ausgaben-Politik übernimmt, wie bereits erwähnt, keine eigenständige aktive stabilisierungspolitische Verantwortung. Eine Fiskalpolitik Keynesianischer Prägung wird abgelehnt. Die Finanzpolitik soll sich vielmehr auf das konzentrieren, was ihre ureigenste Aufgabe ist: Die Bereitstellung öffentlicher Güter. Eine „angemessene" Versorgung von Wirtschaft und Gesellschaft mit den öffentlichen Gütern Bildung, Rechtsprechung, Infrastruktur usw. ist zugleich beste Voraussetzung für einen dynamischen Wachstumsprozess der Wirtschaft.

## II. Keynesianische stabilisierungspolitische Konzeption

### 1. Basishypothesen

Die Arbeiten von Keynes stellten eine Antwort auf das klassische Denken dar. Dieses konnte länger andauernde Wirtschaftskrisen nicht erklären und war damit auch nicht in der Lage, der Wirtschaftspolitik konkrete Handlungsanweisungen zur Krisenbekämpfung zu geben. Das Auftreten der Weltwirtschaftskrise sollte jedoch nicht vorschnell als Indiz für die „falsche" klassische Theorie gewertet werden. Denn diese basiert auf der Prämisse des Wettbewerbs auf allen Märkten. In den zwanziger Jahren überrollte jedoch eine regelrechte Kartellierungs- und Monopolisierungswelle die Volkswirtschaften und setzte damit den Wettbewerb weitgehend außer Kraft. Es konnte daher auch aus klassischer Sicht nicht überraschen, dass es zu schweren wirtschaftlichen Störungen kam.

Im Gegensatz zur Klassik lieferte die Theorie von J. M. Keynes der Wirtschaftspolitik **praktische Rezepte zur Krisenbewältigung**. Sie gelangten nicht nur während der Weltwirtschaftskrise zur Anwendung, sondern auch in der Zeit nach dem zweiten Weltkrieg. So kann die Wirtschaftspolitik in der Bundesrepublik Deutschland in den sechziger Jahren als Keynesianisch eingestuft werden. Zu Beginn der siebziger Jahre tauchten jedoch wirtschaftliche Probleme auf, bei deren Bekämpfung die Rezeptur von Keynes versagte. Die Folge war ein Paradigmawechsel; seitdem finden in der Wirtschaftspolitik zunehmend wieder klassische Gedanken Anwendung. Zum Verständnis dieses „Politikschwenks" wird die stabilisierungspolitische Konzeption des Keynesianismus nun kurz vorgestellt.

Die Originalwerke von J. M. Keynes werden zwar als „Werke eines Genies, jedoch für Lehrzwecke ungeeignet" eingeschätzt. Daher unternahmen namhafte Ökonomen, insbesondere J. R. Hicks und A. H. Hansen, in den vierziger Jahren den Versuch, die Keynessche Theorie in eine leichter verständliche Form zu übertragen. Da diese Darstellungen bis zum heutigen Tag weit verbreitet sind, empfiehlt es sich, bei diesen (teilweise allerdings umstrittenen) Interpretationen von der **„Keynesianischen Theorie"** zu sprechen. Unter dieses Etikett wird im folgenden auch der in den sechziger Jahren entwickelte „Postkeynesianismus" subsumiert.

Das Keynesianische Gedankengebäude ruht im Wesentlichen auf drei Säulen:

- inhärente Instabilität des privaten Sektors,
- nachfragetheoretische Fundierung,
- Dominanz der Fiskalpolitik.

Die erste Säule beinhaltet die These, dass wirtschaftliche Störungen immanenter Bestandteil von Marktwirtschaften sind. Es besteht eine Tendenz zum Gleichgewicht bei Unterbeschäftigung. Die Marktkräfte allein sind in der Realität nicht in der Lage, die Volkswirtschaft aus einer Krise herauszuführen. Aufgrund dieses Glaubens an systemimmanente Störkräfte in Verbindung mit einem zu schwachen „Immunsystem" der Wirtschaft stuft man die Keynesianer als **„Marktpessimisten"** ein.

Seine theoretische Erklärung findet dieser Pessimismus in Marktunvollkommenheiten sowie im instabilen Verhalten der Wirtschaftsakteure. Die **unvollkommenen Märkte** sind nach Keynesianischer Meinung die unvermeidbare Konsequenz marktwirtschaftlicher Systeme. Ursache ist ein nicht funktionsfähiger Wettbewerb mit Preis- und Lohnstarrheiten. Diese Faktoren lähmen die von klassischer Seite beschworenen Kräfte des Marktes.

Neben dem Marktversagen tragen die Wirtschaftssubjekte durch ihr instabiles Verhalten sozusagen „Unruhe" in den Wirtschaftsprozess hinein. Zum einen ist dies die instabile Entwicklung der **Grenzleistungsfähigkeit des Kapitals**, also der Rendite einer Investition. Diesen Wert berechnen die Unternehmen aufgrund subjektiver Erwartungen. Da sich die Zukunftsaussichten laufend ändern, schwankt die Grenzleistungsfähigkeit und damit die Investitionstätigkeit in kaum prognostizierbarer Weise. Folge dieses instabilen Verhaltens der Investitionstätigkeit sind Konjunkturzyklen.

Instabilitäten sind jedoch nicht nur im güterwirtschaftlichen Bereich, sondern auch im monetären Sektor der Volkswirtschaft zu verzeichnen. Dort treten sie innerhalb der Geldnachfrage auf. Schwankungen der Geldnachfrage gehen auf eine instabile Liquiditätsneigung der privaten Wirtschaftssubjekte zurück. Darunter versteht man die Reaktion der Spekulationskasse auf Zinsänderungen. Folge der Instabilität der Liquiditätsneigung ist eine **instabile** Entwicklung der **Umlaufgeschwindigkeit des Geldes**.

Die Schlüsselrolle für die wirtschaftliche Entwicklung übernimmt jedoch der realwirtschaftliche Sektor. Nach Keynesianischer Auffassung dominiert die (instabile) **gesamtwirtschaftliche Nachfrage auf dem Gütermarkt** das Geschehen in der Volkswirtschaft. Daraus wird deutlich, dass Keynesianer primär kreislauftheoretisch, nicht aber in erster Linie preistheoretisch argumentieren. Die güterwirtschaftliche Nachfrage entscheidet über die Höhe der Produktion und damit die Höhe des Beschäftigungsgrades. Die Nachfrage schafft sich also ihr Angebot – das bekannte Saysche Theorem wird in sein Gegenteil verkehrt. Typisch für reife Volkswirtschaften ist, so Keynes, ein Nachfragemangel, also eine Kontraktions- oder Deflationslücke. Sie zieht kontraktive Prozesse nach sich. Verstärkt werden die Abschwungstendenzen durch das Auftreten von Multiplikator- und Akzeleratoreffekten.

Die Ausrichtung des Keynesianismus auf die zyklisch schwankende Nachfrage unterstreicht den **kurzfristigen** Charakter dieser Theorie. Noch deutlicher tritt dies durch das berühmte Keynes-Zitat: „On the long run we are all dead" zutage. In Einklang mit der kurzfristigen Sicht steht auch die Keynesianische Vorstellung von der **Endlichkeit der Bedürfnisse**. Diese Endlichkeit führt zur Sättigung von Märkten, d. h. zu einem Nachfragemangel.

Formal findet die Keynesianische Theorie ihren Ausdruck in dem aus der makroökonomischen Theorie bekannten **IS-LM-Diagramm**:

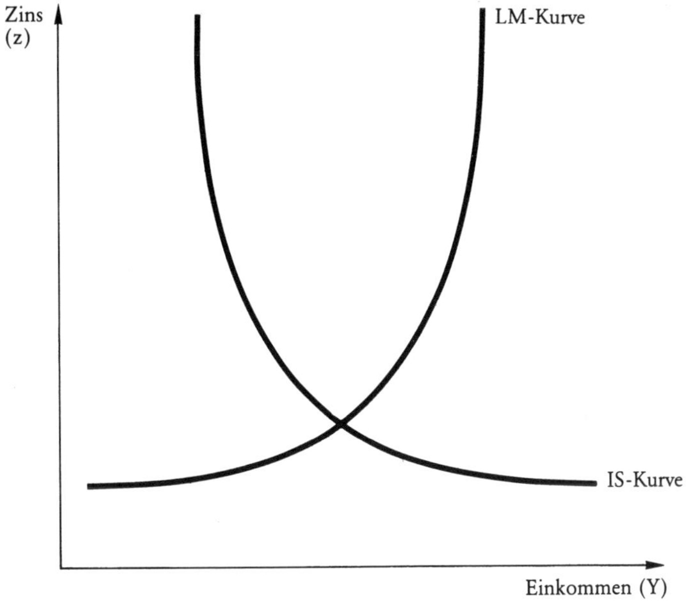


*Abb. B.1: IS-LM-Diagramm*

Die IS-Kurve beinhaltet das Gleichgewicht auf dem Gütermarkt. Es liegt dann vor, wenn geplantes Güterangebot und geplante Güternachfrage gleich hoch sind, bzw. wenn geplantes Sparen und geplante Investition übereinstimmen. Das Zustandekommen des güterwirtschaftlichen Gleichgewichts erfordert jedoch ganz bestimmte Kombinationen von Volkseinkommen (Y) und Zins (z). Dasselbe gilt für die LM-Kurve. Sie ist der geometrische Ort aller denkbaren Zuordnungen von Einkommen und Zins, bei denen das Geldangebot mit der Geldnachfrage übereinstimmt.

Eine weitere Säule des Keynesianismus bildet die sog. **Dominanzhypothese**. Sie schreibt der Fiskalpolitik eine dominante Rolle zur Stabilisierung der Wirtschaft zu. Unter Fiskalpolitik („fical policy") versteht man Einnahmen- und Ausgabenänderungen des Staates zum Zwecke der Steuerung des Wirtschaftsablaufes. Der Geldpolitik der Zentralbank kommt dagegen nur eine untergeordnete Bedeutung zu. Im Extremfall der „Liquiditätsfalle", d. h. im waagerechten Bereich der LM-Kurve, zeigen Belebungsmaßnahmen der Zentralbank (Verschiebung der LM-Kurve nach rechts) keinerlei Wirkungen im realen Sektor. Auf Grund der angenommenen Überlegenheit der Fiskalpolitik gegenüber der Geldpolitik werden Keynesianer vielfach auch **„Fiskalisten"** bezeichnet.

## 2. Stabilisierungspolitische Konsequenzen

Aus den genannten Basisthesen resultieren Konsequenzen für die Wirtschaftspolitik. Es geht vor allem darum, den von Störungen betroffenen Wirtschaftsprozess zu stabilisieren. Nach Keynesianischer Überzeugung erfordern die auftretenden Instabilitäten das Eingreifen des Staates. Die Keynesianer vertreten somit prinzipiell eine **interventionistische Staatsauffassung**. Der Staat muss die Rolle des Stabilisators der Volkswirtschaft übernehmen, er soll „Stabilisierungspolitik" betreiben. Insoweit plädieren Keynesianer für „mehr Staat".

Von untergeordneter Bedeutung ist für Keynesianer dagegen die Ordnungspolitik. Zwar benötigt eine Volkswirtschaft auch nach Keynesianischer Auffassung adäquate, vom Staat gesetzte Rahmenbedingungen. Die konkrete Ausgestaltung bzw. mögliche Ansätze zur Verbesserung der bestehenden institutionellen Rahmenbedingungen werden von den Keynesianern allerdings nicht weiter analysiert. Im Mittelpunkt der Wirtschaftspolitik hat ihrer Überzeugung nach vielmehr die Prozesspolitik zu stehen. Dies unterstreicht wiederum die **kurzfristige** Sicht des Keynesianismus.

Im Hinblick auf die anzustrebenden Ziele gilt die Priorität der **Vollbeschäftigung**. Während aus klassischer Sicht die Verantwortung für die Vollbeschäftigung bei den Tarifparteien liegt, soll gemäß des Keynesianischen Paradigmas der Staat die Verantwortung für die Aufrechterhaltung der Vollbeschäftigung übernehmen. Die beschäftigungspolitische Verantwortung wird damit gleichsam „sozialisiert". Keynesianer sind überzeugt, dass es dem Staat durch geeigneten Instrumenteneinsatz gelingt, die Arbeitslosigkeit zu beseitigen und ihr Entstehen zu vermeiden. Weniger bedeutsam als die Bekämpfung unfreiwilliger Arbeitslosigkeit ist die Erreichung bzw. Erhaltung eines stabilen Preisniveaus. Im Zweifel gebührt dem Beschäftigungsziel der Vorrang vor dem Ziel der Geldwertstabilität.

Da die gesamtwirtschaftliche Nachfrage zyklischen Schwankungen unterliegt, wird für eine „antizyklische" Konjunkturpolitik plädiert. Zentraler Ansatzpunkt sind hierbei die **Nachfrageaggregate**. Befindet sich die Wirtschaft in der Rezession, so sind Ankurbelungsmaßnahmen, also expansiv wirkende Instrumenteneinsätze erforderlich. Umgekehrt sollte die Wirtschaftspolitik einem Boom durch kontraktive Maßnahmen entgegentreten.

Den analytischen Ansatzpunkt bildet die bekannte Nachfragegleichung, d. h. die Verwendungsgleichung des Inlandsprodukts:

$$N = C + I + G + Ex - Im$$

Die gesamtwirtschaftliche Nachfrage (N) setzt sich aus dem privaten Konsum (C), den privaten Brutttoinvestitionen (I), den Staatsausgaben (G) sowie dem Außenbeitrag, d. h. Exporten (Ex) abzüglich Importen (Im) zusammen. Die Summe entspricht also dem Bruttoinlandsprodukt zu Marktpreisen (die Unterscheidung zwischen Inlands- und Sozialprodukt spielt für die folgenden Überlegungen keine Rolle).

Aufgabe der Wirtschaftspolitik ist die Glättung der Schwankungen der gesamtwirtschaftlichen Nachfrage. Da es darum geht, gesamtwirtschaftliche Nachfrageaggregate expansiv oder kontraktiv zu beeinflussen, nicht aber das Verhalten einzelner Wirtschaftssubjekte zu steuern, spricht man auch von **Globalsteuerung** oder **„demand management"**. Keynesianer sind überzeugt, dass es gelingen kann, die wirtschaftliche Entwicklung quasi wie eine Maschine zu steuern. Die Wahl der Instrumente und der Zeitpunkt des Einsatzes dieser Instrumente liegt im freien

Ermessen der wirtschaftspolitischen Akteure. Eine derartige Politik, bei welcher die Träger frei über die Art des Instruments, den zeitlichen Einsatz, die Dosierung usw. entscheiden können, bezeichnet man auch als **„diskretionäre Konjunkturpolitik"**.

Wie bereits betont, präferieren Keynesianer die **Fiskalpolitik**. Als Instrument können in der Rezession Steuererleichterungen und im Boom Steuererhöhungen zum Einsatz kommen. Den entscheidenden Hebel sehen Keynesianer jedoch in der antizyklischen Handhabung der **Staatsausgaben**. Diese müssen im Boom gesenkt und in der Rezession gesteigert werden. In der Rezession ist jedoch damit zu rechnen, dass die laufenden Einnahmen nicht ausreichen, um Konjunktur- und Beschäftigungsprogramme zu finanzieren. In diesem Fall soll der Staat nach Keynesianischer Auffassung durchaus Kredite aufnehmen. Gelingt die beabsichtigte Ankurbelung der Wirtschaft, so erhöhen sich in der Folgezeit die Steuereinnahmen wieder. Mit diesem Steuermehraufkommen können dann die Schulden aus der Rezession getilgt werden. Der Ausgleich des staatlichen Budgets erfolgt also über den gesamten Konjunkturzyklus hinweg und nicht nur, wie von klassischer Seite gefordert, über das Haushaltsjahr. Ökonomisch erklären sich die günstigen Erfolgsaussichten der Fiskalpolitik durch deren unmittelbare Nachfragewirksamkeit sowie durch die damit einhergehenden Multiplikatoreffekte.

Die **Geldpolitik** übernimmt demgegenüber im Keynesianischen Konzept eine eher flankierende Rolle. Gleichwohl sollte die Zentralbank durch eine zinsorientierte Politik antizyklisch in Erscheinung treten. Durch Erhöhung der Geldmenge und Senkung des Zinsniveaus in konjunkturellen Abschwungsphasen soll die Konjunktur angekurbelt und die Finanzierung der staatlichen Konjunkturprogramme erleichtert werden. Umgekehrt wird in der Hochkonjunktur die Drosselung der Geldmenge und die Anhebung des Zinsniveaus empfohlen. Dem Erfolg der Geldpolitik stehen allerdings insbesondere die Liquiditätsfalle sowie eine mangelnde Reaktion der Investitionen auf Zinsänderungen entgegen. Insbesondere in der Rezession ist mit einer geringen Zinselastizität der Investitionstätigkeit zu rechnen. Das Handicap der Geldpolitik besteht generell darin, dass sie nur indirekt auf die Güternachfrage einwirkt und mit langen Wirkungsverzögerungen verbunden ist.

Abbildung B.2 liefert einen synoptischen Überblick der alternativen stabilisierungspolitischen Konzeptionen.

Ungeachtet der alternativen Sichtweisen bezüglich der Funktionsweise einer Volkswirtschaft sowie den Aufgaben des Staates im Rahmen der Stabilisierung der Wirtschaft besteht Einigkeit darin, dass eine Volkswirtschaft „gute" Ergebnisse für die Bevölkerung liefern soll. Die „Idealzustände" nennet man **„Ziele"** der Wirtschaftspolitik. Sie bilden den Schwerpunkt dieses Buches. Am bekanntesten sind die Ziele des sog. **„magischen Vierecks"** der Wirtschaftspolitik. Gemäß § 1 des im Jahr 1967 erlassenen Stabilitäts- und Wachstumsgesetzes (StWG) haben Bund und Länder „bei ihren wirtschafts- und finanzpolitischen Maßnahmen die Erfordernisse des gesamtwirtschaftlichen Gleichgewichts zu beachten. Die Maßnahmen sind so zu treffen, dass sie im Rahmen der marktwirtschaftlichen Ordnung gleichzeitig" zur

| | Merkmale | Neoklassiker | Keynesianer |
|---|---|---|---|
| Basishypothesen | • (In) Stabilität des privaten Sektors | Stabilität, „Marktoptimisten“ | Instabilität, „Marktpessimisten“ |
| | • Theoretische Fundierung | angebotsorientiert, langfristig (Trend), preistheoretisch, unendliche Bedürfnisse | nachfrageorientiert, kurzfristig (Zyklus), kreislauftheoretisch, endliche Bedürfnisse |
| | • Dominanz-hypothese | Geldpolitik („Monetaristen“) | Fiskalpolitik („Fiskalisten“) |
| Stabilisierungspolitische Konzeptionen | • Staatsauffassung | liberalistisch, „weniger Staat“ | interventionistisch, „mehr Staat“ |
| | • Politikbereich | Ordungspolitik | Prozesspolitik |
| | • Zielpriorität | Preisniveaustabilität | Vollbeschäftigung |
| | • Strategie | verstetigend, potenzialorientiert, regelgebunden, Wachstumspolitik | antizyklisch, zyklusorientiert, diskretionär, Konjunkturpolitik |
| | | 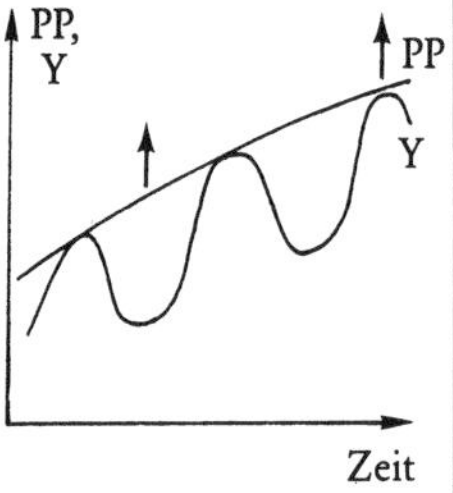 | 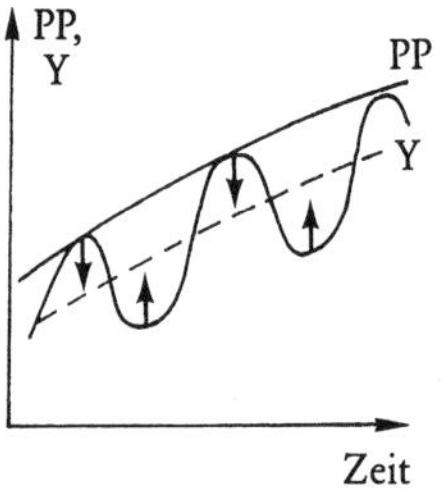 |

*Abb. B.2: Synopse der stabilisierungspolitischen Konzeptionen*

- Stabilität des Preisniveaus,
- hohem Beschäftigungsstand,
- stetigem und angemessenem Wirtschaftswachstum sowie
- außenwirtschaftlichem Gleichgewicht

beitragen (siehe auch Abbildung B.3).

Gemäß § 2 StWG ist die Bundesregierung verpflichtet, im Januar eines jeden Jahres dem Bundestag und dem Bundesrat einen Jahreswirtschaftsbericht vorzulegen, in dem die für das laufende Jahr angestrebten wirtschaftspolitischen Ziele im Rahmen einer Jahresprojektion dargelegt werden.

Die Erreichung dieser vier Ziele, die in der Wirtschaftspolitik weitgehend **unbestritten** sind, bedeutet für die Volkswirtschaft einen optimalen Zustand. Sowohl Keynesianer als auch Neoklassiker teilen die Auffassung, dass die Volkswirtschaft

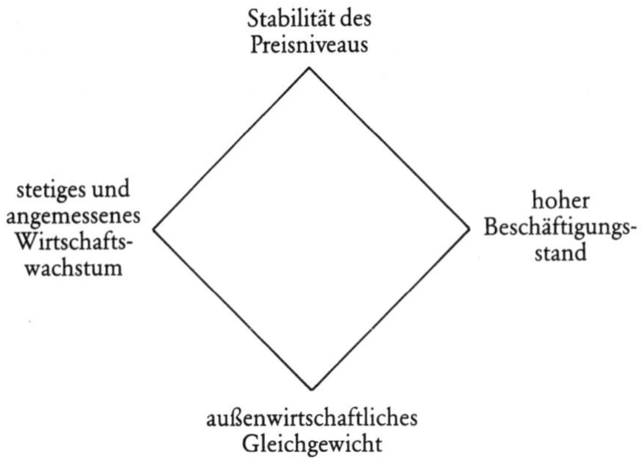


*Abb. B.3: Magisches Viereck in der Bundesrepublik Deutschland*

sich möglichst „gleichgewichtig" entwickeln sollte. Dissens herrscht allerdings hinsichtlich des einzuschlagenden Weges zur Erreichung dieser Ziele. Keynesianer plädieren, wie erwähnt, für eine mehr oder weniger interventionistische Wirtschaftspolitik, um die Ziele zu realisieren. Neoklassiker setzen dagegen mehr auf die Selbststabilisierungskraft des Marktmechanismus.

Trotz aller Unterschiede bezüglich der konkreten Rolle des Staates in der Marktwirtschaft herrscht Einigkeit, dass die genannten Ziele nur dann erreicht werden können, wenn die Ursachen von Zielverletzungen richtig diagnostiziert werden und – ausgehend von diesen Ursachen – eine wirtschaftspolitische Strategie entwickelt wird, die als geeignet erscheint, um die Fehlentwicklungen zu bekämpfen. In den folgenden Abschnitten dieses Buches werden

- die Ziele des Stabilitäts- und Wachstumsgesetzes näher beschrieben
- die möglichen Ursachen von Zielverletzungen analysiert und
- „ursachengerechte" Strategien dargestellt, um die Wirtschaft zum gesamtwirtschaftlichen Gleichgewicht zurückzuführen.

In jedem Abschnitt erfolgt dabei eine in sich geschlossenen Darstellung der jeweiligen zielgerechten Strategien. Dabei wird versucht, alle vier Ziele nach einem einheitlichen Modus gewissermaßen über denselben Kamm zu scheren:

(1) in einem ersten Schritt werden Begründungen genannt, weshalb es sinnvoll ist, das jeweilige Ziel anzustreben;

(2) im Anschluss daran erfolgt die sog. Operationalisierung, d. h. Konkretisierung des Zieles; in diesem Zusammenhang wird auch anhand empirischer Daten die bisherige Entwicklung der vier wirtschaftspolitischen Ziele in der Bundesrepublik Deutschland nachgezeichnet;

(3) der dritte Schritt befasst sich mit der Frage nach den Ursachen von Fehlentwicklungen;

(4) hierauf aufbauend werden dann in einem letzten Schritt Strategien zur ursachengerechten Bekämpfung von Zielverletzungen aufgezeigt. Spätestens hier begegnen wir wieder den konkurrierenden theoretischen Sichtweisen der Neoklassiker einerseits und der Keynesianer andererseits.

Bei der Verwendung dieses Rasters lassen sich naturgemäß Überschneidungen nicht immer vermeiden. Dennoch erscheint diese einheitliche Vorgehensweise sinnvoll. Sie erlaubt es nämlich, ein einzelnes Ziel isoliert herauszugreifen und über dieses Ziel das Wesentliche in geschlossener Form zu erfahren.

Der Zielkatalog der Wirtschaftspolitik enthält allerdings nicht nur die genannten Ziele des magischen Vierecks. Konsens besteht auch darüber, dass in einem Land soziale Gerechtigkeit herrschen soll. Dies mündet in das Ziel der **gerechten Einkommens- und Vermögensverteilung**. Durch Hinzufügen dieses anzustrebenden Zustandes gelangt man zum **„magischen Fünfeck"** der Wirtschaftspolitik.

Neben den darin enthaltenen Zielen tritt in neuerer Zeit ein weiteres wirtschaftspolitisches Ziel zunehmend in den Vordergrund, nämlich die Erhaltung und Verbesserung der **Umwelt** (sog. **„ökologisches Gleichgewicht"**). Wie bereits ausgeführt, besteht die Gefahr, dass der marktwirtschaftliche Preismechanismus bei der Nutzung der Umwelt versagt. Dadurch kommt es zu vielfältigen Schädigungen der Umwelt, denen es entgegenzutreten gilt („Marktergänzungspolitik"). Fügt man das Umweltziel hinzu, so ergibt sich das **„magische Sechseck"** der Wirtschaftspolitik. Mit dem Umweltziel befasst sich das letzte Kapitel dieses Buches. Bei der Analyse dieses Zieles liegt der Schwerpunkt naturgemäß beim Schritt (4), also bei der Erörterung der umweltpolitischen Strategien bzw. der Instrumente der Umweltpolitik.

# C. Hoher Beschäftigungsstand

In Westdeutschland herrschte nach dem Zweiten Weltkrieg in der Phase des Wiederaufbaus zunächst nur eine geringe Arbeitslosigkeit. Die Arbeitslosenquote, die 1950 noch bei 8,1 % lag, bildete sich bis 1960 auf 1 % zurück. Dieser Stand wurde in den sechziger Jahren zumeist sogar unterschritten. Eine Ausnahme stellte lediglich das Jahr 1967 dar, in dem die Arbeitslosenquote kurzfristig auf die für damalige Verhältnisse außergewöhnliche Höhe von 2,1 % emporschnellte. Seit Anfang der siebziger Jahre ist jedoch die Zahl der Arbeitslosen in vier Schüben stark angestiegen. 1975 wurde erstmals die Millionen-Grenze erreicht; acht Jahre später wurde die Zwei-Millionen-Grenze, im Jahr 1993 die Drei-Millionen-Grenze, 1997 die Vier-Millionen-Grenze und zu Beginn des Jahres 2005 gar die Fünf-Millionen-Grenze überschritten.

Besonders gravierend stellt sich das Problem der Arbeitslosigkeit in Ostdeutschland. Dort stieg die Zahl der Arbeitslosen bereits kurz nach der Vereinigung auf knapp 1 Mio. Personen an und erreichte im Februar 2005 mit knapp 1,8 Mio. registrierten Arbeitslosen ihren bisherigen Höchststand. Anfang 2005 (Monat Februar) waren in Deutschland 5,22 Mio. Personen arbeitslos gemeldet, was einer Quote von 11,7 % entsprach. Dabei lag die Quote in den neuen Bundesländern mit 20,7 % doppelt so hoch wie im früheren Bundesgebiet (10,4 %). Die Zahl der Erwerbstätigen stieg in den alten Bundesländern von 1983 bis 1992 um knapp 3 Mio. Personen an, bildete sich jedoch in den folgenden fünf Jahren wieder um gut 1 Mio. Personen zurück. Gesamtdeutsch schwankte die Zahl der Erwerbstätigen im Zeitraum 1991 bis 2005 zwischen 37,2 Mio. und 39,3 Mio. Personen. Zu Beginn des Jahres 2005 zählte die Statistik in Deutschland 38,5 Mio. Erwerbstätige. Damit wurde die hohe gesamtwirtschaftliche Arbeitslosigkeit zum zentralen Problem der Wirtschaftspolitik.

Auch in den meisten EU-Ländern sowie zahlreichen anderen Industrienationen sind Fehlentwicklungen im Bereich der Beschäftigung zu beobachten. Es scheint, dass man es mit Ursachen der Arbeitslosigkeit zu tun hat, die mit den alten wirtschaftspolitischen Rezepturen nur bedingt bekämpft werden können. Angesichts dieser Situation stellt sich für die praktische Wirtschaftspolitik die Frage, was gegen die hohe Arbeitslosigkeit getan werden kann. Ein dauerhafter Erfolg ist nur möglich, wenn an den **Ursachen der Fehlentwicklungen** angesetzt wird. Daher ist es in erster Linie Aufgabe der Wirtschaftswissenschaften, die Ursachen der Arbeitslosigkeit zu erforschen, um hierauf aufbauend „ursachengerechte" Strategien zu ihrer Bekämpfung zu entwickeln. Dies ist Gegenstand der folgenden Darstellungen. Jedoch sollte bereits an dieser Stelle darauf hingewiesen werden, dass es zur Lösung der Arbeitsmarktprobleme keine Patentrezepte gibt. Bevor die Hintergründe und Bekämpfungsmöglichkeiten der Arbeitslosigkeit genauer beleuchtet werden, ist es sinnvoll, zunächst die Notwendigkeit des Ziels der Vollbeschäftigung zu begründen sowie die Messmethoden und deren Probleme aufzuzeigen.

## I. Begründung der Notwendigkeit eines hohen Beschäftigungsstandes

Das Vollbeschäftigungsziel ist in der Wirtschaftspolitik weitgehend unbestritten. Dies wird verständlich, wenn man die Nachteile bedenkt, die aus einem niedrigen Stand der Beschäftigung entstehen. Bezieht man den Beschäftigungsstand ausschließlich auf den Produktionsfaktor Arbeit, so lassen sich die Probleme der Unterbeschäftigung auf

- individuelle,
- politische und
- ökonomische

Aspekte reduzieren.

Aus **persönlicher Sicht** bedeutet Arbeitslosigkeit für die Betroffenen zunächst eine Verschlechterung ihrer materiellen Lebensverhältnisse infolge von Einkommenseinbußen. Das Ausmaß der materiellen Not hängt dabei wesentlich von den sozialen Sicherungssystemen ab. Arbeitslosigkeit kann zudem zu erheblichen persönlichen Problemen bei den betroffenen Personen führen, sofern sie über keine eigenständige Existenzsicherung mehr verfügen. Angesichts der Wertevorstellungen einer vornehmlich auf materiellen Erfolg ausgerichteten Gesellschaft drohen insbesondere Verluste des Selbstwertgefühls bzw. des Selbstvertrauens, Gefährdung familiärer und sozialer Beziehungen oder die Zunahme von Erkrankungen. Darüber hinaus besteht für die von Arbeitslosigkeit betroffenen Personen die Gefahr des Verlustes von Arbeitsmotivation und beruflichen Fähigkeiten, was eine Wiedereingliederung in das Arbeitsleben erschwert.

Unter **politischem Aspekt** gilt Arbeitslosigkeit als systemgefährdend. Es besteht allgemeiner Konsens, dass eine hohe Arbeitslosigkeit demokratische Systeme bedrohen kann. Dies zwingt die an der Macht befindlichen Regierungen, diese Arbeitslosigkeit zu bekämpfen, um so die Chancen für die Wiederwahl zu erhöhen. Insoweit sind Maßnahmen der Politiker gegen die Unterbeschäftigung nicht nur altruistischer Natur. Allerdings besteht aus Gründen der Verbesserung der Wiederwahlchancen die Gefahr, dass die Politiker zu kurzlebigen Maßnahmen greifen, die kaum geeignet sind, das Problem der Arbeitslosigkeit an den Wurzeln zu bekämpfen.

Schließlich wirft Arbeitslosigkeit auch schwerwiegende **ökonomische** Probleme auf. Zum einen bedeutet die Existenz von Arbeitslosigkeit einen Verzicht auf die Ausschöpfung von Produktionsmöglichkeiten und damit die Inkaufnahme eines geringeren Wohlstandszuwachses. Zum andern entstehen durch Arbeitslosigkeit für den Staat hohe finanzielle Belastungen. Sie setzen sich aus Mehrausgaben sowie Mindereinnahmen zusammen. Die Mehrausgaben resultieren insbesondere aus Arbeitslosengeld, Arbeitslosenhilfe, Sozialhilfe und den vom Staat für die Arbeitslosen weiter entrichteten Beiträge zur Sozialversicherung. Die Mindereinnahmen für den Staat resultieren zunächst aus Steuerausfällen; sie entstehen bei direkten Steuern (geringeres Lohn- und Einkommensteueraufkommen) sowie bei indirekten Steuern (z. B. geringere Mehrwertsteuereinnahmen aufgrund der Zurückhaltung bei privaten Konsumausgaben). Zusätzlich fehlen bei den Sozialversicherungsträgern die Beitragszahlungen der arbeitslos gewordenen Arbeitskräfte. Die erfolgreiche Bekämpfung der Arbeitslosigkeit bildet daher auch eine entscheidende Voraussetzung für die Erfüllung der Staatsaufgaben sowie die Sicherung der Sozialsysteme. Für das Jahr 2003 schätzte das Forschungsinstitut der Bundesagentur für Arbeit in Nürnberg, das Institut für Arbeitsmarkt- und Berufsforschung (IAB) die Kosten der Arbeitslosigkeit in Deutschland auf knapp 83 Mrd. Euro; dies entspricht einem Betrag von fast 19 000 Euro je Arbeitslosen.

## II. Operationalisierung des Beschäftigungszieles

Das im Stabilitätsgesetz aufgeführte Ziel eines „hohen Beschäftigungsstandes" ist streng genommen eine inhaltsleere Formulierung. Sie bedarf in verschiedener Hinsicht einer Präzisierung. Die Konkretisierung eines Zieles bezeichnet man auch als **Operationalisierung**. Eine Ziel-Operationalisierung umfasst drei Ebenen:

- die **qualitative Operationalisierung**, d. h. die Zuordnung eines bestmöglichen Indikators zur inhaltlichen Festlegung der Zielentwicklung,
- die **quantitative Operationalisierung**, d. h. die Angabe eines numerisches Wertes für das Ziel sowie
- die **zeitliche Operationalisierung**, d. h. die Festlegung des Zeitraums, innerhalb dessen das Ziel erreicht werden soll.

Die Bundesregierung ist auf das Stabilitäts- und Wachstumsgesetz verpflichtet. Sie hat daher auch die Aufgabe, anzugeben, wann ihrer Ansicht nach die Ziele unter den gegebenen Umständen optimal realisiert werden. Die Bekanntgabe angestrebter Entwicklungen erfolgt im **Jahreswirtschaftsbericht** der Bundesregierung; er wird üblicherweise jeweils Ende Januar im Parlament vorgetragen und diskutiert. Es handelt sich hierbei praktisch um eine Art „Regierungserklärung" für den ökonomischen Bereich. Bei der Bekanntgabe der Ziele gibt die Regierung an, anhand welcher Indikatoren sie die Zielwertveränderung misst (qualitative Operationalisierung), bei welchen Werten die Ziele als erreicht gelten (quantitative Operationalisierung) und innerhalb welches Zeitraums die Ziele realisiert werden sollen (zeitliche Operationalisierung). Die Regierung arbeitet hierbei mit **Zielprojektionen**. Dies sind angestrebte Entwicklungen unter der Gültigkeit von gegebenen Ausgangsbedingungen bzw. Annahmen sowie einer bestimmten wirtschaftspolitischen Strategie, um eben diese Zielwerte zu erreichen. Es handelt sich hierbei also nicht schlicht um **Prognosen**, d. h. Vorhersagen der wirtschaftlichen Entwicklung. Bezüglich der zeitlichen Operationalisierung enthält der Bericht Angaben für das laufende Jahr (hier sind die Zielangaben naturgemäß stärker von der Ausgangssituation geprägt) sowie mittelfristige Projektionen für den Zeitraum der nächsten fünf Jahre (hier kommen stärker die politischen Präferenzen der Regierung für das eine oder andere Ziel zur Geltung). Traditionellerweise operationalisiert die Bundesregierung das Beschäftigungsziel anhand der Arbeitslosenquote. Die qualitative Operationalisierung anhand der Arbeitslosenquote ist zwar allgemein üblich, sie ist jedoch nicht unproblematisch. Daher soll im Folgenden auf die Frage nach dem „besten" Beschäftigungsindikator genauer eingegangen werden.

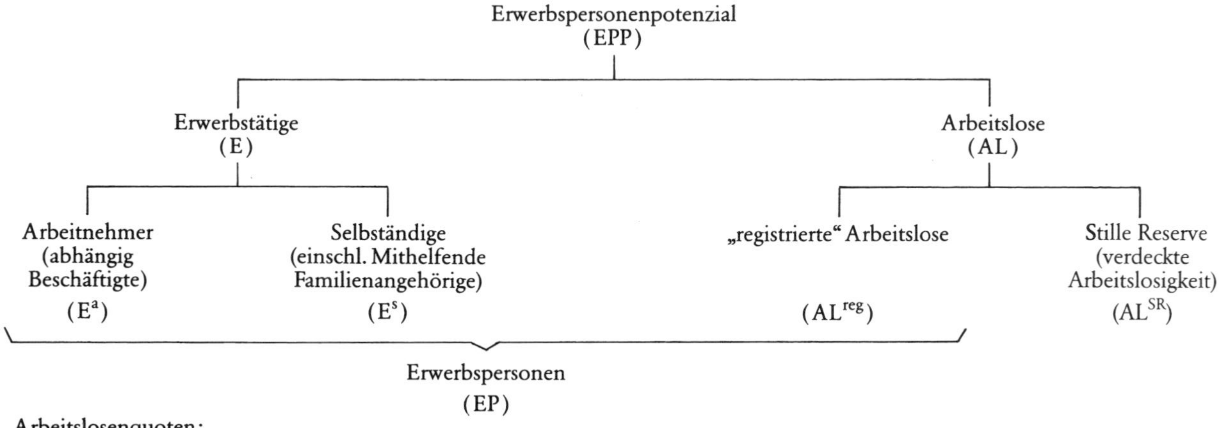


Arbeitslosenquoten:

(1) Arbeitslosenquote (weite Definition)

$$= \frac{\text{Arbeitslose}}{\text{Erwerbspersonenpotenzial}} \cdot 100 = \frac{AL}{EPP} \cdot 100 = \frac{AL}{E^a + E^s + AL^{reg} + AL^{SR}} \cdot 100$$

(2) „registrierte“ Arbeitslosenquote (in % aller Erwerbspersonen; Europäische Standard-Methode)

$$= \frac{\text{„registrierte“ Arbeitslose}}{\text{Erwerbspersonen}} \cdot 100 = \frac{AL^{reg}}{EP} \cdot 100 = \frac{AL^{reg}}{E^a + E^s + AL^{reg}} \cdot 100$$

(3) „registrierte“ Arbeitslosenquote (in % der abhängigen Erwerbspersonen)

$$= \frac{\text{„registrierte“ Arbeitslose}}{\text{abhängige Erwerbspersonen}} \cdot 100 = \frac{AL^{reg}}{E^a + AL^{reg}} \cdot 100 = \frac{AL^{reg}}{E^a + AL^{reg}} \cdot 100$$

*Abb. C.1: Kenngrößen des Arbeitsmarktes*

## 1. Beschäftigungsindikatoren

Das Ziel des hohen Beschäftigungsstandes kann zunächst in einem weiten Sinne interpretiert werden. Nach diesem Verständnis beinhaltet „Vollbeschäftigung" die **Vollauslastung aller Produktionsfaktoren**, also neben Arbeit auch die Vollauslastung des Sachkapitals. Die Konstruktion eines solch umfassenden Beschäftigungsindikators wirft allerdings Probleme auf. Die engere Fassung des Beschäftigungsziels stellt lediglich auf den Faktor **Arbeit** ab. An dieser weit verbreiteten Vorstellung wird daher auch für die weiteren Überlegungen angeknüpft.

Zur empirischen Beschreibung der Beschäftigungsentwicklung können unterschiedliche Indikatoren herangezogen werden. Den theoretischen Rahmen der in Betracht kommenden Beschäftigungsmaße bilden die in Abbildung C.1 aufgeführten Kenngrößen des Arbeitsmarktes. Offizieller Indikator zur Messung der Arbeitslosigkeit ist in der Bundesrepublik Deutschland die sog. **„registrierte Arbeitslosenquote"**. Sie wird inzwischen gemäß der Europäischen Standard-Methode in den EU-Ländern einheitlich als Verhältnis von registrierten Arbeitslosen zu Erwerbspersonen definiert. Hierbei gilt in der Arbeitsmarktstatistik als „registrierter Arbeitsloser" eine Person, die beim Arbeitsamt als arbeitslos gemeldet ist, d. h. vorübergehend nicht in einem Beschäftigungsverhältnis steht oder nur eine kurzzeitige Beschäftigung (maximal 15 Stunden wöchentlich) ausübt (§ 101 Abs. 1 Satz 1 Arbeitsförderungsgesetz, AFG). Außerdem muss die arbeitslose Person dem Arbeitsmarkt zur Verfügung stehen, d. h. das Arbeitsamt täglich aufsuchen können, jede zumutbare Beschäftigung annehmen und für das Arbeitsamt erreichbar sein. Die Zahl der Erwerbspersonen (EP) setzt sich aus der Zahl der tatsächlich erwerbstätigen Arbeitnehmer ($E^a$; hierin sind auch die „Minijobs" enthalten), den Selbstständigen ($E^s$) sowie den „registrierten Arbeitslosen" ($AL^{reg}$) zusammen (siehe Abbildung C.1).

Besonders zu erwähnen ist in diesem Zusammenhang die zum 1. Januar 2005 erfolgte Zusammenlegung von Sozialhilfe und Arbeitslosenhilfe zum „Arbeitslosengeld II (ALG II)". Durch diesen auch als „Hartz IV" bekannt gewordenen Reformteil des Arbeitsmarktes ist jede legale Arbeit für ALG-II-Bezieher zumutbar. Als Folge dieser Neuregelung stieg die Zahl der registrierten Arbeitslosen um ca. 400 000 Personen an. Dieser statistische Effekt ist bei Vergleichen mit früheren Arbeitslosenzahlen zu berücksichtigen.

Gelegentlich findet sich auch eine engere Definition der „registrierten Arbeitslosenquote". Hier werden die registrierten Arbeitslosen lediglich zu den abhängigen Erwerbspersonen (das sind die erwerbstätigen Arbeitnehmer plus die registrierten Arbeitslosen) ins Verhältnis gesetzt. Da der Nenner die Selbstständigen nicht enthält, ist diese Quote (bei gegebener Zahl registrierter Arbeitsloser) notwendigerweise entsprechend höher (in der Bundesrepublik macht dies knapp einen Prozentpunkt aus). Bei der Interpretation von Arbeitslosenquoten sowie internationalen Vergleichen gilt es diesen Unterschied zu beachten.

Seit Januar 2005 legt das **Statistische Bundesamt** (Wiesbaden) alternative Zahlen zum Arbeitsmarkt vor. Sie werden nach dem Konzept der **International Labour Organization** (ILO) ermittelt. Basis für die erstmals vorgelegten Zahlen war eine

Telefonumfrage bei 30 000 zufällig ausgewählten Personen im Alter von 15 bis 74 Jahren. Als erwerbslos gelten nach dieser Berechnungsmethode alle Personen, die ohne jegliche Beschäftigung sind, während der letzten vier Wochen vor der Befragung aktiv eine Erwerbstätigkeit suchten und diese auch innerhalb von zwei Wochen antreten können; der zeitliche Umfang der gesuchten Tätigkeit ist bedeutungslos. Auf dieser Grundlage wurden für Januar 2005 in Deutschland 3,99 Mio. Arbeitdslose ausgewiesen (Arbeitslosenquote: 9,4 %). Die Zahl der durch die Nürnberger **Bundesagentur für Arbeit** (BA) registrierten Arbeitslosen belief sich demgegenüber auf 5,04 Mio. Personen (Arbeitslosenquote: 12,1 %). Vermutlich sind lediglich rund zwei Drittel der nach dem ILO-Konzept erfassten Erwerbslosen zugleich auch bei der Bundesagentur „registriert". Das übrige Drittel enthält Personen, die zwar eine Tätigkeit suchen, jedoch hierbei nicht die BA einschalten (Januar 2005 schätzungsweise 1,2 Mio. Personen). Andererseits werden ca. 40 % der nach eigenem Bekunden Arbeitslosen nicht in den ILO-Zahlen erfasst, sei es, dass dieser Personenkreis in den letzten vier Wochen vor der Befragung einer zeitlich geringen Tätigkeit nachging oder sich nicht aktiv um eine Stelle kümmerte.

Will man die Güte der Zahl der „registrierten" Arbeitslosen bzw. die Güte der „registrierten" Arbeitslosenquote beurteilen, so muss die Frage beantwortet werden, was unter **„Vollbeschäftigung"** bzw. dem Negativbild von Vollbeschäftigung, also der **„Arbeitslosigkeit"**, überhaupt verstanden werden soll. So einfach die Frage klingt, so schwierig ist ihre Beantwortung. Noch schwieriger ist es, geeignete statistische Methoden zur „richtigen" Erfassung der Arbeitslosigkeit zu konstruieren. Es kann daher nicht überraschen, dass das Problem der Messung von Arbeitslosigkeit in der Fachwelt sehr umstritten ist.

Gemäß einer Umschreibung der Bundesagentur für Arbeit lässt sich „Vollbeschäftigung" (im Sinne einer 100-Prozent-Situation) wie folgt kennzeichnen: Vollbeschäftigung herrscht, wenn alle arbeitswilligen und arbeitsfähigen Personen (Arbeitskräfteangebot bzw. Erwerbspersonenpotenzial) tatsächlich eine im gewünschten zeitlichen Umfang und den persönlichen Voraussetzungen entsprechende Erwerbstätigkeit ausüben. In diese Definition gehen offensichtlich quantitative und qualitative Merkmale ein.

**Quantitativer** Natur sind die Zahl des Arbeitskräfteangebots sowie die Zahl derjenigen Personen, die tatsächlich eine Erwerbstätigkeit ausüben. Quantitativer Natur ist zudem die von den Arbeitskräften „gewünschte" Arbeitszeit im Vergleich zur effektiv geleisteten Arbeitszeit. In quantitativer Hinsicht sind demnach zum einen diejenigen Personen „arbeitslos", die zwar eine Arbeit suchen (also zum Erwerbspersonenpotenzial gehören), aber angesichts fehlender Arbeitsplätze keine Arbeit ausüben können. Zum andern sind auch solche Arbeitnehmer als „unterbeschäftigt" anzusehen, deren effektive Arbeitszeit nicht der gewünschten Normalarbeitszeit entspricht, die also beispielsweise Kurzarbeit leisten.

Die obige Umschreibung des Phänomens Arbeitslosigkeit enthält zudem auch **qualitative** Merkmale: Als „unterbeschäftigt" kann auch ein Arbeitnehmer angesehen werden, dessen tatsächlich ausgeübte Erwerbstätigkeit nicht seinen Fähigkeiten (beispielweise dem erlernten Beruf) entspricht. Derartige qualitative Aspekte der „Unterbeschäftigung" sind einer empirischen Ermittlung jedoch kaum zugänglich.

Zudem ist es eine Frage der gesellschaftlichen Wertung, welche Arbeit noch als „zumutbar" gelten kann, also noch keine „qualifikatorische Unterbeschäftigung" darstellt. Die diesbezüglichen Zumutbarkeitskriterien sind in der Bundesrepublik Deutschland mehrfach geändert worden.

Bereits dieser kurze Verweis auf eine recht plausibel klingende Interpretation des Phänomens „Vollbeschäftigung" verdeutlicht, wie komplex das Problem der Messung der Arbeitslosigkeit ist. Doch selbst dann, wenn man sich nur auf den quantitativen Aspekt des „Zählens von Köpfen", also der Ermittlung der Zahl der „Arbeitslosen" beschränkt, sind die Probleme kaum geringer. Wollte man die Zahl der Arbeitslosen erfassen, so müsste man den Umfang des Arbeitskräfteangebots, also das **Erwerbspersonenpotenzial** (EPP), kennen. Das Arbeitskräfteangebot ist allerdings keine unmittelbar statistisch feststellbare Größe. Es werden in der Bundesrepublik Deutschland zwar Versuche unternommen, das Erwerbspersonenpotenzial zu schätzen, diese Schätzungen sind jedoch bestenfalls offiziöser Natur. Das gilt beispielsweise für die Potenzialschätzungen des Instituts für Arbeitsmarkt- und Berufsforschung.

Ausgehend von „guten" Konjunktur- und Beschäftigungssituationen in der Vergangenheit versucht das IAB die Frage zu beantworten, wie viele Erwerbspersonen dem Arbeitsmarkt zur Verfügung stehen würden, wenn zum Untersuchungszeitpunkt ebenfalls eine gute Konjunkturlage herrschen würde. Zieht man von diesem geschätzten Erwerbspersonenpotenzial (EPP) die tatsächlich Erwerbstätigen (E) ab, so erhält man die Zahl der **geschätzten gesamten Arbeitslosen** (AL):

$$AL = EPP - E$$

Nach Schätzungen des IAB betrug das Erwerbspersonenpotenzial in Deutschland im Durchschnitt des Jahres 2004 ca. 44,6 Mio. Personen; bei 38,7 Mio. erwerbstätigen Inländern errechnete sich folglich für die gesamte „echte" Arbeitslosigkeit eine Zahl von 5,9 Mio. Personen. Als „registrierte Arbeitslose" ($AL^{reg}$) wurden in der Statistik seitens der Bundesagentur für Arbeit jedoch „nur" 4,3 Mio. Personen ausgewiesen. Der nicht registrierte Teil der Arbeitslosigkeit belief sich also auf etwa 1,6 Mio. Personen – immer unter der Voraussetzung, dass das Erwerbspersonenpotenzial zutreffend geschätzt wurde. Diese nicht registrierte Arbeitslosigkeit bezeichnet man auch als **„Stille Reserve"** oder **„verdeckte Arbeitslosigkeit"** ($AL^{SR}$). Die Gesamtzahl der Arbeitslosen setzt sich also wie folgt zusammen:

$$AL = AL^{reg} + AL^{SR}$$

Die auf dieser Basis ermittelte Arbeitslosenquote (geschätzte Arbeitslose in Prozent des Erwerbspersonenpotenzials) hätte folglich 13,2 Prozent betragen, während die registrierte Arbeitslosenquote (registrierte Arbeitslose in Prozent der Erwerbspersonen) nur bei 10,5 Prozent lag. Der in der jüngeren Vergangenheit zu verzeichnende Anstieg der verdeckten Arbeitslosigkeit ist insbesondere auf die schwierigen Verhältnisse am ostdeutschen Arbeitsmarkt zurückzuführen. Dort wurde die Stille Reserve in 2004 auf 569 000 Personen geschätzt, in den alten Bundesländern lag sie bei 1 041 000 Personen. Detaillierte Daten zu Struktur und Umfang der Stillen Reserve in Deutschland finden sich in Tabelle 1. Die Stille Reserve ist zugleich ein Indiz für die Unschärfe der in der amtlichen Statistik üblicherweise ausgewiesenen „registrierten Arbeitslosigkeit".

**Offene und verdeckte Arbeitslosigkeit in Deutschland**[1)]
Tausend Personen

| Zeitraum[2)] | | Offene und verdeckt Arbeitslose | Registrierte (offene) Arbeitslose[3)] | Verdeckt Arbeitslose | | | | | | | | | | | Nachrichtlich: |
|---|---|---|---|---|---|---|---|---|---|---|---|---|---|---|---|
| | | | | zusammen | davon | | | | | | | | | | |
| | | | | | Subventioniert Beschäftigte[3)4)] | Teilnehmer an | | | Personen in vorzeitigem Ruhestand | | | Leistungsempfänger nach § 126 SGB III[10)] | Kurzarbeiter: Arbeitslosenäquivalent[11)] | | Anzahl der Kurzarbeiter |
| | | | | | | Eignungsfeststellungs- und Trainingsmaßnahmen[3)5)] | beruflicher Weiterbildung in Vollzeit[3)6)] | Deutsch-Sprachlehrgängen[3)] | Personen nach § 428 SGB III[7)] | Freistellungsphase Altersteilzeit[3)8)] | Altersrente wegen Arbeitslosigkeit[9)] | | | | |
| | | (2) + (3) | | (4) bis (12) | | | | | | | | | | | |
| | | (1) | (2) | (3) | (4) | (5) | (6) | (7) | (8) | (9) | (10) | (11) | (12) | | (13) |
| | | **Deutschland** | | | | | | | | | | | | | |
| 2000 | | 5 700 | 3 890 | 1 810 | 316 | | 324 | 28 | 192 | 32 | 797 | 75 | 46 | | 86 |
| 2001 | | 5 620 | 3 853 | 1 767 | 243 | (60) | 322 | 25 | 228 | 49 | 765 | 76 | 59 | | 123 |
| 2002 | | 5 820 | 4 061 | 1 759 | 193 | (74) | 307 | 24 | 294 | 61 | 707 | 85 | 88 | | 207 |
| 2003 | | 6 015 | 4 377 | 1 638 | 142 | (93) | 232 | 22 | 360 | 69 | 633 | 95 | 86 | | 195 |
| 2004 | | 6 003 | 4 378 | 1 625 | 160 | 99 | 165 | 18 | 395 | 78 | 542 | 94 | 74 | | 149 |
| 2003 | 1.Vj. | 6 291 | 4 583 | 1 708 | 156 | (74) | 271 | 27 | 332 | 67 | 663 | 91 | 100 | | 222 |
| | 2.Vj. | 6 072 | 4 425 | 1 647 | 137 | (90) | 237 | 22 | 352 | 67 | 643 | 95 | 95 | | 230 |
| | 3.Vj. | 5 884 | 4 301 | 1 584 | 133 | (85) | 204 | 19 | 370 | 70 | 623 | 88 | 76 | | 172 |
| | 4.Vj. | 5 813 | 4 199 | 1 615 | 139 | (123) | 215 | 20 | 384 | 73 | 602 | 108 | 73 | | 158 |
| 2004 | 1.Vj. | 6 256 | 4 557 | 1 699 | 163 | 97 | 190 | 20 | 392 | 77 | 579 | 93 | 89 | | 182 |
| | 2.Vj. | 6 005 | 4 376 | 1 629 | 143 | 98 | 175 | 17 | 394 | 77 | 554 | 91 | 80 | | 170 |
| | 3.Vj. | 5 896 | 4 317 | 1 580 | 167 | 89 | 150 | 16 | 396 | 79 | 530 | 91 | 62 | | 120 |
| | 4.Vj. | 5 856 | 4 262 | 1 594 | 165 | 113 | 146 | 19 | 399 | 82 | 503 | 103 | 64 | | 122 |
| | | **Früheres Bundesgebiet ohne Berlin** | | | | | | | | | | | | | |
| 2000 | | 3 359 | 2 381 | 978 | 59 | | 177 | 21 | 104 | 25 | 517 | 43 | 32 | | 59 |
| 2001 | | 3 340 | 2 321 | 1 019 | 53 | (34) | 174 | 19 | 134 | 39 | 514 | 45 | 43 | | 94 |
| 2002 | | 3 562 | 2 498 | 1 064 | 42 | (46) | 167 | 18 | 183 | 48 | 490 | 51 | 64 | | 162 |
| 2003 | | 3 792 | 2 753 | 1 039 | 30 | (62) | 135 | 17 | 228 | 55 | 446 | 60 | 69 | | 160 |
| 2004 | | 3 837 | 2 781 | 1 056 | 44 | 67 | 103 | 14 | 259 | 63 | 387 | 61 | 60 | | 120 |
| 2003 | 1.Vj. | 3 941 | 2 872 | 1 069 | 35 | (49) | 149 | 22 | 211 | 53 | 465 | 56 | 78 | | 181 |
| | 2.Vj. | 3 814 | 2 767 | 1 047 | 31 | (61) | 137 | 18 | 222 | 52 | 452 | 58 | 77 | | 190 |
| | 3.Vj. | 3 716 | 2 706 | 1 011 | 28 | (57) | 121 | 15 | 235 | 55 | 440 | 56 | 61 | | 140 |
| | 4.Vj. | 3 699 | 2 668 | 1 031 | 26 | (80) | 132 | 15 | 245 | 58 | 426 | 69 | 60 | | 131 |
| 2004 | 1.Vj. | 3 989 | 2 895 | 1 094 | 43 | 65 | 116 | 15 | 252 | 61 | 411 | 59 | 72 | | 148 |
| | 2.Vj. | 3 828 | 2 762 | 1 066 | 41 | 66 | 109 | 13 | 257 | 61 | 395 | 59 | 65 | | 138 |
| | 3.Vj. | 3 760 | 2 736 | 1 024 | 46 | 60 | 94 | 12 | 261 | 63 | 379 | 59 | 50 | | 96 |
| | 4.Vj. | 3 771 | 2 730 | 1 041 | 47 | 75 | 92 | 15 | 266 | 66 | 361 | 66 | 53 | | 99 |
| | | **Neue Bundesländer und Berlin** | | | | | | | | | | | | | |
| 2000 | | 2 341 | 1 509 | 832 | 257 | | 148 | 6 | 88 | 7 | 280 | 32 | 14 | | 27 |
| 2001 | | 2 280 | 1 532 | 748 | 190 | (25) | 148 | 6 | 94 | 10 | 252 | 32 | 16 | | 29 |
| 2002 | | 2 258 | 1 563 | 695 | 150 | (29) | 140 | 5 | 112 | 13 | 217 | 34 | 23 | | 45 |
| 2003 | | 2 223 | 1 624 | 599 | 112 | (31) | 97 | 5 | 131 | 15 | 187 | 36 | 17 | | 35 |
| 2004 | | 2 166 | 1 597 | 569 | 116 | 33 | 62 | 4 | 136 | 16 | 155 | 34 | 14 | | 28 |
| 2003 | 1.Vj. | 2 350 | 1 711 | 639 | 122 | (25) | 121 | 6 | 122 | 14 | 198 | 35 | 21 | | 41 |
| | 2.Vj. | 2 259 | 1 658 | 601 | 106 | (29) | 100 | 5 | 130 | 14 | 191 | 37 | 18 | | 39 |
| | 3.Vj. | 2 168 | 1 595 | 573 | 105 | (27) | 83 | 4 | 135 | 15 | 183 | 32 | 16 | | 32 |
| | 4.Vj. | 2 115 | 1 531 | 584 | 113 | (43) | 83 | 4 | 139 | 15 | 176 | 40 | 14 | | 27 |
| 2004 | 1.Vj. | 2 267 | 1 662 | 605 | 120 | 32 | 74 | 4 | 140 | 16 | 168 | 34 | 18 | | 34 |
| | 2.Vj. | 2 179 | 1 614 | 565 | 102 | 33 | 66 | 4 | 137 | 16 | 159 | 33 | 15 | | 32 |
| | 3.Vj. | 2 135 | 1 581 | 554 | 122 | 29 | 55 | 4 | 135 | 16 | 151 | 31 | 12 | | 24 |
| | 4.Vj. | 2 085 | 1 532 | 553 | 118 | 38 | 54 | 4 | 133 | 16 | 142 | 37 | 11 | | 23 |

1) Zu den Einzelheiten siehe Anhang, IV. B. - 2) Abweichungen in den Summen durch Runden der Zahlen. Jahreswerte aus gerundeten Quartalswerten berechnet. 4. Vierteljahr 2004 und Jahreswert 2004 eigene Schätzung. - 3) Vierteljahresdurchschnitte aus Monatsendständen berechnet, wobei der Stand am Ende des letzten Monats des Vorquartals und am Ende des dritten Monats des Berichtsquartals jeweils zur Hälfte berücksichtigt werden. - 4) Neben den Teilnehmern an Arbeitsbeschaffungsmaßnahmen (§§ 260 bis 271, 416 SGB III) sind auch die Teilnehmer an Strukturanpassungsmaßnahmen (§§ 272 bis 279, einschließlich § 415 SGB III bis 31.12.2002) und in beschäftigungsschaffenden Infrastrukturmaßnahmen (§ 279a SGB III) sowie Teilnehmer an speziellen Maßnahmen für Jüngere (Jump plus) und Arbeit für Langzeitarbeitslose berücksichtigt. Ohne Arbeitslosenäquivalent der Kurzarbeiter. - 5) Mit dem "Dritten Gesetz für moderne Dienstleistungen am Arbeitsmarkt" (in Kraft seit 1. Januar 2004) wurde der § 16 SGB III geändert. Durch diese gesetzliche Änderung zählen die Teilnehmer an Eignungsfeststellungs- und Trainingsmaßnahmen ab dem 1. Januar 2004 nicht mehr zu den registrierten Arbeitslosen und erhöhen stattdessen die verdeckte Arbeitslosigkeit. - 6) Erfasst nach dem Wohnortprinzip (ohne Einarbeitung). - 7) 58-jährige und ältere Leistungsempfänger, die der Arbeitsvermittlung nicht mehr zur Verfügung stehen müssen und nicht als registrierte Arbeitslose gezählt werden. - 8) Personen in vorzeitigem Ruhestand, die sich in der Freistellungsphase Altersteilzeit befinden (nur von der Bundesagentur für Arbeit geförderte Fälle). - 9) 60- bis unter 65-jährige. Eigene Schätzung nach Angaben des BMWA, des VDR und der Bundesknappschaft; früheres Bundesgebiet und Berlin-West, neue Bundesländer und Berlin-Ost. - 10) Arbeitsunfähige Personen, die Leistungen empfangen, aber nicht als registrierte Arbeitslose gezählt werden. - 11) Anzahl der Kurzarbeiter multipliziert mit ihrem durchschnittlichen Arbeitsausfall.

Quelle für Grundzahlen: BA

Quelle: Jahresgutachten 2004/05 des Sachverständigenrates zur Begutachtung der gesamtwirtschaftlichen Entwicklung, S. 180

*Tab. 1: Offene und verdeckte Arbeitslosigkeit in Deutschland*

Wenngleich der quantitative Umfang der Stillen Reserve heftig umstritten ist, lässt sich deren Existenz in der Realität auch daran erkennen, dass Neueinstellungen keineswegs in entsprechendem Umfang mit einem Rückgang der Zahl der „registrierten" Arbeitslosen einhergehen. Dies ist auch dann nicht der Fall, wenn das Arbeitskräfteangebot unverändert bleibt. Anders gewendet heißt dies, dass zumindest ein Teil der Neueinstellungen aus der „nicht registrierten“ Arbeitslosigkeit (und damit der Stillen Reserve) erfolgt. Ein weiteres Indiz für die Stille Reserve ist die Zahl derjenigen Arbeitskräfte, die sich vorübergehend in Umschulung befinden, die an Arbeitsbeschaffungsmaßnahmen teilnehmen, als sonstige Leistungsempfänger (z. B. Vorruhestandsgeld) nicht als „registrierte“ Arbeitslose in Erscheinung treten oder als Kurzarbeiter partiell unterbeschäftigt sind.

Damit stellt sich die Frage, warum die offizielle Ermittlung der „registrierten“ Arbeitslosen nicht genauer vorgenommen wird. Die Anwendung der Methode der Schätzung der Gesamtzahl der Arbeitslosen über den Weg der Schätzung des Erwerbspersonenpotenzials kommt für eine staatliche Behörde nicht in Betracht. Die Risiken wären vermutlich größer als der erhoffte Informationsgewinn. Schließlich könnten in diesem Fall seitens der Arbeitsmarktbehörde jederzeit Arbeitslose „weggerechnet“ werden, und zwar dadurch, dass das Verfahren zur Schätzung des Erwerbspersonenpotenzials entsprechend geändert wird: Schätzt die Bundesanstalt für Arbeit das Arbeitskräfteangebot geringer ein, so reduziert sich bei gegebener Erwerbstätigenzahl die Zahl der „Arbeitslosen“. Es liegt daher nahe, die Arbeitslosen nicht indirekt (nämlich über die Schätzung des Erwerbspersonenpotenzials) zu ermitteln, sondern den direkten Weg über die Meldung der Arbeitslosen bei den Arbeitsagenturen zu wählen.

Die Zahl der „gemeldeten“ Arbeitslosen hängt nun allerdings entscheidend davon ab, inwieweit die Arbeitsagenturen in den Prozess der Suche nach einer neuen Stelle eingeschaltet werden. Dieser **„Einschaltgrad“**, d. h. das Meldungsverhalten hängt insbesondere davon ab, ob Arbeitslose Ansprüche auf Arbeitslosengeld I und II geltend machen können oder nicht. Bestehen keine Ansprüche auf Unterstützungsleistungen des Arbeitsamtes, so ist eine Meldung beim Arbeitsamt nicht gesichert. Dies ist z. B. dann der Fall, wenn die entsprechende Person arbeitslos ist und eine Beschäftigung ohne Einschaltung des Arbeitsamtes sucht.

Andererseits kann der Anspruch auf Arbeitslosenunterstützung dazu führen, dass sich Personen bei den Arbeitsämtern als „arbeitslos“ melden, obwohl sie dem Arbeitsmarkt nicht als Arbeitswillige zur Verfügung stehen (beispielsweise vorgezogener Ruhestand). Dieser Personenkreis, der im strengen Sinn des Wortes nicht „arbeitslos“ ist, wird bei der Diskussion um die Leistungen der Arbeitsämter immer wieder hervorgehoben. Die für Ostdeutschland angegebene Zahl der verdeckten Arbeitslosen zeigt aber auch, dass das (wirtschafts-)politische Ziel darin bestehen kann, Arbeitnehmer in „Beschäftigungsverhältnissen“ zu halten, um das Ausmaß der offiziellen Arbeitslosigkeit nicht gar zu drastisch ansteigen zu lassen. Das trifft z. B. für die sog. Arbeitsbeschaffungsmaßnahmen (ABM) in Ostdeutschland zu; hierbei werden Beschäftigungsverhältnisse im öffentlichen Interesse (wie Altlastensanierung) seitens der Bundesagentur für Arbeit mit Lohnzuschüssen subventioniert. Zahlen zu Teilnehmern an beschäftigungsschaffenden Maßnahmen sind ebenfalls aus Tabelle 1 zu entnehmen. Die Schaffung von Beschäftigungsverhältnissen durch öffentliche Fördermittel bezeichnet man allgemein als **„zweiten Arbeitsmarkt“**.

In diese Kategorie fallen auch die von der sog. „Hartz-Kommission“ erarbeiteten Reformen auf dem Arbeitsmarkt, die ab 1. Januar 2003 stufenweise in Kraft traten.

Sie betreffen neben der Neuorganisation der Arbeitsämter zu „JobCentern" etwa die Einrichtung von sog. Personal-Service-Agenturen (PSA). Diese sollen schwer vermittelbare Arbeitslose an Unternehmen vermitteln; hierbei werden Zeitarbeitsfirmen und gemeinnützige Unternehmen eingeschaltet, die eine von den Arbeitsagenturen finanzierte Beschäftigungsbrücke bauen sollen. Mit Hilfe von „Ich-AGs" sollen für Arbeitslose Anreize für den Sprung in die Selbstständigkeit geschaffen werden. Das Programm „Kapital für Arbeit" stellt zinsgünstige Kredite bis zu 100 000 Euro an Unternehmen bereit, sofern sie arbeitslose Personen einstellen.

## 2. Aussagefähigkeit der Arbeitslosenquote

Die bisherigen Ausführungen lassen bereits erkennen, dass die „registrierte" Arbeitslosenquote keine exakten Rückschlüsse auf die Arbeitslosigkeit in einer Volkswirtschaft erlaubt. Insbesondere die Existenz der Stillen Reserve unterzeichnet die Arbeitslosenquote und damit den „wahren" Grad der Unterbeschäftigung.

In der amtlichen Statistik können insbesondere folgende Sachverhalte ein verzerrtes Bild der Arbeitslosigkeit liefern:

- nicht als registrierte Arbeitslose werden Arbeitskräfte erfasst, die zum Zwecke der **Fort- und Umschulung** (FuU) oder **Weiterbildung** vorübergehend die „Schulbank drücken", obwohl sie lieber einer Erwerbstätigkeit nachgehen würden;
- Personen, die in **beschäftigungsschaffenden Maßnahmen** weiterbeschäftigt werden, gelten nicht als Arbeitslose;
- als Arbeitslose werden möglicherweise solche Arbeitskräfte erfasst, die **vorzeitig** in den **Ruhestand** gehen und sich arbeitslos melden, obwohl sie dem Arbeitsmarkt effektiv nicht mehr zur Verfügung stehen;
- **Kurzarbeit** geht nicht in die Quote ein; dadurch werden die Arbeitsmarktverhältnisse tendenziell „beschönigt";
- bei der Zahl der registrierten Arbeitslosen unterscheiden die Arbeitsverwaltungen nicht, ob es sich um **Vollzeit- oder Teilzeitarbeitskräfte** handelt;
- geleistete **Überstunden** bzw. der Abbau betriebsüblicher Überstunden gehen nicht in die Arbeitslosenquote ein;
- nicht erfasst werden ausländische Arbeitskräfte, die arbeitslos werden und mangels Beschäftigungsmöglichkeiten in der Bundesrepublik zeitweilig in ihr Heimatland zurückkehren (**„exportierte Arbeitslosigkeit"**);
- darüber hinaus ist darauf hinzuweisen, dass die Arbeitslosenquote nur bedingt Auskunft über die „Anspannung" des Arbeitsmarktes gibt. Hierzu sind zusätzliche Informationen, wie z. B. die Zahl der **offenen Stellen**, erforderlich. Der Ausweis der offenen Stellen ist allerdings mindestens so fehlerhaft wie die Ermittlung der registrierten Arbeitslosen;
- „58er-Regelung": Arbeitslose ab 58 Jahren, die auf Vermittlung verzichten, erhalten Arbeitslosengeld bis zum Beginn der Rente, werden aber nicht mehr in der Arbeitslosenstatistik geführt;
- nimmt ein Arbeitsloser einen „Minijob" an, so fällt er aus der Arbeitslosenstatistik heraus.

Diese Probleme können teilweise dadurch gelöst werden, dass man als Maß für den Beschäftigungsstand die Zahl der **geleisteten Arbeitsstunden** heranzieht. Gleichwohl lassen die angeführten Punkte erkennen, dass bei der Ermittlung der Zahl der Arbeitslosen und der auf ihrer Grundlage gebildeten Arbeitslosenquote von erheblichen Fehlermargen auszugehen ist. Die „registrierte" Arbeitslosenquote erlaubt daher nur eine eingeschränkte Interpretation der Unterbeschäftigung und kann allenfalls als ein **„Second-best-Indikator"** für die qualitative Operationalisierung des Beschäftigungszieles angesehen werden.

Aus diesem Grunde ist die Bundesregierung in der Vergangenheit dazu übergegangen, als Arbeitsmarktindikator nicht nur die Zahl der registrierten Arbeitslosen bzw. die auf dieser Basis errechnete Quote zu verwenden, sondern verstärkt die Entwicklung der **Erwerbstätigkeit** herauszustellen. Der Beschäftigungsstand wird dadurch nicht im negativen, sondern im **positiven Sinne** gemessen. Dabei zeigt sich, dass die registrierte Arbeitslosigkeit beispielsweise im Zeitraum von 1980 bis 1995 im früheren Bundesgebiet um knapp 1,8 Millionen Personen zunahm, während gleichzeitig die Zahl der Erwerbstätigen um knapp eine Millionen Personen stieg. Die Differenz lässt sich einerseits auf den Abbau der bestehenden Stillen Reserve zurückführen. Andererseits wurde der Arbeitsmarkt in Deutschland aber auch von einem steigenden Arbeitskräfteangebot gespeist. Verantwortlich hierfür waren in erster Linie demografische Faktoren wie das Auftreten geburtenstarker Jahrgänge am Arbeitsmarkt, eine erhöhte Erwerbsbeteiligung von Frauen sowie ein steigendes Arbeitskräfteangebot infolge Zuwanderungen von Aus- und Übersiedlern und ausländischen Arbeitskräften. Dies zeigt, dass es wenig sinnvoll ist, bei der Analyse des Arbeitsmarktes nur auf einen einzelnen Indikator abzustellen.

Erhebliche Probleme bei der Interpretation der Beschäftigungssituation tauchen auch bei **internationalen Vergleichen** von Daten zur Arbeitslosigkeit auf. Infolge der teilweise sehr unterschiedlichen nationalen Methoden zur Ermittlung der Zahl der Arbeitslosen bzw. der Arbeitslosenquoten sind internationale Vergleiche häufig unzulässig – zumindest aber mit erheblicher Vorsicht zu interpretieren. In den USA gibt es beispielsweise infolge eines verhältnismäßig schlecht ausgebauten Arbeitslosenunterstützungssytems keine offizielle Registrierung der Arbeitslosen bei den Arbeitsämtern. Die Zahl der Arbeitslosen wird seit 1940 mittels einer monatlichen repräsentativen Stichprobe im Rahmen des „Current Population Survey" (CPS) geschätzt. Das Verfahren ähnelt insofern eher der Schätzmethode des IAB bzw. der ILO. Als Extrembeispiel für eine sehr enge Interpretation des Phänomens „Arbeitslosigkeit" kann Japan angeführt werden: Wer dort in der Berichtswoche auch nur eine Stunde erwerbstätig war, wird nicht als Arbeitsloser in die Statistik aufgenommen. Entsprechend günstig schneidet Japan im internationalen Vergleich der offiziell ausgewiesenen Arbeitslosenquoten ab.

Aber selbst Arbeitslosenquoten, die auf identischen Berechnungsmethoden basieren, sind kaum miteinander vergleichbar. Das trifft beispielsweise für die oben vorgestellte Standardmethode innerhalb der EU zu. Da in den Ländern der Europäischen Union das Phänomen, „arbeitslos" zu sein, unterschiedlich definiert wird, und sich zudem die Arbeitslosenunterstützungssysteme beträchtlich unterscheiden, weicht das Meldungsverhalten erheblich voneinander ab. Die EU-Kommission ist daher inzwischen dazu übergegangen, ähnlich wie in den USA, die

Arbeitslosen auf der Basis repräsentativer Stichproben zu schätzen (sog. Gemeinschaftserhebung über Arbeitskräfte). Es verwundert kaum, dass diese „angepassten" Arbeitslosenquoten von den national gebräuchlichen Quoten abweichen. Diese „angepassten" EU-Arbeitslosenquoten werden allerdings nicht für europäische Arbeitsmarktvergleiche veröffentlicht; sie dienen vielmehr als Kriterien für die Verteilung der Mittel aus dem Europäischen Strukturfonds. Bisher ist es nicht gelungen, weltweit eine hinreichend vergleichbare Methode zur Messung der Arbeitslosigkeit durchzusetzen. Am erfolgreichsten scheint die Stichprobenmethode zu sein. Damit wird die Arbeitsmarktstatistik von den jeweiligen Arbeitslosenunterstützungssystemen „abgekoppelt". Zudem besteht die Möglichkeit, die in der Stillen Reserve befindlichen Personen zu erfassen.

## 3. Ausgewählte Arbeitsmarktdaten

Die Entwicklung des Beschäftigungszieles findet in der Öffentlichkeit große Beachtung. Zahlreiche Statistiken geben Aufschluss über die Lage am Arbeitsmarkt. Beispielsweise gibt die Bundesagentur für Arbeit jeden Monat aktuelle Werte der registrierten Arbeitslosenquote, der Kurzarbeit oder der offenen Stellen bekannt. Erfahrungsgemäß werden diese Daten dann von Politikern – je nach Standpunkt – unterschiedlich interpretiert.

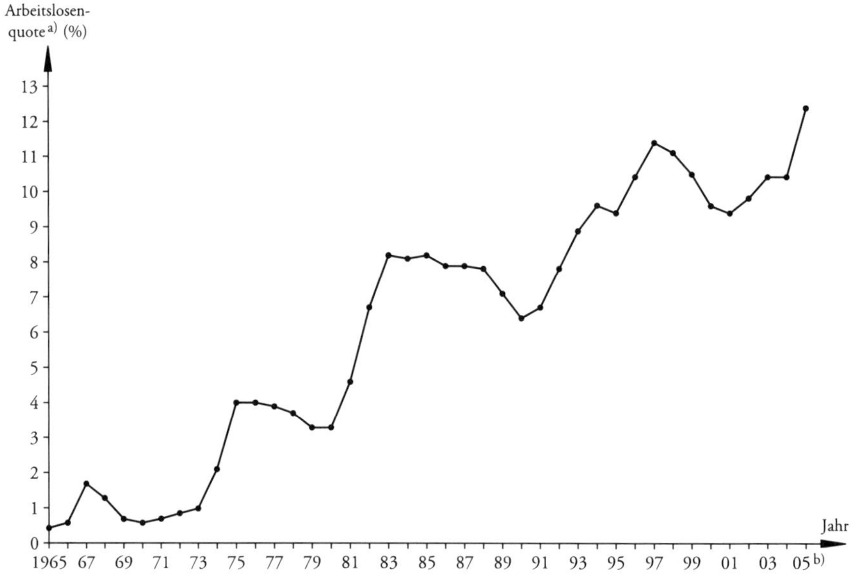


a) Registrierte Arbeitslose in Prozent der Erwerbspersonen, Jahresdurchschnittswerte
b) Februar 2005; ab Januar 2005: geändertes Berechnungsverfahren

Quelle: Zusammengestellt nach Angaben des Sachverständigenrates und der Deutschen Bundesbank

*Abb. C.2: Entwicklung der Arbeitslosenquote in der Bundesrepublik Deutschland (ab 1991 Gesamtdeutschland)*

Abbildung C.2 zeigt die Entwicklung der registrierten Arbeitslosenquote in der Bundesrepublik Deutschland (alte Bundesländer) seit 1965. Deutlich gehen hieraus die Niveauverschiebungen in den frühen siebziger und achtziger Jahren sowie seit 1993 hervor.

Ein Blick auf Abbildung C.3 zeigt die Entwicklung der Erwerbstätigkeit sowie der Arbeitslosigkeit in Deutschland für die Zeit ab 1991. Die bereits erwähnte erfreuliche Entwicklung der Zahl der Erwerbstätigen in den alten Bundesländern in den achtziger Jahren setzte sich nach der Wiedervereinigung nicht fort. Die gesamtdeutsche Erwerbstätigenzahl schrumpfte zunächst wieder und erreichte in 1997 einen Tiefpunkt. Dem folgte ein Anstieg, der im Oktober 2001 mit 39,2 Mio. Erwerbstätigen seinen bisherigen Rekordwert erreichte. Seitdem ist allerdings wieder eine rückläufige Tendenz festzustellen. Die Zahl der gemeldeten Arbeitslosen hat in den neuen Ländern nach der deutschen Einheit sehr rasch die Grenze von einer Million überschritten. Inzwischen verharrt dieser Wert in einer Größenordnung von ca. 1,5 bis 1,7 Millionen Personen. Parallel hierzu stiegen auch in Westdeutschland die Arbeitslosenzahlen auf inzwischen über 3 Millionen an.

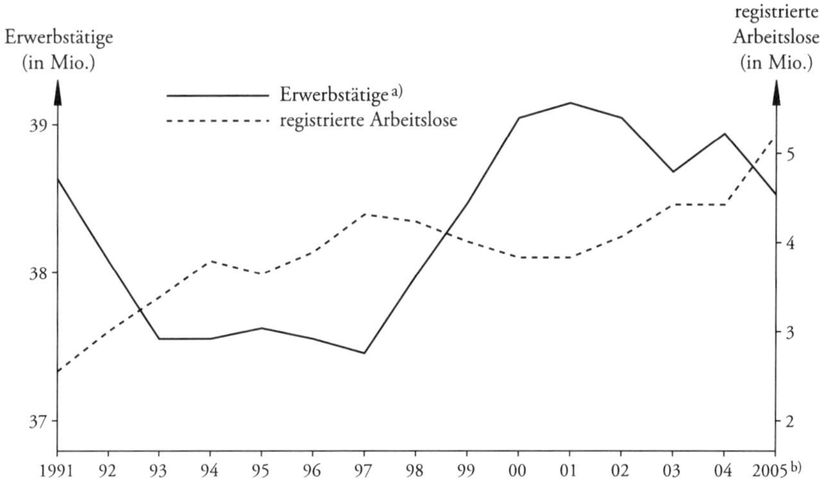


a) Inlandskonzept
b) Januar 2005; ab Januar 2005: geändertes Berechnungsverfahren

Quelle: Zusammengestellt nach Angaben des Statistischen Bundesamtes

*Abb. C.3: Zahl der Erwerbstätigen und registrierten Arbeitslosen in Deutschland (Jahresdurchschnitte)*

Einen genaueren Einblick in den gegenwärtig gespaltenen Arbeitsmarkt zwischen Westdeutschland und Ostdeutschland vermittelt auch Tabelle 1. Die desolate Lage auf dem ostdeutschen Arbeitsmarkt geht unmittelbar aus den Zahlen zur Arbeitslosigkeit und zur Kurzarbeit hervor. Zugleich machen die Daten deutlich, welch beträchtliche Anstrengungen von Seiten der Arbeitsverwaltung unternommen werden (ABM- und FuU-Maßnahmen), um insbesondere die Situation auf dem Arbeitsmarkt der neuen Bundesländer zu verbessern.

Die in den letzten Jahren nahezu gleichbleibend hohen registrierten Arbeitslosenzahlen in der Größenordnung von ca. 4 Millionen Personen könnten die Vermutung nahe legen, auf dem deutschen Arbeitsmarkt gäbe es kaum Bewegung. Dieser vordergründige Eindruck erweist sich jedoch als nicht zutreffend. So stellte das IAB für das Jahr 2001 eine Studie vor, die eine **beträchtliche Dynamik auf dem Arbeitsmarkt** nachweist. Zwar stieg die Zahl der registrierten Arbeitslosen von Ende 2000 (3,81 Millionen) bis Ende 2001 (3,96 Millionen) um lediglich 150 000 Personen an. Während des Jahres 2001 verzeichneten die Arbeitsämter in Deutschland jedoch 7,03 Millionen Zugänge, denen 6,88 Millionen Abgänge gegenüberstanden. Von den im Jahr 2001 bei der Arbeitsverwaltung gemeldeten Arbeitslosen konnten 60 % bereits nach einem halben Jahr bzw. 80 % nach einem Jahr in ein Beschäftigungsverhältnis vermittelt werden. Bei den verbleibenden 20 % der registrierten arbeitslosen Personen lag die Dauer der Arbeitslosigkeit über einem Jahr; auf diesen Personenkreis der Langzeitarbeitslosen entfielen aber fast zwei Drittel des Durchschnittsbestandes aller registrierten Arbeitslosen.

## III. Klassifikation der Arten von Arbeitslosigkeit

Vor dem Hintergrund der hohen Arbeitslosigkeit in Deutschland sowie in den meisten anderen Volkswirtschaften stellt sich die Frage, was gegen die Verletzung des Beschäftigungszieles getan werden kann. Prinzipiell hat eine erfolgreiche Strategie zur Bekämpfung der Arbeitslosigkeit an deren Ursachen anzusetzen. Dies mündet in die Klassifikation der Arten von Arbeitslosigkeit ein. Eine umfassende Typisierung der Arbeitslosigkeit ist jedoch nicht zweifelsfrei möglich. In der Literatur finden sich unterschiedliche Klassifikationsraster. Nachfolgend soll ein einfaches Schema (Abbildung C. 4) zugrundegelegt werden, in das sich nahezu alle im Schrifttum anzutreffenden „Arten von Arbeitslosigkeit“ integrieren lassen:

| Verbreitung / Zeitdauer | Gesamtwirtschaftliches Phänomen | Teilwirtschaftliches Phänomen |
|---|---|---|
| Kurzfristig | Friktionelle Arbeitslosigkeit | Saisonale Arbeitslosigkeit |
| Vorübergehend (temporär) | Konjunkturelle Arbeitslosigkeit | Strukturalisierte konjunkturelle Arbeitslosigkeit |
| Anhaltend (zählebig) | Wachstumsdefizitäre Arbeitslosigkeit | Strukturelle Arbeitslosigkeit i. e. S. |
| | Strukturelle Arbeitslosigkeit im weitesten Sinn | |

*Abb. C.4: Klassifikation der Arbeitslosigkeit*

Ausgangspunkt dieses Rasters und der nachfolgenden Überlegungen sind zwei Einteilungskriterien: Zum einen kann Arbeitslosigkeit im Hinblick auf ihre **Verbreitung** analysiert werden. Daraus folgt die Unterteilung in gesamtwirtschaftliche und teilwirtschaftliche (strukturelle) Arbeitslosigkeit. Zum andern kann Arbeitslosigkeit hinsichtlich ihrer **Dauer** in „kurzfristige", vorübergehende („temporäre") und anhaltende („zählebige") Arbeitslosigkeit unterschieden werden. Gesamtwirtschaftliche Arbeitslosigkeit liegt dann vor, wenn die Unterbeschäftigung in etwa gleichmäßig über sämtliche Regionen, Branchen und Berufe der Volkswirtschaft streut. Teilwirtschaftliche (strukturelle) Arbeitslosigkeit ist demgegenüber dann gegeben, wenn die Unterbeschäftigung konzentriert in einzelnen Regionen, Branchen und/oder Berufen auftritt. **Kombiniert** man diese beiden Formen der Arbeitslosigkeit mit dem Kriterium der Fristigkeit, so lassen sich die in Abbildung C.4 dargestellten sechs Arten von Arbeitslosigkeit unterscheiden. Die Übergänge sind dabei allerdings fließend.

Generell kann gesagt werden, dass die **friktionelle** und die **saisonale** Arbeitslosigkeit nur kurzfristiger Natur sind. Eher mittelfristiger, aber dem Grunde nach vorübergehender, also temporärer Art, ist die **konjunkturelle** Arbeitslosigkeit. Sie ist dadurch gekennzeichnet, dass infolge eines Rückgangs der gesamtwirtschaftlichen Nachfrage, also eines Konjunkturabschwungs, in nahezu sämtlichen Branchen und Regionen der Volkswirtschaft die Produktion gedrosselt wird. Damit geht häufig zunächst Kurzarbeit einher, in der Folgezeit kommt es jedoch zu Entlassungen. Konjunktureinbrüche können allerdings auch auf bestimmte Wirtschaftszweige, Regionen oder Berufe beschränkt sein (z. B. „schlechte Baukonjunktur"). In einem solchen Fall tritt „strukturalisierte konjunkturelle Arbeitslosigkeit" auf. Kennzeichnend für konjunkturelle Einbrüche ist, dass die daraus resultierende Arbeitslosigkeit im nächsten Boom wieder verschwindet. Bleibt der Aufschwung auf Dauer aus, dann handelt es sich nicht um einen vorübergehenden konjunkturellen Einbruch, sondern um eine länger anhaltende Wachstumsschwäche.

Derjenige Teil der Arbeitslosigkeit, der weder saisonaler, noch friktioneller, noch konjunktureller Natur ist, wird vielfach auch als **„strukturelle Arbeitslosigkeit im weitesten Sinne"** bezeichnet. Diese strukturelle Arbeitslosigkeit ist „zählebiger" Natur und nicht mittels schnell wirkender Maßnahmen bekämpfbar. Die strukturelle Arbeitslosigkeit (im weitesten Sinne) kann jedoch ebenfalls dahingehend unterschieden werden, ob sie eher gesamtwirtschaftlicher oder teilwirtschaftlicher Natur ist. Eine gesamtwirtschaftlich strukturelle Arbeitslosigkeit liegt dann vor, wenn die Unterbeschäftigung zwar in sämtlichen Branchen, Regionen und Berufen in etwa in gleicher Weise auftritt, wenn sie aber nicht nur auf einen temporären Konjunktureinbruch zurückzuführen ist, sondern auf ein anhaltend „zu geringes" Wirtschaftswachstum. Diese Form der Arbeitslosigkeit wird daher im Folgenden als **„wachstumsdefizitäre Arbeitslosigkeit"** bezeichnet. Strukturelle Arbeitslosigkeit im engeren Sinne herrscht dagegen dann, wenn es sich um ein teilwirtschaftliches Phänomen handelt. Hierbei konzentriert sich die anhaltende Unterbeschäftigung lediglich auf einzelne Branchen, Berufe, Personengruppen und/oder Regionen. Wenn nachfolgend von **„struktureller Arbeitslosigkeit"** gesprochen wird, so ist damit diese strukturelle Arbeitslosigkeit im engeren Sinne gemeint.

Nach diesem ersten Überblick sollen nunmehr die verschiedenen Arten der Arbeitslosigkeit genauer beleuchtet werden. Es erfolgt einer detaillierte Darstellung der Ursachen des jeweiligen Typus. Daran anschließend werden ursachengerechte Ansätze zur Bekämpfung der jeweiligen Art von Arbeitslosigkeit sowie dabei auftretende Probleme diskutiert.

## IV. Friktionelle und saisonale Arbeitslosigkeit: Ursachen und Bekämpfungsmöglichkeiten

Die friktionelle sowie die saisonale Arbeitslosigkeit zählen nicht zu den zentralen Sorgenkindern der Vollbeschäftigungspolitik. Es handelt sich hierbei um eine Art „Sockelarbeitslosigkeit". Sie kann auch in Zeiten guter Konjunktur- und Wachstumsentwicklung regelmäßig nicht unter einen gewissen „Bodensatz" gedrückt werden. Selbst in den besten konjunkturellen Zeiten (wie beispielsweise 1970) meldeten sich etwa 150 000 Personen als arbeitslos. Schätzungen gehen für diese Kategorie von Arbeitslosigkeit in Deutschland von gegenwärtig ca. 250 000 Personen aus.

**Friktionelle Arbeitslosigkeit** wird auch als „Sucharbeitslosigkeit" bezeichnet. Sie ist kurzfristiger Natur und tritt auf, wenn Arbeitskräfte entlassen werden und infolge von **Suchprozessen** bis zum Antritt der neuen Stelle für eine gewisse Zeit nicht beschäftigt sind. Das Auftreten dieser Form von Arbeitslosigkeit ist nicht überraschend, wenn man bedenkt, dass in Deutschland pro Jahr ca. 7 Mio. Beschäftigungsverhältnisse begonnen bzw. beendet werden. Im Durchschnitt liegt die Dauer eines Beschäftigungsverhältnisses bei knapp 4 Jahren. Nach der Definition der Bundesagentur für Arbeit gilt jede Arbeitslosigkeit, die nicht länger als drei Monate gedauert hat, als Sucharbeitslosigkeit. Das erforderliche Arbeitsplatzangebot ist vorhanden, allerdings kennt die arbeitslose Person die offene Stelle noch nicht bzw. wählt unter den alternativen Angeboten aus. Durch Verbesserungen des Stelleninformations- und -vermittlungssystems (z. B. durch computergestützte Stellenvermittlungen) kann diese Arbeitslosigkeit verringert werden. Friktionelle Arbeitslosigkeit ist in gewisser Weise sogar als erwünscht anzusehen, denn sie ist Ausdruck des wachstumsfördernden Arbeitsplatzwechsels – weg von den unproduktiveren Arbeitsplätzen, hin zu den produktiveren Unternehmen bzw. Branchen. Zur Verbesserung der Vermittlungseffizienz wurden in Deutschland auch private Arbeitsvermittler zugelassen.

**Saisonale Arbeitslosigkeit** ist die Folge jahreszeitlicher Schwankungen. Sie tritt sowohl auf der Angebotsseite, d. h. bei der Produktion (insbesondere Bau- und Forstwirtschaft) als auch auf der Nachfrageseite (Touristikgewerbe, Weihnachts- und Ostergeschäft) auf. Eine ursachengerechte Bekämpfung dieser Art von Arbeitslosigkeit ist naturgemäß kaum möglich. Hierzu müssten ja die Saisoneinflüsse beseitigt werden. Daher muss saisonale Arbeitslosigkeit weitgehend hingenommen werden wie „der Hagel, der die Ernte vernichtet". Eine begrenzte Abhilfemaßnahme stellt die sog. produktive Winterbauförderung dar; hierdurch soll die Beschäftigung an Baustellen auch im Winter aufrechterhalten werden. Um die saisonale Arbeitslosigkeit am Bau zu reduzieren, trat zum 1. November 1997 die Neuregelung zum Winterausfallgeld in Kraft; durch Vorarbeiten bei gutem Wetter können mindestens 50 witterungsbedingte Ausfallstunden ausgeglichen werden, erst danach zahlen die Arbeitsverwaltungen das Winterausfallgeld.

# V. Konjunkturelle Arbeitslosigkeit: Ursachen und Bekämpfungsmöglichkeiten

## 1. Ursachen der konjunkturellen Arbeitslosigkeit

Die konjunkturelle Arbeitslosigkeit ist die wohl bekannteste Art der Unterbeschäftigung. Im idealtypischen Fall handelt sich hierbei um ein gesamtwirtschaftliches Phänomen, d. h. der Produktions- und Beschäftigungsrückgang tritt in allen Branchen, Regionen, Berufen in etwa gleichmäßig auf. Konjunkturelle Arbeitslosigkeit ist die Reaktion auf einen zeitlich befristeten **Rückgang der gesamtwirtschaftlichen Nachfrage** nach Waren und Diensten. Gemäß der Verwendungsgleichung des Inlandsprodukts, die ja die gesamtwirtschaftliche Endnachfrage widerspiegelt, kann sich der Rückgang auf die

- private Konsumnachfrage,
- private Investitionstätigkeit,
- Nachfrage des Staates nach Gütern (Waren und Dienstleistungen) und/oder den
- Außenbeitrag (Güterexporte saldiert mit den Güterimporten)

beziehen.

Infolge des temporären Nachfrageeinbruchs können die vorhandenen Produktionskapazitäten, also das volkswirtschaftliche Produktionspotenzial, nicht mehr voll ausgelastet werden. Die Unternehmen gehen normalerweise zuerst zu Kurzarbeit über; schließlich kommt es aber zur Entlassung von Arbeitskräften. Nimmt die Nachfrage nach Gütern wieder zu, so steigt der Auslastungsgrad der Kapazitäten und die konjunkturelle Arbeitslosigkeit geht zurück. Schematisch kann die konjunkturelle Arbeitslosigkeit folgendermaßen dargestellt werden (siehe Abb. C.5).

Konjunkturschwankungen werden hierbei definiert als Schwankungen im Auslastungsgrad des Produktionspotenzials. Sinkt der gesamtwirtschaftliche Auslastungsgrad, so ist dies Indiz für eine beginnende Rezession. Bei einem wieder ansteigenden Grad der Kapazitätsauslastung bahnt sich der Konjunkturaufschwung an. Konjunkturelle Bewegungen, also Rezessions- und Boomphasen, sind typische Begleiterscheinungen marktwirtschaftlicher Systeme. Von konjunktureller Arbeitslosigkeit sollte man allerdings, wie erwähnt, nur dann sprechen, wenn es sich tatsächlich um Unterbeschäftigung als Folge eines **temporären** Konjunktureinbruchs handelt. Stagnieren dagegen Produktion und Beschäftigung, weil das wirtschaftliche Wachstum über eine **längere Zeit** hinweg zu gering ist, um die Vollbeschäftigung aufrechtzuerhalten, so liegt kein konjunkturelles, sondern ein zählebiges („strukturelles") gesamtwirtschaftliches Phänomen vor. Sofern die Wachstumsschwäche ebenfalls gesamtwirtschaftlicher Natur ist, tritt „wachstumsdefizitäre Arbeitslosigkeit" ein. Auf diese Formen der Arbeitslosigkeit wird an späterer Stelle noch ausführlicher eingegangen.

Zyklische Erscheinungen und längerfristige Trendbrüche müssen also genau unterschieden werden. Im ersten Fall können befristete Konjunkturprogramme durchaus Erfolge versprechen, im zweiten Fall sind derartige Konjunkturprogramme

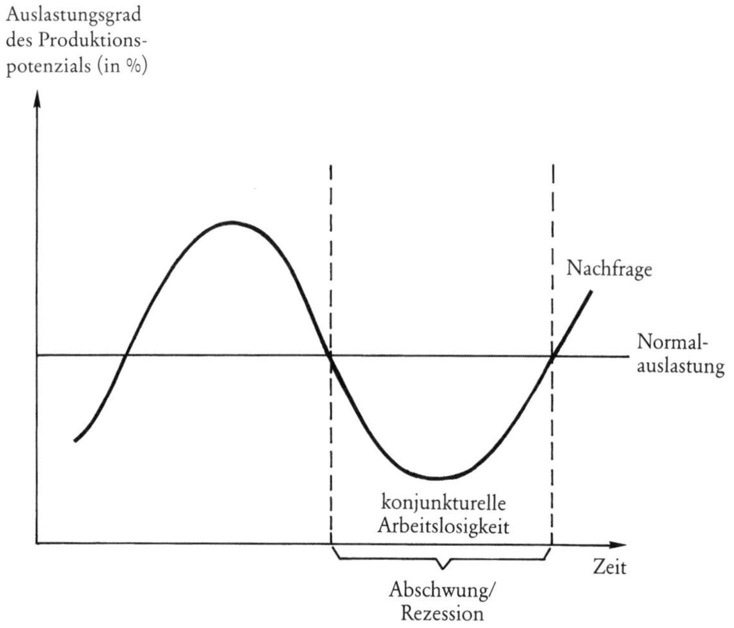


*Abb. C.5: Konjunkturelle Arbeitslosigkeit*

jedoch nicht nur wirkungslos, sondern sogar schädlich. **Eine zutreffende Diagnose** der wirtschaftlichen Schwäche ist daher entscheidende Basis für die Wahl der „richtigen" beschäftigungspolitischen Strategie. Die theoretisch leicht zu treffende Unterscheidung zwischen Zyklus und Trend wirft allerdings bei ihrer praktischen Anwendung große Probleme auf. Häufig erkennt man die Entwicklungsrichtung der Wirtschaft nämlich erst im Nachhinein – dann ist es allerdings für wirksame „Sofortmaßnahmen" bereits schon zu spät.

Eine typische „Lehrbuchrezession" lag in Deutschland beispielsweise 1966/67 vor. Der damalige Anstieg der Arbeitslosenquote von 0,7 Prozent im Jahr 1966 auf 2,1 Prozent im Jahr 1967 war eine vorübergehende Erscheinung. Bereits 1969 ging die Arbeitslosenquote wieder auf 0,8 Prozent zurück. In 1970 war der bislang stärkste Boom seit Bestehen der Bundesrepublik Deutschland zu verzeichnen. Strittig ist allerdings, ob der damals rasch einsetzende Aufschwung tatsächlich Konsequenz der „Keynesianischen" Konjunkturprogramme des damaligen Wirtschaftsministers Karl Schiller war, oder ob der Aufschwung auf die gestiegene Exportnachfrage zurückzuführen gewesen ist. Es gibt gewichtige Argumente, die für die zweite Hypothese sprechen. Die anhaltend hohe Arbeitslosigkeit seit Beginn der achtziger Jahre ist dagegen nur zum geringen Teil konjunktureller Natur, denn sie ging trotz des lang anhaltenden Aufschwungs in den achtziger Jahren nicht markant zurück. Es handelt sich hierbei vielmehr um eine zählebige Erscheinung.

Abbildung C.6 lässt erkennen, dass die Entwicklung der **Erwerbstätigkeit** eine beträchtliche Parallelität mit der **Konjunktur** aufweist (hier gemessen an den Wachstumsraten des realen Bruttosozialprodukts, $w_y$). Allerdings folgen die Beschäftigtenzahlen erst mit einer zeitlichen Verzögerung der wirtschaftlichen Entwicklung.

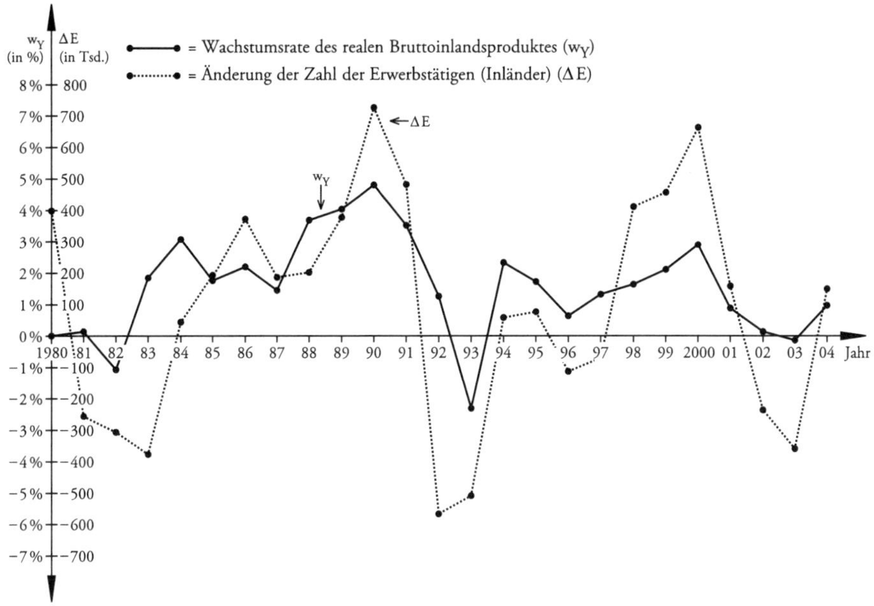


*Abb. C.6: Erwerbstätigkeit und Konjunktur in der Bundesrepublik Deutschland (bis 1991: alte Bundesländer, ab 1992: Gesamtdeutschland)*

Die Darstellung verdeutlicht auch, dass die Beschäftigung nicht nur dem Zyklus, sondern auch dem Trend der wirtschaftlichen Entwicklung folgt. Für das Jahr 1983 beispielsweise wurde (bei insgesamt 2,2 Mio. registrierten Arbeitslosen) die konjunkturelle Komponente der Arbeitslosigkeit auf etwa 500 Tsd. bis 750 Tsd. Personen geschätzt. Ein Konjunkturaufschwung wäre also kaum in der Lage gewesen, die gesamte Arbeitslosigkeit abzubauen. 1989 dagegen waren die volkswirtschaftlichen Produktionskapazitäten nahezu vollständig ausgelastet; die konjunkturelle Arbeitslosigkeit tendierte gegen null. Trotzdem waren 1989 noch etwa 2 Mio. Personen arbeitslos. Für diesen Teil der Arbeitslosigkeit müssen logischerweise nichtkonjunkturelle Faktoren ursächlich gewesen sein. Die konjunkturelle Arbeitslosigkeit in Deutschland dürfte sich gegenwärtig in einer Größenordnung von ca. 700 000 bis 900 000 Personen bewegen.

Wie bei der Klassifikation der Arbeitslosigkeit bereits erwähnt, kann sich die konjunkturelle Unterbeschäftigung auch auf einzelne Branchen bzw. Regionen konzentrieren. Ursache sind temporäre Nachfrageeinbrüche in bestimmten Wirtschaftszweigen bzw. Gebieten. Man spricht in einem solchen Fall auch von **„strukturalisierter konjunktureller Arbeitslosigkeit"**. Hier ist die Abgrenzung zur strukturellen Arbeitslosigkeit besonders schwierig. Bei der Bekämpfung von Branchenkonjunkturen sollte der Staat weitestgehende Zurückhaltung üben. Zudem sind staatliche Maßnahmen, die geeignet wären, z. B. einer temporären Nachfrageschwäche in der Computerbranche entgegenzusteuern, nur schwer denkbar. Ordnungspolitisch problematisch sind branchenbezogene Konjunkturprogramme allemal. Zur Bekämpfung der strukturalisierten konjunkturellen Arbeitslosigkeit kommen daher prinzipiell ebenfalls gesamtwirtschaftliche Konjunkturprogramme in Betracht. Derartige Programme lassen sich allerdings nur dann vertreten, wenn eine hinreichende Zahl von Branchen vom konjunkturellen Nachfrageeinbruch betroffen ist.

## 2. Bekämpfungsmöglichkeiten der konjunkturellen Arbeitslosigkeit

Zur Bekämpfung konjunktureller Arbeitslosigkeit empfehlen Keynesianer eine **expansive Konjunkturpolitik**. In der Bundesrepublik Deutschland wurde diese Konzeption im Stabilitäts- und Wachstumsgesetz rechtlich verankert. Danach ist es Aufgabe von Bund und Ländern, in der Rezession einem konjunkturellen Nachfrageeinbruch durch staatliche (fiskalpolitische) Maßnahmen entgegenzusteuern. Die Zentralbank, die allerdings gesetzlich primär auf das Ziel der Preisniveaustabilität verpflichtet ist, kann durch Zinssenkungen diese expansive Fiskalpolitik unterstützen („monetary fiscal policy") und dazu beitragen, dass die Finanzierungsbedingungen für die Investitionen verbessert werden. Gegebenenfalls kommen auch außenwirtschaftliche Maßnahmen zur Belebung des Exports und zur Drosselung des Imports in Betracht. Das Schwergewicht der Konjunkturpolitik liegt jedoch auf der **Fiskalpolitik**; deshalb bezeichnet man Keynesianer, wie erwähnt, auch als **„Fiskalisten"**. Der Grundgedanke der expansiven Konjunkturpolitik ist in Abbildung C.7 schematisch dargestellt.

Das Ziel besteht allerdings nicht darin, die Wirtschaft wieder an die Vollbeschäftigungsgrenze – im Sinne einer hundertprozentigen Auslastung des Produktionspotenzials – heranzuführen, sondern eine optimale bzw. normale Auslastung der

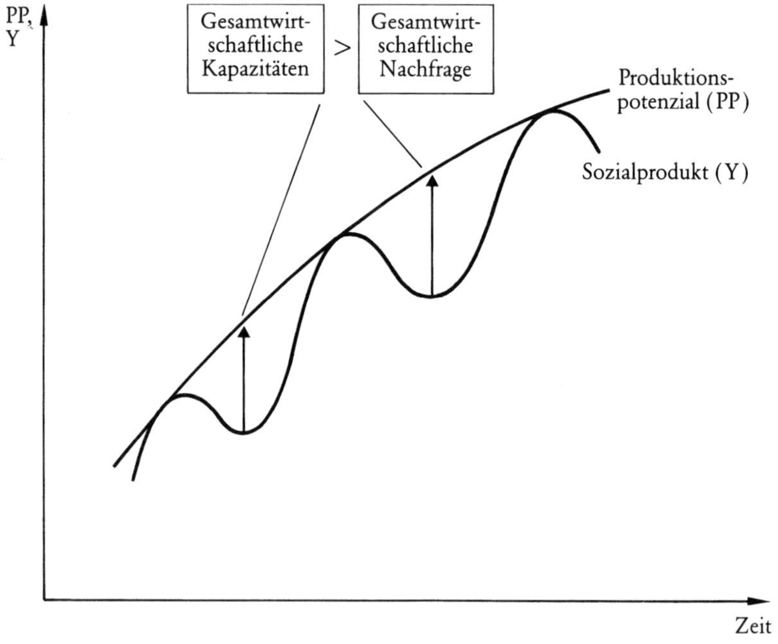


*Abb. C.7: Strategie der expansiven Konjunkturpolitik*

volkswirtschaftlichen Produktionskapazitäten zu erreichen (Produktionspotenzial bei Normalauslastung). Dadurch soll verhindert werden, dass bei einer „zu hohen“ Auslastung inflatorische Tendenzen auftreten.

Auf die erwähnten Bereiche der Konjunkturpolitik soll im Folgenden genauer eingegangen werden.

### *a. Expansive Fiskalpolitik der öffentlichen Haushalte*

Unter dem Begriff „Fiskalpolitik“ („fiscal policy“) versteht man die Änderung der Staatseinnahmen und Staatsausgaben zum Zwecke der Konjunktursteuerung. Den analytischen Rahmen der Fiskalpolitik bildet die bekannte Verwendungsgleichung des Bruttoinlandsprodukts:

$$Y = C + I + G + Ex - Im$$

Sie ist Ausdruck der **gesamtwirtschaftlichen Nachfrage**. Um die Nachfrage anzukurbeln und damit einen Konjunkturaufschwung auszulösen, muss ein Anstieg dieser Komponenten (bei Importen wegen des negativen Vorzeichens ein Rückgang!) ausgelöst werden. Dies ist der Grundgedanke der Strategie einer expansiven Konjunkturpolitik. Für die Fiskalpolitik kommen prinzipiell folgende Maßnahmen in Betracht (siehe auch die schematische Übersicht in Abbildung C.8):

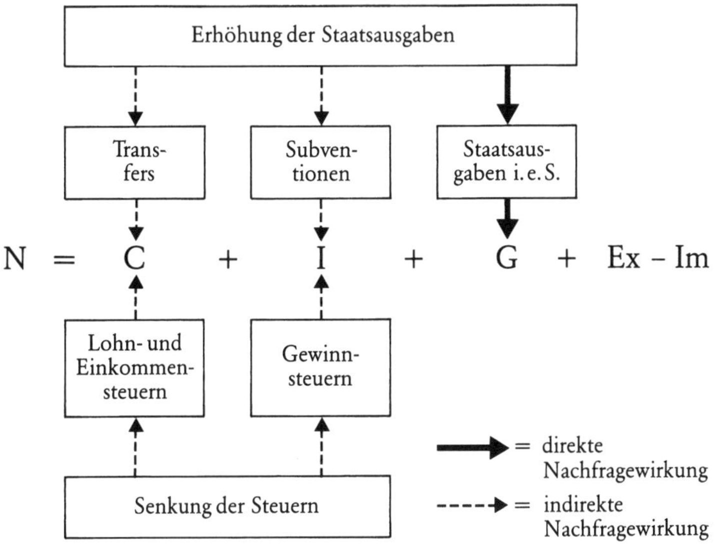


Symbole:
N = Nachfrage; C = privater Konsum; I = private Bruttoinvestitionen;
G = Staatsausgaben für Käufe von Waren und Diensten; Ex = Exporte,
Im = Importe

*Abb. C.8: Expansive Fiskalpolitik*

- **Steigerung der öffentlichen Ausgaben**; hier steigt die gesamtwirtschaftliche Nachfrage unmittelbar, wenn der Staat selbst Güter kauft (Komponente G). Zudem gehen von dieser Nachfragesteigerung – so die Keynesianer – erhebliche Multiplikator- und Akzeleratoreffekte (Verstärkereffekte) auf die private Konsum- und Investitionstätigkeit aus. Dadurch ist bereits ein verhältnismäßig gering dosiertes staatliches Konjunkturprogramm zumindest theoretisch in der Lage, die konjunkturelle Unterbeschäftigung abzubauen. Zur Konjunkturbelebung können vorübergehend auch Subventionen, z. B. in Form von Investitionszulagen, eingesetzt werden. Als konjunkturpolitisch wenig geeignet sind Transferzahlungen, also staatliche Unterstützungszahlungen an private Haushalte, anzusehen; sie dienen der sozialen Sicherung und sollten nicht zum „Spielball der Konjunkturpolitik" gemacht werden. Auch ist zu beachten, dass Transfers aus politischen Gründen nur schwer umkehrbar sind, nachdem sich die Wirtschaft wieder erholt hat. Außerdem besitzen Transferzahlungen eine lediglich abgeschwächte Multiplikatorwirkung (Transfermultiplikator ist kleiner als Staatsausgabenmultiplikator). Gleichwohl wirken insbesondere die staatlichen Zahlungen für Arbeitslose als „automatischer Stabilisator" („built- in stabilizer"), denn sie sorgen für entsprechende Transfereinkommen bei den Betroffenen und verhindern dadurch ein noch stärkeres Einbrechen des privaten Konsums in der Rezession.
- **Senkung der Steuerbelastung** durch Senkung der Steuersätze (insbesondere Konjunkturabschläge bei der Einkommen- und Körperschaftsteuer) sowie durch Verbesserung der Abschreibungsmöglichkeiten. Hierdurch steigen die verfügbaren Einkommen und Gewinne der Privaten. Die erhoffte Folge sind positive Effekte auf die private Konsum- und Investitionstätigkeit. Auf der Einnahmenseite des Staates wirken ebenfalls automatische Stabilisatoren in Gestalt eines progressiven Steuersystems. Dieses sorgt bei sinkenden Bruttoeinkommen (als Ausdruck der Konjunkturschwäche) für eine überproportionale steuerliche Entlastung. Mit steuerpolitischen Maßnahmen kann die gesamtwirtschaftliche Nachfrage allerdings lediglich indirekt beeinflusst werden, ihre Wirkungen sind daher unsicherer als die Effekte einer Erhöhung der Staatsausgaben. Insbesondere besteht die Gefahr, dass die Steuerersparnisse angesichts der schlechten Wirtschaftslage und den damit verbundenen Ängsten, arbeitslos zu werden, gespart werden („Krisensparen") und damit nicht in den Konsum fließen.
- Werden die Ausgaben erhöht und/oder die Steuern gesenkt, so sind **konjunkturelle Haushaltsdefizite** die unausweichliche Folge. Diese Defizite gelten geradezu als Beleg für eine expansive Konjunkturpolitik des Staates.

Die **Finanzierung** der Maßnahmen soll entweder aus der sog. Konjunkturausgleichsrücklage oder durch Kreditaufnahme erfolgen. Bei der **Konjunkturausgleichsrücklage** handelt es sich um Budgetüberschüsse, die der Staat in „guten" konjunkturellen Zeiten bei der Zentralbank ansammelt. Sind solche Mittel nicht vorhanden, so kann und soll der Staat nach Keynesianischer Auffassung **Kredite** aufnehmen. Den Einsatz kreditfinanzierter Staatsausgaben nennt man auch **„deficit spending"**. Prinzipiell besteht für den Staat die Möglichkeit, die finanziellen Mittel vom privaten Geld- und Kapitalmarkt zu erhalten. Keynesianer favorisieren hierbei eine Kreditaufnahme bei der Zentralbank. Diese Finanzierung über die „Notenpresse" ist allerdings in der Euro-Währungszone und damit auch in Bundesrepublik Deutschland aufgrund der gesetzlichen Regelungen ausdrücklich ausgeschlossen. Die öffentliche Hand muss sich daher die erforderlichen Gelder am freien Geld- und Kapitalmarkt beschaffen. Damit verbunden sind allerdings Gefahren für die Geldwertstabilität, falls die Kreditaufnahme eine zu starke Vergrößerung der Geldmenge zur Folge hat.

Die Kreditfinanzierung gilt nach Keynesianischer Auffassung als relativ unproblematisch, weil es sich hierbei ja lediglich um vorübergehend auftretende Haushaltsdefizite handelt. Diese nur in der Rezession auftretende Staatsverschuldung bezeichnet man daher auch als **„konjunkturelles Defizit"**. Dessen **Tilgung** erfolgt quasi **automatisch**, denn der vom Staat ausgelöste Aufschwung führt zu höheren Umsätzen und steigenden Einkommen. Dadurch steigen auch die Steuereinnahmen, wobei das progressive Steuersystem den Anstieg der Staatseinnahmen noch verstärkt. Gleichzeitig sinken für den Staat die durch Arbeitslosigkeit bedingten Ausgaben, die ebenfalls als eingebaute Stabilisatoren wirken. Konjunkturelle Defizite sind also nur **temporärer Natur**. Der Ausgleich des Haushalts erfolgt nicht mehr (wie von der Klassik gefordert) jedes Jahr, sondern über den gesamten Zyklus hinweg (zyklischer Budgetausgleich). Schematisch ist dieser Zusammenhang in Abbildung C.9 dargestellt.

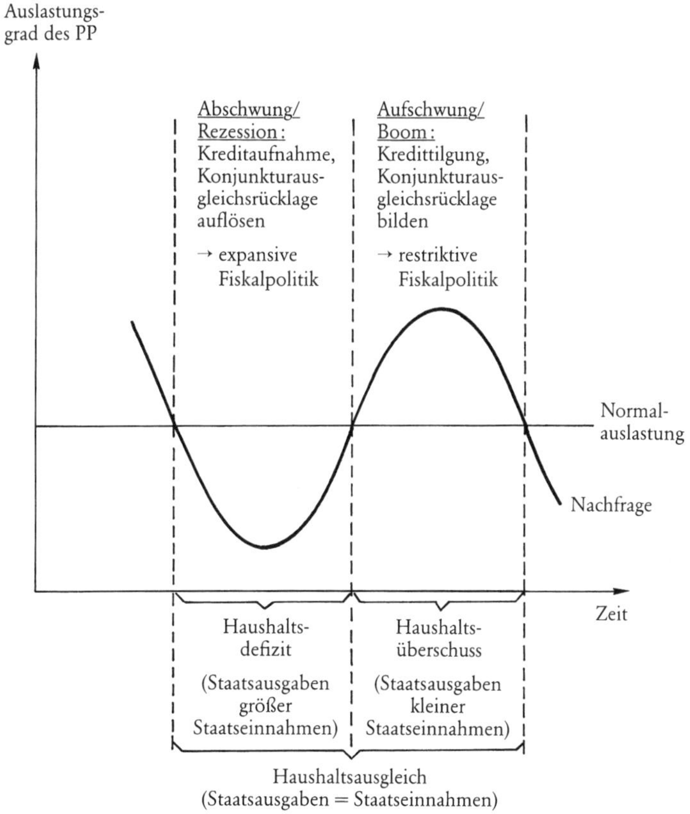


*Abb. C.9: Zyklischer Budgetausgleich*

Die **Rechtsgrundlage** für eine derartige antizyklische Fiskalpolitik bietet in Deutschland das Stabilitäts- und Wachstumsgesetz (StWG). Danach kann die Regierung in der Rezession – über die im Staatshaushaltsplan ohnehin vorgesehenen Ausgaben hinaus – zusätzliche Ausgaben tätigen. Gemäß § 6 StWG sollen die notwendigen Mittel zunächst der Konjunkturausgleichsrücklage entnommen werden. Zusätzlich ist eine Kreditaufnahme bis zu (umgerechnet) 2,5 Mrd. Euro möglich. § 6 StWG enthält allerdings keine Ermächtigung für eine Verschuldung bei der Zentralbank. Auf welchen Wegen der Staat seine Defizite finanziert, bleibt offen. Normalerweise erfolgt die Kreditaufnahme auf den nationalen und internationalen Finanzmärkten, also bei Geschäftsbanken sowie privaten Unternehmen und Privathaushalten. Außerdem ist vorgesehen, dass im Falle einer Abschwächung der konjunkturellen Entwicklung die Einkommen- und Körperschaftsteuersätze um maximal 10 Prozent für höchstens ein Jahr gesenkt werden können (§ 26 u. 27 StWG); dies soll die Konsum- und Investitionstätigkeit der Privaten beleben. Der Vorteil dieser gesetzlichen Regelungen besteht darin, dass im Falle einer Rezession rasch gehandelt werden kann. Da die Maßnahmen bereits 1967 rechtskräftig beschlossen worden sind, bedarf es keines langwierigen Gesetzgebungsverfahrens mehr. Die vielfach beklagte „parlamentarische Zähflüssigkeit" bleibt in diesem Fall weitgehend ausgeschaltet.

Antizyklische Fiskalpolitik ist jedoch keineswegs unumstritten. Denn bei dem Versuch der praktischen Umsetzung des im Prinzip plausibel klingenden Konzepts treten vielfältige **Probleme** auf. Ein zentrales Problem ist die Finanzierungsfrage. Sollen von einer expansiven Fiskalpolitik merkliche Beschäftigungseffekte ausgehen, so müssen die Regierungen entsprechend hohe Budgetdefizite in Kauf nehmen. Die Finanzierung dieser staatlichen Defizite bei der Zentralbank ist zu Recht ausgeschlossen. Auf Dauer würden hierdurch inflatorische Prozesse in Gang gesetzt. Bei der Finanzierung ihrer konjunkturellen Budgetdefizite ist die Bundesregierung daher vor allem auf die Kreditaufnahme auf den nationalen bzw. internationalen Geld- und Kapitalmärkten angewiesen.

Die konjunkturpolitisch bedingte Kreditaufnahme ist in der **Rezession** relativ unproblematisch. In der Rezession stagniert nämlich die private Kreditnachfrage, da sich vor allem die privaten Investoren als die wichtigsten Kreditnehmer zurückhalten. Dadurch stößt der staatliche Kreditbedarf auf ein vergleichsweise hohes Kreditangebot bei niedrigen Zinsen. Die staatliche Kreditaufnahme dürfte dann nur vergleichsweise geringe, im Grenzfall sogar keinerlei Zinssteigerungen zur Folge haben.

Dies lässt sich auch analytisch darstellen, und zwar mit Hilfe des bereits erwähnten **IS-LM-Diagramms** (siehe Abb. C. 10).

Allgemein führt eine expansive Fiskalpolitik zu einer Verlagerung der IS-Kurve nach rechts. Das ursprüngliche gesamtwirtschaftliche Gleichgewicht im theoretischen Sinne ist dort erreicht, wo sich die LM-Kurve mit der IS-Kurve schneidet (in der Ausgangssituation im Punkt A). Hier ist das Gleichgewichtseinkommen sehr niedrig ($Y_0^*$), gleichzeitig hat auch das gleichgewichtige Zinsniveau einen sehr niedrigen Wert erreicht ($z^*$). Diesen Bereich nennt man die **„Liquiditätsfalle"** oder den **„Keynesschen Bereich"**, die LM-Kurve verläuft hier sehr flach, im Extremfall sogar waagerecht. Ergreift nun der Staat expansive Maßnahmen, so ver-

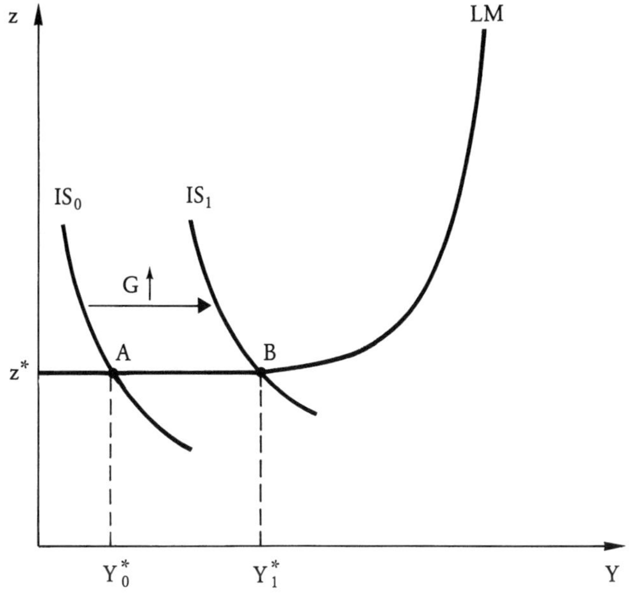


*Abb. C.10: Expansive Fiskalpolitik im Keynesschen Bereich*

schiebt sich die IS-Kurve nach rechts, das neue gesamtwirtschaftliche Gleichgewicht liegt im Punkt B. Mit dem kräftigen Einkommensanstieg geht ceteris paribus ein entsprechender Anstieg der Beschäftigung einher. Die Zinsen bleiben von den staatlichen Maßnahmen unberührt.

Das gilt allerdings nur dann, wenn die staatliche Kreditaufnahme auf die Rezessionsphase beschränkt bleibt, d. h. wenn die Budgetdefizite tatsächlich nur temporärer Natur sind. In der Realität ist jedoch zu beobachten, dass die in der Rezession aus konjunkturpolitischen Gründen erhöhte Kreditaufnahme des Staates im darauffolgenden Boom keineswegs wieder (vollständig) getilgt wird. Die Rückzahlung der Budgetdefizite würde voraussetzen, dass die in der Hochkonjunktur kräftig sprudelnden Steuereinnahmen nicht für Staatsausgaben, sondern für die Schuldentilgung verwendet werden. Die Erfahrung lehrt allerdings, dass „Geben allemal seliger ist als Nehmen". Schließlich gibt es immer „wichtige" Aufgaben, die der Erfüllung harren. Insbesondere vor Wahlen ist eine solide Finanzpolitik erfahrungsgemäß eher die Ausnahme als die Regel. Eine Regierung, die im Boom einen Sparkurs fährt, muss im Zweifel mit kräftigen Widerständen seitens derer rechnen, die von **Leistungskürzungen** betroffen sind. Mit anderen Worten, die **politische Durchsetzbarkeit** restriktiver Maßnahmen muss stark angezweifelt werden. Ein Beleg hierfür ist die offensichtliche praktische Unmöglichkeit, einmal eingeführte Subventionen wieder zu streichen; ähnliches gilt für die Kürzung bzw. Streichung von Transferzahlungen. Die gegenwärtige Debatte um die notwendigen Reformen der Sozialsysteme in Deutschland belegt dies eindrucksvoll. Im Übrigen wurde die jährliche staatliche Neuverschuldung im Zuge der Einführung des Euro auf maximal 3 % des Bruttoinlandsprodukts gedeckelt („Maastricht-Kriterium"); allerdings wurde diese Grenze inzwischen de facto aufgeweicht.

Wird in der darauf folgenden Rezession aus konjunkturpolitischen Gründen wiederum die staatliche Kreditaufnahme erhöht, ohne dass die Tilgung der Altschulden bereits vollzogen ist, so kumulieren sich die Defizite. Aus „konjunkturellen", also vorübergehenden Budgetdefiziten werden **„strukturelle"** (zählebige) **Haushaltsdefizite**. Dieser Prozess ist allerdings nicht die Folge der Keynesianischen Konzeption, sondern Folge einer fehlerhaften Handhabung in der Praxis. Die Maßnahmen sollten antizyklisch sein, es sollte also im Boom auf die „Bremse" gedrückt und in der Rezession „Gas" gegeben werden („Stop-and-go-Politik"). In der Praxis degeneriert das Konzept jedoch zu einer asymmetrischen „Go-Politik"- mit entsprechend negativen Konsequenzen für die Entwicklung der Staatsverschuldung. Aus ordnungspolitischer Sicht bestehen hierbei insbesondere Bedenken wegen der Gefahr eines ständig steigenden Staatsanteils.

Zunehmende strukturelle Budgetdefizite sind jedoch problematisch. Der Staat tritt in diesem Fall in zunehmendem Maße in Konkurrenz zur Kreditnachfrage der Privaten und treibt so die Zinsen in die Höhe. Die Folge ist eine Verschlechterung der Bedingungen für die Finanzierung der privaten Investitionen. Man spricht in diesem Zusammenhang auch von einem zinsbedingten **„crowding-out-Effekt"** der Staatsverschuldung. Die Investitionstätigkeit wird zurückgedrängt – mit auf Dauer negativen Konsequenzen für Wachstum und Beschäftigung. Dieser Effekt kann ebenfalls mit Hilfe der Keynesianischen Theorie analytisch dargestellt werden:

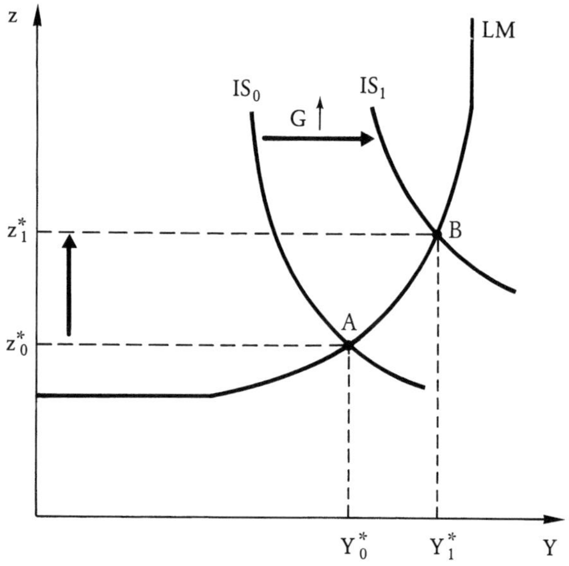


*Abb. C.11: Crowding-out-Effekt*

Wird die expansive Fiskalpolitik über die in Abb. C.10 dargestellte extreme Rezessionssituation hinaus fortgesetzt, so verschiebt sich die IS-Kurve zunehmend in den unelastischen Bereich der LM-Kurve. Die Folge ist: Das Zinsniveau steigt, und die Erhöhung des Inlandsprodukts fällt immer geringer aus.

Die **Effizienz** staatlicher Konjunkturprogramme hängt darüber hinaus entscheidend davon ab, ob – wie Keynesianer unterstellen – von derartigen Programmen tatsächlich erhebliche Multiplikatoreffekte auf die wirtschaftliche Entwicklung ausgehen. Theoretisch kann man zwar zeigen, dass die Erhöhung der Staatsausgaben um eine Einheit einen positiven Gesamteffekt auf das Inlandsprodukt bewirkt, der um ein Mehrfaches höher ist als der anfängliche Ausgabenimpuls – allerdings streng genommen erst nach unendlich vielen Anpassungsperioden. Der Multiplikator hängt im bekannten Lehrbuchfall von der marginalen Konsumquote, $c'$ (bzw. der marginale Sparneigung, $s'$) ab. In der einfachsten Version hat der Multiplikator die Form:

$$\Delta Y = \frac{1}{s'} \cdot \Delta G$$

Je geringer die Sparneigung ist, umso geringer sind die nachfrageseitigen „Sickerverluste" und umso höher ist der Multiplikator. Im Fall einer marginalen Sparneigung von beispielsweise 20 Prozent ($s' = 0{,}2$) würde eine Steigerung der Staatsausgaben um eine Einheit zu einer Erhöhung des Inlandsprodukts um das Fünffache führen. Je ausgeprägter dieser Vervielfacherprozess ist, umso leichter könnte man sich, bildlich gesprochen, mittels eines staatlichen Konjunkturprogramms „am eigenen Schopf aus dem Sumpf der Rezession herausziehen". Je höher der Multiplikator, umso mehr würde zudem infolge des einsetzenden Konjunkturaufschwungs das Steueraufkommen sprudeln und so zur Reduktion der anfänglichen Staatsverschuldung beitragen (These der Selbstfinanzierung eines staatlichen Konjunkturprogramms).

Derart hohe, wesentlich über dem Wert von Eins liegende Multiplikatoreffekte sind allerdings in der Realität kaum zu beobachten. Selbst Wirtschaftsforschungsinstitute, die eher Keynesianischem Modelldenken verbunden sind, setzen den Staatsausgabenmultiplikator (für realistische Zeitperioden) kaum höher als 1,2 an. Das bedeutet aber, dass von einer Staatsausgabenerhöhung um 1 Mrd. Euro lediglich ein Gesamteffekt von 1,2 Mrd. Euro auf die gesamtwirtschaftliche Nachfrage und damit das Inlandsprodukt ausgeht.

Zu einer ebenfalls skeptischen Einschätzung hinsichtlich des weit verbreiteten Multiplikatoroptimismus kam auch die Deutsche Bundesbank, deren Politik eher neoklassisch-monetaristische Züge trug. In ihren Untersuchungen wird zwar ebenfalls nicht bezweifelt, dass ein staatliches Beschäftigungsprogramm kurzfristig geeignet sein kann, Produktion und Beschäftigung zu erhöhen. Hierbei handle es sich jedoch nur um ein vorübergehendes **„Strohfeuer"**. Nach Auffassung der Bundesbank wirkt mittelfristig ein derartiges Beschäftigungsprogramm sogar kontraproduktiv. Es beeinträchtigt infolge negativer Begleiterscheinungen (Erhöhung des Staatsanteils, Anstieg der Staatsverschuldung, Zinssteigerungen, Inflation) auf Dauer das Wachstum und die Beschäftigung. Die Bundesbank gibt in ihren ökonometrischen Modellrechungen sogar einen negativen (!) Staatsausgabenmultiplikator (–0,6) an. Dies heißt aber nichts anderes, als dass das Inlandsprodukt infolge des staatlichen Konjunkturprogramms im Endeffekt sinkt. Im Nenner des Multiplikators erscheinen dann neben der marginalen Sparneigung $s'$ noch weitere „Sickerverluste".

Insgesamt ist festzustellen, dass das plausibel klingende Konzept, Arbeitslosigkeit durch staatliche Konjunkturprogramme zu bekämpfen, in der Praxis auf erhebliche Probleme stößt. Wenn überhaupt, so ist diese Strategie nur zur Bekämpfung der konjunkturellen Arbeitslosigkeit geeignet, nicht aber zur Bekämpfung struktureller Unterbeschäftigung.

### *b. Expansive Geldpolitik der Zentralbank*

Träger der Geldpolitik ist die Zentralbank eines Landes. Je nach Stellung der Zentralbank im Staatsgefüge kann diese entweder autonom über ihren Instrumenteneinsatz entscheiden, oder aber sie ist von Weisungen der Regierung abhängig. Im letzteren Fall ist die Regierung faktisch Träger der Geldpolitik. In der Bundesrepublik Deutschland besaß die Deutsche Bundesbank, die bis zum 31. Dezember 1998 für die nationale Geldpolitik in Deutschland zuständig war, einen gesetzlich verankerten sehr hohen Grad an Autonomie, d. h. sie konnte ihre geldpolitischen Entscheidungen unabhängig von Weisungen der Bundesregierung treffen. Die damit in Jahrzehnten gewonnenen positiven Erfahrungen für die Geldwertstabilität in der Bundesrepublik Deutschland dienten als Vorbild für die Autonomieregelung des **„Eurosystems"**, welches seit 1. Januar 1999 Träger der Geldpolitik der Euroländer ist. Das Eurosystem besteht aus der Europäischen Zentralbank im engeren Sinne (EZB, Sitz des „Euro-Towers": Frankfurt am Main) sowie den Nationalen Zentralbanken (NZBen) derjenigen Länder, die den Euro als neue Währung besitzen. Zum 1. Januar 1999 waren dies elf Nationen, mit Beginn des Jahres 2001 folgte Griechenland. Die Unabhängigkeit des Eurosystems von den Regierungen der Mitgliedsstaaten ist in Artikel 107 des Vertrages über die Europäische Union verankert.

Da eine Zentralbank die stabilisierungspolitischen Ziele des magischen Vier- bzw. Sechsecks nicht direkt beeinflussen kann, steuert sie gewissermaßen im Vorfeld sog. „geldpolitische Zwischenziele" an. Diese Zwischenziele stehen quasi stellvertretend für den „Keilriemen", über den der Transmissionsprozess vom monetären (geldwirtschaftlichen) Sektor hin zum realen (güterwirtschaftlichen) Sektor abläuft. Geldpolitische Zwischenziele können entweder Mengengrößen oder Preisgrößen sein. Innerhalb der Mengengrößen ist die **Geldmenge** das wohl bekannteste Aggregat. Sie enthält in einer engen Abgrenzung das Bargeld sowie täglich fällige Einlagen von inländischen Nichtbanken (M1). Im weiteren Sinne gehören hierzu bestimmte Termingelder und Spareinlagen (M2) bzw. spezifische Geldsubstitute wie Geldmarktfondsanteile (M3). Die Steuerung der Geldmenge erfolgt üblicherweise nicht auf direktem Wege, sondern über die im Vorfeld angesiedelte Steuerung der **Zentralbankgeldmenge** (Geldbasis). Hierbei handelt es sich um hoheitliches Geld in Form von Bargeld und Einlagen bei der Notenbank. Auch diese monetäre Größe dient vielfach als Zwischenziel der Geldpolitik. Dies gilt auch für die **Bankenliquidität** (gemessen etwa an den Freien Liquiditätsreserven der Geschäftsbanken). Sie signalisiert die Kreditvergabefähigkeit der Geschäftsbanken und umfasst das Zentralbankgeld (Bargeld bzw. Guthaben bei der Zentralbank), über das die Geschäftsbanken bereits frei verfügen (aktuelle Liquidität) und mit dem sie in das Kreditgeschäft einsteigen können. Für die Geldpolitik des Eurosystems spielt die Geldmenge M3 die wichtigste Rolle.

Monetäre Preisgrößen sind **Zinsen**. Das Ziel kann darin bestehen, das Zinsniveau entweder über den Umweg der Steuerung der monetären Mengenaggregate zu beeinflussen, oder aber mehr oder weniger direkt zu steuern. Im Rahmen seiner zinsorientierten Geldpolitik stellt das Eurosystem seine Strategie in erster Linie auf den Geldmarkt und damit auf die sich dort bildenen **Geldmarktsätze** ab. Das ist derjenige Zins, der sich im Handel mit Zentralbankgeld zwischen den Geschäftsbanken bildet. In dieses Geschehen kann die Zentralbank eingreifen. Aus der Entwicklung der Geldmarktsätze ergeben sich dann Rückwirkungen auf das übrige Zinsgefüge in der Wirtschaft, insbesondere auf Kreditzinsen bzw. Wertpapierzinsen.

Mit einer expansiven Geldpolitik versucht die Zentralbank, die kreditfinanzierten Ausgaben der Wirtschaftssubjekte positiv zu beeinflussen. Von den in Betracht kommenden **Nachfragekomponenten** sind hierbei in erster Linie die privaten Investitionen betroffen. Eine Zinssenkung wirkt prinzipiell belebend auf die Investitionstätigkeit, während umgekehrt eine Zinserhöhung die Investitionsnachfrage bremst. Nach Keynesianischer Auffassung ist das Investitionsverhalten also zinsabhängig. Als weniger zinsreagibel erweisen sich die Konsumausgaben der privaten Haushalte. Dieses Nachfrageaggregat hängt in der Keynesianischen Theorie (im Gegensatz zur Klassik) in erster Linie vom Einkommen ab. Die Staatsausgaben werden in der Theorie häufig als eine autonome, d. h. politisch vorgegebene Größe angesehen. In der Realität zeigt sich eine ziemlich ausgeprägte Zinsunempfindlichkeit der öffentlichen Hand. Insofern beeinflusst die Geldpolitik vorrangig die **Investitionsnachfrage der privaten Unternehmen**.

Grundsätzlich gilt die Geldpolitik nach Keynesianischer Auffassung als vergleichsweise wenig wirksam. Sie soll allerdings die Fiskalpolitik bei ihrer Aufgabe unterstützen. Aus Sicht der Keynesianer sollte dabei die Zentralbank in der Rezession die Bankenliquidität erhöhen, um die Kreditvergabe der Banken zu steigern und das Zinsniveau senken. Hiermit wird einerseits die Finanzierung des staatlichen Kreditbedarfs erleichtert („monetary fiscal policy“), andererseits soll die Zinssenkung die Bedingungen für die Finanzierung der privaten Ausgaben, insbesondere der Investitionen verbessern und so die private Nachfrage ankurbeln.

Einer derartigen expansiven Geldpolitik sind allerdings enge Grenzen gesetzt. Es stellt sich nämlich die Frage, warum in der Rezession bei stagnierender Nachfrage und entsprechend leeren Auftragsbüchern die Unternehmen ihre Investitionstätigkeit nur deshalb ausdehnen sollten, weil die Kreditzinsen niedrig sind. Angesichts von Überkapazitäten sehen die Unternehmer in dieser Situation keine Veranlassung, zusätzliche Kapazitäten zu schaffen. Die Zentralbank kann zwar „die Tränke füllen“ (das Kreditangebot steigern), sie kann allerdings die „Pferde“ (die Investoren) „nicht zum Saufen zwingen“. Die expansive Geldpolitik verpufft weitgehend. Dieser Sachverhalt kann wiederum analytisch im IS-LM-Diagramm gezeigt werden (s. Abbildung Seite 52).

Wie aus Abbildung C.12 ersichtlich ist, bewirkt eine Erhöhung der Geldmenge allgemein eine Verschiebung der LM-Kurve nach rechts. In der Rezession, also im Keynesschen Bereich der LM-Kurve, liegt der Zinssatz allerdings bereits auf einem extrem niedrigen Niveau. Eine Erhöhung der Geldmenge führt hier zu keiner weiteren Zinssenkung. Das zusätzlich von der Zentralbank bereitgestellte Geld verschwindet in der sog. Spekulationskasse. In ihr bewahren die Wirtschaftssubjekte

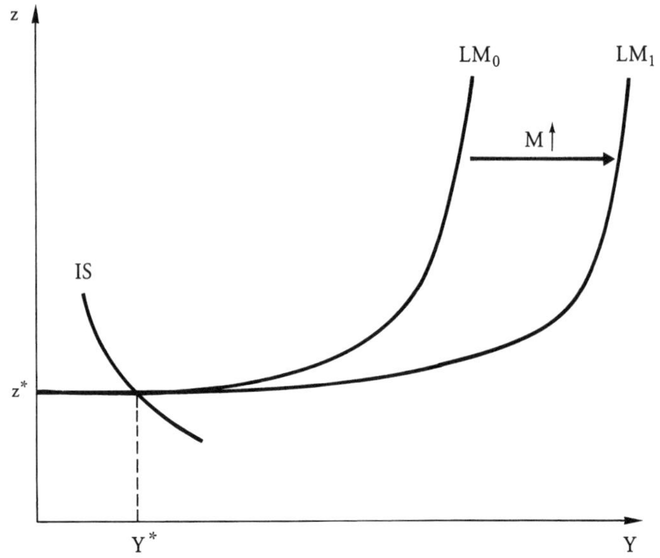


*Abb. C.12: Expansive Geldpolitik im Keynesschen Bereich*

liquide Mittel lediglich auf, um damit bei Bedarf in Wertpapieren zu spekulieren. Diese Gelder werden jedoch nicht auf dem Gütermarkt nachfragewirksam, sie verschwinden in der **Liquiditätsfalle.** Dadurch wird die Geldpolitik im Extremfall völlig wirkungslos.

Sollte sich die Volkswirtschaft in einer weniger schweren Rezession befinden, d. h. das Ausgangseinkommen weiter rechts liegen, so bewirkt eine Verschiebung der LM-Kurve nach rechts, d. h. die Ausweitung der Geldmenge, eine Senkung des Zinses. Dies zieht höhere private Investitionen nach sich, wodurch das Inlandsprodukt steigt. Dies eröffnet die Chance eines Rückgangs der vorhandenen Arbeitslosigkeit. Doch auch hier ist keineswegs sicher, dass sich das Inlandsprodukt nennenswert erhöht und damit neue Arbeitsplätze entstehen. Verläuft die IS-Kurve nämlich sehr steil, ist das Investitionsverhalten also wenig zinselastisch, so ist die konjunkturbelebende Wirkung nur gering, im Grenzfall sogar null (**„Investitionsfalle“**). Aber selbst wenn eine Steigerung Investitionstätigkeit und damit des Inlandsprodukts zustande kommt, ist nicht sichergestellt, dass hiervon auch positive Beschäftigungseffekte ausgehen. Handelt es sich nämlich bei den zusätzlichen Investitionen nämlich vorrangig um (arbeitskraftsparende) **Rationalisierungsinvestitionen**, so schwächt dies den erwünschten Beschäftigungseffekt entsprechend ab. Hier zeigt sich eine weitere Grenze der expansiven Geldpolitik.

Die mangelnde konjunkturpolitische Wirksamkeit der Geldpolitik äußert sich insbesondere auch in zeitlichen Wirkungsverzögerungen (**„time lags“**). Die Zentralbank ist zwar in der Regel in der Lage, die Maßnahmen ohne große Zeitverzögerungen zu ergreifen, der sog. „inside lag“ ist also kurz. Im Anschluss an die geldpolitische Maßnahme offenbart sich aber das eigentliche Handicap der Geldpolitik, nämlich deren indirekte Wirkung auf die eigentlichen Ziele der Geldpolitik. Auf dem langen – und im Einzelnen umstrittenen – Weg vom Ergreifen der Maßnahmen bis zur Wirkung auf die letzten Ziele (Preisniveaustabilität, Vollbeschäftigung usw.) können wegen der beschriebenen Probleme (Liquiditätsfalle, geringe Zinselastizität der Investitionstätigkeit u. a. m.) unter Umständen bis zu zwei Jahren vergehen. Wegen dieses sog. „outside lags“ muss die Geldpolitik, um überhaupt hinreichend expansive Wirkungen auf die Investitionstätigkeit und Beschäftigung zu erreichen, im Zweifel die Liquiditätszufuhr in das Bankensystem sehr stark erhöhen bzw. ihre Leitzinsen kräftig herabsetzen, um die Kreditzinsen genügend abzusenken.

Insgesamt besteht die Gefahr, dass die (durchaus gut gemeinte) antizyklische Geldpolitik wegen der Existenz von Zeitverzögerungen (vor allem infolge des outside lags) **prozyklisch** wirkt. Die Konjunkturschwankungen werden dadurch nicht gedämpft, sondern verstärkt. Zudem ist darauf zu verweisen, dass in einem internationalen Währungssystem mit festen Wechselkursen (z. B. Europäisches Währungssystem) eine nationale Geldpolitik faktisch zum Scheitern verurteilt ist, da die Zentralbank infolge der Interventionspflicht am Devisenmarkt die Geldmenge nicht zuverlässig steuern kann. Monetaristen plädieren daher für **eine Abkehr von der antizyklischen Geldpolitik** sowie für eine außenwirtschaftliche Absicherung der Geldmengensteuerung durch flexible Wechselkurse.

Die durch die Geldmengenausweitung entstandene **„Überliquidisierung“** der Volkswirtschaft wirkt sich zwar in der Rezession kaum aus. In der Praxis ist es jedoch im darauf folgenden Boom kaum möglich, das in der Rezession geschaffene hohe Inflationspotenzial („Geldmengenüberhang“) wieder abzubauen. Die Folge ist, dass die Geschäftsbanken im Boom ihre Kreditvergabe stärker ausdehnen können, als dies ohne die expansiven geldpolitischen Maßnahmen in der Rezession möglich gewesen wäre. Die expansive Geldpolitik führt dann zu einem „Überschäumen“ der Hochkonjunktur, sie wirkt letztlich **inflatorisch**. In diesem Punkt zeigt sich ein für die Geldpolitik bedeutsamer Zielkonflikt: Die Bekämpfung von Arbeitslosigkeit muss mit Inflation erkauft werden. Dieser Tatbestand findet seinen Ausdruck in der bekannten **„Phillips-Kurve“**, auf die an späterer Stelle noch ausführlicher eingegangen wird. Umgekehrt gilt, wenn die Geldpolitik versucht, Boomsituationen zu bekämpfen.

Eine Feinsteuerung der Konjunktur mittels Geldpolitik ist somit faktisch unmöglich. Auf dieses Problem verweisen insbesondere Monetaristen und lehnen konsequenterweise die antizyklische Geldpolitik ab. An ihre Stelle sollte eine verstetigende Geldpolitik treten. Dabei soll sich das geldpolitische Handeln nicht an der zyklischen Entwicklung der Nachfrage, sondern an der trendmäßigen Entwicklung des Produktionspotenzials orientieren.

### *c. Expansive Außenwirtschaftspolitik des Staates und der Zentralbank*

Ansatzpunkte der Außenwirtschaftspolitik sind hier die Exporte und Importe von Waren und Dienstleistungen. Den Saldo von Exporten und Importen bezeichnet man als **Außenbeitrag** (AB):

$$AB = Ex - Im$$

In der Rezession besteht aus konjunkturpolitischer Sicht das Ziel der Außenwirtschaftspolitik darin, den Außenbeitrag zu erhöhen. Dies kann durch Steigerung der Exportnachfrage und/oder Drosselung der Importnachfrage geschehen. Zur Ankurbelung der **Ausfuhren** kommen beispielsweise Exportsubventionen in Betracht. Umgekehrt könnten die **Importe** durch protektionistische Maßnahmen gebremst werden. So könnte z. B. der Staat auf ausländische Güter Einfuhrzölle (sog. tarifäre Handelshemmnisse) erheben, Importquoten verhängen oder die Einfuhren durch unterschiedlichste protektionistische Maßnahmen (sog. nicht-tarifäre Handelshemmnisse) erschweren. Im Grunde handelt es sich hierbei um außenwirtschaftliche Protektions- und Subventionsmaßnahmen. Die heimische Exportwirtschaft soll gefördert und zugleich vor ausländischer Konkurrenz geschützt werden. Es ist nur zu verständlich, dass sich das Ausland zur Wehr setzt und Gegenmaßnahmen ergreift. Diese Formen der Außenwirtschaftspolitik stehen in krassem Widerspruch zu dem Gedanken des internationalen Freihandels. Sie sollten daher im Interesse aller Beteiligten unterbleiben.

Zur Erhöhung des Außenbeitrages wird vielfach auch die **Abwertung** der heimischen Währung empfohlen. Dies bedeutet, dass beispielsweise für einen US-Dollar mehr Euro bezahlt werden müssen. Dadurch verteuern sich für die heimische Wirtschaft die Importgüter, was ceteris paribus einen Rückgang der Importe nach sich zieht. Umgekehrt erhalten ausländische Wirtschaftssubjekte für eine Einheit ihrer Währung eine größere Euro-Menge, d. h. Ausländer können wegen des für sie nunmehr günstigeren Wechselkurses preiswerter im Euroraum einkaufen. Dies bewirkt einen Anstieg der Exporte beispielsweise in die USA. Die Abwertung der eigenen Währung regt tendenziell die Exportnachfrage an und mindert die Importe, d. h. der Außenbeitrag wird größer. Als Folge hiervon steigen Produktion und Beschäftigung im Inland. Inwieweit über die Höhe der Wechselkurse entschieden werden kann, und wer diese Entscheidung trifft, hängt vom **Wechselkurssystem** ab. Liegt ein System fester Wechselkurse vor (z. B. Europäisches Währungssystem bis zur Einführung des Euro), so müssen die beteiligten Regierungen die Neufestsetzung der Wechselkurse beschließen. Bei flexiblen Wechselkursen kann die Europäische Zentralbank durch Ankauf ausländischer Währungen deren Kurs am Devisenmarkt in die Höhe treiben und so den Euro gegenüber diesen Währungen abwerten. Die Erfahrungen zeigen indes, dass sich eine Zentralbank auf Dauer nicht gegen die Marktkräfte stemmen kann, d. h. die Abwertung der heimischen Währung nur kurzfristig eintritt.

Sollte gleichwohl die Abwertungsstrategie erfolgreich sein, so sind im Ausland die gegenläufigen Effekte dieser Abwertungsstrategie zu verzeichnen: Dort sinken Produktion und Beschäftigung. Die heimische Unterbeschäftigung wird somit auf Kosten des Auslandes bekämpft (**„Export von Arbeitslosigkeit“**). Es kann daher nicht überraschen, wenn sich das Ausland gegen die Abwertung der fremden Währung und die damit verbundenen Produktions- und Beschäftigungseinbußen zur Wehr setzt. Im Zweifel wird es seine eigene Währung ebenfalls abwerten, um so den wechselkurspolitisch gewonnenen Wettbewerbsvorsprung des abwertenden Landes zu neutralisieren. Abwertungswettläufe und eine Zerrüttung des internationalen Währungssystems sind die Folge. Es sollte daher im Interesse eines prosperierenden Welthandels darauf verzichtet werden, die heimischen Beschäftigungsprobleme auf Kosten des Auslandes zu lösen.

### 3. Zusammenfassung

Zusammenfassend kann festgehalten werden, dass die Umsetzung des Lehrbuchkonzepts einer expansiven Geld-, Fiskal- und Außenwirtschaftspolitik zur Bekämpfung der konjunkturellen Arbeitslosigkeit mit erheblichen Problemen behaftet ist. Selbst wenn diese Politik in der Rezession erfolgreich sein sollte, die Arbeitslosigkeit also sinkt, besteht immer das Risiko, dass infolge einer fehlerhaften Handhabung des Konzepts auf Dauer mehr Probleme entstehen, als kurzfristig Probleme gelöst werden. Gerade die Erfahrungen der sechziger und frühen siebziger Jahre haben gezeigt, dass eine kurzfristig durchaus „erfolgreiche" Konjunkturpolitik aus der historischen Perspektive gesehen keineswegs mehr zwingend als „erfolgreich" einzuschätzen ist.

Die negativen Begleiterscheinungen einer Wirtschaftspolitik, die vorwiegend auf die expansive Beeinflussung der Nachfrage angelegt war, traten besonders zu Beginn der siebziger Jahre offen zutage. Die im Keynesianismus wurzelnde Zusicherung seitens des Staates, jederzeit konjunkturellen Krisen entgegenzusteuern, war Ausdruck des Glaubens an die **„Machbarkeit der Konjunktur"**. Damit war auch das Versprechen verbunden, die gegebenenfalls auftretende Arbeitslosigkeit mit Konjunkturprogrammen zu bekämpfen. Insoweit bestand eine Art **„staatliche Vollbeschäftigungsgarantie"**. Die Folge war, dass sich die Funktionsbedingungen des marktwirtschaftlichen Systems änderten. Da Arbeitslosigkeit und Unterauslastung der Kapazitäten nur noch ein begrenztes Risiko darstellten, vollzog sich ein Wandel in den Verteilungsauseinandersetzungen zwischen Arbeitgebern und Arbeitnehmern.

Speziell Anfang der siebziger Jahre – also im unmittelbaren Anschluss an die „erfolgreiche" Bekämpfung der Rezession von 1967 durch den damaligen Wirtschaftsminister Karl Schiller –, nahm die Aggressivität der Verteilungskämpfe zu. Die Durchsetzung hoher Lohnforderungen war dabei für die Gewerkschaften beschäftigungspolitisch weitgehend risikolos – hatte der Staat doch zugesichert, dass er Beschäftigungseinbrüchen jederzeit wieder entgegensteuern würde. Die Folge war eine Eskalation der Verteilungsauseinandersetzungen. Auch die Unternehmen setzten den Lohnforderungen nur geringe Wiederstände entgegen. Im Zweifel konnten infolge der expansiven Wirtschaftspolitik die höheren Lohnkosten in die Preise der Waren und Dienstleistungen überwälzt werden. Dies trug wesentlich zu der anfangs der siebziger Jahre aufkommenden Inflation bei.

Um den Inflationsprozess zu stoppen, leitete die Deutsche Bundesbank 1974 bewusst mit ihrer „Neuen Geldpolitik" eine **„Stabilisierungskrise"** ein. Die Wirkung des drastischen Bremskurses war zwar in der Folgezeit ein Rückgang der Inflation; zuerst kam es jedoch zu einem Einbruch von Produktion und Beschäftigung. Die wirtschaftliche Entwicklung war über mehrere Jahre durch Stagflation gekennzeichnet – also das gleichzeitige Auftreten von hoher Inflation und hoher Arbeitslosigkeit. Die **Stagflationsentwicklung** der siebziger Jahre wird daher vielfach als Folge der Keynesianischen antizyklischen Konjunkturpolitik interpretiert.

Im Übrigen birgt eine antizyklische Wirtschaftspolitik stets die Gefahr der Destabilisierung in sich. Die fallweisen Eingriffe von Staat und Zentralbank führen zur **Verunsicherung der Wirtschaftsakteure**. Investoren und Konsumenten wissen nicht, wann und wie die staatlichen Autoritäten entscheiden. Die sich hieraus ergebende Destabilisierung der Erwartungen erschwert die Aufstellung von Wirtschaftsplänen und verschärft im Zweifel die Zyklen. Zudem sammeln die Wirtschaftssubjekte aber auch im Laufe der Zeit Erfahrung mit den antizyklischen Maßnahmen und berücksichtigen die Maßnahmen bei ihren Entscheidungen („Theorie der rationalen Erwartungen"). Dadurch verliert die Keynesianische Wirtschaftspolitik aber nur noch mehr an Wirksamkeit.

Angesichts der zunehmenden Grenzen der Keynesianischen Konjunkturpolitik wurde in den meisten westlichen Industrieländern zu Beginn der achtziger Jahre ein Konzeptionswechsel weg von der „Nachfrageorientierten" und hin zur **„Angebotsorientierten Wirtschaftspolitik"** vollzogen. Ein Paradigmawechsel war allerdings auch deshalb erforderlich, weil die Probleme der siebziger und achtziger Jahre kaum noch als „konjunkturell" einzustufen waren. Es dominieren seither die strukturellen Ursachen der Unterbeschäftigung. Das gilt erst recht mit Blick auf die neuen Bundesländer seit der Vereinigung der beiden deutschen Staaten.

Einen abschließenden Überblick der Ursachen und Bekämpfungsmöglichkeiten konjunktureller Arbeitslosigkeit sowie der dabei auftretenden Probleme vermittelt Abbildung C.13.

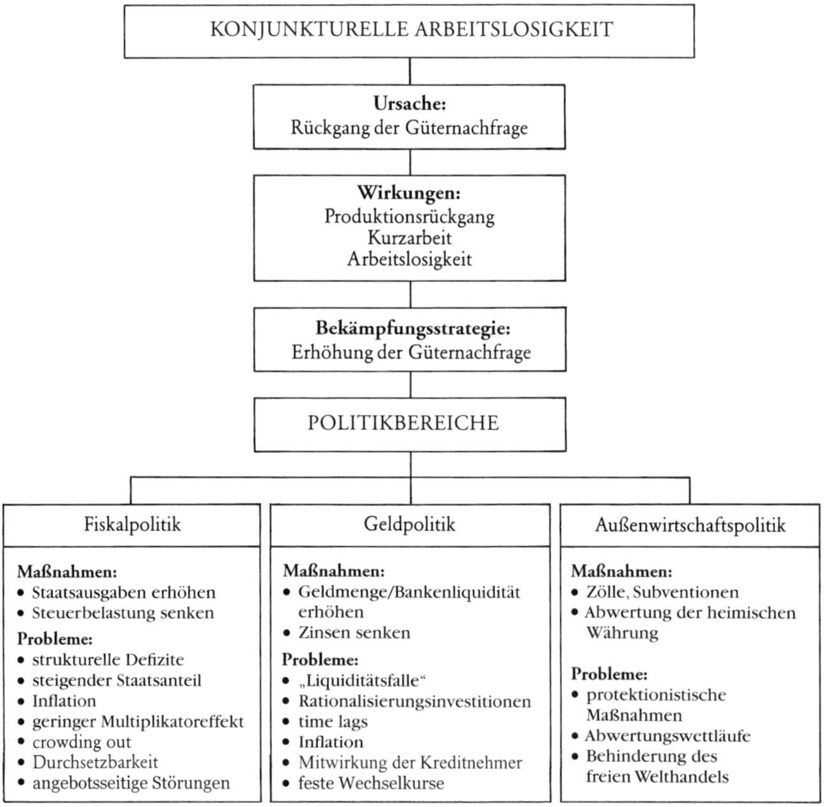


*Abb. C. 13: Zusammenfassende Übersicht zur konjunkturellen Arbeitslosigkeit*

# VI. Strukturelle Arbeitslosigkeit: Ursachen und Bekämpfungsmöglichkeiten

## 1. Strukturelle Arbeitslosigkeit im weiten und engeren Sinn

Wie bereits erwähnt, wird der Begriff „strukturelle Arbeitslosigkeit" häufig in einer sehr **weiten** Abgrenzung gebraucht. Danach ist derjenige Teil der Arbeitslosigkeit, der nicht auf friktionelle und saisonale Faktoren sowie vorübergehende Konjunktureinbrüche zurückzuführen ist, „struktureller" Natur. In der jüngeren Vergangenheit ist die letzte Hochkonjunktur auf das Jahr 1990 zu datieren; im Zuge des damaligen „Einigungsbooms" waren praktisch alle Wirtschaftszweige nahezu vollständig ausgelastet, der Auslastungsgrad des Produktionspotenzials lag bei 100 %. Die konjunkturelle Arbeitslosigkeit dürfte damals bei rund 500 000 Personen gelegen haben; geht man von einem friktionellen und saisonalen Sockel von 250 000 arbeitslosen Personen aus, so verblieb damals bei insgesamt etwa 1,9 Mio. Arbeitslosen ein „struktureller Rest" von etwa einer Mio. Personen, für die es keine Arbeitsplätze gab. Diese hohe Zahl erfuhr in den neunziger Jahren eine weitere massive Steigerung; angesichts von rund 5,2 Mio. registrierten Arbeitslosen zu Beginn des Jahres 2005 und einer geschätzten konjunkturellen Arbeitslosigkeit von 900 000 Personen sowie einer Sockelarbeitslosigkeit von etwa 250 000 Personen errechnete sich eine strukturelle Arbeitslosigkeit im weiten Sinne in Höhe von ca. 4 Mio. Personen.

Es ist jedoch sinnvoll, den Begriff **„strukturell" in einem engeren Sinne** zu verwenden und auf teilwirtschaftliche (nicht gesamtwirtschaftliche) Erscheinungen zu beschränken. Als typische Strukturmerkmale kommen dabei branchenmäßige, regionale, personenspezifische Beschäftigungsprobleme in Betracht. Im Folgenden ist mit „struktureller Arbeitslosigkeit" diese engere Abgrenzung gemeint, die grundsätzlich ein teilwirtschaftliches Phänomen ist. Es herrscht also nicht etwa ein globales Ungleichgewicht am Arbeitsmarkt schlechthin (d. h. ein generell zu geringes Arbeitsplatzangebot), sondern es liegen lediglich **Ungleichgewichte auf bestimmten Teilarbeitsmärkten** vor. Ein Beispiel hierfür bildet eine zu große Zahl an ungelernten Arbeitskräften bei gleichzeitigem Facharbeitermangel. Kennzeichnend ist somit ein Überangebot an Arbeitskräften auf bestimmten Teilarbeitsmärkten bei gleichzeitiger Arbeitskräfteknappheit auf anderen Teilarbeitsmärkten. Die offenen Stellen (das Arbeitsplatzangebot) sind vorhanden, aber Arbeitslose und offene Stellen finden infolge von Merkmalsunterschieden (berufliche Qualifikation und Erfahrung, regionale Verteilung u. a. m.) nicht zueinander. Man spricht hier auch von **Merkmalsdiskrepanzen** oder **Profildiskrepanzen** auf dem Arbeitsmarkt.

Wären die Arbeitskräfte unendlich anpassungsfähig (mobil), so wäre das Phänomen der strukturellen Arbeitslosigkeit kein Problem. Denn dann könnte etwa aus einem arbeitslosen Bleisetzer sofort ein Softwareingenieur werden. Die Annahme der unbegrenzten Anpassungsfähigkeit, d. h. der vollständigen Mobilität der Arbeitskräfte an die sich ändernde Arbeitskräftenachfrage ist allerdings unrealistisch.

Mit Blick auf die in der Realität zu beobachtenden Mobilitätsdefizite kann strukturelle Arbeitslosigkeit auch als **„Mobilitätsdefizit-Arbeitslosigkeit“** bezeichnet werden. Gelegentlich findet sich für diese Art von Unterbeschäftigung auch die Bezeichnung **„Mismatch-Arbeitslosigkeit“**.

Die Folgen mangelnder Anpassungsflexibilität sind die beschriebenen Ungleichgewichte auf Teilarbeitsmärkten. So waren im Februar 2005 in Deutschland bei den Arbeitsagenturen 333 000 offene Stellen gemeldet. Hinzu kamen nach Schätzungen weitere ca. 600 000 nicht gemeldete offenen Stellen. Somit hätten rund eine Mio. Arbeitsplätze quasi sofort besetzt werden können, jedoch standen für sie keine „passenden“ Arbeitskräfte zur Verfügung.

## 2. Ursachen und Arten der strukturellen Arbeitslosigkeit

Die Gründe für die Existenz der strukturellen Arbeitslosigkeit liegen sowohl im wirtschaftlichen Entwicklungsprozess als auch bei den betroffenen Arbeitslosen selbst. Danach kann zwischen zwei Kategorien der strukturellen Arbeitslosigkeit unterschieden werden:

- strukturwandelbedingte Arbeitslosigkeit; hier sorgt der wirtschaftliche Wandel für eine geänderte Zusammensetzung des Bedarfs an Arbeitskräften. Im Vordergrund steht also die **Arbeitskräftenachfrage**, deren Veränderung ihrerseits wiederum in erster Linie die Folge einer geänderten Zusammensetzung der Güternachfrage ist;
- auf persönlichen Eigenschaften beruhende Arbeitslosigkeit; die Ursachen für Arbeitslosigkeit liegen in diesem Fall bei den betroffenen Personen selbst. Oder anders formuliert, „schuld“ an der Arbeitslosigkeit ist die Struktur der **Angebotsseite des Arbeitsmarktes.**

Allerdings ist schon an dieser Stelle auf mögliche Überschneidungen hinzuweisen. So geht beispielsweise Arbeitslosigkeit in der Landwirtschaft einerseits mit einem geringeren Bedarf an Landarbeitern und andererseits mit einer – im Nachhinein – „falschen“ Berufswahl des Landarbeiters einher.

### *a. Strukturwandelbedingte Arbeitslosigkeit*

Ein entscheidender Auslöser der strukturellen Arbeitslosigkeit ist der **Strukturwandel** in der Volkswirtschaft. Struktureller Wandel ist eine normale und zugleich notwendige Begleiterscheinung des wirtschaftlichen Wachstums- und Entwicklungsprozesses. Bestimmte Branchen, Produkte, Regionen oder Berufe stagnieren, während andere Branchen, Produkte, Regionen oder Berufe überdurchschnittlich wachsen. Aus dem Strukturwandel gehen also immer Verlierer und Gewinner hervor. Wenngleich die strukturellen Verschiebungen in einer Volkswirtschaft für die Verlierer schmerzhaft ausfallen, darf nicht übersehen werden, dass ohne Strukturwandel auf Dauer kein Wachstum möglich ist. Eine Wirtschaftspolitik, die versuchen würde, „alte“ Strukturen und damit „alte“ Arbeitsplätze zu konservieren, würde langfristig nicht nur den Wohlstand in einer Gesellschaft, sondern auch die Beschäftigung gefährden. Vollzieht sich der Strukturwandel nicht zu rasch, so sind auch die beschäftigungspolitischen Anpassungsprobleme lösbar – allerdings nicht zwingend für jeden einzelnen Arbeitnehmer; denn in der Praxis wird sich beispielsweise ein älterer Bleisetzer kaum noch beruflich umorientieren. In jedem Fall aber bringt der Strukturwandel einen geänderten Bedarf an Arbeitskräften mit sich. Der Strukturwandel hat also unmittelbare Auswirkungen auf die **Arbeitsnachfrage**.

Die **Ursachen** des Strukturwandels sind ausgesprochen komplex. Sie werden in der Wissenschaft entsprechend kontrovers diskutiert. Im Folgenden können diese Ursachenfaktoren, die zu bestimmten Arten der strukturellen Arbeitslosigkeit führen, daher nur kurz gestreift werden.

Sichtbarer Ausdruck des Strukturwandels sind die Ergebnisse, wie sie in der bekannten **Drei-Sektoren-Hypothese** (C. Clark, J. Fourastié) zum Ausdruck kommen. So ging in Deutschland während der letzten hundert Jahre der Anteil der Erwerbstätigen im **primären Sektor** (Land- und Forstwirtschaft, Fischerei) stetig zurück. Im Zuge der Industrialisierung nahm der Beschäftigtenanteil im **sekundären Sektor** (Warenproduzierendes Gewerbe) bis Anfang der siebziger Jahre kontinuierlich zu; seitdem ist jedoch auch in diesem Bereich ein Rückgang des Erwerbstätigenanteils festzustellen. Ungebrochen verlief die Zunahme der Erwerbstätigkeit lediglich im **tertiären Sektor** (private und staatliche Dienstleistungen). Die Entwicklungstendenz kann Abbildung C.14 entnommen werden.

Aus diesem Bild geht eindrucksvoll der wirtschaftliche und soziale Wandel in unserer Gesellschaft hervor. Aus einer **Agrargesellschaft** (sog. primäre Gesellschaft) heraus vollzog sich die Entwicklung zunächst hin zur **Industriegesellschaft** (sekundäre Gesellschaft). Aber auch dieses Stadium war nur vorübergehend, danach bewegten sich die „reifen“ Volkswirtschaften in Richtung einer **Dienstleistungsgesellschaft** (tertiäre Gesellschaft). Im internationalen Vergleich nimmt die Bun-

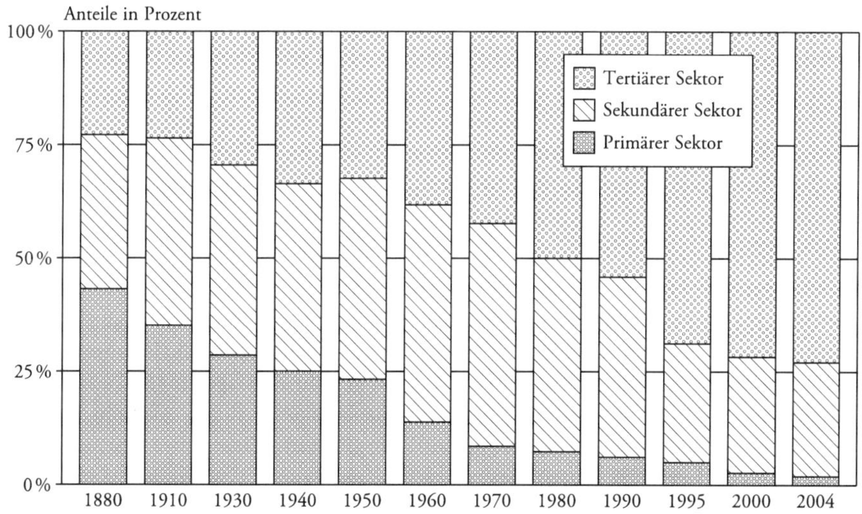


*Abb. C.14: Sektorale Struktur der Erwerbstätigkeit in Deutschland*

desrepublik Deutschland bei den Dienstleistungen mit einem Anteil von 71 Prozent im Jahr 2004 einen Platz im Mittelfeld ein. Dies gilt sowohl für den Beschäftigtenanteil im tertiären Sektor als auch dessen Beitrag zur Gesamtproduktion. An der Spitze liegen die Niederlande und die USA, wo zur Zeit rund drei Viertel der Erwerbstätigen in Dienstleistungsbereichen arbeiten – diese Werte resultieren allerdings auch aus unterschiedlichen statistischen Erfassungsmethoden.

In der jüngeren Vergangenheit besteht die Produktion von Waren und Dienstleistungen zunehmend aus Informationsgütern. Hierzu zählen sämtliche Informationswaren (vom PC bis zur Zeitschrift) und Informationsdienstleistungen (vom Softwareberater bis zum Lehrer). Den ständig wachsenden Informationssektor bezeichnet man als **quartären Sektor**. Schätzungen gehen davon aus, dass dieser Sektor in Deutschland inzwischen bereits mehr als die Hälfte aller Arbeitsplätze stellt. In diesem Sinne zeichnet sich eine Weiterentwicklung der hochentwickelten Gesellschaften von der Dienstleistungsgesellschaft hin zur **Informationsgesellschaft** ab.

Die **Ursachen** für die Veränderungen in der Zusammensetzung der Produktion werden sowohl in Entwicklungen auf der Nachfrageseite als auch auf der Angebotsseite der Volkswirtschaft erblickt. Auf der Nachfrageseite sind Veränderungen der **Nachfragestruktur** und damit geänderte Bedürfnisse entscheidend. Sind die Grundbedürfnisse der Bevölkerung gedeckt (primärer Sektor), so entstehen zunehmend gehobene Bedürfnisse nach materiellen Gütern (sekundärer Sektor). Aber auch hier treten im Zeitablauf Sättigungstendenzen ein, und es entstehen wachsende Bedürfnisse nach Dienstleistungen (tertiärer Sektor). Bei diesem Erklärungsansatz steht also die Änderung der Bedürfnisstruktur der privaten Haushalte im Vordergrund. Angesichts der aufgezeigten Entwicklungsphasen steigt damit die Nachfrage nach **konsumbezogenen Dienstleistungen**. Sie sind nach diesem Ansatz als Träger des Wachstums der Wirtschaft anzusehen. Über die Marktsignale passt sich die Produktionsstruktur der veränderten Nachfragestruktur an. Damit die Realisierung des nachfragebedingten Strukturwandels produktionstechnisch ermöglicht wird, müssen von Seiten der Unternehmen neue Produktionsverfahren und neue Produkte eingeführt werden. Die hierbei entstehenden Produktivitätsfortschritte (z. B. Mechanisierung und Düngung im primären Sektor oder Einsatz moderner Robotertechnik im sekundären Sektor) erlauben eine entsprechende Mehrproduktion. Damit ist untrennbar die Entstehung höherer Einkommen verbunden. Diese bilden gleichzeitig die Voraussetzung dafür, dass sich eine steigende Gesamtnachfrage auf den Gütermärkten entfalten kann.

Zum andern liegen die Ursachen des Strukturwandels auf der **Angebotsseite** der Volkswirtschaft. Das Wachstum des tertiären Sektors kommt nämlich zunehmend auch durch Dienstleistungen zustande, welche die Unternehmen selbst zunehmend benötigen und deshalb nachfragen. Man spricht hier von **produktionsbezogenen Dienstleistungen**. Sie entstehen einerseits infolge von Auslagerungen bestimmter Tätigkeiten, die bislang von den Unternehmen in eigener Regie erbracht wurden (sog. „outsourcing" oder „outhousing", z. B. vergibt eine Firma ihre Putzarbeiten, die bisher von betriebseigenen Reinigungskräften erbracht wurden, an eine Gebäudereinigungsfirma oder die bislang selbst durchgeführte Personalauswahl wird von externen Personalberatern vorgenommen). Zum andern erfolgt die Produktion mit einem ständig wachsenden Dienstleistungsanteil, sie wird also immer dienstleistungsintensiver. Beispiele für diese „inkorporierten Dienstleistungen" sind Beratungsleistungen, Forschung und Entwicklung, Werbung, After-sale-Services u. a. m.

Ungeachtet der Frage, welche Determinanten nun letztlich für den Strukturwandel verantwortlich sind, bleibt festzuhalten, dass sich im Zuge der Umstrukturierung von Nachfrage und Produktion auch der Bedarf der Wirtschaft an **Arbeitskräften** verändert. Statt Landarbeitern werden Industriearbeiter und schließlich vermehrt Dienstleister nachgefragt. Erfahrungsgemäß passen sich jedoch die Arbeitskräfte nicht schnell genug an die neuen Gegebenheiten in der Produktionssphäre an. Die Folge sind offene Stellen in den wachsenden Wirtschaftszweigen und Arbeitslosigkeit in den vom Strukturwandel negativ betroffenen Branchen. Man spricht deshalb von **branchenspezifischer** oder **sektoraler Arbeitslosigkeit**. Sie tritt als Folge geballter Entlassungen in einzelnen Branchen auf, während gleichzeitig in anderen Wirtschaftsbereichen die Produktionstätigkeit infolge von Arbeitskräfteknappheit behindert wird.

Die branchenspezifische Arbeitslosigkeit kann durch Fusionen eine Verstärkung erfahren. In der jüngeren Vergangenheit sorgten verschiedene spektakuläre Unternehmenszusammenschlüsse für Schlagzeilen. Dabei handelte es sich zu einem beträchtlichen Teil um grenzüberschreitende Fusionen, die als Ausdruck der zunehmenden Globalisierung zu werten sind. Ein wesentlicher Grund für Fusionen liegt in der Hoffnung begründet, dass Größenvorteile und Synergieeffekte zu Kosteneinsparungen führen sollen. Davon sind insbesondere auch die Arbeitskosten und damit Arbeitsplätze betroffen. Ungeachtet der Tatsache, dass im Durchschnitt nur etwa jede zweite Fusion ein Erfolg wird, gehen von Unternehmenszusammenschlüssen unbestreitbare Gefahren für die Beschäftigung aus. Die im Zuge von Zusammenschlüssen auftretenden Arbeitsplatzverluste könnten daher als **unternehmensgrößenbezogene Arbeitslosigkeit** bezeichnet werden.

**Strukturkrisen** treten einerseits auf, weil die Nachfrage nach den Produkten einer Branche nur noch unterdurchschnittlich wächst oder gar absolut zurückgeht. Beispiele hierfür sind die Landwirtschaft oder der Bergbau. Zum andern können Branchen aber auch deshalb in Strukturkrisen geraten, weil sie den Anschluss an neuere technologische Veränderungen (z. B. Mikroelektronik) verpassen bzw. weil sie aufgrund veränderter internationaler Wettbewerbsbedingungen an Konkurrenzfähigkeit verlieren (z. B. Auftreten von Schwellenländern im Textilbereich).

Einen Einblick in die sektoralen Freisetzungs- und Absorptionseffekte für die Beschäftigten in der jüngeren Vergangenheit in Deutschland vermittelt Abbildung C.15. Die Zahlen machen deutlich, in welch gewaltigen Dimensionen sich der Strukturwandel innerhalb eines Jahrzehntes vollzieht. Verlierer des Strukturwandels waren, gemessen an der Beschäftigtenentwicklung, der primäre und in noch weitaus höherem Maße der sekundäre Sektor. Alleiniger „Produzent" von neuen Arbeitsplätzen war per Saldo der Dienstleistungssektor. Die Tatsache, dass trotz der Zunahme an Arbeitsplätzen, die in der Gesamtwirtschaft zu verzeichnen war, die Zahl der Arbeitslosen in den zurückliegenden dreißig Jahren stark zunahm, ist auf das gestiegene Arbeitsangebot zurückzuführen. Auch in der Zukunft dürfte dieser Trend in möglicherweise abgeschwächter Form anhalten. Getragen wurde die positive Beschäftigungsentwicklung des tertiären Sektors teilweise von der Ausweitung des Staatssektors, insbesondere jedoch von der Expansion der privaten Dienstleistungen. Somit bleibt festzuhalten, dass in der jüngeren Vergangenheit der tertiäre Sektor per Saldo alleiniger Träger der Beschäftigtenzunahme war. Dieser Sachverhalt traf vor allem auch in den USA zu, wo in den neunziger Jahren ein regelrechtes „Beschäftigungswunder“ zu beobachten war. Besonders günstige Wachstumschancen erblickt man für die Zukunft vor allem im IT-Bereich (Informationstechnik und Telekommunikation), der in den letzten Jahren ein rasantes Umsatz- und Beschäftigungswachstum verzeichnete. Aber auch anderen Bereichen wie Umweltschutz, Datenverarbeitung, Freizeit oder Pflege werden überdurchschnittlich günstige Beschäftigungschancen eingeräumt. Die errechneten Beschäftigungsgewinne könnten nach den vorliegenden Schätzungen groß genug ausfallen, um die aus dem primären und sekundären Sektor freigesetzten Arbeitskräfte vollständig zu absorbieren. Wesentlich hängt die Aufnahmefähigkeit des tertiären Sektors dabei von der Entwicklung der Nachfrage nach (privaten und staatlichen) Dienstleistungen sowie von der Produktivitätsentwicklung in diesem Bereich ab. In der Vergangenheit war dieser Sektor durch relativ geringe Produktivitätsfortschritte gekennzeichnet – das muss allerdings nicht immer so bleiben.

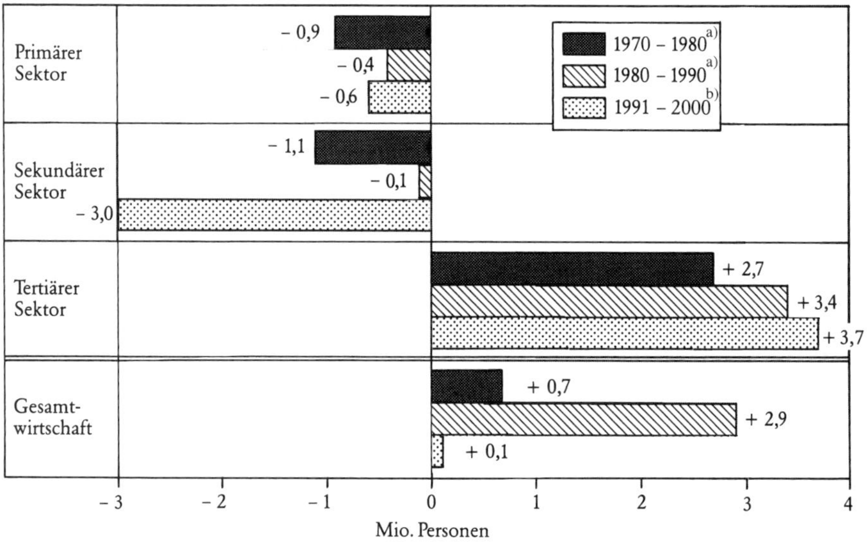


a) alte Bundesländer
b) Gesamtdeutschland

Quelle: Zusammengestellt nach Angaben des Sachverständigenrates

*Abb. C.15: Sektorale Freisetzungen und Absorptionen von Arbeitskräften in der Bundesrepublik Deutschland in Mio. Personen*

Der beschriebene Wandel der Beschäftigungsstruktur bezieht sich auf die Kräfteverschiebungen zwischen den drei genannten **Makrosektoren** – primärer, sekundärer und tertiärer Sektor. Bei dieser Betrachtung spricht man vom sog. **inter-**

**sektoralen Strukturwandel**. Gleichzeitig finden aber auch innerhalb der einzelnen Sektoren Umschichtungen der Arbeitsplätze statt. Dies ist der sog. **intrasektorale Strukturwandel**. Beispielsweise trat in der Vergangenheit innerhalb des sekundären Sektors die Stahlproduktion in den Hintergrund zugunsten der Herstellung von Kunststoffen. Innerhalb des Dienstleistungssektors rechnet man in der Zukunft mit Beschäftigungseinbußen beim Handel und Verkehr, während voraussichtlich die sonstigen privaten Dienstleistungen kräftige Beschäftigungsgewinne verbuchen können.

Untrennbar mit dem Kommen und Gehen von Sektoren ist das Prosperieren bzw. Degenerieren von Regionen verbunden. So treten beispielsweise Strukturprobleme des Bergbaus in denjenigen Regionen auf, in denen Kohle abgebaut wird. Ebenso trifft eine Krise im Schiffsbau vorwiegend bestimmte Küstengebiete. In solchen „Problemregionen“ entsteht dann **regionale Arbeitslosigkeit**. Sie ist Folge der einseitigen sektoralen Struktur der Produktion in dieser Region. Sektoraler und regionaler Strukturwandel sind daher in der Praxis eng miteinander verknüpft. Allerdings können Probleme auch eindeutig regionaler Natur sein. Das ist etwa dann der Fall, wenn eine Region aufgrund ihrer Lage benachteiligt ist (z. B. das ehemalige Zonenrandgebiet). Die Arbeitslosigkeit in den ostdeutschen Ländern ist dagegen primär ein Problem der Systemtransformation von der Zentralverwaltungswirtschaft zu einer im internationalen Wettbewerb stehenden Marktwirtschaft.

### *b. Persönliche Eigenschaften von Arbeitslosen*

Die Ursachen für Ungleichgewichte auf Teilarbeitsmärkten können auch bei den Arbeitskräften selbst zu suchen sein, also beim **Arbeitskräfteangebot**. Es handelt sich hierbei um bestimmte Eigenschaften von Personen, die ein erhöhtes Risiko, arbeitslos zu werden, in sich bergen. Dahinter steht letztlich die Struktur des Arbeitskräfteangebots. Die Strukturmerkmale des Angebots an Arbeitskräften sind äußerst vielschichtig. Als typische Unterscheidungsmerkmale kommen insbesondere in Betracht:

- Beruf bzw. Qualifikation,
- Alter,
- Geschlecht,
- Gesundheitszustand,
- Nationalität.

Aus diesen Merkmalen ergibt sich die Typologisierung der arbeitsangebotsseitigen Arbeitslosigkeit. Faktisch können einzelne Personen gleichzeitig verschiedene „Problemeigenschaften“ aufweisen.

Nimmt im Zeitablauf die Bereitschaft der Arbeitskräfte ab, sich veränderten Arbeitsmarktbedingungen anzupassen, so kann dies Ursache für strukturelle Arbeitslosigkeit sein. Man spricht von der sog. **Mobilitätsdefizit-Arbeitslosigkeit**. In diesem Zusammenhang wird vielfach auf die mobilitätsreduzierenden Effekte eines zu engmaschig geknüpften sozialen Netzes und wohlstandsstaatliches Sicherheitsdenkens verwiesen. In der Bundesrepublik Deutschland ist die **regionale**

Mobilität relativ gering. Der einmal gewählte Wohnort oder persönliche Bindungen stellen Barrieren dar, die vielfach kaum übersprungen werden. Demgegenüber erweist sich die **berufliche** Mobilität als vergleichsweise hoch. Den Nachweis hierfür liefert die ausgeprägte Bereitschaft zur Teilnahme an Umschulungsmaßnahmen.

Arbeitslosigkeit ist auch die Folge eines „falsch" gewählten Berufs bzw. eines zu niedrigen Ausbildungsniveaus. Dieser Tatbestand mündet in die **berufs- bzw. qualifikationsspezifische Arbeitslosigkeit**. Dieses Strukturmerkmal der Unterbeschäftigung besitzt in Deutschland ein besonders großes Gewicht. Wie eine Analyse der Bundesagentur für Arbeit zeigt, besaßen im Februar 2005 in Deutschland 37 % der registrierten Arbeitslosen keine abgeschlossene Berufsausbildung, dabei schnitt Westdeutschland deutlich schlechter ab als Ostdeutschland. Umgekehrt zeigen die Arbeitsmarktstatistiken umso günstigere Arbeitslosenquoten, je höher die Qualifikation liegt. So waren in Deutschland im Jahr 2004 in der Gruppe der Personen mit Hochschulabschluss lediglich ca. 5 % von Arbeitslosigkeit betroffen. Wenngleich also auch ein Studium keine Garantie für einen Arbeitsplatz bedeutet, belegt diese Zahl doch eindeutig, dass das Risiko, arbeitslos zu werden, umso geringer ist, je höherwertiger die Ausbildung („Bildung schützt vor Arbeitslosigkeit").

Eine weitere Form der auf den persönlichen Umständen des Einzelnen beruhenden Arbeitslosigkeit betrifft das Lebensalter. Sie wird als **alterspezifische Arbeitslosigkeit** bezeichnet. Erfahrungsgemäß haben ältere Arbeitnehmer überdurchschnittliche Schwierigkeiten, wieder bzw. noch einen Arbeitsplatz zu finden. Im Februar 2005 waren in Deutschland 24 % aller registrierten Arbeitslosen 50 Jahre und älter; auf die Gruppe derer, die 55 Jahre und älter war, entfielen dabei 11 % aller Arbeitslosen. Die oft jahrzehntelange Berufserfahrung spielt im Zweifelsfall nur eine untergeordnete Rolle. Auch bei der Altersgruppe von Jugendlichen kann es, wie die Beispiele zahlreicher Länder belegen, zu massiver Arbeitslosigkeit kommen. In Deutschland stellt die Jugendarbeitslosigkeit kein überdurchschnittliches Problem dar. Einer vergleichenden Studie von Eurostat zufolge waren im Jahr 2003 in Deutschland in der Altersgruppe der unter 25-Jährigen 9,5 % als arbeitslos gemeldet. Den höchsten Wert in der EU wies hier Polen auf (41,4 %), gefolgt von der Slowakischen Republik (35 %), Italien (26,8 %), Griechenland (26,3 %) und Spanien (22,7 %). Den günstigsten Wert konnten die Niederlande vermelden (5,9 %), dahinter lag Österreich (6,9 %).

Zu den persönlichen Eigenschaften zählt auch das Geschlecht. Wie die Statistiken zeigen, sind Frauen stärker von Arbeitslosigkeit betroffen als Männer. Dies gilt besonders für Ostdeutschland im Vergleich zu Westdeutschland und ist als Indiz einer **geschlechtsspezifischen Arbeitslosigkeit** zu werten. Zu beachten ist dabei, dass die Erwerbstätigkeit von Frauen vor der deutschen Einheit in der DDR deutlich höher lag als in den alten Bundesländern.

Auch die Nationalität spielt eine besondere Rolle für das Risiko, arbeitslos zu werden. Waren in den sechziger und siebziger Jahren ausländische Arbeitnehmerinnen und Arbeitnehmer willkommene „Gastarbeiter", so hat sich inzwischen die Lage auf dem Arbeitsmarkt für die ausländische Bevölkerung sehr ungünstig entwickelt.

In Westdeutschland liegt die Quote der registrierten Arbeitslosen mit ausländischer Staatsangehörigkeit seit Jahren ziemlich genau doppelt so hoch wie die Arbeitslosenquote bei Personen mit deutscher Staatsangehörigkeit. Hier handelt es sich also um eine **nationalitätsbedingte Arbeitslosigkeit**.

Schließlich ist noch besonders auf **gesundheitliche** Einschränkungen von Erwerbspersonen hinzuweisen. Eine besondere Problemgruppe stellen hierbei Schwerbehinderte dar.

Strukturelle Arbeitslosigkeit ist eine eher zählebige Erscheinung. Rasche Erfolge sind bei ihrer Bekämpfung nicht zu erwarten. Da sich zudem die Ursachenfaktoren gegenseitig überlappen und verstärken, kommt zur Bekämpfung der strukturellen Arbeitslosigkeit nur ein System von ineinandergreifenden struktur- und arbeitsmarktpolitischen Maßnahmen in Betracht. Sie werden im Folgenden skizziert.

## 3. Bekämpfungsmöglichkeiten der strukturellen Arbeitslosigkeit

### *a. Bekämpfungsmöglichkeiten der sektoralen Arbeitslosigkeit*

Die **sektorale Arbeitslosigkeit** ist, wie bereits ausgeführt, das Resultat von zwei Komponenten: Entlassungen in „Krisenbranchen" und Arbeitskräfteknappheit in prosperierenden Sektoren. Diese Profildiskrepanz legt prinzipiell zwei Wege für die Beschäftigungspolitik nahe:

- die Freisetzungseffekte in den Krisenbranchen zu minimieren. Dies ist der Ansatzpunkt für Erhaltungssubventionen sowie für protektionistische Maßnahmen;
- die „Zukunftsbranchen" zu fördern, um so neue Arbeitsplätze zu schaffen. An dieser Strategie setzen die Anpassungssubventionen sowie ein Bündel weiterer Fördermaßnahmen an.

Der erste Weg ist aus volkswirtschaftlicher Sicht der **falsche Weg**. Trotzdem wird er in der Realität sehr häufig beschritten. Wie die Erfahrung zeigt, wird bei auftretenden Branchenkrisen regelmäßig der Ruf nach dem Staat laut. Er soll mit finanziellen Hilfen zur Erhaltung der Produktion und damit der Beschäftigung beitragen. Die Branchenschutzmaßnahmen erfolgen in der Praxis über ein breit gefächertes Arsenal von Aktivitäten. Sie lassen sich im Kern auf nationale Unterstützungsmaßnahmen sowie Schutzmaßnahmen der betroffenen Branchen gegenüber ausländischer Konkurrenz reduzieren.

Die Unterstützungsmaßnahmen münden in die immer wieder heftig umstrittenen **Erhaltungssubventionen**. Sie werden vor allem aus sozialpolitischen Erwägungen heraus gewährt. Wenngleich nahezu alle Politiker und Wissenschaftler den Umfang dieser Kategorie von Subventionen kritisieren („Prothesen einer gehbehinderten Volkswirtschaft") und einen Abbau fordern, erweist sich die praktische Durchsetzbarkeit dieser Pläne offensichtlich als unmöglich.

Ein zweiter Ansatz zur Konservierung nicht mehr wettbewerbsfähiger Branchen ist die **Protektionspolitik**. Sie zielt darauf ab, ausländische Anbieter von den heimischen Märkten fernzuhalten. Die Mittel hierzu sind zum einen Importzölle. Sie verteuern die ausländischen Produkte und sichern auf diese Weise künstlich die preisliche Wettbewerbsfähigkeit der inländischen Produzenten. Zum andern gehören hierzu die sog. nicht-tarifären Handelshemmnisse. Ein bekanntes Beispiel ist die bewusst schleppende Abfertigung von Importen. Durch solche Schikanen sollen ausländische Konkurrenten letztlich dazu veranlasst werden, das Angebot ihrer Güter möglichst stark zurückzunehmen oder gar ganz einzustellen. Allerdings laufen derartige Maßnahmen den internationalen Bestrebungen entgegen, durch Abschaffung von Handelsschranken den Welthandel zu fördern. Die **WTO-Verhandlungen** (World Trade Organisation, Nachfolgeorganisation des GATT) der jüngeren Vergangenheit zeigen, wie schwer es ist, im Zweifelsfall die nationalen hinter die internationalen Interessen zu stellen. Besonders geschützt und subventioniert ist seit jeher die Landwirtschaft, und zwar nicht nur in der Europäischen Union, sondern weltweit. Eine hohe Protektionsrate weisen auch die Bereiche Kohlebergbau, Bekleidung und Textil sowie Eisen und Stahl auf.

Aus volkswirtschaftlicher Sicht ist es prinzipiell **unsinnig**, Arbeitsplätze zu schützen, die nicht mehr wettbewerbsfähig sind. Dies gilt sowohl auf nationaler als auch auf internationaler Ebene. Die Lasten des Protektionismus haben die (noch) florierenden Branchen in Form von Steuern, Abgaben und höheren Preisen zu tragen. Dies hemmt deren Entwicklungschancen, und es entsteht auf Dauer nicht weniger, sondern mehr Arbeitslosigkeit. Der Wohlstand in einer Gesellschaft kann langfristig aber nur dann gesichert und gesteigert werden, wenn die Produktions- und Beschäftigungsstruktur laufend den nationalen und internationalen Marktbedingungen angepasst werden. Im Zuge dieser unvermeidlichen Anpassungsprozesse ist strukturelle Arbeitslosigkeit faktisch nicht zu vermeiden, auch wenn dies für die Betroffenen bitter klingt.

Der erfolgreichere Lösungsansatz zur Bekämpfung sektoraler Arbeitslosigkeit liegt nicht in der defensiven, sondern in der offensiven Vorgehensweise. Es gilt, diejenigen Branchen staatlich zu unterstützen, die den Anschluss an technologische und organisatorische Neuerungen suchen, um dadurch national und international wettbewerbsfähig zu werden. Die hierbei vom Staat für einen Übergangszeitraum gezahlten Gelder heißen **Anpassungssubventionen**. Da sie den Strukturwandel unterstützen, sind sie anders zu beurteilen als die Erhaltungssubventionen, die ja den Strukturwandel behindern. Die Rechtfertigung für die Zahlung von Anpassungssubventionen liegt in der Tatsache begründet, dass erfahrungsgemäß vor allem diejenigen Branchen überdurchschnittlich wachsen, die eine **hohe Innovationsaktivität** aufweisen. Infolge der Produkt- und Prozessinnovationen liegen dort die Produktivitäten überdurchschnittlich hoch. Dies erlaubt die Ausweitung von Produktion und Beschäftigung und entlastet somit den Arbeitsmarkt.

Die im Einzelnen zum Einsatz gelangenden staatlichen Instrumente zur positiven Bewältigung des Strukturwandels sind vielfältig. Von herausragender Bedeutung sind die Anstrengungen für Bildung und Forschung. Eine entsprechende **Bildungsinfrastruktur** ist Voraussetzung für das Vorhandensein der erforderlichen hochqualifizierten Arbeitskräfte. Parallel dazu bedarf es einer leistungsfähigen **Forschungsinfrastruktur**. Sie bildet die Grundvoraussetzung für Innovationserfolge. Auch bestehen keine grundsätzlichen Bedenken gegen die Unterstützung von Existenzgründungen in Zukunftsbranchen oder staatliche Fördermaßnahmen in zukunftsweisenden Technologien. Die Erfolge einer gezielten **Technologiepolitik** zeigt eindrucksvoll das Beispiel von Japan, das inzwischen in der Schlüsselindustrie der Halbleiterproduktion international führend ist. In den Fächer technologiefördernder Maßnahmen gehört des Weiteren die Verbesserung des Technologietransfers. Ein generelles Problem der skizzierten Maßnahmen bildet deren **Finanzierung**. Gerade in Zeiten, in denen ohnehin Engpässe in den Haushalten der öffentlichen Hände auftreten, sind die zu ergreifenden Maßnahmen sehr sorgfältig auf ihre Notwendigkeit hin zu überprüfen. Dies gilt in erster Linie für Erhaltungssubventionen. Grundsätzlich ist der Staat aufgerufen, sich der ohnehin um sich greifenden Subventions- und Protektionsmentalität entgegenzustemmen. Er soll vor allem die Voraussetzungen für eine möglichst reibungslose Anpassung an den nationalen und internationalen Strukturwandel verbessern. Die Politik der Subventionierung sollte dabei in erster Linie überbetrieblich und nicht einzelbetrieblich ausgerichtet sein; dadurch werden Wettbewerbsverzerrungen vermieden. Eine **breit gestreute Förderung**, in der die Grundlagenforschung einen hohen Stellenwert einnimmt, sowie die Verbesserung der Rahmenbedingungen ist auf Dauer erfolgreicher als eine gezielte Struktur- und Technologiepolitik, die versucht, den Strukturwandel in eine bestimmte Richtung zu lenken. In einer Marktwirtschaft kann es nicht Aufgabe des Staates sein, darüber zu befinden, welche Branchen und Technologien als besonders förderungswürdig gelten und welche Wirtschaftszweige, Technologien oder Berufe auf die „Negativliste" des Strukturwandels zu setzen sind. Denn dies hieße ja letztlich nichts anderes, als dass der Staat die Bedürfnisstruktur der Gesellschaft und Güterknappheiten festlegt. Darüber hat aber der Markt zu entscheiden.

Eine Milderung könnten die Arbeitsmarktprobleme strukturschwacher Branchen auch durch eine höhere **Flexibilität am Arbeitsmarkt** erfahren. Hierbei ist zunächst eine größere Flexibilität bei den Löhnen zu nennen. „Problembranchen" müssten die Möglichkeit haben, abweichend von Flächentarifverträgen eigene lohnpolitische Entscheidungen zu treffen. Derartigen Öffnungsklauseln stehen die Gewerkschaften jedoch zurückhaltend bis ablehnend gegenüber. Des Weiteren wird eine stärkere Flexibilisierung der Lohnstruktur vorgeschlagen; dieser Weg der Lohnspreizung ist beispielsweise in Großbritannien und den USA beschritten worden. Ferner sollte strukturellen Problemen auf dem Arbeitsmarkt durch eine stärkere Flexibilität der Arbeitszeit begegnet werden; ein Beispiel hierfür bietet Holland, wo rund ein Drittel der Erwerbstätigen als Teilzeitbeschäftigte arbeitet. Vorgeschlagen wird außerdem ein Abbau des Kündigungsschutzes, wie er etwa in Dänemark geschah. Die gegenwärtige Reformdebatte in Deutschland, die derartige Forderungen beinhaltet, zeigt jedoch, wie schwer es ist, solche Maßnahmen, wie sie auch von einer deutlichen Mehrheit der Wissenschaftler gefordert werden, in der Realität umzusetzen.

### *b. Bekämpfungsmöglichkeiten der regionalen Arbeitslosigkeit*

Bei der **regionalen Arbeitslosigkeit** handelt es sich um geballte Unterbeschäftigung in strukturschwachen bzw. monostrukturierten Regionen. Hierzu zählen Gebiete, die entweder aufgrund ihrer Lage benachteiligt sind, bzw. Regionen, die sich vornehmlich auf stagnierende Wirtschaftszweige stützen (z. B. die „altindustrialisierten" Regionen Ruhr und Saar sowie landwirtschaftliche Räume). Ein besonders markantes Beispiel für regionale Arbeitslosigkeit ist die Unterbeschäftigung in den neuen Bundesländern – wenngleich diese Arbeitslosigkeit zugleich sektoraler Natur ist. Regionale Arbeitslosigkeit liegt strenggenommen allerdings nur dann vor, wenn gleichzeitig in anderen Regionen Arbeitskräfteknappheit herrscht. Das sind in der Regel solche Regionen, in denen überdurchschnittlich wachsende Wirtschaftszweige ansässig sind.

Zur Bekämpfung regionaler Arbeitslosigkeit kann versucht werden, die Arbeitskräftenachfrage durch **Förderung der Ansiedlung von Unternehmen** und Ausbau der **Infrastruktur** im strukturschwachen Raum zu steigern. Die Strategie läuft darauf hinaus, „Maschinen zu Menschen" zu bringen, d. h. die Arbeitsplätze zu den Arbeitskräften zu lenken. Aktuelles Beispiel für eine regionale Aufbaupolitik sind die massiven Subventionen für Investitionen in den neuen Bundesländern. Entsprechendes gilt auch für den notwendigen Ausbau der Infrastruktur. Sie ist vielfach die Voraussetzung für die erforderliche Industrieansiedlung in der strukturschwachen Region. Das Ziel der Sicherung von Arbeitsplätzen wird auch mit der Politik der Erhaltung „industrieller Kerne" in Ostdeutschland verfolgt. Diese Erhaltungspolitik ist allerdings in erster Linie „Industriepolitik". Mit ihr wird nicht nur beabsichtigt, bestehende Arbeitsplätze zu sichern; vielmehr sollen auch, zumindest für eine Übergangsphase, industrielle Produktionsstrukturen gesichert und Unternehmen saniert werden, um sie später zu verkaufen.

Eine Unterstützung könnten strukturschwache Wirtschaftsräume auch durch die bereits erwähnten Flexibilitäten am Arbeitsmarkt erfahren. Insbesondere müssten die **Löhne** regional differenziert betrieben werden. Da in „Problemregionen" vorwiegend Wirtschaftszweige mit vergleichsweise geringen Produktivitäten angesiedelt sind, müssten dort auch die Lohnabschlüsse entsprechend niedrig ausfallen. Die dadurch vorhandenen relativ niedrigen Arbeitskosten könnten zu zusätzlichen Arbeitsplätzen in bereits bestehenden bzw. neu gegründeten Betrieben führen. Infolge der dann zu erwartenden Produktionssteigerung könnten in einer späteren Phase die Löhne wieder kräftiger angehoben werden. Von einer hinreichenden regionalen Differenzierung der Lohnabschlüsse kann insbesondere in den neuen Bundesländern jedoch keine Rede sein. Im Gegenteil: Die Lohnpolitik erweist sich zunehmend als ein entscheidendes Hemmnis für die wirtschaftliche Gesundung dieser Region. Im Zuge der vereinbarten „Aufholstrategie" sind die Tariflöhne der Produktivitätsentwicklung in Ostdeutschland weit davon geeilt. Dies bedeutet nicht nur geringere Anreize für Firmenansiedlungen, sondern auch geringere Überlebenschancen für die ostdeutschen Betriebe, die ja in Konkurrenz zu den produktiveren westdeutschen Unternehmen stehen. Die unvermeidliche Konsequenz ist eine hohe regionale Arbeitslosigkeit. Zu beachten ist im Zusammenhang mit dem Hinweis auf zu hohe Löhne, dass die Arbeitskosten nur in etwa zur Hälfte aus dem Direktentgelt für die Arbeitnehmer bestehen. Die andere Hälfte geht auf Lohnzusatzkosten zurück. Diese bestehen ihrerseits zu etwa 50 % aus staatlich vorgeschriebenen Arbeitgeberleistungen. Daher ist es Aufgabe des Staates, seinen Beitrag zur Reduzierung der Arbeitskosten zu leisten, indem die Arbeitgeber bei den Lohnzusatzkosten eine Entlastung erfahren.

Auch das Arbeitskräfteangebot bietet einen Ansatzpunkt der Beschäftigungspolitik. Regionale Arbeitslosigkeit ist hierbei als Mobilitätsdefizit-Arbeitslosigkeit in regionaler Ausprägung zu verstehen. Geeignet sind daher Maßnahmen zur **Erhöhung der regionalen Mobilität** der Arbeitskräfte. Gemäß der Devise „Menschen zu Maschinen" sollen regionale Arbeitsmarktungleichgewichte gemildert werden. Um Arbeitskräfte hin zu Arbeitsplätzen an anderen Orten zu bewegen, können **Mobilitätshilfen** wie Umzugsbeihilfen, Fahrtkostenersatz oder Trennungsentschädigungen gewährt werden. So bezahlen einige ostdeutsche Arbeitsämter Prämien bis zu 2500 Euro an dort gemeldete Arbeitslose, wenn diese eine Beschäftigung im Westen annehmen. Im Jahr 2000 beanspruchten über 100 000 Personen die von der Bundesagentur für Arbeit gewährten Mobilitätshilfen und wechselten den Wohnort. Die Strategie der regionalen Mobilitätsförderung ist jedoch keineswegs unproblematisch. Denn mit dem Wegzug von Arbeitskräften ist die Gefahr eines „Ausblutens" der ohnehin strukturschwachen Regionen verbunden – ein Problem, das sich besonders in Ostdeutschland stellt. Hierdurch werden die langfristigen Entwicklungschancen dieser Räume verschlechtert. Gleichzeitig nimmt die Ballung in den Agglomerationsgebieten zu. Die strukturschwache Region wird „passiv", nicht jedoch „aktiv saniert". Im Vergleich mit anderen Industrienationen ist die regionale Mobilität der deutschen Beschäftigten unterdurchschnittlich.

### c. *Bekämpfungsmöglichkeiten der berufs- bzw. qualifikationsspezifischen Arbeitslosigkeit*

Die **berufs- bzw. qualifikationsspezifische Arbeitslosigkeit** ist als Folge des persönlichen Ausbildungs- und Kenntnisstandes des Einzelnen zu werten. Sie kennzeichnet die konzentrierte Unterbeschäftigung in einzelnen „sterbenden" Berufen (Landwirte, Textilberufe, Bergleute, Setzer u. a. m.), während in expandierenden Berufen gleichzeitig Arbeitskräfteknappheit herrscht. Hier liegt also eine qualifikationsspezifische Merkmalsdiskrepanz vor. Ein aktuelles Beispiel hierfür ist die IT-Branche in Deutschland, die auf dem Wege der „Green-Card"-Regelung qualifizierte Arbeitskräfte aus dem Ausland anwirbt.

Für den Einstieg in das Berufsleben ist die Ausbildung von entscheidender Bedeutung. Schüler und Studenten müssen unter dem Aspekt der „Verwertbarkeit am Arbeitsmarkt" solche Ausbildungsgänge wählen, die „Zukunft" haben. Die **Bildungspolitik** hat hierbei eine schwierige Gratwanderung zu beschreiten. Einerseits soll sie Ausbildungsgänge anbieten, die dem Bedarf des Marktes angepasst sind. Andererseits erfordert Bildungsfreiheit, auch den Interessen solcher Auszubildenden gerecht zu werden, deren Berufe nicht so sehr „gefragt" sind. Ein besonderes Maß an Verantwortung kommt hierbei der Berufsberatung zu. Für bereits im Erwerbsleben stehende Personen nimmt die **Weiterbildung** einen hohen Rang ein. Die zu beobachtende Bereitschaft der Erwerbstätigen, Weiterbildungsangebote auch anzunehmen, zeigt die Akzeptanz der Aufforderung zum lebenslänglichen Lernen. Getragen werden die Weiterbildungsmaßnahmen in erster Linie von Unternehmen, aber auch staatliche Institutionen.

Sind Erwerbspersonen von Arbeitslosigkeit betroffen, so hält für sie die **Bundesagentur für Arbeit** eine ganze Reihe von **Leistungen** bereit, die zur Wiedereingliederung in das Berufsleben geeignet sind. Hierzu zählen Fortbildungs- und Umschulungsmaßnahmen (FuU), Arbeitsbeschaffungsmaßnahmen (ABM) oder Förderung der Berufsausbildung. ABM-Maßnahmen sind ein zentraler Bestandteil des sog. **„zweiten Arbeitsmarktes"**. Insbesondere in den neuen Bundesländern versucht die Arbeitsverwaltung, hiermit den Arbeitslosen eine berufliche Perspektive zu geben sowie die Möglichkeit, die Qualifikation der Betroffenen zu erhalten und zu verbessern. Damit wird das Ziel verfolgt, den von Arbeitslosigkeit Betroffenen eine bessere Position im Wettbewerb um Arbeitsplätze zu verleihen. Mit derartigen Maßnahmen wird nicht nur der beruflichen Dequalifizierung entgegengewirkt, sondern zugleich „Bildung auf Vorrat" möglich. Zumeist sind die Maßnahmen auf ein Jahr begrenzt; die geförderten Personen sind überwiegend bei öffentlichen Trägern sowie Treuhandbetrieben und Gesellschaften zur Arbeits-, Beschäftigungs- und Strukturförderung tätig. Allerdings bleibt festzuhalten, dass derartige Maßnahmen aus beschäftigungspolitischer Sicht nur eine Second-best-Lösung darstellen. Voraussetzung für den Erfolg dieser arbeitsmarktpolitischen Maßnahmen ist eine entsprechende berufliche Mobilität der betroffenen Personen. Sie ist, wie die Erfahrungen zeigen, erfreulicherweise in beträchtlichem Maße vorhanden. Die Kosten der Maßnahmen der aktiven Arbeitsmarktförderung sind beträchtlich.

Bei der Bekämpfung der berufs- bzw. qualifikationsbedingten Arbeitslosigkeit kommt wiederum der **Lohnpolitik** eine erhebliche Bedeutung zu. Eine stärkere Lohnspreizung könnte zur Eingliederung von unterqualifizierten Arbeitskräften in das Erwerbsleben beitragen. In diesem Zusammenhang ist vor allem der Ausbau des (eventuell staatlich subventionierten) Niedriglohnsektors hervorzuheben. Ein weiteres Problem wird in zu großzügigen staatlichen Leistungen bei der Arbeitslosenunterstützung bzw. der Sozialhilfe gesehen, denn die aus humanitären Gründen gewährten Transferzahlungen können mangelnde Anreize zur Erwerbstätigkeit zur Folge haben. Dies gilt auch für eine zu hohe Belastung der Löhne und Gehälter mit Steuern und Abgaben bzw. der Anrechnung von Erwerbseinkommen auf Transferzahlungen. Hier ist es wiederum Aufgabe des Staates, bei der sozialen Absicherung die ökonomische Effizienz nicht aus den Augen zu verlieren.

Was die Qualifikation für das Berufsleben angeht, so zeigt ein Blick in die Vergangenheit zeigt, dass sich die Tätigkeitsfelder erheblich gewandelt haben. Schätzungen gehen davon aus, dass in Zukunft vor allem diejenigen Berufe besonders expandieren werden, die eine **hochqualifizierte Ausbildung** erfordern. Folgt man einer IAB/Prognos-Projektion, so werden die Tätigkeitsgruppen Forschung und Entwicklung und sonstige Dienstleistungen in der Zukunft besonders hohe Zuwächse aufweisen. Ein Abbau von Arbeitsplätzen wird dagegen bei der Produktion und Wartung, den Lager-, Transport- und Vertriebstätigkeiten sowie den Bürotätigkeiten erwartet.

Untersuchungen über Qualifikationsanforderungen kommen zu dem Ergebnis, dass sich in der Vergangenheit ein unverkennbarer Trend zur Höherqualifizierung vollzogen hat (vgl. Abbildung C.16). IAB und Prognos gehen in ihrer Projektion davon aus, dass der Bedarf an Hochschulabsolventen weiterhin überproportional zunehmen wird. Auch der Bedarf an Fachschulabsolventen sowie betrieblich Ausgebildeten dürfte sich stark erhöhen. Eindeutiger „Verlierer" in der Bildungspyramide wird die Gruppe der Arbeitnehmer ohne formale Ausbildung sein.

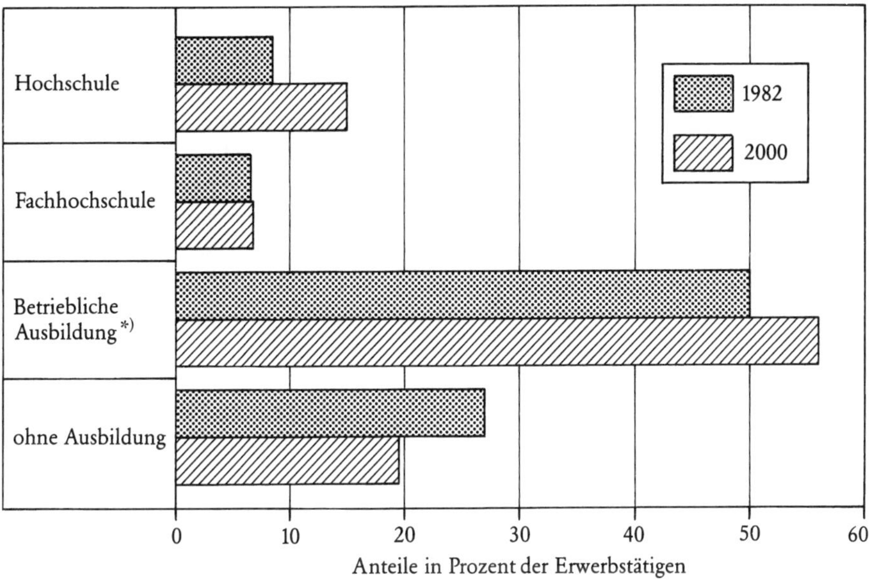


*) einschließlich Berufsfachschule

Quelle: Prognos-Institut

*Abb. C.16: Entwicklung der Bildungspyramide*

Prognosen des künftigen Bedarfs an Tätigkeitsfeldern und Qualifikationen sind allerdings mit erheblichen Problemen behaftet. Hierzu ist es erforderlich, die Entwicklung des technischen Fortschritts und dessen Auswirkungen auf die Berufsfelder abzuschätzen (**Technologiefolgenabschätzung**). Da die Nachfrage nach Qualifikation auch von der Güternachfrage abhängt, müsste zudem die Struktur der künftigen Güternachfrage hinreichend zutreffend prognostiziert werden, um den Qualifikationsbedarf abzuschätzen. Es ist nicht zu vermeiden, dass derartige Projektionen mit erheblichen Fehlermargen behaftet sind. Die Ausbildung sollte daher eher breit ausgerichtet sein, damit die Arbeitskräfte in die Lage versetzt werden, im Laufe eines Berufslebens die Qualifikation den veränderten Anforderungen anzupassen. Schließlich ist darauf zu verweisen, dass Jugendliche ihre Berufswahlentscheidungen nicht nur an den vermeintlichen Zwängen des Arbeitsmarktes orientieren sollten – entscheidend ist nicht nur die ökonomische Verwertung des Gelernten, sondern auch Freude am gewählten Beruf, die in einer entsprechende Leistung ihren Ausdruck findet.

### *d. Weitere Bekämpfungsmöglichkeiten*

Arbeitslosigkeit kann auch Folge des Alters sein. Hierunter sind nicht nur Ältere, sondern auch jüngere Menschen zu subsumieren. Gerade **ältere Arbeitnehmer** sehen sich häufig mit dem Problem konfrontiert, einen neuen Arbeitsplatz zu finden. Da mit zunehmendem Lebensalter die Bereitschaft zu Umschulungen in der Regel sinkt, hat es dieser Personenkreis besonders schwer, wieder in das Erwerbsleben eingegliedert zu werden. Möglicherweise kann das Problem nur dadurch

„gelöst“ werden, dass für die betroffenen Personengruppen der Übergang in den vorgezogenen Ruhestand erleichtert wird. Allerdings kann diese Maßnahme an Finanzierungsproblemen scheitern, sowohl bei den Betrieben, als auch beim Staat.

Als weitere „Problemgruppe“ erweisen sich vielfach **Jugendliche**. Da infolge der Jugendarbeitslosigkeit unter Umständen erhebliche gesellschaftliche Konflikte entstehen, sollte diesem Problem mit besonderem Nachdruck entgegengetreten werden. Zu denken ist hier etwa an spezielle Programme. Aber auch Appelle an die Wirtschaft können dazu beitragen, zusätzliche Ausbildungsplätze bereitzustellen.

Von der geschlechtsspezifischen Arbeitslosigkeit sind, wie die Empirie zeigt, **Frauen** betroffen. Die steigende Erwerbsbeteiligung von Frauen verschärft das Problem der „Frauenarbeitslosigkeit“. Da Frauen überwiegend in Dienstleistungsberufen tätig sind, kommt die immer stärkere Ausbreitung des tertiären Sektors dem geänderten Erwerbsverhalten der Frauen entgegen. Die Wirtschaftspolitik könnte den Entwicklungstrend hin zur Dienstleistungsgesellschaft durch geeignete Maßnahmen unterstützen, wobei insbesondere an die Förderung typischer „Frauenberufe“ zu denken ist. Außerdem wird bereits versucht, etwa durch Gründung von Betriebskindergärten, den Eintritt von Frauen in das Berufsleben zu erleichtern. Auch könnte die Ausbreitung von Teilzeitarbeit dieses Problem abmildern.

Zu den persönlichen Ursachen, die auf Seiten des Arbeitsangebots zu Arbeitslosigkeit führen, gehört auch der **Gesundheitszustand** von Erwerbspersonen. Eine Abhilfe können hier gesetzliche Vorschriften schaffen, gemäß derer beispielsweise Schwerbehinderte bei gleicher Eignung bevorzugt einzustellen sind. Der Gesetzgeber in Deutschland schreibt den Betrieben ab einer Größe von 20 Mitarbeitern eine Quote für die Einstellung von Behinderten in Höhe von 5 % der Beschäftigten vor (Schwerbehindertengesetz). Solange Arbeitgeber die vorgeschriebenen Quoten nicht erfüllen, müssen sie für jeden unbesetzten Pflichtplatz eine Ausgleichsabgabe entrichten. Sie liegt je nach der Anzahl der bereits beschäftigten Schwerbeschädigten zwischen 100 und 250 Euro monatlich. Das Aufkommen der Ausgleichsabgabe wird für Zwecke der Arbeits- und Berufsförderung von Schwerbehinderten bzw. entsprechende Leistungen verwendet.

Schließlich ist noch auf die verstärkt auftretende Arbeitslosigkeit bei **Ausländern** hinzuweisen. Hier ist prinzipiell eine Politik angezeigt, die integrationsfördernd wirkt. Als defensive Maßnahme wäre etwa die Gewährung von Rückkehrbeihilfen in Erwägung zu ziehen. Vor allem aber sollte jugendlichen Ausländern verstärkt die Möglichkeit zur Qualifizierung in Schule und Beruf offen stehen. So kam eine Studie der Bundesregierung zum Ergebnis, dass in Deutschland nur jeder dritte junge Ausländer einen Berufsabschluss schafft.

Abbildung C.17 fasst die wichtigsten Aspekte der strukturellen Arbeitslosigkeit noch einmal synoptisch zusammen.

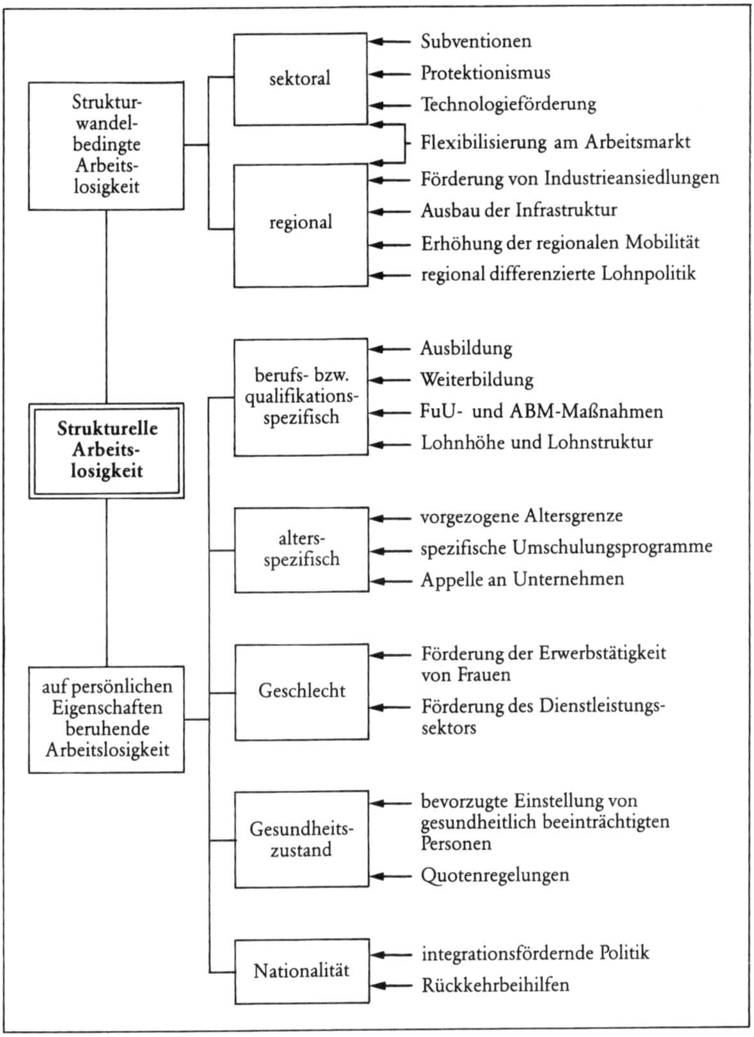


*Abb. C.17: Zusammenfassender Überblick zur strukturellen Arbeitslosigkeit*

# VII. Wachstumsdefizitäre Arbeitslosigkeit: Ursachen und Bekämpfungsmöglichkeiten

## 1. Ursachen und Arten der wachstumsdefizitären Arbeitslosigkeit

Arbeitslosigkeit kann auch Folge eines über längere Perioden anhaltenden Arbeitsplatzmangels aufgrund eines „zu geringen" wirtschaftlichen Wachstums sein. Wie bei der konjunkturellen Arbeitslosigkeit handelt es sich hierbei um einen allgemeinen Mangel an Arbeitsplätzen, also um ein **gesamtwirtschaftliches Phänomen**. Im Unterschied zur konjunkturellen Arbeitslosigkeit liegt **„wachstumsdefi-**

**zitäre Arbeitslosigkeit**" dann vor, wenn der Beschäftigungsrückgang nicht nur vorübergehender Natur, sondern Folge einer **dauerhaften Wachstumsschwäche** ist.

Kennzeichnend für die wachstumsdefizitäre Arbeitslosigkeit ist, dass das wirtschaftliche Wachstum über eine längere Phase hinweg „zu gering" ist, um Vollbeschäftigung der Arbeitskräfte zu sichern. Das vollbeschäftigungssichernde Wirtschaftswachstum ist allerdings keine absolute Größe. Vielmehr sind verschiedene Einflussfaktoren für, diejenige Wachstumsrate der Produktion verantwortlich, die man benötigt, um das Vollbeschäftigungsziel zu erreichen. Grundsätzlich ist die Entwicklung des Beschäftigungsstandes ($w_b$) von folgenden Determinanten abhängig:

- Entwicklung des realen Inlandsprodukts ($w_Y$); je höher die Zuwachsrate des Inlandsprodukts ausfällt, umso mehr zusätzliche Arbeitsplätze werden unter sonst gleichen Umständen geschaffen;
- Entwicklung der Arbeitsproduktivität ($w_\pi$); sie entscheidet über die potenzielle Freisetzung von Arbeitskräften im Zuge des technischen und organisatorischen Fortschritts;
- Entwicklung des Erwerbspersonenpotenzials ($w_{EPP}$); nimmt das Arbeitskräfteangebot zu, so ist unter sonst gleichen Umständen ein höheres Produktionswachstum erforderlich, um Vollbeschäftigung aufrechtzuerhalten. Bei einem abnehmenden Arbeitskräfteangebot ist umgekehrt nur ein geringeres Wachstum erforderlich, damit die Vollbeschäftigungssituation bestehen bleibt;
- Entwicklung der jahresdurchschnittlichen Arbeitszeit ($w_{AZ}$); eine Verkürzung der Arbeitszeit kann unter sonst gleichen Umständen zur Entlastung des Arbeitsmarktes beitragen.

Als Bestimmungsgleichung für die Entwicklung des Beschäftigungsgrades (b) folgt mithin:

$$w_b = w_Y - w_\pi - w_{EPP} - w_{AZ}$$

Im Folgenden werden die Ursachen genauer analysiert und ursachengerechte Ansätze zur Bekämpfung anhaltender Arbeitslosigkeit diskutiert.

### *a. Technischer Fortschritt und technologische Arbeitslosigkeit*

Häufig wird die These vertreten, die zentrale Ursache für die anhaltende Arbeitslosigkeit in der Bundesrepublik liege im **technischen Fortschritt**. Er ziehe eine Beschleunigung des Rationalisierungsprozesses nach sich, die Folge sei Unterbeschäftigung. Tatsächlich sind in einzelnen Wirtschaftszweigen erhebliche Rationalisierungsschübe als Folge der Anwendung neuer Technologien (Prozessinnovationen) zu beobachten. Wäre z. B. die Produktion des Jahres 1960 mit der Produktivität des Jahres 1980 erzeugt worden, so hätte man nach Berechnungen des IAB für die Produktion des Jahres 1960 etwa 12,6 Mio. Erwerbspersonen weniger gebraucht. Der Produktivitätsfortschritt führte im landwirtschaftlichen Sektor zu einer rechnerischen Arbeitskräftefreisetzung von 2,4 Mio. Personen, im industriellen Sektor zu einer rechnerischen Freisetzung von 5,6 Mio. Personen und im Dienstleistungssektor zu einer rechnerischen Freisetzung von 4,6 Mio. Personen.

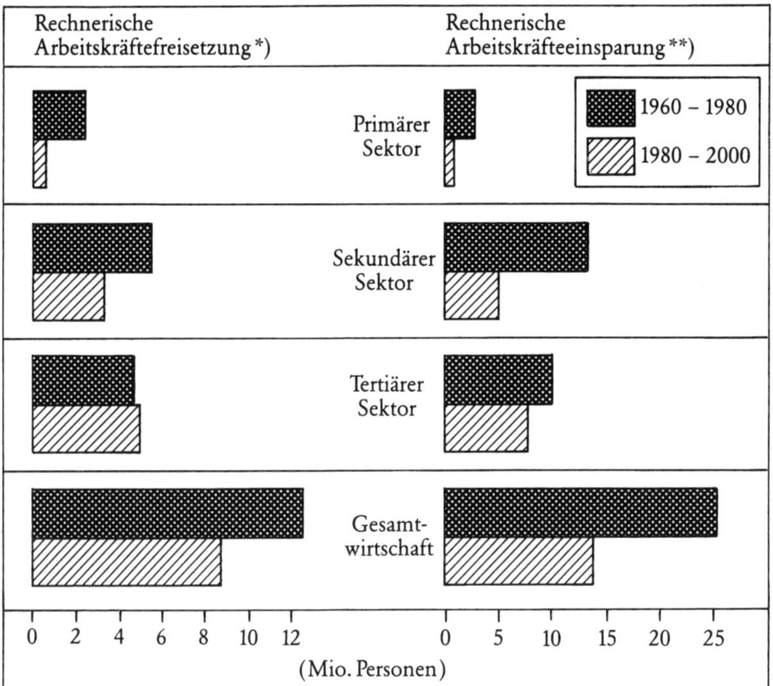


*) Gibt an, wie viel Arbeitskräfte 1960 (bzw. 1980) weniger benötigt worden wären, wenn bereits die Produktivität von 1980 (bzw. des Jahres 2000) gelten würde.

**) Gibt an, wie viel Arbeitskräfte 1980 (bzw. im Jahr 2000) zur Erzeugung der Produktion des Jahres 1980 (bzw. 2000) mehr benötigt würden, wenn noch die alte Produktivität von 1960 (bzw. 1980) gelten würde.

*Abb. C.18: Technologisch bedingte Freisetzungseffekte*

Insgesamt sind dies 12,6 Mio. Personen (siehe Abbildung C.18, linke Hälfte). Fragt man umgekehrt danach, wie viele Arbeitskräfte erforderlich gewesen wären, wenn im Jahr 1980 die Produktion mit der alten Produktivität des Jahres 1960 hätte erzeugt werden müssen, so ergibt sich ein rechnerischer Mehrbedarf von 25,5 Mio. Arbeitskräften (rechte Hälfte in Abbildung C.18, wiederum aufgelistet nach Sektoren). Der technische Fortschritt hat so gesehen innerhalb von zwanzig Jahren rund 25 Mio. Arbeitsplätze „eingespart". Die entsprechenden Zahlen für den Zeitraum von 1980 bis 2000 sind Abbildung C.18 als schraffierte Balken dargestellt. Für die Zukunft rechnet man ebenfalls mit erheblichen durch den technischen Fortschritt bewirkten Freisetzungen bzw. Einsparungen. Es ist allerdings zu betonen, dass es sich bei den genannten Zahlen lediglich um rechnerische (hypothetische) Größen handelt.

Aus theoretischer Sicht lassen sich derartige Freisetzungseffekte auf einfache Weise darstellen (Abbildung C.19). Durch eine Verbesserung des technischen Fortschritts (von $tF_1$ auf $tF_2$) verschiebt sich die Produktionsfunktion nach oben:

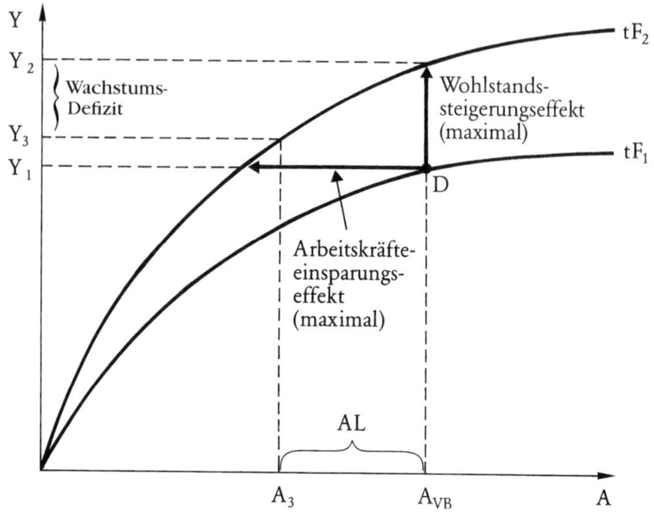


*Abb. C.19: Technologische Arbeitslosigkeit*

Im Ausgangspunkt D herrscht Vollbeschäftigung ($A_{VB}$), die Produktionsmenge beträgt $Y_1$. Infolge des technischen Fortschritts besteht nun die Möglichkeit, mit dem unveränderten Einsatz der Arbeitskräfte das Produktionsniveau $Y_2$ zu erzielen. Fällt die Produktion jedoch niedriger aus, d. h. wird der potenzielle Wachstumsspielraum nicht voll genutzt, so kommt es zu Entlassungen. Steigt beispielsweise die Produktion lediglich auf den Wert von $Y_3$, so sinkt die Beschäftigung auf $A_3$, Dadurch entsteht eine **technologische Arbeitslosigkeit** im Umfang von AL.

Ungeachtet der Gefahren für den Arbeitsmarkt sind Produktivitätsfortschritte die zentrale Grundlage für die Steigerung des Wohlstandes einer Gesellschaft. Produktivitätssteigerung heißt (wie auch aus Abbildung C.19 hervorgeht), dass im Extremfall

- die gleiche Produktionsmenge mit einem geringeren Arbeitskräfteeinsatz (**Arbeitskräfteeinsparungseffekt** des technischen Fortschritts) oder
- eine höhere Produktion mit gleichem Arbeitskräfteeinsatz (**Wohlstandssteigerungseffekt** des technischen Fortschritts)

erzeugt werden kann.

Im ersten Fall wirken Produktivitätssteigerungen als „Jobkiller". Es gelingt nicht, den technischen Fortschritt in vollem Umfang in entsprechende Produktionssteigerungen „umzusetzen". Steigt die Produktivität um beispielsweise 3 % an, und nimmt gleichzeitig die Produktion nur um 2 % zu, so werden einerseits 3 % der Arbeitsplätze „wegrationalisiert", andererseits benötigt man für die Produktionssteigerung 2 % mehr Arbeitsplätze. Per Saldo geht 1 % der Arbeitsplätze verloren (Arbeitskräfteeinsparungseffekt).

Im zweiten Fall hingegen steht der Produktivitätssteigerung von 3 % eine Zunahme der Produktion von ebenfalls 3 % gegenüber. Hier werden zwar ebenfalls

3 % der Arbeitsplätze durch den technischen Fortschritt „wegrationalisiert", gleichzeitig aber entstehen 3 % mehr Arbeitsplätze, um die Produktionssteigerung bewältigen zu können. Dies bedeutet, dass die rechnerische Freisetzung von Arbeitsplätzen infolge des technischen Fortschritts vollständig kompensiert wird durch den Mehrbeschäftigungseffekt infolge der Zunahme der Produktion (Wohlstandssteigerungseffekt).

Diese Zusammenhänge lassen sich leicht nachweisen: Die durchschnittliche Arbeitsproduktivität ($\pi$) ist definiert als Quotient aus Produktionsmenge und Arbeitseinsatz:

$$\pi = Y/A$$

In Wachstumsraten geschrieben lautet der Ausdruck:

$$w_\pi = w_Y - w_A$$

Ist $w_Y = w_\pi$ (2. Fall), so verändert sich die Beschäftigung nicht ($w_A = 0$). Den „wegrationalisierten" Arbeitsplätzen stehen per Saldo gleich viele neue Arbeitsplätze gegenüber. Infolge von Profildiskrepanzen tritt Arbeitslosigkeit möglicherweise strukturell, nicht aber gesamtwirtschaftlich auf. Wächst die Arbeitsproduktivität hingegen schneller als die Produktion ($w_\pi > w_Y$, 1. Fall), so sinkt die Beschäftigung, und es steigt – unter sonst gleichen Umständen – die Arbeitslosigkeit.

Ein Paradebeispiel für die sektoralen Freisetzungskräfte des technischen Fortschritts bildet die Landwirtschaft. Hier fiel das Wachstum der Produktivität (infolge von Mechanisierung und Düngung) wesentlich höher aus als das Produktionswachstum. Effektive Freisetzungen waren bzw. sind die unausweichliche Folge. Würde eine solche Konstellation auch auf gesamtwirtschaftlicher Ebene bestehen, so wäre technologische Arbeitslosigkeit praktisch unvermeidbar.

Auf gesamtwirtschaftlicher Ebene sind recht unterschiedliche Konstellationen zwischen Arbeitsproduktivität und Produktionsentwicklung zu beobachten: In den sechziger Jahren übertraf das Produktionswachstum den Produktivitätsfortschritt ($w_Y >; w_\pi$). Die Freisetzungsrate war also geringer als die Wiederbeschäftigungsrate. Die sich öffnende Lücke am Arbeitsmarkt wurde vor allem durch Frauen und ausländische Arbeitskräfte geschlossen. In der Folgezeit öffnete sich die Schere zwischen Produktivitäts- und Produktionswachstum aber in der umgekehrten Richtung. Das Wachstum des realen Inlandsprodukts war zu gering, um den Freisetzungseffekt des technischen Fortschritts noch vollständig zu kompensieren. Die Folge dieser „Lücke" war eine anhaltende gesamtwirtschaftliche Arbeitslosigkeit.

Umstritten ist allerdings, ob die auftretende Arbeitslosigkeit als „technologisch" etikettiert werden sollte. Ursache der Produktivitäts-Produktions-Wachstums-Lücke war nämlich nicht die Beschleunigung des technischen Forschritts. Im Gegenteil: Die Zuwachsraten der Arbeitsproduktivität sind im Zeitablauf gesunken. Die potenzielle Freisetzung hat sich also – prozentual betrachtet – abgeschwächt. Noch rascher als die Produktivität sind allerdings die Zuwachsraten der Produktion gesunken. Die (verringerte) Freisetzung von Arbeitskräften konnte somit nicht mehr durch Produktionssteigerungen kompensiert werden. Es wurden dadurch per Saldo Arbeitskräfte eingespart. Die eigentliche Ursache dieser Arbeitslosigkeit liegt insoweit nicht in der Beschleunigung des Rationalisierungsprozesses, sondern in der **Verlangsamung des wirtschaftlichen Wachstums**. Die zunehmende Arbeitslosigkeit in der Bundesrepublik seit Mitte der siebziger Jahre ist damit zu einem erheblichen Teil auf die anhaltende Wachstumsschwäche zurückzuführen. So zeigen Berechnungen, dass für eine Verbesserung der Arbeitsmarktsituation gegenwärtig eine Zuwachsrate des realen BIP von etwa 1,5 % erforderlich ist. Diese **„Beschäftigungsschwelle"** hat sich im Laufe der Jahre allerdings deutlich nach unten verlagert. Es ist deshalb sachgerechter, diese Art der Arbeitslosigkeit als **„Stagnationsarbeitslosigkeit"** zu bezeichnen. Hierauf wird im Folgenden näher eingegangen.

### *b. Wachstumsschwäche und Stagnationsarbeitslosigkeit*

Stagnationsarbeitslosigkeit kann entstehen, wenn die Zuwachsraten der gesamtwirtschaftlichen Produktion im Trend abnehmen und nicht gleichzeitig – bedingt durch die Veränderung anderer Beschäftigungsparameter (z. B. Verringerung des Rationalisierungseffekts, Abnahme des Erwerbspersonenpotenzials) – eine Entlastung des Arbeitsmarktes stattfindet. Stagnation ist allerdings von Rezession zu unterscheiden. Eine rezessive Entwicklung ist dadurch gekennzeichnet, dass das Produktionswachstum (Inlandsprodukt) temporär zurückgeht. Konkret versteht man darunter einen Rückgang des realen Bruttoinlandsprodukts in zwei aufeinander folgenden Quartalen jeweils gegenüber dem Vorjahresquartal. Von Stagnation spricht man hingegen, wenn ein anhaltender Rückgang der Zuwachsraten des realen Inlandsprodukts zu verzeichnen ist.

Die Ursachen einer anhaltenden „Wachstumsschwäche" sind strittig. Vertreter der **Sättigungsthese** weisen darauf hin, dass Volkswirtschaften ohnehin nicht über längere Zeiträume hinweg mit konstanten Raten wachsen können. Denn ein derartiges Wachstum müsste exponentiell verlaufen. Die Konsequenz wäre, dass der absolute Wohlstandszuwachs (in Mrd. Euro) fortwährend progressiv zunehmen würde. Es ist unbestritten, dass Wirtschaftssysteme in diesem Fall an „Grenzen des Wachstums" (Club of Rome) stoßen müssen. Die Vertreter der Sättigungsthese verweisen zudem darauf, dass es mit zunehmendem Wohlstand auf immer mehr Märkten zu Nachfragesättigungen kommt, d. h. das Wirtschaftswachstum von der **Nachfrageseite** her begrenzt werde. In modernen Gesellschaften verlagern sich, so die Hypothese, die Bedürfnisse zunehmend weg von denjenigen Bedürfnissen, die über die Märkte befriedigt werden, hin zu solchen Bedürfnissen, die „nicht marktorientiert" sind. Verwiesen wird insbesondere auf das Verlangen nach mehr Freizeit und nach mehr immaterieller Lebensqualität. Die Folge eines derartigen **Wertewandels** von der marktorientierten Wohlstandsgesellschaft hin zur Freizeitgesellschaft sei die zu beobachtende Stagnation von Produktion und damit realem Volkseinkommen.

**Angebotstheoretiker**, wie beispielsweise der Sachverständigenrat, sind hingegen der Auffassung, dass „Sättigung" der über den Markt befriedigten Bedürfnisse keine reale Erscheinung ist. Die in der Realität zu beobachtende Stagnation des Produktions- und Volkseinkommenswachstums sei vielmehr Folge „falscher Rahmenbedingungen" für die Investoren. Der Wunsch nach mehr materiellen und über die Märkte bereitgestellten immateriellen Gütern sei ohnehin vorhanden. Nach Auffassung des Rates sind die **Bedürfnisse** noch **keineswegs „gesättigt"**. Es gibt, so die Angebotstheoretiker, auch heute noch einen unbefriedigten Wunsch nach mehr Wohlstand und damit einen Wunsch nach noch höheren Realeinkommen – diese latenten Wünsche müssten nur geweckt und seitens der Produzenten befriedigt werden. Richtig sei zwar, dass auf einzelnen Märkten (Landwirtschaft, Haushaltsgeräte u. a. m.) Sättigungstendenzen zu beobachten seien. Diese „partiellen" Sättigungen dürften jedoch nicht mit „allgemeiner" Sättigung gleichgesetzt werden. Die zentrale Ursache der beobachtbaren Wachstumsschwäche wird vielmehr in „angebotsseitigen" Störungen gesehen. Es gibt – so die zentrale These – nicht mehr genug wagemutige **Pionierunternehmer**, die durch das Eröffnen neuer Märkte das Wirtschaftssystem und damit das Wachstum in einem „Prozess der schöpferischen Zerstörung" (Josef Alois Schumpeter) vorantreiben.

Die Gründe für die angebotsseitigen Hemmnisse sind vielschichtig. Sie werden vor allem in leistungs- und motivationshemmenden Steuern und sozialpolitischen Regelungen sowie in einem Netz staatlicher Regulierungen und Bevormundungen erkannt. Derartige Faktoren erweisen sich als Innovations- und Investitionshemmnisse. Dadurch gerät die für den volkswirtschaftlichen Entwicklungsprozess so wichtige Bildung von Sachkapital ins Stocken. Bezüglich der negativen Rückwirkungen auf den Arbeitsmarkt könnte man dann von einer **Kapitalmangel-Arbeitslosigkeit** sprechen.

Verwiesen wird in diesem Zusammenhang auch auf überhöhte Löhne, die zu einer Verschlechterung der internationalen Wettbewerbsfähigkeit führen und damit den deutschen Standort für die Produzenten zunehmend unattraktiver machen. Ebenso sieht man in den – im internationalen Vergleich – geringen Maschinenlaufzeiten in deutschen Unternehmen einen Standort- und Wettbewerbsnachteil; die Flexibilisierung der Arbeitszeiten ist ein Instrument, diesem Nachteil zu begegnen. Indiz für die mangelnde Bereitschaft zur Flexibilität und Anpassung an technologische Veränderungen sei auch die Neigung, das gesamte Gesellschaftssystem in zu hohem Maße mit einem Netz von wohlfahrtsstaatlichen Sicherungen zu durchziehen. Erforderlich sei nicht das Festhalten und Bewahren „alter" Strukturen, sondern das Aufbrechen dieser Verkrustungen und die Bereitschaft zur Anpassung an Neuerungen. Jüngst hat beispielsweise auch die OECD (Organisation für wirtschaftliche Zusammenarbeit und Entwicklung, Paris) die Notwendigkeit zu mehr Flexibilität und Reformen in der Bundesrepublik Deutschland betont.

Gerade die Flexibilität von Löhnen ist geeignet, die Arbeitslosigkeit zu reduzieren. Insbesondere (Neo-)Klassiker betonen in diesem Zusammenhang die Verantwortung der Lohnpolitik. Die durch Freisetzungseffekte bedingte Unterbeschäftigung verschwindet danach automatisch, wenn die Löhne nach unten flexibel sind. Abbildung C.20 veranschaulicht diesen Sachverhalt.

Den Rahmen bildet der klassische Arbeitsmarkt, auf dem Arbeitsangebot und Arbeitsnachfrage von der Höhe des Reallohnsatzes (l) abhängen. Im Ausgangszeitpunkt liegt nun das Arbeitsangebot höher als die Arbeitsnachfrage, d. h. beim Lohnsatz $l_1$ besteht Arbeitslosigkeit im Umfang von AL. Ist nun der Arbeitsmarkt, wie die Klassiker voraussetzen, ein Konkurrenzmarkt, so werden die Arbeitslosen

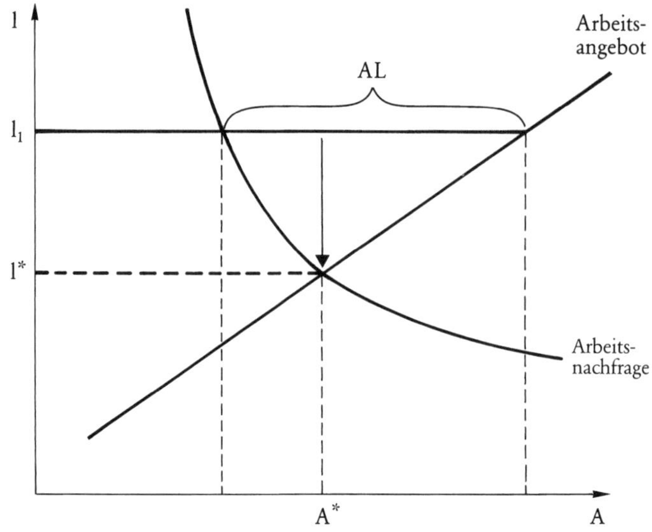


*Abb. C.20: „Hochlohnarbeitslosigkeit"*

bereit sein, zu einem niedrigeren Lohnsatz zu arbeiten. Dieser Unterbietungsprozess dauert so lange an, bis schließlich ein Lohnsatz zu Stande kommt, bei dem jeder Arbeiter, der zum herrschenden Lohn einen Arbeitsplatz sucht, auch einen Arbeitsplatz findet. Das ist aber nichts anderes als die Vollbeschäftigungssituation (A*). Nach diesen Überlegungen ist Arbeitslosigkeit also die Folge zu hoher Löhne, man spricht daher auch von **„Hochlohnarbeitslosigkeit"**.

Zu beachten ist jedoch, dass bei diesem Ansatz nur der Kostencharakter der Löhne betont wird. Des Weiteren geht die Klassik von der Marktform des vollkommenen Polypols aus; in der Realität sind die Arbeitsmärkte jedoch zumeist bilaterale Monopole. Außerdem sind Löhne nach unten hin nicht flexibel; die Existenz von Tarifverträgen zwischen Gewerkschaften und Arbeitgebern sorgt für Mindestlöhne, die nicht ohne weiteres unterschritten werden können.

Neben der Höhe und Entwicklung der Löhne im nationalen Raum muss auch das internationale Lohngefüge beachtet werden. Darauf wird immer wieder im Rahmen der „Standort-Diskussion" hingewiesen. Gegenwärtig sind insbesondere in den Volkswirtschaften Osteuropas und in Asien die Arbeitskosten teilweise extrem niedrig. Dies kann zu Wettbewerbsnachteilen der heimischen Wirtschaft und zur Verlagerung von Arbeitsplätzen in das kostengünstigere Ausland sowie zu vermehrten Importen von Vorleistungen führen. Die zu verzeichnende **Globalisierung** der Güter- und Finanzmärkte wird auf diese Weise begleitet von einer Internationalisierung der Arbeitsmärkte. Dieser Trend kann sich per Saldo negativ auf den deutschen Arbeitsmarkt auswirken.

### *c. Bevölkerungsentwicklung und demographische Arbeitslosigkeit*

Arbeitsmarktprobleme können auch Folge einer zu starken **Ausdehnung des Arbeitskräfteangebots** sein. Auslöser dieses Effekts sind Faktoren wie:

- Eintritt geburtenstarker Jahrgänge auf dem Arbeitsmarkt
- Zuwanderungen aus dem Ausland
- Zunahme der Erwerbstätigkeit von Frauen

Steigt die Arbeitsnachfrage nicht im entsprechenden Ausmaß an, d. h. ist der Arbeitsmarkt nicht in der Lage, das zusätzliche Arbeitskräfteangebot zu absorbieren, so kommt es zu Unterbeschäftigung. Die Ursache für Arbeitslosigkeit liegt also in diesem Fall in der demographischen Entwicklung (Demographie ist die Bevölkerungswissenschaft). Man spricht daher von **„demographischer Arbeitslosigkeit"**.

Formal kommen die beispielhaft genannten Vorgänge in einer Verlagerung der Vollbeschäftigungsmenge nach rechts zum Ausdruck (Abbildung C.21).

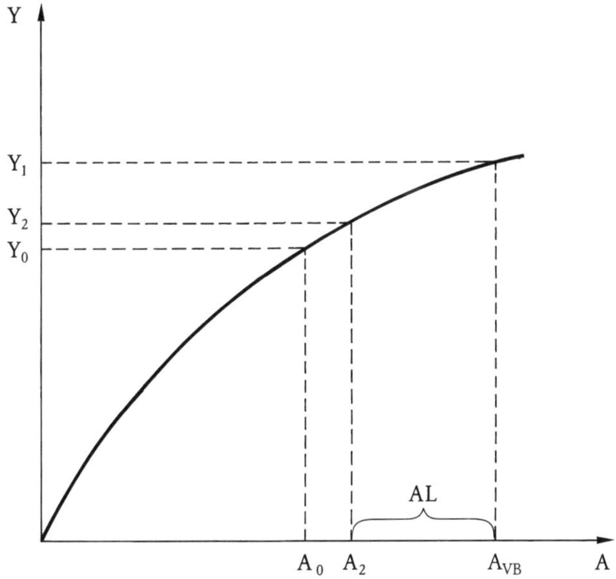


*Abb. C.21: Demographische Arbeitslosigkeit*

Um den Anstieg von $A_0$ auf das neue Vollbeschäftigungsniveau $A_{VB}$ herbeizuführen, müsste sich die Produktion von $Y_0$ auf $Y_1$ erhöhen. Fällt das Wachstum der Produktion jedoch geringer aus (z. B. $Y_2$), so findet nur ein Teil des zusätzlichen Arbeitskräfteangebots einen Arbeitsplatz. Dadurch entsteht demographische Arbeitslosigkeit im Umfang von AL.

Eine solche Erhöhung des Arbeitskräfteangebots war in der Bundesrepublik Deutschland seit Ende der siebziger Jahre beobachtbar. Folgt man den Schätzungen des Instituts für Arbeitsmarkt- und Berufsforschung, so hat sich das Arbeitskräfteangebot von 1977 bis 1989 um etwa 2,4 Mio. Personen erhöht. Das entspricht einem durchschnittlichen jährlichen Anstieg des Angebots an Arbeitskräften von über 200 000 Personen. Der enorme Anstieg des Erwerbspersonenpotenzials seit 1978 war insbesondere Folge der Entwicklung der Geburtenraten in den sechziger

Jahren sowie Folge der erheblich gestiegenen Erwerbsbeteiligung von Frauen. Soll ein derartiger demographisch bedingter Anstieg des Arbeitskräfteangebots nicht zu Arbeitslosigkeit führen, so müsste (unter sonst gleichen Umständen) die Zuwachsrate der gesamtwirtschaftlichen Produktion kräftig gesteigert werden. Das ist aber in den achtziger Jahren nicht in ausreichendem Maße gelungen. Das Produktionswachstum reichte nicht nur nicht aus, um die durch Rationalisierung eingesparten Arbeitsplätze neu entstehen zu lassen; es war zudem auch „zu gering“, um den demographisch bedingten Anstieg des Erwerbspersonenpotenzials zu kompensieren. Die Arbeitslosigkeit in der Bundesrepublik war insoweit zu einem erheblichen Teil auch demographischer Natur. Der zu erwartende Rückgang der Bevölkerung in den kommenden Jahrzehnten dürfte insoweit das Arbeitslosenproblem in Deutschland entschärfen.

Der Gipfelpunkt der Potenzialentwicklung wurde für das Jahr 1990 erwartet. Die Wiedervereinigung hat jedoch diese Projektion hinfällig gemacht. Zudem ist bei der Einschätzung der künftigen Entwicklung unsicher, wie sich das Erwerbsverhalten der Frauen vollziehen wird, und welche Größenordnungen die (Netto-) Zuzüge aus dem Ausland annehmen werden. Speziell die zunehmenden Aussiedlerzahlen aus den östlichen Ländern und die Freizügigkeit der Arbeitskräftebewegungen innerhalb der EU könnten zu erheblichen Abweichungen der tatsächlichen von der prognostizierten Entwicklung führen. Ungeachtet dieser Unsicherheiten kommt das IAB in einer neueren Studie zum Ergebnis, dass das Angebot an Arbeitskräften in Deutschland langfristig drastisch sinken wird. Bei unveränderten Erwerbsquoten und unverändertem Wanderungssaldo mit dem Ausland wird ein Rückgang des Erwerbspersonenpotenzials um etwa 40 Prozent erwartet. Dadurch wird zwar der Arbeitsmarkt in Deutschland langfristig entlastet. Parallel hierzu ergeben sich jedoch gravierende Probleme, etwa bei der Finanzierung der Renten.

## 2. Bekämpfungsmöglichkeiten der wachstumsdefizitären Arbeitslosigkeit

Den theoretischen Rahmen für eine ursachengerechte Bekämpfung der wachstumsdefizitären Arbeitslosigkeit liefert die bereits angeführte Bestimmungsgleichung für den Beschäftigungsgrad

$w_b = w_Y - w_\pi - w_{AZ} - w_{EPP}$.

Ausgehend von dieser Gleichung kommen prinzipiell zwei beschäftigungsfördernde Strategien in Betracht (siehe auch Abbildung C.22):

- **offensive Strategien**:
  Das Beschäftigungsproblem kann offensiv angegangen werden. Hierzu ist der Versuch zu unternehmen, das wirtschaftliche Wachstum derart zu steigern, dass neue Arbeitsplätze entstehen, und die Arbeitslosigkeit gesenkt wird. Diese Wachstumsstrategie stellt quasi den Versuch dar, durch „Flucht nach vorn“ die Beschäftigungsprobleme zu lösen. Strittig ist allerdings das „Wie“, also die Frage des geeigneten Instrumentariums. Um 100 000 zusätzliche Arbeitsplätze in Deutschland zu schaffen, müsste das Produktionswachstum um etwa einen Prozentpunkt beschleunigt werden – das ist eine gewaltige Aufgabe für die Wachstumspolitik;

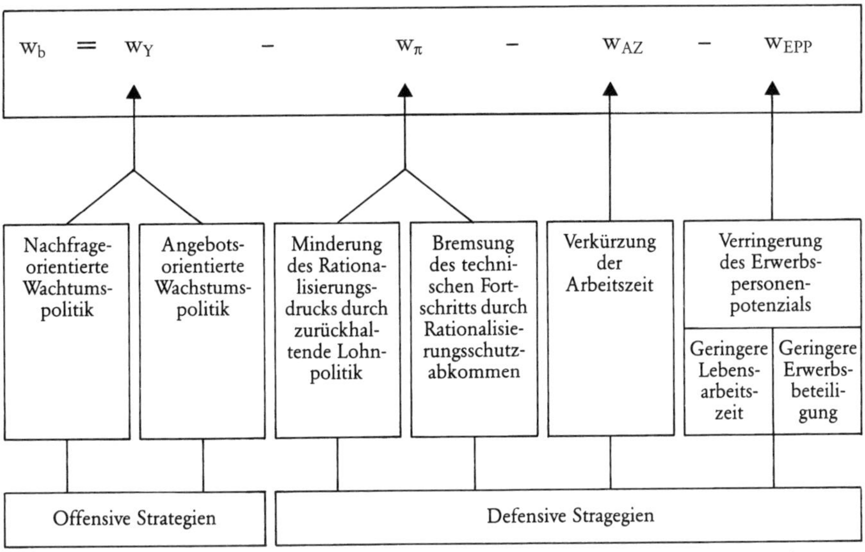


*Abb. C.22: Ansatzpunkte zur Bekämpfung der wachstumsdefizitären Arbeitslosigkeit*

- **defensive Strategien:**
  Skeptiker bezweifeln, dass die erforderlichen hohen Zuwachsraten des Inlandsprodukts erreicht werden können, um auf diese Weise die Beschäftigungsprobleme zu lösen. Will man eine anhaltend hohe Arbeitslosigkeit nicht in Kauf nehmen, so kommen ergänzend oder sogar alternativ zur offensiven Wachstumsstrategie defensive Maßnahmen zur Entlastung des Arbeitsmarktes in Betracht. Gefordert werden eine Verkürzung der Arbeitszeit, die Herabsetzung der flexiblen Altersgrenze und/oder die Drosselung des Produktivitätsfortschritts. Derartige Forderungen wurden in der Vergangenheit insbesondere von Seiten der Gewerkschaften erhoben und beschäftigungspolitisch begründet.

Im Folgenden soll die Frage der Eignung dieser beiden Strategien näher untersucht werden.

*a. Offensive Strategien*

Die Beantwortung der Frage, wie das wirtschaftliche Wachstum gesteigert werden kann, hängt entscheidend davon ab, worin man die Ursachen der anhaltenden Wachstumsverlangsamung erblickt. Hier lassen sich im Kern **zwei Strömungen** unterscheiden. Es stehen sich Ökonomen gegenüber, die an der

- Nachfrageseite bzw. an der
- Angebotsseite

des Gütermarktes ansetzen.

Die Stärkung der **Nachfrageseite** steht im Zentrum des beschäftigungspolitischen Konzepts der Sättigungspessimisten. Sie vertreten die Auffassung, dass es zwar Bedarfssättigungen im privaten Bereich gebe; die Versorgung mit **öffentlichen Leistungen** sei jedoch noch unzureichend. Insbesondere in den Bereichen Umwelt,

Städtesanierung, Sozialleistungen, Bildung, Energie u. a. m. gebe es einen bisher unbefriedigten Bedarf. Nach dieser Auffassung ist es Aufgabe des Staates, die Sättigungstendenzen im privaten Sektor durch Erhöhung der staatlichen Ausgaben zu kompensieren und damit die Arbeitsplatzverluste aufzufangen. Im Unterschied zum Keynesianischen Ansatz soll hier allerdings der Staat nicht nur vorübergehend, sondern über eine längere Periode hinweg die privaten Nachfrageausfälle ausgleichen. In Abgrenzung zum Keynesianischen Konzept der Konjunkturpolitik wird diese Strategie auch als **„links-Keynesianisch"** bezeichnet.

Der Tatbestand, dass infolge dieser Strategie der Anteil des Staates am Inlandsprodukt permanent steigt, bedeutet eine aus **ordnungspolitischer** Sicht fragwürdige Entwicklung. Problematisch an diesem Vorschlag ist zum andern die **Finanzierung** der Staatsausgaben. Der Weg der Finanzierung der zusätzlichen Staatsausgaben über Steuern kommt nicht in Betracht. Die Steuerfinanzierung würde zu einer unerwünschten Zurückdrängung der privaten Nachfrage führen (**„steuerliches crowding out"**).

Sofern die Finanzierung der Ausgaben über **Geldschöpfung** bei der Zentralbank erfolgen würde, müsste mit einem Anheizen der Inflation gerechnet werden. Zudem bedürfte dies im Euro-Währungsgebiet einer Änderung der geltenden Gesetze. Dies galt bereits zu der Zeit, als die Deutsche Bundesbank noch die währungspolitische Hoheit in der Bundesrepublik besaß. Das Verbot der Gewährung von Zentralbankkrediten an den Staat entstammt den teilweise schmerzhaften historischen Erfahrungen, die man machen musste, wenn sich der Staat ungehindert der Notenpresse bedienen konnte. Gleichwohl wurde in der Vergangenheit immer wieder die Forderung erhoben, staatliche Beschäftigungsprogramme über zinslose und tilgungsfreie Zentralbankkredite, also faktisch über Geldschöpfung, zu finanzieren.

Infolge der Erhöhung der Geldmenge und damit der Gefährdung der Geldwertstabilität würden auf Dauer die internationale Wettbewerbsfähigkeit und das wirtschaftliche Wachstum beeinträchtigt (**„inflatorisches crowding out"**). Die Finanzierung der Staatsausgaben über die Erhöhung der Kreditaufnahme am Geld- und Kapitalmarkt (ohne zusätzliche Geldschöpfung der Zentralbank) würde das Zinsniveau in die Höhe treiben. Dadurch käme es zu einer Beeinträchtigung der beschäftigungspolitisch notwendigen privaten Investitionen (**„zinsbedingtes crowding out"**). Auch bei dieser Art der Finanzierung wäre durch die Schaffung von Giralgeld mit einem Anstieg der Geldmenge zu rechnen. Das Mehr an kreditfinanzierter Staatsnachfrage würde auf Kosten der privaten Nachfrage erreicht. In keinem der Fälle wäre für die Beschäftigung etwas gewonnen. Es würden per Saldo lediglich Arbeitsplätze im privaten Sektor gegen Arbeitsplätze beim Staat getauscht.

Abgesehen von der ordnungspolitischen Problematik der Erhöhung der Staatsquote ist die beschäftigungspolitische Effizienz dieser Strategie also äußerst fragwürdig. Links-Keynesianer argumentieren zwar, dass ein derartiges staatliches Beschäftigungsprogramm mit erheblichen **Multiplikatoreffekten** einhergehe und sich auf diese Weise quasi von selbst finanziere. Ob und wie stark diese Multiplikatoreffekte jedoch in der Realität ausfallen, ist sehr umstritten. Wie bereits erwähnt, geht die Bundesbank davon aus, dass staatliche Beschäftigungsprogramme auf Dauer mehr schaden, als sie beschäftigungspolitisch nützen (negativer Multiplikatoreffekt). Lediglich kurzfristig seien positive Wachstums- und Beschäftigungseffekte zu erwarten, die Strategie liefe also auf ein **Strohfeuer** mit langfristig negativen Folgen hinaus.

In der Bundesrepublik Deutschland haben sich die Vertreter einer links-Keynesianischen Beschäftigungspolitik politisch nicht durchsetzen können. In Frankreich wurde zu Beginn der Staatspräsidentschaft von François Mitterrand eine wirtschaftspolitische Strategie verfolgt, die sich an links-Keynesianischen Theorien orientierte (Programme zur Ausweitung der Beschäftigung im Staatssektor). Seit 1986 vollzog sich allerdings auch dort ein Kurswechsel von der Verschuldungsstrategie hin zu einer Politik der Verbesserung der Wachstumsbedingungen im privaten Sektor (angebotsorientierte Wirtschaftspolitik). Auch in Schweden ist eine ähnliche Entwicklung zu verzeichnen.

Die Steigerung des **Angebots** auf dem Gütermarkt bildet den zentralen Angelpunkt der beschäftigungspolitischen Strategie der Angebotstheoretiker. Ein Vertreter der angebotspolitischen Konzeption ist der Sachverständigenrat zur Begutachtung der gesamtwirtschaftlichen Entwicklung. Er plädiert für eine Wachstumspolitik, die nicht den öffentlichen, sondern den **privaten Sektor** stärkt. Das für Vollbeschäftigung erforderliche Wirtschaftswachstum soll durch Revitalisierung der Marktkräfte erreicht werden. Die Devise lautet: **„Mehr Markt und weniger Staat"**. Dem Staat kommt danach die Aufgabe zu, Wachstumshemmnisse zu beseitigen und private Initiative und Wagemut wieder lohnend zu machen. Plädiert wird insbesondere für

- Steuerentlastungen (speziell in den hohen Progressionszonen),
- die Beseitigung administrativer Investitionshemmnisse (z. B. Verordnungen im Bauwesen, langwierige Genehmigungsverfahren),
- den Abbau von Subventionen, die lediglich der Erhaltung von Krisenbranchen dienen („Subventionen sind ein Krebsschaden", so der Rat) und
- die Verringerung (Konsolidierung) der zinstreibenden und damit die Investitionstätigkeit beeinträchtigenden Staatsschulden (Konsolidierung der „strukturellen" Budgetdefizite).

Den Tarifparteien kommt in diesem Zusammenhang die Aufgabe zu, durch Lohnzurückhaltung zur Kostenentlastung der Unternehmen und damit zur Verbesserung der internationalen Wettbewerbsfähigkeit beizutragen. Die **Lohnpolitik** soll insbesondere der Produktivitätsentwicklung in den jeweiligen Branchen verstärkt Rechnung tragen (sektoral differenzierte Lohnpolitik). Darüber hinaus wird für das Aufbrechen von Verkrustungen am Arbeitsmarkt (Kündigungsschutzverordnungen, Rationalisierungsschutzabkommen, flexiblere Arbeitszeitregelungen) plädiert. Im Übrigen wird eine Wirtschaftspolitik gefordert, die sich durch Stetigkeit und Berechenbarkeit auszeichnet und damit einen stabilen Rahmen für das Wirtschaften der privaten Investoren schafft. Eine detaillierte Darstellung der angebotsorientierten Wachstumspolitik findet sich in Kapitel E.

Angebotsorientierte Wirtschaftspolitik verheißt jedoch **keine raschen Erfolge**. Sie ist vielmehr eine „Politik des langen Atems", die sich von der Überzeugung leiten lässt, dass die Wachstums- und Beschäftigungsprobleme nur durch eine auf längere Frist angelegte Politik der Revitalisierung der Marktkräfte überwunden werden können. Das Risiko dieser Politik besteht vor allem darin, dass die Milderung der Beschäftigungsprobleme kurzfristig nicht gesichert ist. Im Gegenteil, es muss unter Umständen sogar eine vorübergehend noch höhere Arbeitslosigkeit in Kauf genommen werden. Die Botschaft der Angebotstheoretiker lautet, dass die Wirtschaftspolitik nicht erst dann auf Probleme reagieren darf, wenn das „Kind schon in den Brunnen gefallen ist", sondern dass unabhängig von Krisensituationen die Rahmenbedingungen so gestaltet werden müssen, dass das Marktsystem in die Lage versetzt wird, Krisen über die Selbstheilungskräfte des Marktes zu überwinden. In diesem Gedanken zeigt sich deutlich der klassisch-neoklassische Glaube an die inhärente Stabilität des privaten Sektors.

Die Erfahrungen mit der angebotsorientierten Wirtschaftspolitik in der Bundesrepublik Deutschland haben gezeigt, dass diese Strategie durchaus geeignet ist, die Wachstumsbedingungen zu verbessern. Infolge steuerlicher Entlastungen der Unternehmen und Drosselung der Lohnstückkosten hat die Investitionstätigkeit seit der zweiten Hälfte der achtziger Jahre deutlich an Kraft gewonnen und sich das wirtschaftliche Wachstum beschleunigt. Seit dem Tiefpunkt der Beschäftigung 1983 konnten in den alten Bundesländern ca. 3 Mio. zusätzliche Arbeitsplätze (Stand 1992) geschaffen werden. Gleichwohl hat sich ein erheblicher Teil des Arbeitslosenproblems so sehr verfestigt, dass es kaum mehr möglich sein dürfte, diese Dauerarbeitslosen wieder in „Arbeit und Brot" zu bringen. Hier tritt deutlich die Existenz der strukturellen Arbeitslosigkeit, insbesondere der „Problemgruppen" zutage.

Zudem zeigen die Erfahrungen mit den Vorschlägen der angebotsorientierten Wirtschaftspolitik auch, dass in der politischen Realität viele für erforderlich gehaltene **Maßnahmen nicht durchgesetzt** werden können. Als Beispiele seien der geforderte Subventionsabbau oder die Reduzierung sozialer Leistungen erwähnt. Die verteilungs- und sozialpolitischen Begleiterscheinungen der Angebotspolitik werden häufig als „ungerecht" empfunden. Die Folge sind Widerstände im politischen Raum und die Verwässerung der Maßnahmen. In keinem Land, auch nicht in den USA unter der Führung von Präsident Ronald Reagan, oder in Großbritannien unter Margaret Thatcher, wurde „angebotsorientierte Wirtschaftspolitik" jemals in „Lehrbuchform" praktiziert.

### *b. Defensive Strategien*

Skeptiker bezweifeln, dass das Beschäftigungsproblem allein mittels einer offensiven Wachstumsstrategie einer Lösung zugeführt werden kann. Sie finden sich mit einem relativ geringen Wirtschaftswachstum ab und plädieren für **defensive Maßnahmen**. Hierzu gehören insbesondere drei Ansatzpunkte, nämlich

- Arbeitszeitverkürzungen
- Bremsung des technischen Fortschritts
- zurückhaltende Lohnpolitik

Die **Verkürzung der Arbeitszeit** zielt generell darauf ab, die bei nicht ausreichendem Wachstum zur Verfügung stehenden Arbeitsplätze „gerechter" auf alle Arbeitnehmer zu verteilen. Dies kann durch die Verkürzung der Lebens-, Jahres- und/ oder Wochenarbeitszeit geschehen. In diesen Zusammenhang ist auch die Forderung nach Abbau von Überstunden einzuordnen.

Unstrittig ist, dass durch Verkürzung der Arbeitszeit bereits in der Vergangenheit der Arbeitsmarkt entlastet worden ist. Strittig ist jedoch, ob durch eine forcierte Arbeitszeitverkürzung (z. B. durch Übergang zur 35-Stunden-Woche) das Beschäftigungsproblem tatsächlich nachhaltig zu lösen ist. Es ist nämlich keineswegs so, dass ein gegebenes Arbeitsvolumen (berechnet als Produkt aus Beschäftigten mal durchschnittlicher Arbeitszeit) rechnerisch einfach nur derart umgeschichtet werden kann, dass die durchschnittliche Arbeitszeit gesenkt und im Gegenzug die Zahl der Beschäftigten entsprechend gesteigert wird. Berechnungen, wonach die Reduktion der Wochenarbeitszeit um eine Stunde zu einem Beschäftigungseffekt von 500 000 Personen führe, sind reine „Milchmädchenrechnungen". In der Praxis ist nämlich zu beobachten, dass

- der **Beschäftigungseffekt** der Arbeitszeitverkürzung ganz oder teilweise durch Produktivitätssteigerungen **neutralisiert** wird. Dies ist zum einen Folge der Arbeitsverdichtung, d. h. höherer Leistung bei unverändertem Maschinenpark; diese Entwicklung dürfte in vielen Fällen mit einem höheren Arbeitsdruck für die Beschäftigten einhergehen. Zum andern tätigen die Unternehmer Rationalisierungsinvestitionen, insbesondere bei Arbeitszeitverkürzung mit vollem Lohnausgleich. Zu beachten ist außerdem, dass Arbeitszeitverkürzungen nicht selten dazu führen, dass die Beschäftigten verstärkt Überstunden abzuleisten haben; dies nicht zuletzt auch wegen des Fehlens zusätzlicher Fachkräfte. Angesichts dieser Effekte erscheint die Entstehung neuer Arbeitsplätze fraglich;
- die Arbeitszeitverkürzung dann zur **Verschlechterung der internationalen Wettbewerbsfähigkeit** und damit zu Exporteinbußen führt, wenn im Inland wesentlich kürzer gearbeitet wird als im Ausland (längere Maschinenstillstandszeiten führen zu höheren Produktionskosten),
- die Arbeitszeitverkürzung zu einem **steigenden Arbeitskräfteangebot** führen kann, und zwar deshalb, weil sich bei verkürzter Wochenarbeitszeit insbesondere verheiratete Frauen zunehmend für eine (Halbtags-)Erwerbstätigkeit entscheiden; dann wird aber der Arbeitsmarkt von der Arbeitskräfteangebotsseite her zusätzlich belastet,
- eine Verkürzung der Lebensarbeitszeit zu einem Vorziehen der Rentenzahlungen führt. Angesichts der gegenwärtig ohnehin leeren Kassen der Rentenversicherungsträger würde sich deren Finanzlage noch weiter anspannen.

Die beschäftigungspolitischen Effekte einer Arbeitszeitverkürzung sind im Vorhinein **kaum abschätzbar**. Auch im Nachhinein ist strittig, ob und in welchem Ausmaß die in der Bundesrepublik Deutschland seit 1984 durchgesetzte Arbeitszeitverkürzung zu einer Mehrbeschäftigung geführt hat. Hierzu müsste ja die Frage beantwortet werden, wie sich Arbeitsproduktivität, Exporte, Inlandsprodukt und andere beschäftigungspolitisch wichtige Parameter entwickelt hätten, wenn keine Arbeitszeitverkürzung durchgesetzt worden wäre.

Klar muss aber sein, dass eine Umverteilung von Arbeit mit einer **Umverteilung von Einkommen** einhergehen muss. Insofern ist der Streit um die Arbeitszeitverkürzung auch eine Auseinandersetzung zwischen denjenigen, die einen Arbeitsplatz „besitzen" und den Arbeitslosen: Der vorhandene Verteilungsspielraum wird nicht für Einkommenssteigerungen, sondern für mehr Freizeit der bisher Beschäftigten einerseits und für Mehrarbeit und Mehreinkommen der bisherigen Arbeitslosen andererseits genutzt. Die Beschäftigten müssen zu einer Einfrierung oder gar Reduzierung ihrer Realeinkommen bereit sein. Arbeitszeitverkürzungen mit vollem Lohnausgleich führen letztlich nur zu Inflation und erzwingen somit auf diesem Wege die Anpassung der Realeinkommen nach unten.

Eine weitere defensive beschäftigungspolitische Strategie mündet in die **Bremsung des technischen Fortschritts**. Unbeschadet der Tatsache, dass sich der Produktivitätsfortschritt in der Bundesrepublik nicht beschleunigt, sondern sogar verlangsamt hat, ist ein Teil des Beschäftigungsproblems auf Rationalisierungen zurückzuführen. Es wird daher teilweise vorgeschlagen, den Rationalisierungsprozess zu verlangsamen, um hierdurch den Freisetzungseffekt des technischen Fortschritts, d. h. das Problem der technologischen Arbeitslosigkeit, zu mildern. Die Verlangsamung des Rationalisierungsprozesses kann zum einen **direkt** erfolgen, z. B. mittels **Rationalisierungsschutzabkommen**.

Derartige Maßnahmen werden sich jedoch auf Dauer sehr nachteilig auf die internationale Wettbewerbsfähigkeit auswirken. So erlangt die Bundesrepublik ihre internationale Wettbewerbsfähigkeit vornehmlich bei forschungs- und technologieintensiven Produkten. Durch Rationalisierungsschutzabkommen würde die internationale Wettbewerbsposition verschlechtert. Die Folge wären Export- und damit **Wachstums- und Beschäftigungsverluste**. Widerstände gegen technische Neuerungen schwächen die internationale Wettbewerbsfähigkeit und vereiteln Chancen zur Schaffung neuer Arbeitsplätze. Empirisch ist belegbar, dass es gerade die innovativen Branchen sind, die Wachstums- und Beschäftigungsgewinne zu verzeichnen haben. Auch hier ist die „Flucht nach vorn" sicherlich erfolgversprechender als die defensive Verteidigung alter technologischer Strukturen.

Andererseits besteht aber auch die Möglichkeit, die Bremsung des technischen Fortschritts auf **indirekte** Weise vorzunehmen. Ansatzpunkt hierfür sind die Löhne. Steigen die Nominallöhne schwächer als das Preisniveau, so sinken – bei unveränderter Produktivität – die Reallöhne. Dies kann den „beschäftigungsfeindlichen" Substitutionsprozess von Arbeit durch Kapital verlangsamen, möglicherweise sogar umkehren. Die marktwirtschaftskonforme Strategie der **Lohnzurückhaltung** erlaubt es, lohnkostenseitig unrentable Arbeitsplätze zumindest teilweise zu erhalten.

Allerdings ist nicht zu erwarten, dass durch eine forcierte Reallohnsenkung die Richtung des bisher arbeitskräftesparenden technischen Fortschritts grundlegend umgekehrt werden kann. Zudem kann und darf ein hoch entwickeltes Land wie die Bundesrepublik Deutschland nicht versuchen, durch „künstliche" Lohnzurückhaltung ihre internationale Wettbewerbsfähigkeit in Branchen zu erhalten, deren Produktion und Arbeitsplätze sinnvoller weise an ausländische Produzenten abgegeben werden sollten. Beispielsweise sind die deutschen Arbeitskräfte für die

Herstellung von geringwertigen Textilien nicht nur zu teuer, sie sind hierzu auch zu gut qualifiziert. Das heißt jedoch nicht, dass durch Lohnerhöhungen die Beschäftigungsprobleme gelöst werden können – das Gegenteil ist der Fall.

Einen zusammenfassenden Überblick zur wachstumsdefizitären Arbeitslosigkeit gibt Abbildung C.23.

An dieser Stelle ist es angebracht, noch kurz auf das besondere Beschäftigungsproblem in den **neuen Bundesländern** einzugehen. Aufgrund der obigen Ausführungen kann die in Ostdeutschland bestehende Arbeitslosigkeit als eine Mischform von struktureller und wachstumsdefizitärer Arbeitslosigkeit typologisiert werden. Strukturelle Arbeitslosigkeit liegt dort in einer ganz spezifischen Form vor. Man könnte von einer **systemwandelbedingten Arbeitslosigkeit** sprechen. Die drei relevanten Sektoren wiesen zum Zeitpunkt der Wiedervereinigung im Vergleich zu Westdeutschland eine ganz andere Struktur auf: Der primäre und der sekundäre Sektor waren wesentlich bedeutsamer, dagegen der tertiäre Sektor weniger ausgeprägt. Mit dem Wechsel der Wirtschaftsordnung ist nun aber auch ein Wechsel in der Produktionsstruktur erforderlich. Sie entsprach, wie mit dem Wegfall der Mauer jedem drastisch vor Augen geführt wurde, nicht der Bedürfnisstruktur der Bevölkerung. Daher waren (bzw. sind) viele Betriebe in Ostdeutschland nicht mehr in der Lage, ihre Mitarbeiter zu beschäftigen.

Zu dem Problem der „falschen Produkte" kommt auf der Angebotsseite die geringe Produktivität hinzu. Sie liegt, wie man inzwischen weiß, in vielen Betrieben noch niedriger als befürchtet. Veraltete Maschinen und veraltete Produktionsmethoden verhindern vielfach noch immer die Wettbewerbsfähigkeit auf nationaler und internationaler Ebene. Dieser Aspekt mündet in die **wachstumsdefizitäre Arbeitslosigkeit**. Um sie zu bekämpfen, gilt es in erster Linie, den in Ostdeutschland bestehenden **Kapitalmangel** möglichst rasch zu beseitigen. Hierzu sind Investitionen in großem Ausmaß erforderlich. Sie müssen sowohl vom Staat (Infrastrukturinvestitionen) als auch von Privaten getätigt werden. Erst dann ist eine nennenswerte Steigerung des Angebots und damit einhergehend die Schaffung neuer Arbeitsplätze möglich. Der Versuch, die Beschäftigungsprobleme durch Einführung der 35-Stunden-Woche zu lösen, ist angesichts der Produktivitätslücke sehr skeptisch zu beurteilen. Für die betroffenen Unternehmen bzw. Branchen ist dadurch mit einer weiteren Verschlechterung der Wettbewerbsbedingungen zu rechnen, was sich kontraproduktiv auf die Arbeitsplätze auswirken wird.

Abschließend bleibt festzuhalten, dass die Ausführungen zum Ziel des hohen Beschäftigungsstandes zeigten, dass keine der vorgestellten Optionen für sich allein in Anspruch nehmen kann, ein Patentrezept zur Lösung des Arbeitslosenproblems zu sein. Jede Strategie ist mit mehr oder minder ausgeprägten ökonomischen und sozialen Risiken verbunden. Die Entscheidung für eine Strategie bzw. für einen Strategie-Mix hat sich an den jeweiligen Ursachen des Beschäftigungsproblems zu orientieren, sie muss sich aber auch vom politisch Machbaren leiten lassen. Theoretisch optimale, politisch jedoch nicht durchsetzbare Maßnahmen sind schließlich auch nicht geeignet, die Arbeitslosigkeit zu verringern. Zudem sollten die Ausführungen deutlich machen, dass angesichts der Komplexität des Problems der Arbeitslosigkeit nur ein Bündel von aufeinander abgestimmten ursachengerechten Maßnahmen erfolgversprechend ist. Patentrezepten ist zu misstrauen.

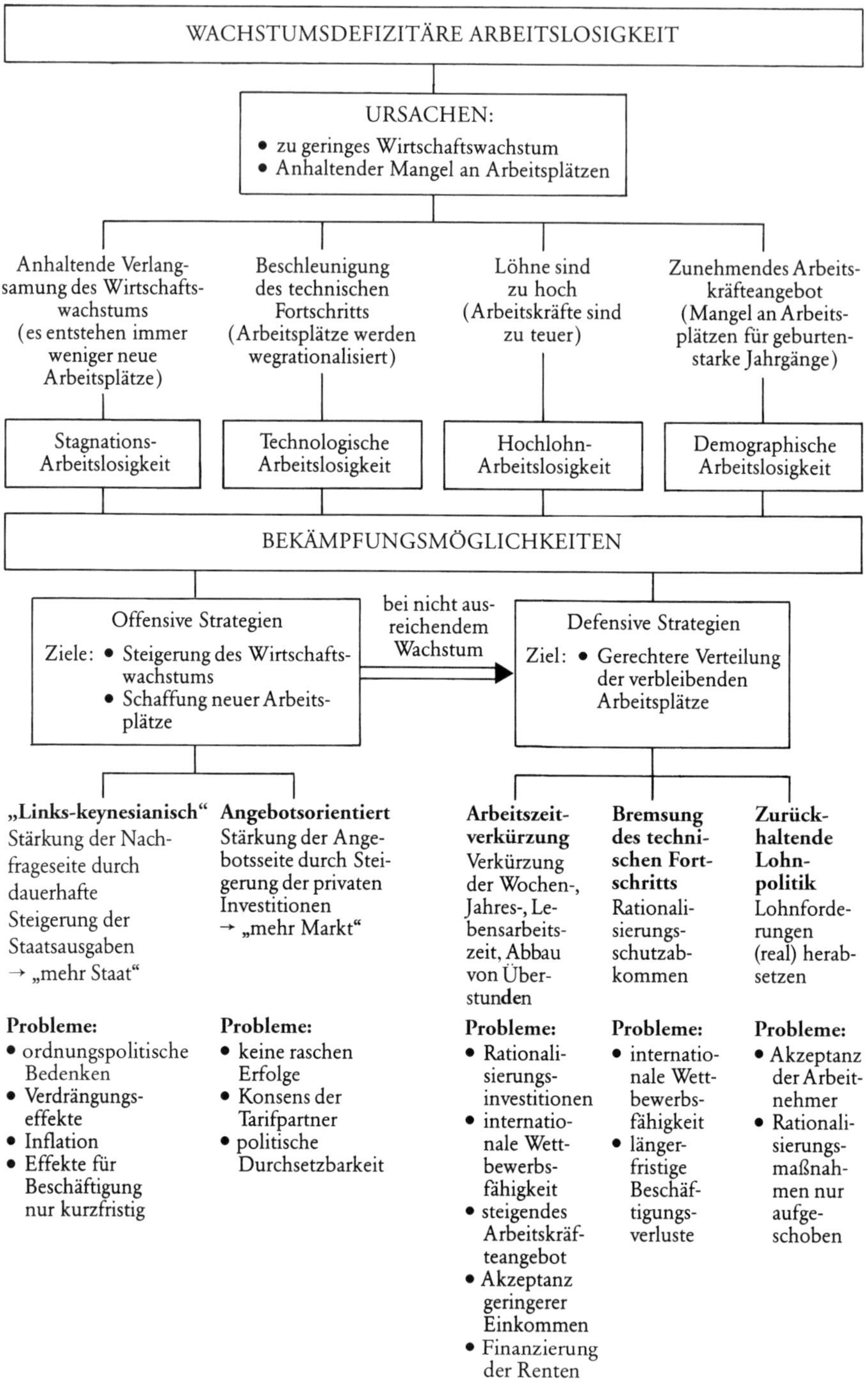


*Abb. C.23: Zusammenfassende Übersicht zur wachstumsdefizitären Arbeitslosigkeit*

# D. Preisniveaustabilität

Ein weiteres zentrales Anliegen der Wirtschaftspolitik ist die Bekämpfung von Inflation. Dies mündet in das Ziel der **Stabilität des Preisniveaus.** Aus dieser Formulierung geht bereits hervor, dass bei diesem Ziel nicht die Vermeidung des Anstiegs einzelner Güterpreise, sondern die Verhinderung von Preisniveausteigerungen auf breiter Front im Mittelpunkt steht. Die Europäische Zentralbank spricht etwas verkürzt von **Preisstabilität.** Gemeint ist damit ebenfalls die Stabilität des Preisniveaus. Gleichwohl könnte diese Formulierung zu einer Fehlinterpretation in dem Sinne führen, dass im Zeitablauf sämtliche Preise stabil bleiben sollen. Für die Funktionsfähigkeit des Allokationsmechanismus und damit der Marktwirtschaft schlechthin sind jedoch Preiserhöhungen auf einzelnen Märkten ein unabdingbares Erfordernis; dem müssen jedoch entsprechende Preissenkungen auf anderen Märkten gegenüberstehen. Vielfach spricht man auch vom Ziel der **Geldwertstabilität.** Die Inflationsbekämpfung nahm in der Wirtschaftspolitik der Bundesrepublik Deutschland stets einen hohen Rang ein. Zum einen sind **Bund** und **Länder** gemäß § 1 Stabilitäts- und Wachstumsgesetz explizit zur Erhaltung der Stabilität des Preisniveaus verpflichtet. Zum andern hatte die **Deutsche Bundesbank** gemäß § 3 Bundesbankgesetz (alt) bis zum 31. Dezember 1998 die Aufgabe, „die Währung zu sichern", d. h. ihre Geldpolitik primär am Ziel der Preisniveaustabilität auszurichten.

Sinkt das Preisniveau, so liegt eine **Deflation** vor. Sie bedeutet genau so eine Verletzung des Zieles der Stabilität des Preisniveaus wie die Inflation. Häufig ist zu beobachten, dass in einem Land die Inflationsrate rückläufig ist, also beispielsweise innerhalb eines Jahres von 4 % auf 2 % zurückgeht. Dieses Phänomen trägt die Bezeichnung **„Disinflation"**.

Ihre herausragende Bedeutung verdankt die Geldwertstabilität in Deutschland zweifellos der überdurchschnittlich ausgeprägten Inflationsmentalität. Sie ist vor allem bei älteren Menschen anzutreffen. Die Ursache hierfür liegt in den historischen Erfahrungen, denn schon zweimal musste die Bevölkerung in Deutschland auf schmerzliche Weise die Verletzung des Ziels der Preisniveaustabilität erfahren. Die erste verheerende Inflation trat zu Beginn der zwanziger Jahre des 20. Jahrhunderts auf. Sie kulminierte bis Oktober 1923 in eine **Hyperinflation** mit einer monatlichen Inflationsrate von 32 000 Prozent. Am Ende des Zweiten Weltkrieges zeigten sich dann für die Bevölkerung zum zweiten Mal die verhängnisvollen Auswirkungen einer schweren Inflation; abermals ging das Geld „kaputt". Auch in der Nachkriegszeit traten mehrfach Inflationsschübe auf, die jedoch bei weitem nicht das Ausmaß der beiden vorangegangenen Inflationen erreichten. Im internationalen Vergleich kann man die Bundesrepublik durchaus als eine Insel der Stabilität einstufen.

Es hat den Anschein, als ob es sich beim Phänomen der Inflation um eine allgemeine **gesellschaftliche Erscheinung** handelt. Inflation ist letztlich Ausdruck des Sachverhaltes, dass die mit Geld ausgestattete Nachfrage nach Waren und Dienstleistungen höher ist als das Güterangebot, d. h. die reale Produktion. Offensichtlich ist Inflation Reflex des Tatbestandes, dass die Summe aller nominellen Einkommen schneller wächst als die realen Produktionsmöglichkeiten zunehmen. Inflation ist somit Ausdruck eines allgemeinen **Anspruchsverhaltens**, einer Unzufriedenheit der Wirtschaftssubjekte mit der realen Einkommensposition. An diesem **Verteilungskampf** beteiligen sich nicht nur die Privaten, sondern auch der Staat und das Ausland. Ist die Summe der durchgesetzten und nachfragewirksamen Einkommenssteigerungen größer als die reale Produktionsmöglichkeit, so vollzieht sich in einer Marktwirtschaft der Ausgleich unweigerlich über steigende Preise. Inflation ist folglich eine Art **sozialer Besänftiger** im Verteilungskampf: Die Wirtschaftssubjekte verfügen zwar über höhere Nominaleinkommen, sie können sich jedoch mit diesem Einkommen keinen entsprechend höheren realen Lebensstandard leisten.

Das inflatorische Anspruchsverhalten scheint zudem nicht nur ein typisches Phänomen kapitalistischer **Marktwirtschaften** zu sein. Auch in sozialistischen **Zentralverwaltungswirtschaften** ist bzw. war die Geldentwertung zu beobachten. In sozialistischen Ländern wurde in der Vergangenheit immer wieder der Versuch unternommen, die Einkommensforderungen der Bürger dadurch zu befriedigen, dass der Staat ihnen höhere Einkommenssteigerungen gewährte, als es dem realen Produktionszuwachs entsprach. Die Folge ist dann zwar nicht zwingend eine **offene Inflation**, also der sichtbare Anstieg der Preise (die Preise wurden ja im Sozialismus regelmäßig durch den Staat kontrolliert). Es tritt vielmehr häufig eine **zurückgestaute Inflation** auf. Sie äußert sich in zunehmenden **Warteschlangen**. Dann können allerdings, ebenso wie bei der offenen Inflation, die Einkommenssteigerungen nicht vollständig für die Verbesserung des realen Lebensstandards eingesetzt werden. Inzwischen sind auch in diesen Ländern im Zuge der Öffnung hin zur Marktwirtschaft offene Preiserhöhungen an der Tagesordnung. So führte die vollständige oder teilweise Freigabe der Preise der ehemaligen UdSSR zu Preiserhöhungen von teilweise über 1000 Prozent.

In vielen Ländern beurteilt man die Inflation nicht so negativ wie in der Bundesrepublik Deutschland. Es wird sogar gelegentlich die Auffassung vertreten, dass „ein bisschen" Inflation quasi ein **Schmiermittel** darstelle. Es gewähre einen reibungsloseren Ablauf des Wirtschaftslebens. Kaum auszurotten ist die Vorstellung, durch eine inflatorische Wirtschaftspolitik ließen sich Wachstum und Beschäftigung steigern. Sowohl theoretische Analysen als auch die zurückliegenden Erfahrungen sollten jedoch ausreichen, um diese Vorstellung endlich zu begraben.

## I. Begründung der Notwendigkeit der Preisniveaustabilität

Die negativen Konsequenzen von Inflation zeigen sich sowohl bei Wachstum und Beschäftigung als insbesondere auch bei der Verteilung von Einkommen und Vermögen.

### 1. Negative Allokations- und Wachstumseffekte

Wie bereits ausgeführt, übernehmen die Preise in einer Marktwirtschaft die Steuerungs- und Signalfunktion für die Marktteilnehmer. Steigen nun die Preise auf breiter Front an, so wird nicht mehr sichtbar, welche Güter aufgrund einer Angebotslücke bzw. eines Nachfrageüberschusses wirklich knapp sind. Die Anbieter sehen in den überall ansteigenden Preisen sozusagen „grünes Licht" auf allen Märkten; konsequenterweise dehnen sie ihr Angebot aus. Die Inflation täuscht Knappheiten vor. Dies setzt den für die Funktionsfähigkeit einer Marktwirtschaft existenziell wichtigen Marktmechanismus außer Kraft. Das Spiel der relativen Preise wird blockiert, wodurch es zu einer Fehllenkung der Produktionsfaktoren Arbeit und Kapital in falsche Produktionsrichtungen kommt. Dadurch werden Produktivleistungen vergeudet. Inflation führt somit zur **Störung der Allokationsfunktion** der Preise. Die Konsequenz ist eine **Beeinträchtigung von Wachstum und Beschäftigung.** Üblicherweise handelt es sich hierbei um einen schleichenden und eher längerfristigen Prozess.

## 2. Inflation und Beschäftigung

Die immer wieder anzutreffende These, Inflation begünstige die Beschäftigung und das Wachstum, gilt allenfalls nur kurzfristig. Dahinter steht die bekannte **Phillips-Kurve**, die einen Zielkonflikt zwischen Preisniveaustabilität und Vollbeschäftigung behauptet. Die grafische Darstellung enthält die beiden wirtschaftspolitischen Ziele in negativer Formulierung, d. h. auf den Achsen stehen die Inflationsrate ($w_P$) und die Arbeitslosenquote (ALQ):

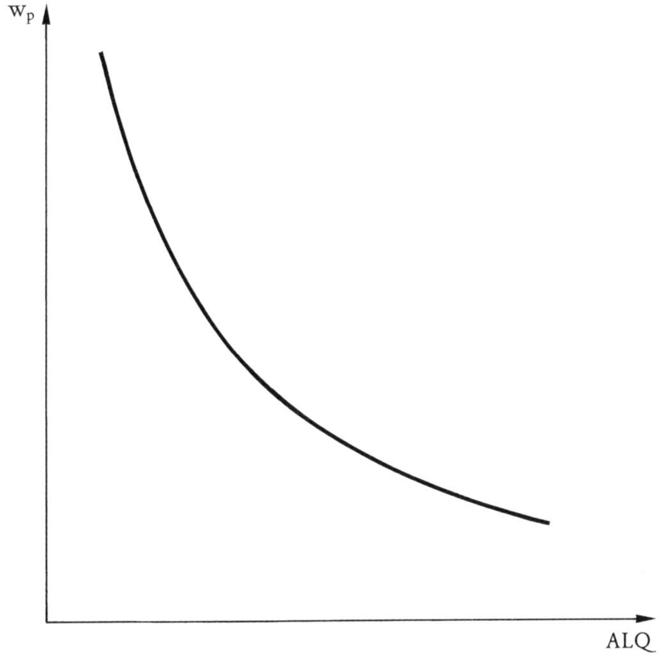


*Abb. D.1: Phillips-Kurve*

Eine Politik der Inflationsbekämpfung führt offensichtlich zu erhöhter Arbeitslosigkeit, und umgekehrt kann man einen höheren Beschäftigungsstand mit einer höheren Inflationsrate erkaufen. Dieses „Menuekarten-Denken“ hat die praktische Wirtschaftspolitik lange Zeit stark geprägt. Sichtbarer Ausdruck hierfür ist der bekannte Ausspruch des ehemaligen Bundeskanzlers Helmut Schmidt, „lieber 5 Prozent Inflation, als 5 Prozent Arbeitslosigkeit“ zu akzeptieren. Dieser behauptete Zusammenhang zwischen Inflation und Arbeitslosigkeit ist jedoch heftig umstritten. Die Erfahrung zeigt, dass es den Zielkonflikt höchstens **kurzfristig** im Verlauf eines Konjunkturzyklus gibt. Beispielsweise kann ein in der Rezession aufgelegtes Konjunkturprogramm zwar zu positiven Beschäftigungseffekten führen. Gleichzeitig entsteht aber durch die höhere Nachfrage eine inflatorische Lücke, welche die Preise in die Höhe treibt.

Die gestiegenen Preise werden in Tarifverhandlungen zum Anlass genommen, höhere Löhne zu fordern. Deren Durchsetzung bedeutet für die Unternehmen höhere Kosten, die wiederum in höheren Preisen weitergegeben werden. Dies setzt die berüchtigte **Lohn-Preis-Spirale** in Gang, im Zuge derer sich Löhne und Preise gegenseitig aufschaukeln. Die Inflation wird immer stärker.

Was die Beschäftigungseffekte anbetrifft, so darf aus den kurzfristigen Erfolgen einer expansiven Konjunkturpolitik nicht der Schluss gezogen werden, man könne

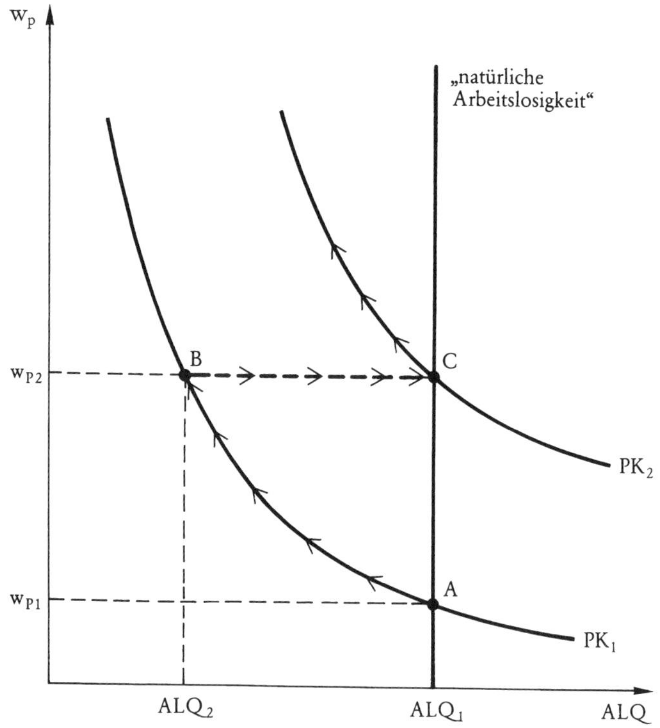


*Abb. D.2: Natürliche Arbeitslosigkeit*

sich die Vollbeschäftigung durch das „süße Gift" der Inflation auf Dauer erkaufen. **Langfristig** ist vielmehr genau das Gegenteil der Fall. Die Unternehmen werden versuchen, den immer teurer werdenden Produktionsfaktor Arbeit zunehmend durch Kapital zu substituieren. Die kurzfristigen positiven Beschäftigungseffekte erweisen sich somit nur als ein **Strohfeuer**. Auf lange Sicht kann die Vollbeschäftigung nicht durch Inflation erkauft werden. Abbildung D.2. illustriert diese Zusammenhänge.

Zunächst findet eine Bewegung entlang der Phillips-Kurve $PK_1$ von Punkt A nach Punkt B statt. Typischer Auslöser hierfür ist die Zentralbank, der eine **„Politik des billigen Geldes"** empfohlen wird. Sinkende Zinsen stimulieren die Investitionstätigkeit, wodurch die Güternachfrage steigt. Dies zieht eine Erhöhung der Produktion nach sich, die eine höhere Beschäftigung erforderlich macht, also die Arbeitslosenquote absenkt (auf $ALQ_2$). Dies ist der „Strohfeuer-Effekt": Parallel dazu findet im Zuge der expansiven Geldpolitik eine Ausweitung der Geldmenge statt, die einen Anstieg des Preisniveaus verursacht; die Inflationsrate steigt auf $w_{P\,2}$ an.

Allerdings hat die Situation in Punkt B keinen Bestand. Infolge der gestiegenen Inflationsrate werden die Gewerkschaften höhere Löhne fordern. Die Unternehmen reagieren auf die gestiegenen Arbeitskosten mit Entlassungen; im Bild wird Punkt C erreicht. Dieser Punkt liegt analytisch auf einer neuen, nach rechts

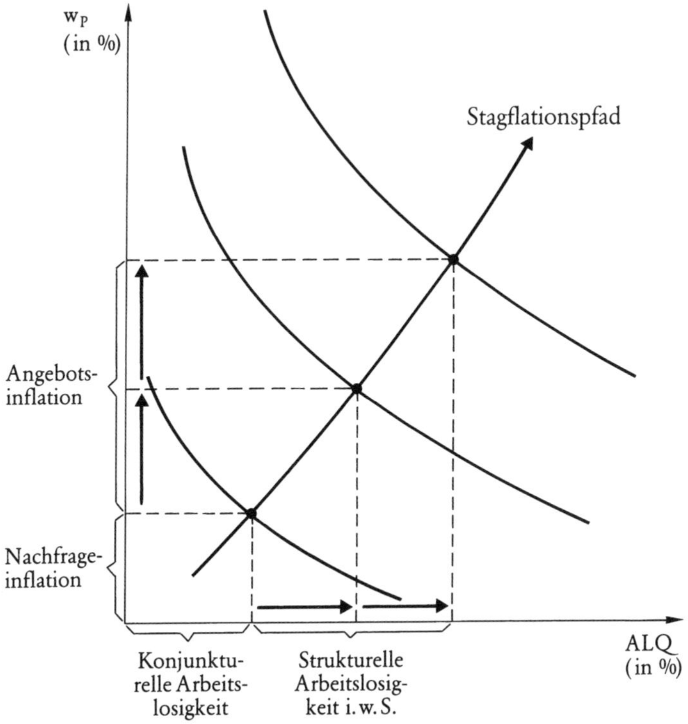


*Abb. D.3: Stagflation*

verlagerten Phillips-Kurve ($PK_2$). Damit ist der Prozess jedoch keineswegs zu Ende, sondern er läuft nach demselben Muster weiter. Die Inflationsrate schraubt sich kontinuierlich nach oben, während die Arbeitslosigkeit auf Dauer nicht geringer wird. Neoklassische Modelle gehen vielfach davon aus, dass das System langfristig auf dem Niveau seiner ursprünglichen Arbeitslosenquote ($ALQ_1$) verharrt. Man bezeichnet dieses Niveau der Unterbeschäftigung als **„natürliche Arbeitslosigkeit"**.

Es ist jedoch durchaus denkbar, dass der in jeder „Runde" erfolgende Beschäftigungsabbau noch stärker ausfällt, und zwar vor allem deswegen, weil im Zuge der Inflation – wie dargestellt – Wachstum und Beschäftigung beeinträchtigt werden. Die Folge ist, dass sich die Phillips-Kurve nicht nur senkrecht nach oben verschiebt, sondern zugleich nach rechts außen wandert. Im Zuge dieser Entwicklung nehmen Inflation und Arbeitslosigkeit zu. Es herrscht **Stagflation** (siehe Abbildung D.3).

In jedem Fall ist auf Dauer durch die Inkaufnahme von Inflation nichts für die Beschäftigung und das Wachstum gewonnen. Sie unterminiert die Funktionsweise des Marktsystems und führt zu einem schleichenden Prozess der Fehlallokation von Produktionsfaktoren.

Für die Bundesrepublik Deutschland erhält man bezüglich des Zusammenhangs zwischen Inflation und Arbeitslosigkeit ein differenziertes Bild (Abbildung D.4). In den sechziger Jahren bewegte man sich, formal gesprochen, auf einer kurzfristigen Phillips-Kurve, die relativ nahe beim Ursprung lag. Mit Beginn der siebziger Jahren verschob sich die Phillips-Kurve infolge der zunehmenden Verteilungsauseinandersetzungen nach oben, seit Mitte der siebziger Jahre folgte dann eine

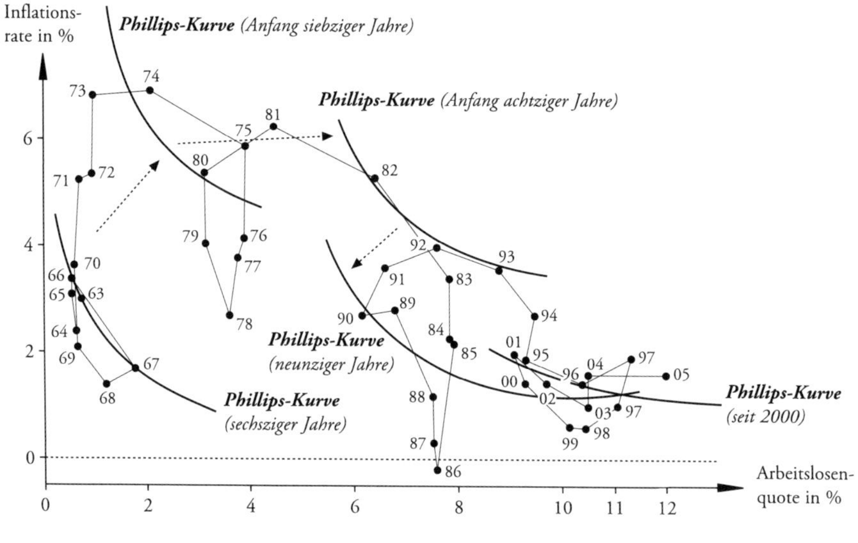


*Abb. D.4: Entwicklung der Phillips-Kurve in der Bundesrepublik Deutschland (alte Bundesländer)*

Rechtsverlagerung in ungünstigere Beschäftigungsbereiche. Mitte der achtziger Jahre wanderte die Phillips-Kurve vorübergehend wieder nach links.

### 3. Beeinträchtigung der internationalen Wettbewerbsfähigkeit

Die bisherigen Ausführungen zu den Konsequenzen von Inflation bezogen sich lediglich auf binnenwirtschaftliche Tatbestände. Bezieht man das Ausland mit ein, so tritt eine weitere negative Auswirkung von Preisniveausteigerungen in Erscheinung. Infolge der steigenden Preise auf den Gütermärkten im Inland sinkt nämlich die **internationale Wettbewerbsfähigkeit** der Volkswirtschaft. Das ist jedenfalls dann der Fall, wenn die Preise im Inland schneller als im Ausland steigen und der Wechselkurs der heimischen Währung nicht in entsprechendem Maße abgewertet wird. Die Ausländer müssen dann bei den gegebenen Umtauschkursen mehr für die heimischen Waren und Dienstleistungen bezahlen. Dieser Aspekt gewinnt umso größere Bedeutung, je höher die Exportquote einer Wirtschaft liegt. Gerade für die Bundesrepublik Deutschland spielte diese positive Wirkung der (relativen) Preisniveaustabilität eine erhebliche Rolle. Allerdings gilt es zu beachten, dass Erfolge im Exportgeschäft nicht allein preisbedingter Natur sind. Zudem ist zu betonen, dass bei flexiblen Wechselkursen der „Wettbewerbsvorteil" eines stabilen Preisniveaus infolge der Aufwertung der heimischen Währung verloren gehen kann.

### 4. Negative Verteilungseffekte

Neben den erörterten negativen Beschäftigungs- und Wachstumseffekten bewirkt Inflation auch verschiedene negative Umverteilungseffekte. Bezüglich der Einkommensverteilung ist zunächst die **Lohn-lag-Hypothese** zu erwähnen. Wenn die Lohneinkommen langsamer wachsen als das Preisniveau steigt, dann sinken die Realeinkommen der Unselbständigen. Demgegenüber partizipieren die Gewinnbezieher infolge der steigenden Preise unmittelbar an der allgemeinen Teuerung, da bei steigenden Umsätzen zumindest der Kostenblock für Arbeit bis zur nächsten Tarifrundes konstant bleibt. Auf der Ebene der Primärverteilung kommt es also zu einer Umverteilung zugunsten der Einkommen aus Unternehmertätigkeit und zulasten der Einkommen aus unselbständiger Arbeit. Die Bezieher von Löhnen und Gehältern sind die Verlierer der Inflation.

Auch auf der Ebene der Sekundärverteilung können ebenfalls unerwünschte und unkontrollierte Umverteilungseffekte auftreten. Dieses Phänomen wird als **Transfer-lag-Hypothese** bezeichnet. Unter Transfers versteht man sämtliche staatlichen Sozialleistungen wie Renten, Sozialhilfe, Wohnungsgeld oder BAföG. Die Empfänger von Transferzahlungen sind normalerweise von der Inflation negativ betroffen. Grund hierfür ist die Tatsache, dass die Anpassung der öffentlichen Transferleistungen an die allgemeine Teuerungsrate in der Regel nicht in vollem Umfang erfolgt (z. B. Kindergeld) bzw. erst verspätet geschieht (z. B. Dynamisierung der Renten, deren Bezugsgröße die ohnehin nachhinkende Lohnentwicklung ist). Damit werden die Bezieher der Transfers zu Verlierern der Inflation. Dieser Personenkreis muss eine Verschlechterung seiner Realposition hinnehmen.

Für die Vermögensverteilung ist zum einen die **Gläubiger-Schuldner-Hypothese** relevant. Sie bezieht sich auf Kreditbeziehungen, d. h. auf Finanzaktiva bzw. Finanzpassiva. Kommt es zu Inflation, so verliert die Forderung des Kreditgebers (Gläubigers) sukzessive an Kaufkraft. Dagegen können die Schulden im Laufe der Zeit vom Kreditnehmer (Schuldner) immer müheloser zurückbezahlt werden, sofern seine Einkommen inflationsbedingt steigen. Das **„Euro-gleich-Euro-Prinzip"** wird verletzt. Der Euro von heute ist morgen von seiner Kaufkraft her vielleicht nur noch fünfzig Cent Wert. Inflationsverlierer ist folglich der Gläubiger, während der Schuldner als Gewinner der Inflation hervorgeht.

Zum andern berührt die Inflation das Finanzvermögen („Nominal"- oder „Geldvermögen" wie Bankguthaben, Obligationen usw.) und das Sachvermögen („Realvermögen" wie Grundstücke, Häuser usw.) in unterschiedlicher Weise. Vielfach liegen in inflatorischen Zeiten die tatsächlich bezahlten Zinsen (Nominalzinsen) für Finanzaktiva unterhalb der Inflationsrate. Daraus resultiert eine **negative Realverzinsung**, das Finanzvermögen erfährt einen inflatorisch bedingten Substanzverlust. Diese Entwicklung ließ sich beispielsweise in der Bundesrepublik Deutschland in der Vergangenheit immer wieder für den Spareckzins bzw. die Sparguthaben mit dreimonatiger Kündigungsfrist beobachten. Die Sparer sind bei dieser Anlageform die Verlierer der Inflation. Die Größenordnungen für die Substanzverluste des Nominalvermögens durch Inflation dürfen nicht unterschätzt werden. In Deutschland beläuft sich das Geldvermögen der privaten Haushalte gegenwärtig auf rund 4 Billionen Euro; das bedeutet, dass 1 Prozent Inflation einen Substanzverlust von 40 Mrd. Euro bewirkt. Auf der anderen Seite steigen die Preise für das Sachvermögen im Zuge der Inflation an, unter Umständen sogar stärker als die Inflationsrate. Dadurch kommt es zur bekannten, in inflatorischen Zeiten immer wieder beobachtbaren **„Flucht in die Sachwerte"**, die am ehesten einen Inflationsschutz bieten.

Geht man davon aus, dass Sparbücher typischerweise im Besitz des „kleinen Mannes" sind, das Sachvermögen hingegen verstärkt den „Reichen" gehört, so kommt man zum Ergebnis, dass die Inflation die Reichen reicher und die Armen ärmer macht. Unter Verteilungsaspekten erweist sich die Inflation somit als im höchsten Maße ungerecht. Inflation wird zum „Taschendieb der kleinen Leute". Diese Entwicklung macht den häufig anzutreffenden Satz verständlich, wonach eine konsequente **Antiinflationspolitik** die **beste Sozialpolitik** ist.

Auch der **Staat** kann **Inflationsgewinner** sein, und zwar nicht nur als Schuldner, sondern vor allem als Folge der Konstruktion des Steuersystems. Steigen die Einkommen (z. B. Lohneinkommen) im Ausmaß der Inflationsrate, so bleiben die Realeinkommen der Arbeitnehmer unverändert. Im herrschenden System der Einkommensbesteuerung werden allerdings infolge der Progressionswirkungen die höheren Einkommen prozentual auch mit einer höheren Steuer belastet. Bei der Lohnsteuer ist dieser Effekt besonders ausgeprägt: Steigen die Lohneinkommen um 10 Prozent, so steigt das Lohnsteueraufkommen um beispielsweise 21 Prozent. Der Staat ist über diesen Progressionseffekt folglich Inflationsgewinner. Bleiben periodische Steuerentlastungen aus, so verändert sich die Einkommensverteilung zugunsten des Staates und zulasten der privaten Wirtschaftssubjekte – speziell zu Lasten der Lohnbezieher. Allerdings sind den staatlichen Inflationsgewinnen auch

Inflationsverluste entgegenzustellen. Denn der Staat muss im Rahmen seiner Käufe von Waren und Dienstleistungen ebenso wie die Privaten die inflationsbedingt höheren Preise bezahlen. Ob die öffentliche Hand **per Saldo** Inflationsgewinner oder Inflationsverlierer ist, bleibt umstritten.

Die Auflistung der vielschichtigen negativen Auswirkungen der Inflation sollte deutlich machen, dass deren Bekämpfung in der Wirtschaftspolitik einen sehr hohen Stellenwert einnehmen muss. Bei neoklassischen Ökonomen genießt das Ziel der Preisniveaustabilität die höchste Priorität aller wirtschaftspolitischen Ziele. In einem stabilen Geldwert sehen Neoklassiker die entscheidende Voraussetzung für die Funktionsfähigkeit des Marktmechanismus und damit für Wachstum und Vollbeschäftigung. Für Keynesianer rangiert hingegen das Beschäftigungsziel an oberster Stelle: In Konfliktsituationen hat sich die Wirtschaftspolitik in erster Linie für Vollbeschäftigung stark zu machen, die Verfolgung der Preisniveaustabilität sollte nicht übertrieben werden. Bei dieser Auffassung muss man sich jedoch der „Strohfeuer-Wirkung“ und der längerfristigen negativen Auswirkungen bewusst sein und darf die negativen Verteilungswirkungen nicht aus den Augen verlieren.

## II. Operationalisierung der Preisniveaustabilität

### 1. Preisindizes

Die bisherigen Ausführungen gingen vom Begriff der Inflation aus, ohne diesen näher zu präzisieren. Als vergleichsweise einfach erweist sich die **quantitative Operationalisierung.** Preisniveaustabilität liegt theoretisch dann vor, wenn die Inflationsrate null Prozent beträgt. Erfahrungsgemäß geben sich Wirtschaftspolitiker und Zentralbanken aber auch mit geringen Teuerungsraten zufrieden. So verfolgte die Deutsche Bundesbank die Zielsetzung, den Preisauftrieb mittelfristig auf maximal 2 Prozent zu begrenzen. Auch die Europäische Zentralbank strebt eine Inflationsrate von „mittelfristig unter, aber **nahe 2 Prozent**“ an.

Als weitaus schwieriger erweist sich der Schritt der **qualitativen Operationalisierung.** Es geht dabei um die genaue Festlegung eines **Warenkorbes,** d. h. eines Güterbündels, dessen Verteuerung dann im Zeitablauf zu messen ist. Hierfür stehen verschiedene Konzepte zur Verfügung. Sie unterscheiden sich letztlich in der Zugrundelegung unterschiedlicher Warenkörbe. Von den zahlreichen Preisindizes sind für die Wirtschaftspolitik besonders zwei Kategorien relevant:

- die Preisindizes der volkswirtschaftlichen Gesamtrechnungen (VGR) und
- die Preisindizes der Lebenshaltung.

Die **Preisindizes der Volkswirtschaftlichen Gesamtrechnungen** (VGR) sind am breitesten angelegt. Den Rahmen bildet die bekannte Verwendungsgleichung des Bruttoinlandsprodukts zu Marktpreisen. Je nachdem, welche Komponenten auf ihre Preisentwicklung (P) hin erfasst werden, erhält man verschiedene Preisindizes (PI).

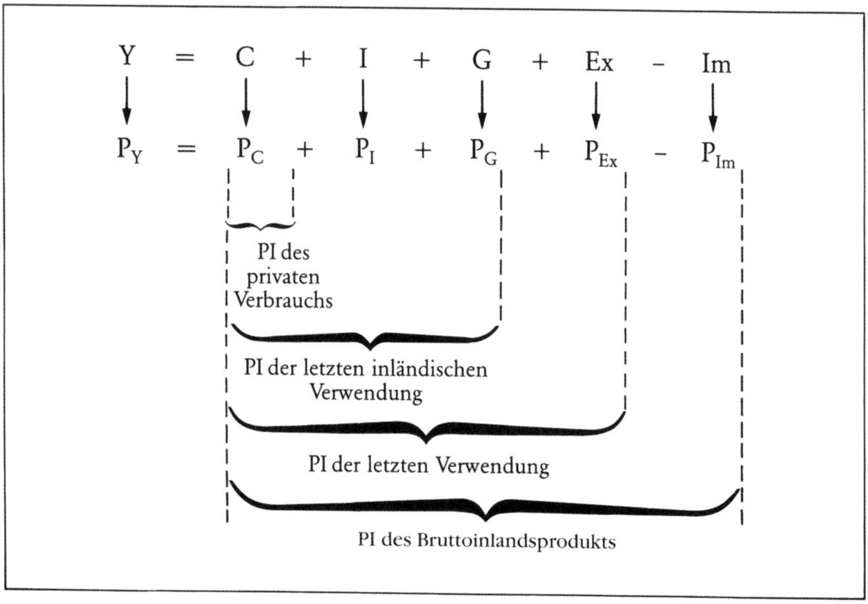


*Abb. D.5: Preisindizes der Volkswirtschaftlichen Gesamtrechnung*

Am umfassendsten ist der Preisindex des Bruttoinlandsprodukts. Er enthält die Preisentwicklung sämtlicher Waren und Dienstleistungen einer Volkswirtschaft und wird als sog. **Deflator** verwendet, um vom nominellen zum realen Inlandsprodukt zu gelangen. Der Preisindex der letzten Verwendung eliminiert die Entwicklung der Einfuhrpreise. Im Preisindex der letzten inländischen Verwendung sind zusätzlich die Exportgüterpreise ausgeschaltet. Die Bundesregierung operationalisierte in der Vergangenheit das Ziel der Preisniveaustabilität anhand unterschiedlicher Preisindizes der Volkswirtschaftlichen Gesamtrechnungen.

Diese gesamtwirtschaftlichen Inflationsmaße dürften jedoch bei den meisten Menschen nur auf geringes Interesse stoßen. Sie spüren zumindest nicht unmittelbar die Preisentwicklung beispielsweise von Maschinen, sondern lediglich die Preissteigerungen von Konsumgütern. Die Verteuerung des Nachfrageaggregats „Privater Konsum" (C) wird mit Hilfe des Preisindex des privaten Verbrauchs erfasst. Er misst die Preissteigerungen sämtlicher Konsumgüter, die in der Volkswirtschaft von den privaten Haushalten verbraucht werden.

Die Berechnung der VGR-Preisindizes erfolgt inzwischen auf „Vorjahrespreisbasis". Hierbei wird die Volumenentwicklung eines Jahres mit den Preisen des jeweiligen Vorjahres bewertet. Dadurch erhält man einen zeitnahen und unverzerrten Einblick in die Entwicklung des realen BIP sowie seiner Komponenten.

Dieser VGR-Index darf jedoch nicht mit dem bekannten **Preisindex der Lebenshaltung** verwechselt werden. Auch Letzterer setzt zwar am privaten Verbrauch an; erfasst werden aber bei weitem nicht alle Konsumgüter, sondern nur einen kleinen Ausschnitt. Er bildet den Inhalt eines sog. **Warenkorbes**, dessen Teuerung monatlich untersucht wird. Adressaten dieser Messlatte für Geldwertstabilität sind die privaten Haushalte. Nicht zuletzt aufgrund der Tatsache, dass dieser Personenkreis auch die Wählerschaft bildet, findet der Preisindex der Lebenshaltung in der Politik die größte Beachtung. Bei ihren Zielprojektionen ist die Bundesregierung allerdings verpflichtet, sich der Sprache der Volkswirtschaftlichen Gesamtrechnung zu bedienen. Sie wählt daher die oben erläuterten VGR-Preisindizes.

Um möglichst genaue Informationen über die allgemeine Teuerung zu vermitteln, errechnete das Statistische Bundesamt in Wiesbaden lange Zeit die Inflationsraten für **verschiedene Haushaltstypen**. In Anbetracht unterschiedlicher Einkommensverhältnisse und damit einhergehend unterschiedlicher Verbrauchsgewohnheiten existierten für Deutschland Preisindizes für folgende Haushaltstypen:

- Preisindex der Lebenshaltung für 4-Personen-Haushalte von Beamten und Angestellten mit höherem Einkommen,
- Preisindex der Lebenshaltung für 4-Personen-Haushalte von Arbeitern und Angestellten mit mittlerem Einkommen,
- Preisindex der Lebenshaltung für 2-Personen-Rentnerhaushalte mit geringem Einkommen,
- Preisindex der Lebenshaltung aller privaten Haushalte.

Die Teuerungsraten dieser Warenkörbe unterschieden sich in der Regel nur relativ gering. Das individuelle Verbrauchsverhalten eines Haushalts und die individuelle Preissteigerungsrate weichen jedoch zum Teil erheblich von diesen „typischen" Warenkörben ab – denn „die" Inflation gibt es letztlich nicht. In der Öffentlichkeit diente über viele Jahre hinweg der Preisindex der Lebenshaltung eines Vier-Personen-Arbeitnehmerhaushaltes mit mittlerem Einkommen als der repräsentative Indikator zur Inflationsmessung.

Seit Anfang der siebziger Jahre war es üblich, Inflation auf der Grundlage des **Preisindex der Lebenshaltung aller Privaten Haushalte** auszuweisen. Er heißt seit Januar 2003 **„Verbraucherpreisindex"** und ist seitdem die einzige noch berechnete Teuerungsrate. Die amtliche Statistik veröffentlicht den aktuellen Verbraucherpreisindex monatlich, wobei die Daten sowohl für Deutschland insgesamt als auch getrennt nach alten und neuen Bundesländern ausgewiesen werden.

Der Warenkorb, der dem Verbraucherpreisindex zugrunde liegt, enthält gegenwärtig rund 750 verschiedene Waren und Dienstleistungen. Dieses Güterbündel wird als repräsentativ für die durchschnittliche Lebenshaltung angesehen. Seit der Vereinigung der deutschen Staaten wird auch für Ostdeutschland die Preisentwicklung nach der gleichen Methode beobachtet. Die Ermittlung der Preise dieser Waren erfolgt nach einem schematisierten Verfahren. Monatlich werden in Deutschland in ca. 40 000 Geschäften etwa 350 000 Preiserhebungen durchgeführt; dies geschieht in 190 Gemeinden der Bundesrepublik.

Um festzustellen, wie stark der Preisanstieg der einzelnen Produkte auf die gesamte Teuerung „durchschlägt", muss man wissen, welches Gewicht die betreffenden Ausgaben im Gesamtbudget des Haushalts haben. Gegenwärtig liegt den Berechnungen das Verbrauchsverhalten des Jahres 2000 zugrunde. Der Warenkorb wird in Abständen von jeweils ca. fünf Jahren aktualisiert („neues Basisjahr"). Einen genauen Einblick in den deutschen Warenkorb des Jahres 2000 und damit in das Wägungsschema des Verbraucherpreisindex liefert Abbildung D.6.

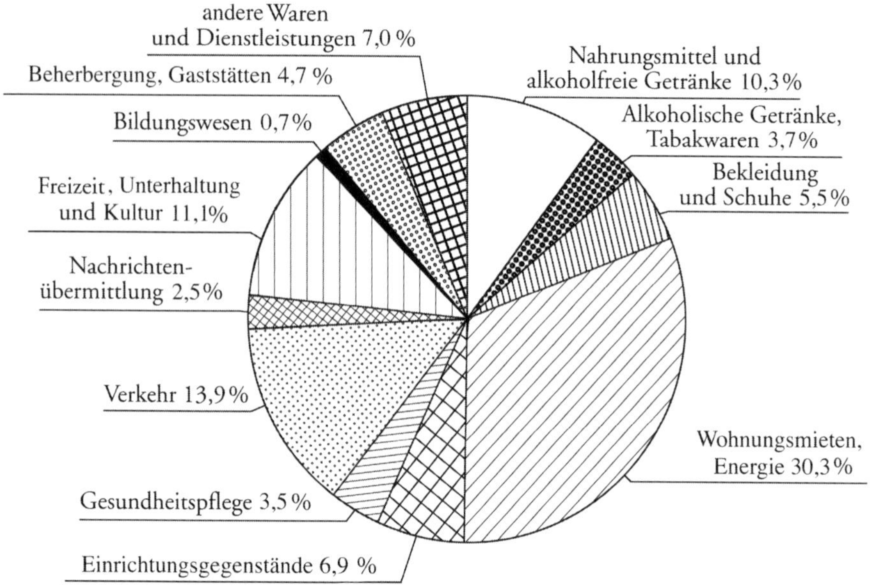


Quelle: Statistisches Bundesamt

*Abb. D.6: Warenkorb für alle privaten Haushalte (Basis: 2000)*

Auf der Grundlage dieser Daten werden dann die Preissteigerungen der einzelnen Güter entsprechend gewichtet. Die Berechnung der Inflationsrate erfolgt mit der sog. **„Laspeyres-Methode"**. Dabei hält man den gewählten Warenkorb über eine längere Periode hinweg in seiner Mengenzusammensetzung konstant. Dann errechnet man, wie sich dieses Güterbündel im Zeitablauf gegenüber dem Basisjahr verteuert. Ausgehend von einem Basiswert in Höhe von 100 lassen sich sodann die nachfolgenden Indexwerte berechnen. Auf der Grundlage dieser Indexwerte errechnet man die prozentuale Steigerungsrate (Inflationsrate) gegenüber dem betreffenden Monat des Vorjahres bzw. dem Vormonat.

Hinzuweisen ist an dieser Stelle noch auf die unterschiedliche Inflationsgeschwindigkeit bestimmter Gütergruppen. So lässt sich in der jüngeren Vergangenheit in Deutschland feststellen, dass Dienstleistungen deutlich höhere Teuerungsraten aufweisen wie Industriewaren. Von Bedeutung ist auch die Unterscheidung nach dem Personenkreis, der die Preise festlegt. Gegenwärtig werden in Deutschland rund 40 % der im Preisindex der Lebenshaltung erfassten Güter direkt oder indirekt vom Staat bestimmt. Beispiele sind Verkehrstarife sowie Gebühren für Rundfunk und Fernsehen, Müllbeseitigung, Schornsteinreinigung oder TÜV-Abnahme. Diese so genannten staatlich **administrierten Preise** sind in den zurückliegenden Jahren stärker gestiegen als die von der Privatwirtschaft in Rechnung gestellten Marktpreise.

In neueren Statistiken trifft man gelegentlich auf den Begriff der „Kerninflation". Diese Größe erfaßt die Entwicklung der Verbraucherpreise ohne die Bereiche Energie sowie saisonabhängige Nahrungsmittel.

Das Statistische Amt der Europäischen Union (Eurostat) veröffentlicht zudem seit 1997 so genannte **harmonisierte Verbraucherpreisindizes** (HVPI) für die Mitgliedstaaten der Eurozone. Da die Verbrauchsgewohnheiten und damit die monetären Verbrauchsausgaben der privaten Haushalte für einzelne Produkte von Land zu Land unterschiedlich sind, basiert der HVPI eines Landes nicht auf einem einheitlichen Warenkorb, der für alle Euroländer gilt. Um einen HVPI für die gesamte Euro-Währungszone zu erhalten, erfolgt eine Gewichtung der HVPIs der einzelnen Euroländer. Als Gewicht dient hierbei der Anteil der Konsumausgaben eines Landes an den gesamten Konsumausgaben in der Eurozone. Eurostat veröffentlicht die Entwicklung des HVPI monatlich; jeweils zu Beginn eines Jahres erfolgt eine Aktualisierung. Der HVPI ist ein zentraler Indikator für die geld- und währungspolitischen Entscheidungen der Europäischen Zentralbank. Der HVPI ersetzt jedoch nicht den offiziellen Preisindex für die Lebenshaltung des Statistischen Bundesamtes. Er ist vielmehr als ein zusätzlicher Index für zwischenstaatliche Inflationsvergleiche in Europa konzipiert.

## 2. Aussagefähigkeit der Preisindizes

Die regelmäßig veröffentlichten Inflationsraten erwecken in der Öffentlichkeit überwiegend den Eindruck großer Genauigkeit, werden doch die Werte bis hinter das Komma ausgewiesen. Trotz dieser „optischen" Exaktheit dürfen jedoch verschiedene methodische Probleme nicht übersehen werden, die den Teuerungszahlen anhaften.

Innerhalb der **VGR-Indizes** ist der Preisindex der letzten inländischen Verwendung mit den geringsten methodischen Problemen belastet. Allerdings enthält er mit den Investitionen und den Staatsausgaben zwei Komponenten, deren Teuerung die privaten Haushalte nicht unmittelbar betrifft. Beim Preisindex der letzten Verwendung kommt mit den Exporten ein weiteres Problem hinzu. Da die Entwicklung der Exportpreise das Ausland betrifft, ergeben sich nicht sinnvoll interpretierbare Aussagen für die Preisniveauentwicklung im Inland. Noch stärker verzerrt der Preisindex des Inlandsproduktes das Bild des Preisgeschehens: Da hier die Importe mit negativem Vorzeichen in die Gleichung eingehen, führen z. B. steigende Einfuhrpreise – ceteris paribus – zu einer Verringerung der Inflationsrate. Angesichts der mit dem Preisindex des Bruttoinlandsprodukts verbundenen Probleme schlägt der Sachverständigenrat vor, das Inlandsprodukt mit dem Preisindex der letzten inländischen Verwendung zu deflationieren und auf dieser Basis einen sog. „Realwert des Inlandsprodukts" zu errechnen.

Methodische Probleme weist auch der **Verbraucherpreisindex** auf. Wird zu lange an einem alten Warenkorb festgehalten, so verringert sich die aktuelle Aussagekraft des Preisindex in zunehmendem Maße. Das Statistische Bundesamt passt daher den Warenkorb von Zeit zu Zeit den **Veränderungen der Verbrauchsgewohnheiten** an. Eine permanente Anpassung ist jedoch nicht sinnvoll, denn dann könnte nicht mehr eindeutig gesagt werden, ob der Warenkorb teurer geworden ist, weil die Preise der Waren und Dienste gestiegen sind, oder ob er teurer wurde, weil sich seine Zusammensetzung verändert hat. Bisher galten folgende Basisjahre: 1962, 1970, 1976, 1980, 1985, 1991 und 1995. Zurzeit gilt – wie erwähnt – das Basisjahr 2000.

Im Zeitablauf hat sich die Verbrauchsstruktur zum Teil gravierend geändert. Vergleicht man die Zusammensetzung der Verbrauchsausgaben mit früheren Warenkörben, so ist festzustellen, dass der Anteil der Ausgaben für Ernährung an den Gesamtausgaben im Zeitablauf deutlich abgenommen hat (1950: 43,2 Prozent, 2000: 10,3 Prozent), der Anteil der Ausgaben für Miete hat sich dagegen verdreifacht (1950: 10,2 Prozent, 2000: 30,3 Prozent). Drastisch erhöhte sich auch der Anteil der Ausgaben für Verkehr und Nachrichtenübermittlung (1950: 2,8 Prozent, 2000: 16,4 Prozent). Würde man noch heute die Inflation mit dem Warenkorb von 1950 ermitteln, so würden Preissteigerungen bei Nahrungs- und Genussmitteln mit dem Gewicht von damals (43,2 %) in die Inflationsrate eingehen, obwohl sich die Bedeutung von Preissteigerungen in diesem Sektor inzwischen deutlich verringert hat (2000: 10,3 %). Umgekehrt würden Mietpreissteigerungen – gemessen an der aktuellen Bedeutung (30,3 %) – mit einem zu geringen Gewicht (10,2 %) in die Inflationsrate eingehen. Die Veränderung der Verbrauchsstruktur erzwingt daher schon aus diesem Grund eine periodische Umstellung des Warenkorbes.

Ein weiteres Problem ergibt sich aus dem Auftreten **neuer** und dem Ausscheiden **alter Güter** aus dem Verbrauchssortiment. Bei der Umstellung des Warenkorbs werden stets solche Güter herausgenommen, deren Verbrauch eine immer geringere Rolle spielt bzw. neue Güter einbezogen, die für den privaten Verbrauch immer wichtiger werden. So wurden bei der letzten Umstellung des Warenkorbs für das Jahr 2000 gegenüber dem zuvor geltenden Warenkorb von 1995 beispielsweise Farbbänder durch Farbpatronen oder Disketten durch CD-Rohlinge ersetzt. Kaffeefilter oder Schreibmaschinen wurden aus dem Warenkorb herausgenommen, neu hinzu kamen etwa Laserdrucker oder „Essen auf Rädern".

Die offizielle Teuerungsrate berücksichtigt auch nicht den **Wechsel von Verkaufsstellen**. Neue Vertriebsformen des Einzelhandels wie verstärktes Auftreten von Discountern oder Handel im Internet führen zu spürbaren Verschiebungen der Marktanteile zu Gunsten dieser preisgünstigen Anbieter. Die dabei entstehenden Einspareffekte werden im Preisindex der Lebenshaltung nur unzureichend erfasst.

Des Weiteren müssen **Qualitätsänderungen** berücksichtigt werden. Verbessert sich die Qualität eines Produkts (z. B. bessere Grundausstattung von Fahrzeugen) und steigt gleichzeitig der Preis dieses Produkts im Ausmaß der Qualitätsverbesserung, so liegt eigentlich keine Inflation vor. In der Realität wird also möglicherweise eine Inflationsrate ausgewiesen, obwohl deren „echter" Wert unter Berücksichtigung von Qualitätsverbesserungen eigentlich niedriger hätte sein müssen. Schätzungen gehen davon aus, dass die statistisch ermittelte Inflationsrate um ein bis zwei Prozent-Punkte gekürzt werden müsste, um die Qualitätsverbesserungen adäquat zu erfassen. Anders formuliert: Mit Blick auf die unzureichende Erfassung von Qualitätsverbesserungen kann man eine Inflationsrate von ein bis zwei Prozent als Preisniveaustabilität interpretieren.

Inzwischen hat das Statistische Bundesamt damit begonnen, die deutsche Preisstatistik in Bezug auf Qualitätsveränderungen mit Hilfe der sog. **„hedonischen Qualitätsbereinigung"** zu erweitern. Bei diesem Verfahren, das in den USA bereits seit längerem angewendet wird, erfolgt ein Zerlegung eines Gutes in Qualitätseigenschaften; mit mathematischen Methoden kann dann der Einfluss der Qualitätsmerkmale auf den Preis ermittelt werden. Dadurch ist es möglich, Preisänderungen, die ausschließlich auf Qualitätsänderungen beruhen, von reinen Preisänderungen zu separieren. Die hedonische Qualitätsbereinigung ist insbesondere für innovative technische Güter, etwa aus dem IT-Bereich, geeignet.

Trotz der Vorbehalte, die gegen die Verfahren zur Inflationsmessung vorgebracht werden können, ist relativ unumstritten, dass die herrschende Inflationsstatistik die allgemeine Teuerung der Lebenshaltung **recht zutreffend** widerspiegelt. Empirisch ermittelbar ist allerdings nur die **offene Inflation**, also derjenige Teil der Geldentwertung, der auf effektive Preissteigerungen zurückzuführen ist. Derjenige Teil der Geldentwertung, der sich trotz stabiler Preise daraus ergibt, dass das vorhandene Einkommen mangels Verfügbarkeit von Gütern nicht verausgabt werden kann, wird dagegen nicht erfasst. Eine derartige **zurückgestaute Inflation** trat häufig in sozialistischen Ländern auf. In den westlichen Volkswirtschaften stellt dieses Problem nur eine Randerscheinung dar.

Eine zusammenfassende Übersicht über die Konsequenzen und Messung der Inflation vermittelt Abbildung D.7.

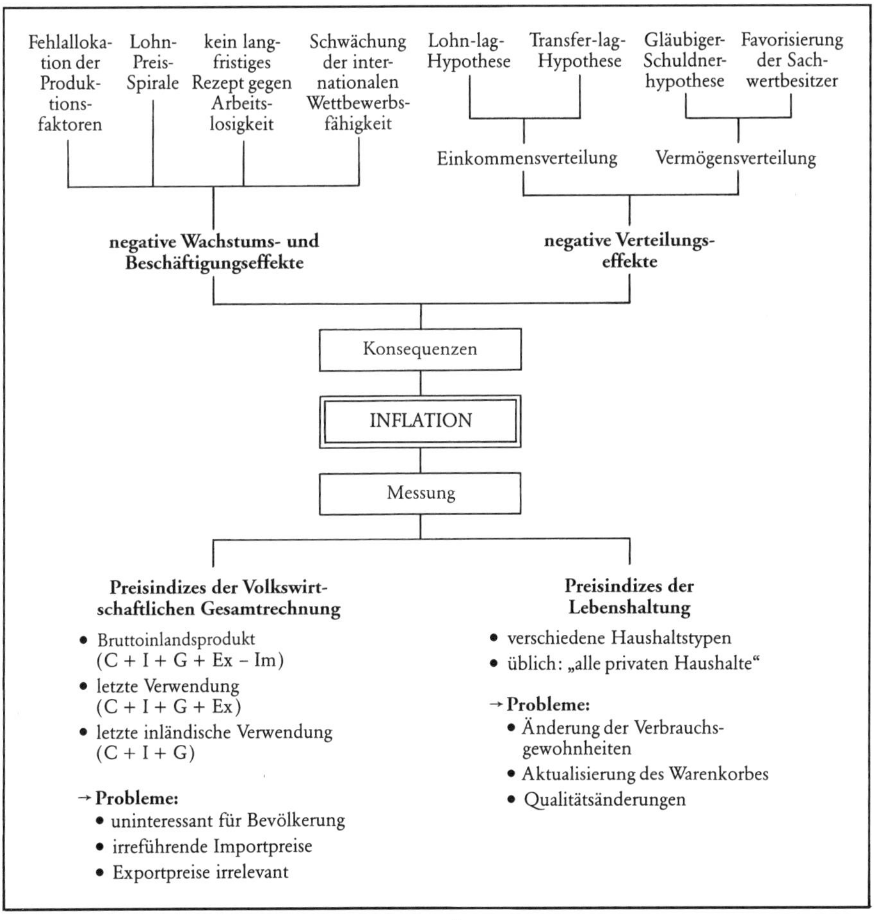


*Abb. D.7: Zusammenfassende Übersicht zu Konsequenzen und zur Messung der Inflation*

### 3. Empirischer Befund

Abschließend sollen noch einige Daten einen Einblick in die „Inflationsgeschichte“ der jüngeren Vergangenheit geben. Wie aus Abbildung D.8 hervorgeht, verlief die Teuerung in der Nachkriegszeit in den alten Bundesländern wellenförmig. Inflatorische Schübe waren vor allem zu Beginn der siebziger und der achtziger Jahre zu verzeichnen. Diese Tendenz zeigt sich in abgeschwächter Form auch zum Anfang der neunziger Jahre.

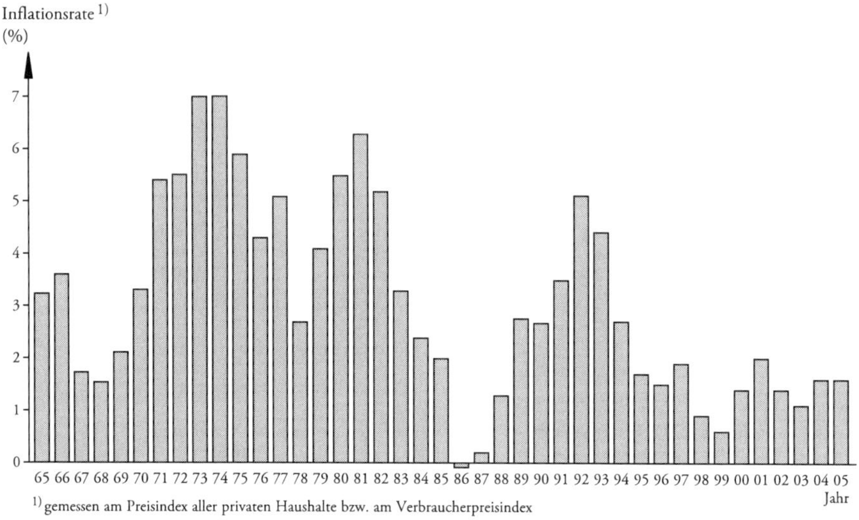


Quelle: Statistisches Bundesamt

*Abb. D.8: Inflation in der Bundesrepublik Deutschland (bis 1991: alte Bundesländer)*

Ein ungünstigeres Bild erhielt man im Anschluss an die Wiedervereinigung für die neuen Bundesländer. Dort erreichte die Preisniveausteigerung Ende 1991 Werte von über zwanzig Prozent (siehe Abb. D. 9). Inzwischen erfolgte jedoch eine Angleichung der Inflationsraten in den neuen und alten Bundesländern; verschiedentlich lag der Anstieg der Verbraucherpreise in Ostdeutschland sogar leicht unter der Inflationsrate in Westdeutschland.

Die anfänglich sehr hohen Preissteigerungsraten sind zum Teil im Zusammenhang mit der Ausstattung der ehemaligen DDR mit D-Mark zu sehen. Zum 1. Juli 1991 tauschte die Deutsche Bundesbank auf Veranlassung der Bundesregierung die bis dahin gültigen Bestände an Ost-Mark gegen D-Mark aus. Die D-Mark-Menge wurde dabei an der geschätzten Wirtschaftskraft der DDR bemessen. Im Nachhinein zeigte sich jedoch, dass die Einschätzung zu hoch ausfiel. Dadurch entstand ein Geldmengenüberhang, die Geldmenge war zu groß im Vergleich zur Gütermenge. Dieses Missverhältnis bildete die Voraussetzungen für die Inflation zu Beginn der neunziger Jahre. Zu Preissteigerungen hat allerdings vor allem auch die

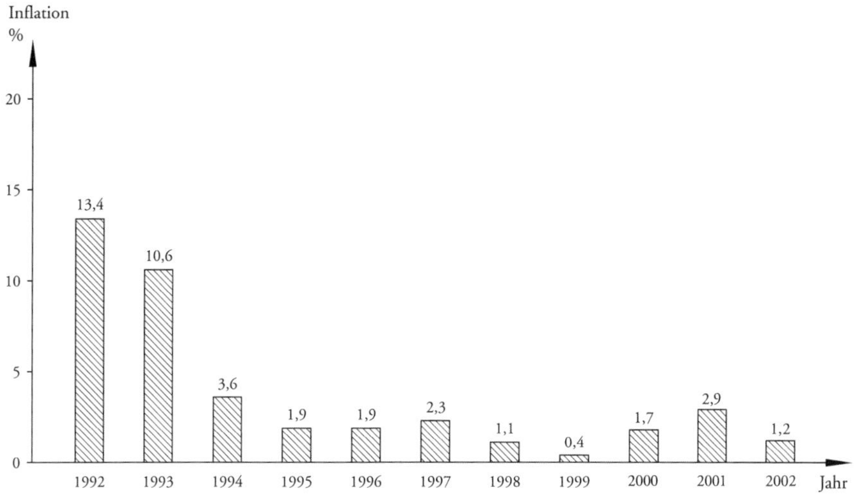


Quelle: Statistisches Bundesamt

*Abb. D.9: Inflation in den neuen Bundesländern*

Freigabe der ehedem gebundenen Preise, insbesondere für Wohnungsmieten, geführt.

Damit sind bereits Fragen nach den Ursachen von Inflation angesprochen worden. Auf dieses Thema wird im Folgenden genauer eingegangen.

## III. Klassifikation der Ursachen von Inflation

Inflation äußert sich in einem Anstieg des Preisniveaus. Ungeachtet der Frage, welches Güterbündel als Bemessungsgröße dient, kommt es in der Volkswirtschaft prinzipiell immer dann zu Steigerungen des Preisniveaus, wenn die Marktkräfte dies bedingen. Dahinter stehen die Nachfrage und das Angebot. Folglich sind die Käufer bzw. die Verkäufer als gesellschaftliche Gruppen für Preissteigerungen verantwortlich. Liegen die Gründe für die Erhöhung des Preisniveaus auf der Seite der Käufer, so spricht man von **Nachfrageinflation**. Dagegen handelt es sich um eine **Angebotsinflation**, falls Preissteigerungen auf das Konto der Verkäufer gehen.

Diese Einteilung der Inflationsursachen mag zwar einleuchtend klingen, ist aber gleichwohl in gewissem Sinne vordergründig. Denn Inflation ist letztlich immer ein **monetäres Phänomen**. Sie kann auf Dauer nur zustande kommen, wenn ein Geldmengenüberhang existiert. In einer wachsenden Wirtschaft muss hierzu – bei gegebener Umlaufgeschwindigkeit des Geldes – die Geldmenge stärker ansteigen als die Gütermenge. Die Durchsetzung von Preisniveausteigerungen ist auf den Märkten nur möglich, wenn mehr Geld bereit steht, um die höheren Preise bezahlen zu können. Man nennt dies die „monetäre Alimentierung" der Inflation. Insoweit ist also jede Inflation eine **Geldmengeninflation**.

Wie die historischen Erfahrungen zeigen, gingen bislang große Inflationen immer mit einem zu starken Wachstum der Geldmenge einher. Denkbar sind jedoch auch Preisniveausteigerungen, obwohl sich Geldmenge und Gütermenge im Gleichklang bewegen. In diesem Fall muss logischerweise die Umlaufgeschwindigkeit des Geldes zunehmen. Diese Ursache mündet in den folgenden Ausführungen jedoch nicht in einen eigenen Inflationstypus ein, sondern wird der Geldmengeninflation zugeordnet.

Ausgehend von dieser ersten Einteilung der Inflationsursachen (siehe auch Abbildung D.10) werden nun die verschiedenen Inflationstypen genauer vorgestellt sowie Bekämpfungsmöglichkeiten aufgezeigt.

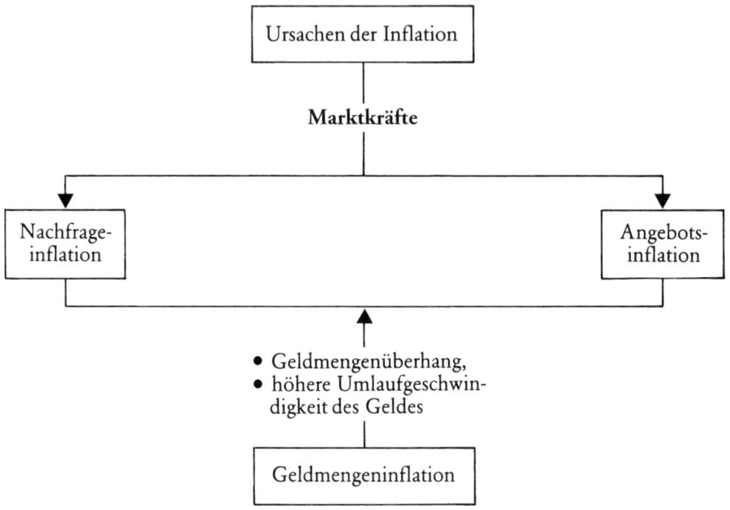


*Abb. D.10: Ursachen der Inflation*

## IV. Nachfrageinflation und ihre Bekämpfung

### 1. Inflation im Konjunkturverlauf

Inflation ist einerseits ein typisch konjunkturelles Phänomen. Die Preisniveausteigerung fällt in der **Hochkonjunktur** hoch aus und ist in der Rezession gering (siehe Abb. D. 11).

Ursächlich hierfür ist die **Entwicklung der Nachfrage** im Vergleich zur vorhandenen Produktionskapazität: Steigt ausgehend von einer Situation der Unterbeschäftigung die gesamtwirtschaftliche Nachfrage an, so nimmt in dieser Konjunkturphase die reale Produktion ohne nennenswerte Preissteigerungen zu. Je mehr sich die Wirtschaft jedoch der Vollauslastung der Kapazitäten nähert, um so mehr wirkt sich der

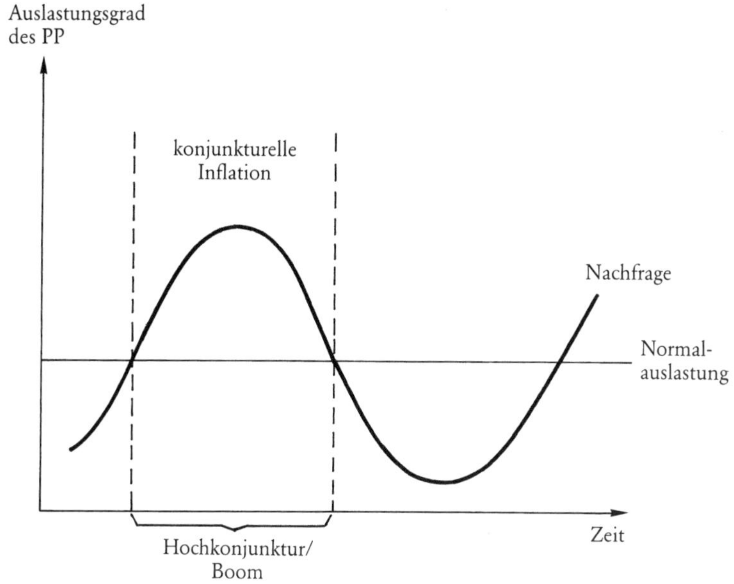


*Abb. D.11: Konjunkturelle Inflation*

Nachfrageanstieg inflatorisch aus; schließlich wird in der Situation der Vollauslastung nur noch das Preisniveau (P) in die Höhe gezogen. Nach Auffassung des Sachverständigenrates liegt die Situation der „Normalauslastung", bei der sich die inflatorischen Risiken in Grenzen halten, bei 96,75 Prozent des Produktionspotenzials.

Abbildung D.12 verdeutlicht den Sachverhalt mit Hilfe einer gesamtwirtschaftlichen Angebotsfunktion (GA) und einer gesamtwirtschaftlichen Nachfragefunktion (GN).

Die Nachfragefunktion nimmt die übliche Gestalt an. Hinsichtlich des Verlaufs der Angebotsfunktion wird angenommen, dass bei geringer Auslastung der Kapazitäten eine Erhöhung der Nachfrage noch zu keinerlei Preissteigerungen führt (völlig elastischer, waagerechter Teil). Dagegen treibt ab Erreichen der 100-Prozent-Auslastungsgrenze jede Nachfragesteigerung nur noch die Preise in die Höhe, da die Wirtschaft real nicht mehr wachsen kann (völlig unelastischer, senkrechter Teil der Angebotsfunktion). Im dazwischen liegenden Engpassbereich steigen sowohl das reale Inlandsprodukt als auch das Preisniveau.

Da die Nachfrage die Preise in die Höhe zieht, nennt man diese Inflationsart auch Nachfragesoginflation oder **Demand-pull-Inflation**. Wegen ihres konjunkturabhängigen Auftretens heißt sie auch **konjunkturelle Inflation**. Aus makroökonomischer Sicht liegt eine **inflatorische Lücke** (Nachfrage > Angebot bzw. Investieren > Sparen) vor.

Innerhalb der Nachfrageinflation lassen sich verschiedene Typen unterscheiden. Sie sind auf die jeweilige Nachfragekomponente zurückzuführen, welche die Preis-

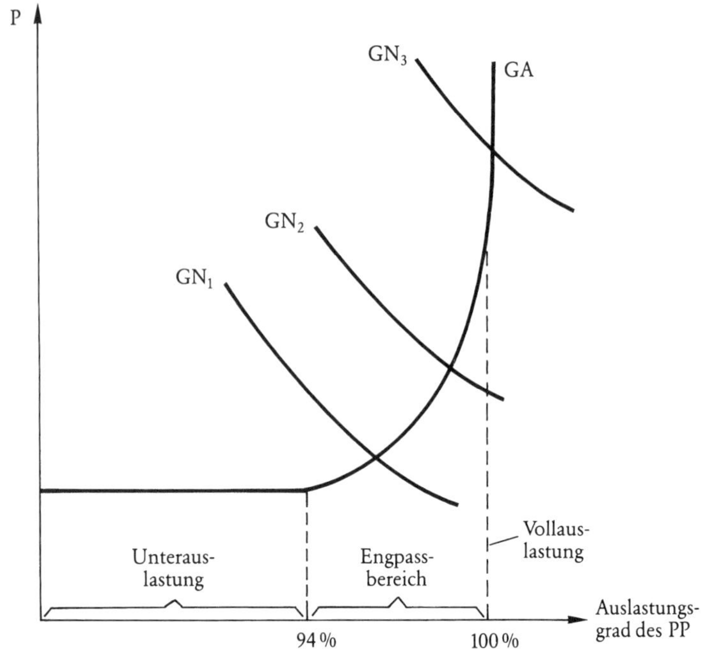


*Abb. D.12: Nachfrageinflation*

steigerungen verursacht. Ausgangspunkt ist wiederum die bekannte Gleichung für die gesamtwirtschaftliche (End-)**Nachfrage**:

$N = C + I + G + Ex - Im$

Besteht die Ursache in einer zu großen Konsumnachfrage der privaten Haushalte, so kommt es zur sog. **Konsumnachfrageinflation.** Hierfür können beispielsweise eine Verringerung der Sparneigung oder günstigere Zinsen für Konsumentenkredite verantwortlich sein. Im einfachen dreipoligen Kreislauf entsteht dadurch ceteris paribus eine inflatorische Lücke vom Typ:

$I > S$

Steigt die private Investitionsnachfrage im Vergleich zum Angebot an Produktionsmitteln zu stark an, dann handelt es sich um eine **Investitionsnachfrageinflation.** Die Investoren werden vielleicht durch verbesserte Gewinnerwartungen, günstigere Abschreibungsmöglichkeiten, neue Technologien oder sinkende Faktorpreise zu einer Erhöhung ihres Kapitalstocks angeregt. Daraus resultiert wiederum die Lücke:

$I > S$

Falls die gestiegene Gesamtnachfrage auf eine zu kräftige Ausdehnung der staatlichen Güternachfrage (G) bei konstanten Steuereinnahmen (T) zurückgeht, herrscht eine **Staatsnachfrageinflation.** Die inflatorische Lücke hat dann das Aussehen:

$I + G > S + T$

Erfahrungsgemäß sind preistreibende Staatsausgaben, welche die Steuereinnahmen übersteigen, Reflex einer unsoliden Finanzpolitik des Staates.

Hinter den bisher erörterten drei Formen der Inflation steht jeweils eine Nachfrageausweitung, die auf inländische Personen zurückgeht. Deshalb spricht man hier auch von **„hausgemachter" Nachfrageinflation**. Demgegenüber ist die **importierte Inflation** das Ergebnis eines Stabilitätsvorsprungs des Inlandes gegenüber dem Ausland. Infolge des Preisgefälles zugunsten des Inlandes lohnt es sich für Ausländer, bei gegebenen Wechselkursen im Inland verstärkt einzukaufen, d. h. nachzufragen. Gleichzeitig nehmen die Importe preisbedingt ab, die Nachfrage der Inländer richtet sich ebenfalls verstärkt auf heimische Produkte. Die unvermeidbare Konsequenz ist bei ausgelasteten Kapazitäten ein Anstieg des binnenwirtschaftlichen Preisniveaus. In der makroökonomischen Sprache übersteigen die Injektionen (kreislaufbelebende Ströme) wiederum die Sickerverluste (kreislaufhemmende Ströme):

$$I + G + Ex > S + T + Im$$

Am bekanntesten und zugleich am wichtigsten sind in der Realität die Staatsnachfrageinflation und die importierte Inflation. Auf diese Typen wird im Folgenden etwas genauer eingegangen. Wie die Erfahrungen zeigen, kommt ihnen allerdings von Land zu Land ein unterschiedliches Gewicht zu. In der Bundesrepublik überwog in der Vergangenheit die importierte Inflation. In zahlreichen Ländern, etwa in Lateinamerika, dominierte hingegen die Staatsnachfrageinflation.

Die **Staatsnachfrageinflation** ist üblicherweise Ausdruck einer unsoliden, preistreibenden Ausgabenpolitik des Staates. Die Frage, inwieweit die überzogene öffentliche Güternachfrage überhaupt finanzierbar ist, hängt untrennbar mit der Autonomie der Zentralbank zusammen. Man versteht darunter die Unabhängigkeit der Zentralbank eines Landes von Weisungen der Regierung. Ist die Währungsbehörde nicht genügend autonom, sondern an Weisungen der Regierung gebunden, so muss sie gegebenenfalls dieser Regierung „frisches Geld" durch Betätigung der Notenpresse bereitstellen. Internationale Vergleiche belegen, dass die Inflationsraten um so niedriger ausfallen, je höher der Autonomiegrad der jeweiligen Zentralbank ist. **Die Unabhängigkeit der Notenbank** ist daher eine zentrale Voraussetzung für die Verhinderung von Staatsnachfrageinflation.

Für die Verhältnisse der **Bundesrepublik Deutschland** war Staatsnachfrageinflation bislang weniger relevant. Die Deutsche Bundesbank war gemäß § 12 Bundesbankgesetz von Weisungen der Bundesregierung unabhängig. Zur Finanzierung von Ausgaben konnten die öffentlichen Haushalte in Deutschland nicht auf die Bundesbank zurückgreifen. Bund und Länder hatten lediglich die Möglichkeit, bei der Bundesbank innerhalb eines engen Rahmens Überziehungskredite in Anspruch zu nehmen. Die Autonomieregelung wurde auch vom System der Europäischen Zentralbanken übernommen (Artikel 107 des Vertrags zur Gründung der Europäischen Gemeinschaft sowie Artikel 7 der Satzung des Europäischen Systems der Zentralbanken und der Europäischen Zentralbank). Damit wird eine Finanzierung von Staatsausgaben durch die Notenpresse in den Euro-Ländern auch in Zukunft nicht möglich sein.

Aber auch eine weitreichende Autonomie der Notenbank schließt eine vorübergehend auftretende Staatsnachfrageinflation keineswegs mit Sicherheit aus. Denn zum einen sind auch die Geschäftsbanken in der Lage, im Zuge ihres **Giralgeld-**

**schöpfungsprozesses** neues Geld herzustellen. Allerdings besitzt die Zentralbank mit Hilfe der ihr zur Verfügung stehenden Instrumente zahlreiche Möglichkeiten, die Kreditgewährung der Banken zu bremsen. Zum andern kann die Finanzierung inflationärer Staatsausgaben auch durch einen Anstieg der **Umlaufgeschwindigkeit** des Geldes, wie er für Boomphasen typisch ist, ermöglicht werden.

Die **Folgen** einer unsoliden Ausgabenpolitik der öffentlichen Hände sind für die Volkswirtschaft äußerst negativ. Betreibt beispielsweise der Staat eine sehr **defizitäre Ausgabenpolitik** (wie etwa in den USA zur Zeit der Regierung Reagan), so steigt die Staatsnachfrage. Übersteigt dadurch die Güternachfrage die realen Produktionskapazitäten, also das Güterangebot, so sind Preissteigerungen unausweichlich. Gelingt es in einer solchen Situation der Zentralbank, die Geldmengenentwicklung im Zaum zu halten, so wird der Preiserhöhungsprozess relativ rasch zum Stillstand kommen. Und zwar deshalb, weil der Staat über seine Verschuldungspolitik die Zinsen in die Höhe treibt und damit die Bedingungen für die private Investitionsnachfrage verschlechtert, oder weil hohe Lohnkostensteigerungen infolge der relativ knappen Geldmengenentwicklung doch nicht voll in die Produktpreise überwälzt werden können. Dann steigen jedoch die Stückkosten, und es verschlechtert sich die internationale Wettbewerbsfähigkeit der heimischen Unternehmen mit der Folge von Exporteinbußen. Die Entwicklung kommt also letztlich über eine **Wirtschaftskrise** zum Stillstand. Die Schuld daran wird in der Öffentlichkeit jedoch nicht zwingend der unsoliden Finanzpolitik zugeschoben, sondern möglicherweise der Notenbank angelastet.

Würde andererseits die Notenbank in einer derartigen Situation eine Politik des „leichten Geldes" betreiben, so könnte der schmerzliche Anpassungsprozeß zwar zunächst verhindert werden. Dafür käme es aber zu Inflation. Diese würde dann nach einiger Zeit eine **Stabilisierungskrise** nach sich ziehen, die Wirtschaftskrise würde also nur zeitlich hinausgeschoben. Sie müsste dann um so drastischer ausfallen, je höher die Inflation ist, die gestoppt werden soll. Die Zentralbank ist also in einer derartigen Situation einer erheblichen Belastungsprobe ausgesetzt. Die Politiker, die ihre Haushaltsdefizite zu möglichst günstigen Zinsen finanzieren wollen, fordern verständlicherweise eine Abkehr von der restriktiven Geldpolitik. Demgegenüber hat die Zentralbank ihre Hauptaufgabe wahrzunehmen, d. h. für ein stabiles Preisniveau zu sorgen. Angesichts der divergierenden Interessen des Staates und der Notenbank sind somit kontroverse Diskussionen vorprogrammiert. Die gegenwärtige Diskussion um den Stabilitätspakt innerhalb der Euroländer ist ein Beleg dafür.

Hausgemachte Nachfrageinflation war in der Bundesrepublik Deutschland bisher eher ein Randproblem, und zwar deshalb, weil es der Geldpolitik letztlich immer gelang, die Geldmengenausweitung im Zaum zu halten. Schwerwiegender war und ist hingegen das Problem der **importierten Nachfrageinflation**. Das Ausland betrieb in der Regel eine weniger stabilitätsgerechte Geld-, Finanz- und Lohnpolitik als die Bundesrepublik. Die Inflationsraten waren in den Ländern der Handelspartner vielfach höher als im Inland. Folge dieser relativen Preisniveaustabilität in der Bundesrepublik Deutschland war, dass bei unveränderten Wechselkursen (bis Ende 2001 feste Wechselkurse zwischen den meisten EU-Ländern) die deutschen Exporte aus Sicht des Auslandes billiger werden, während sich die Importe verteuern. Dadurch stieg der Außenbeitrag und damit die gesamtwirtschaftliche Nachfrage.

Der zunehmende Exportüberschuss ist zwar beschäftigungspolitisch positiv zu bewerten. Übersteigen jedoch die Auslandsnachfrage sowie die nunmehr auf das Inland umgeleitete Binnennachfrage die Produktionsmöglichkeiten der heimischen Wirtschaft, so **steigen** hier – nachfragebedingt – die **Preise**. Die höhere Inflationsrate wird auf diesem Wege in das Inland importiert. Zudem erzielen die begünstigten Wirtschaftszweige steigende Erlöse. Damit können den dort beschäftigten Arbeitnehmern **höhere Löhne** bezahlt werden. Der Prozess von steigenden Preisen und Löhnen pflanzt sich in die übrigen Wirtschaftszweige fort, so dass es zu einem allgemeinen Anstieg des Preisniveaus kommt – die höhere Inflationsrate des Auslandes wird über den **internationalen Preiszusammenhang** in das Inland importiert.

Bezüglich des zeitlichen Auftretens der Nachfrageinflation ist anzumerken, dass sie in der Realität der Nachfrageentwicklung erst zeitlich **verzögert** folgt. Das bedeutet, dass in der Hochkonjunktur, also der Phase der hohen Auslastung der volkswirtschaftlichen Produktionskapazitäten, die Inflationsrate ihren Gipfelpunkt noch nicht erreicht haben muss. Möglicherweise führt das in dieser Phase zu einer Unterschätzung des inflatorischen Risikos. Außerdem erweist es sich als äußerst schwierig, den Einfluss der Nachfrage auf die Preisentwicklung statistisch zu ermitteln, d. h. die Nachfrageinflation von anderen Inflationsarten zu separieren. Die beobachtbare Inflationsrate hängt nämlich nicht nur von der Nachfrageentwicklung, sondern auch von **anderen Einflüssen** (beispielweise von der Preisentwicklung importierter Rohstoffe oder von der Lohnentwicklung) ab. Der inflatorische Effekt eines Nachfrageüberhangs kann also z. B. durch sinkende Importpreise verdeckt werden. Eine solche Situation lag in Deutschland extrem im Jahr 1986 vor. Damals belief sich die importierte Kostenentlastung auf 11,3 Prozent. Diese Entlastung bildete eine wesentliche Ursache dafür, dass die Inflationsrate im Jahr 1986 erstmals seit 1953 wieder ein negatives Vorzeichen (– 0,1 Prozent) aufwies.

## 2. Bekämpfungsmöglichkeiten der Nachfrageinflation

Soll die Nachfrageinflation erfolgreich bekämpft werden, so ist an deren Ursachen anzusetzen. Die Strategie der Inflationsbekämpfung besteht folglich in einer Dämpfung der Nachfrage während der Hochkonjunktur. Analog zur Bekämpfung der konjunkturellen Arbeitslosigkeit bedarf es also des Einsatzes **kontraktiver Maßnahmen**. Die Steuerung der gesamtwirtschaftlichen Nachfrage wird auch als **„demand management"** bezeichnet. Sie basiert auf der Keynesianischen Theorie. Als Verantwortlicher, d. h. **Träger** der Nachfragesteuerung kommt zum einen der **Staat** in Betracht. Über die Fiskalpolitik können Bundesregierung und Länderregierungen sowohl direkt als auch indirekt auf die Gesamtnachfrage einwirken. Zum anderen besitzt die **Zentralbank** mit ihrer Geldpolitik die Möglichkeit, die Nachfrage zu beeinflussen. Die geldpolitischen Instrumente wirken jedoch nur indirekt.

*a. Kontraktive Fiskalpolitik*

Im Bereich der **Fiskalpolitik** eröffnet das **Stabilitäts- und Wachstumsgesetz** der Bundesregierung und den Ländern die Möglichkeit, haushaltspolitische Instrumente mit dem Ziel einzusetzen, die wirtschaftliche Entwicklung im **gesamtwirtschaftlichen Gleichgewicht** zu halten. Da die Instrumente bereits in diesem Gesetz rechtlich verankert sind, bedarf es keines langwierigen Gesetzgebungsverfahrens mehr, um die Maßnahmen auf den Weg zu bringen. Selbstverständlich können auch andere geeignete Instrumente, die nicht im Stabilitäts- und Wachstumsgesetz vorgesehen sind, zum Einsatz kommen. Dann ist allerdings der übliche – und das heißt häufig sehr zeitraubende – Gesetzgebungsweg einzuhalten.

Die fiskalpolitischen Maßnahmen wurden bereits bei der Analyse der konjunkturellen Arbeitslosigkeit beschrieben. Für den kontraktiven Einsatz können Bund und Länder die **Staatsausgaben** drosseln. Dies hat auf die gesamtwirtschaftliche Nachfrage eine direkte Auswirkung; sie wird durch Multiplikator- und Akzeleratoreffekte sogar noch verstärkt. Gemäß § 6 StWG hat der Bundesfinanzminister das Recht, „im Fall einer die volkswirtschaftliche Leistungsfähigkeit überschreitenden Nachfrageausweitung" die durch das Parlament beschlossenen Ausgaben zeitlich zu verzögern bzw. die Verausgabung der Mittel ganz oder teilweise zu streichen.

Zur Drosselung der Konsum- und Investitionsausgaben der privaten Haushalte und der privaten Unternehmen können gemäß § 26 und § 27 StWG **Zuschläge zur Einkommen- und Körperschaftsteuer** erhoben werden (maximal 10 Prozent für höchstens ein Jahr). Zudem ist die Aussetzung der **degressiven Abschreibung** bzw. von Sonderabschreibungen (z. B. die Sonderabschreibung gemäß § 10 e Einkommensteuergesetz für den privaten Wohnungsbau) möglich. Das Ziel besteht hierbei vor allem darin, die **Investitionsnachfrage** (insbesondere die Bautätigkeit) zu **drosseln**. In der Hochkonjunktur Anfang der siebziger Jahre wurden derartige **Konjunkturzuschläge** erhoben und die Abschreibungsmöglichkeiten verschlechtert. Diese Maßnahmen wirken jedoch nur indirekt auf die private Konsum- und Investitionsnachfrage.

Werden in der Hochkonjunktur die Staatsausgaben reduziert, so verringert sich der Verschuldungsbedarf des Staates, gegebenenfalls entstehen sogar **Budgetüberschüsse**. Entsprechendes gilt für eine Erhöhung der Steuersätze bzw. die Verschlechterung der Abschreibungsmöglichkeiten. Die sich aus diesen Maßnahmen ergebenden Mehreinnahmen sind in einer sog. **Konjunkturausgleichsrücklage** (§ 7 StWG) bei der Bundesbank stillzulegen. Diese Rücklage darf dann erst in der nächsten Rezession wieder aufgelöst werden.

Die **Erfolgsaussichten** einer kontraktiven Fiskalpolitik sind allerdings nicht besonders günstig. Das liegt weniger daran, dass die Instrumente nicht greifen würden. Das Hauptproblem ist vielmehr die politische Durchsetzbarkeit kontraktiver Maßnahmen. Ausgabenkürzungen bedeuten in der Regel eine Verschlechterung der öffentlichen Leistungen bzw. das Fehlen von Aufträgen bei den „Zulieferbetrieben" des Staates. Ebenso stoßen Steuererhöhungen auf Widerstände in der Bevölkerung und bei den Unternehmen. Die betroffenen Personenkreise werden sich auf legale und illegale Weise zur Wehr setzen: Politisch über die Einschaltung von Verbänden, ökonomisch durch Leistungsminderung, verstärkte Schwarzarbeit oder Steuerhinterziehung. Eine auf ihre Wiederwahlchancen bedachte Regierung wird im Zweifel auf die vielschichtigen Widerstände Rücksicht nehmen müssen.

### *b. Kontraktive Geldpolitik*

**Geldpolitisch** kommt der Einsatz des gesamten Arsenals der Instrumente der Zentralbank in Betracht. Ziel dieses Instrumenteneinsatzes ist es, die Liquidität in der Hochkonjunktur zu verknappen, die Zinsen zu erhöhen und dadurch die gesamtwirtschaftliche Nachfrage zu drosseln. Keynesianer plädieren für den kontraktiven Einsatz der Geldpolitik im Boom. Über eine **Politik des knappen und teuren Geldes** (Kreditverknappung und Zinserhöhung) soll insbesondere die Investitionstätigkeit gedrosselt werden. Soweit die Konsumnachfrage zinsabhängig ist, unterliegt auch sie dem Einfluss der Geldpolitik. Dagegen gelten kreditfinanzierte Staatsausgaben als vergleichsweise zinsrobust.

Auch bei einer kontraktiven Geldpolitik sind verschiedene **Wirkungsgrenzen** zu beachten. Zunächst ist die Bremswirkung auf vermeintlich zinsabhängige Nachfrageaggregate nicht gesichert. Haben die Unternehmen im Boom günstige Zukunftsaussichten, so „schlucken" sie im Zweifelsfall die höheren Finanzierungskosten und investieren trotzdem. Ein weiteres Problem stellt das sog. elastische Bankensystem dar. Sofern die Banken über genügend Liquidität verfügen, sind sie auch ohne Hilfe der Zentralbank in der Lage, eine hohe Kreditnachfrage zu befriedigen. Diese Wirkungsgrenzen der Geldpolitik äußern sich in langen time lags. Unter Umständen vergehen ein oder gar zwei Jahre, bis die Maßnahmen der Zentralbank endlich greifen. Dadurch unterbleibt die zur Inflationsbekämpfung erforderliche Sofortwirkung. Schließlich tritt auch hier der Zielkonflikt mit der Vollbeschäftigung zutage. Eine harte Geldpolitik läuft Gefahr, zumindest kurzfristig Arbeitslosigkeit zu schaffen.

### *c. Kontraktive Außenwirtschaftspolitik*

Zur Bekämpfung der **importierten Nachfrageinflation** kommen staatliche und zentralbankpolitische Maßnahmen in Betracht. Ziel ist es, den Außenbeitrag zu reduzieren – sowohl durch die Drosselung der Exporte als auch durch die Belebung der Importe.

Die Möglichkeiten, die Entwicklung des Außenbeitrags wirkungsvoll zu beeinflussen, sind jedoch beschränkt. Liegt ein System flexibler Wechselkurse vor, so kann die Zentralbank versuchen, durch Devisenverkäufe die heimische Währung aufzuwerten. Hierdurch würden die Exportnachfrage gedämpft und der Import angeregt. Die Folge wäre eine geringere Nachfrage nach heimischen Gütern. Allerdings ist es äußerst fraglich, ob die für den Verkauf erforderlichen Devisenbestände der Zentralbank ausreichen, um sich den Marktkräften dauerhaft entgegenzustemmen und den Wechselkurs der Fremdwährung niedrig zu halten.

Bei festen Wechselkursen, wie sie gegenwärtig innerhalb der EU noch gegenüber der dänischen und schwedischen Krone installiert sind, kommt eine **Aufwertung** der heimischen Währung durch Paritätsänderung in Betracht (z. B. Aufwertung des Euro gegenüber der dänischen Krone). Diese Entscheidung treffen jedoch die beteiligten Regierungen, und nicht die Zentralbanken. Eine weitere Möglichkeit zur Reduzierung des Außenbeitrages bestünde in der Abschaffung von **Importhemmnissen** bzw. im Abbau von **Exportsubventionen**. Mit Widerständen seitens der Exportwirtschaft und seitens jener Branchen, die durch die Importkonkurrenz bedroht sind, ist jedoch zu rechnen.

Die beschriebenen Maßnahmen zur Drosselung der Hochkonjunktur sind nicht vollständig. Weitere Instrumenteneinsätze sind denkbar. **Erfolgversprechender** als ein fallweises kontraktives Eingreifen ist jedoch eine Wirtschaftspolitik, die darauf abzielt, durch eine **stetige und stabilitätsgerechte Gestaltung der Geld- und Finanzpolitik** inflationäre Entwicklungen gar nicht erst aufkommen zu lassen. Für eine derartige Verstetigung der Wirtschaftspolitik treten vor allem Monetaristen ein.

Wenn die Inflation bereits in Gang gekommen ist, wenn das Kind also schon in den Brunnen gefallen ist, dann braucht es erhebliches politisches Standvermögen, um die vorhandene Inflationsmentalität zu brechen. Denkt man etwa an bevorstehende Wahlen, so erscheint es alles andere als gesichert, dass die an der Macht be-

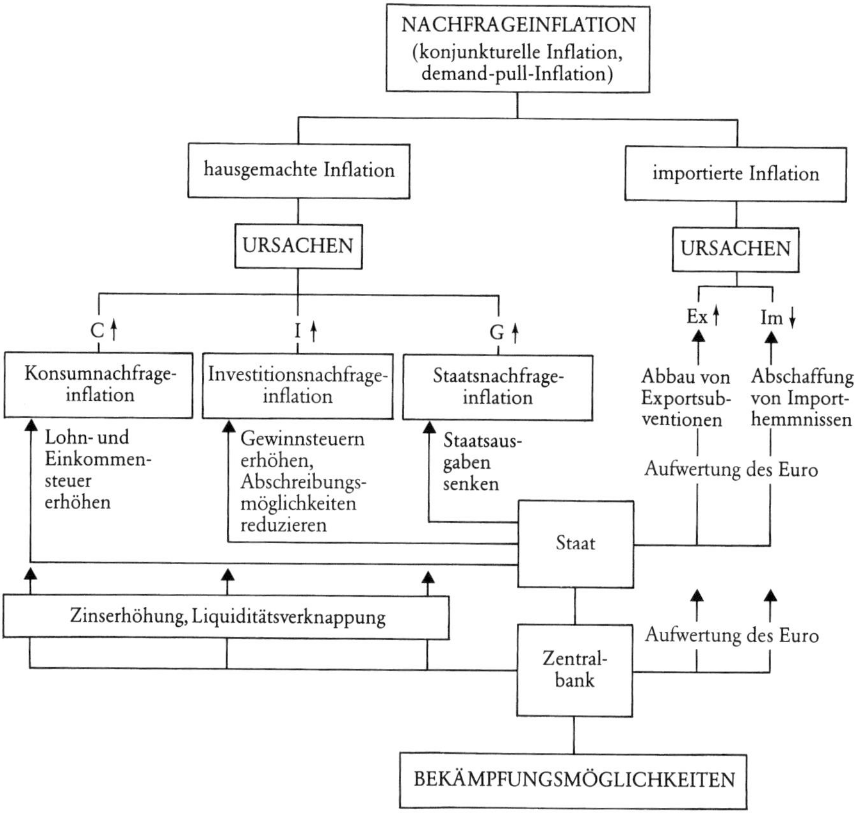


*Abb. D.13: Arten, Ursachen und Bekämpfungsmöglichkeiten der Nachfrageinflation*

findlichen Politiker unpopuläre Maßnahmen beschließen und dann auch durchhalten. Selbst eine unabhängige Notenbank kommt im Zweifel in eine schwierige Situation, denn letztlich ist auch sie kein Gebilde in einem völlig politikfreien Raum.

Eine zusammenfassende Übersicht über die Arten, Ursachen und Bekämpfungsmöglichkeiten der Nachfrageinflation gibt Abbildung D.13.

## V. Angebotsinflation und ihre Bekämpfung

### 1. Inflation und Verteilungskampf

Die Nachfrageinflation ist, wie ausgeführt, das Resultat einer nachfrageseitigen Überforderung der Produktionsmöglichkeiten in konjunkturellen Aufschwungsphasen. Sie ist daher nur mit Boomphasen vereinbar. Empirische Erfahrungen zeigen nun aber, dass Preisniveausteigerungen durchaus auch in rezessiven Phasen auftreten. Hierfür müssen folglich andere Ursachenfaktoren als die Nachfrage verantwortlich sein. Sie sind auf der **Angebotsseite** der Volkswirtschaft bzw. bei den mit Macht ausgetragenen **Verteilungskämpfen** zu suchen.

Tritt Inflation gleichzeitig in Verbindung mit Rezession bzw. Stagnation (und damit Arbeitslosigkeit) auf, so spricht man von **Stagflation.** Stagflationäre Entwicklungen wurden insbesondere in den siebziger Jahren beobachtet. Erfahrungsgemäß ist mit der Angebotsinflation vorwiegend in Abschwungsphasen zu rechnen. Der Grund hierfür sind geringere Verteilungsspielräume, die härtere Verteilungskämpfe zur Folge haben. Jedoch muss angebotsseitige Inflation keineswegs nur auf Rezessionsphasen beschränkt sein, sondern sie kann durchaus auch in der Hochkonjunktur auftreten. In einem solchen Fall wird die Inflation durch die Nachfrage- und Angebotsseite, also doppelt angeheizt.

Wie bereits eingangs erwähnt, ist Inflation letztlich ein **gesellschaftliches Phänomen.** Sie geht auf den Versuch einzelner Individuen oder mächtiger gesellschaftlicher Gruppen zurück, den eigenen Anteil an der gesamtwirtschaftlichen Produktion (am realen Inlandsprodukt bzw. Volkseinkommen) auf Kosten anderer zu erhöhen. Übersteigt dabei die Summe der **Einkommensforderungen** die realen Produktionsmöglichkeiten, so erfolgt der Ausgleich über das Ventil steigender Preise. Deshalb nennt man diesen Inflationstypus auch **Verteilungskampfinflation.** Da die Verteilungskämpfe ihren Niederschlag auf der Angebotsseite der Volkswirtschaft finden, spricht man häufig auch von **Angebotsinflation.**

Prinzipiell finden die Verteilungskämpfe auf drei Ebenen statt:

- zwischen den Arbeitnehmern und den Arbeitgebern
- zwischen dem privaten und dem öffentlichen Sektor
- zwischen dem Inland und dem Ausland

Um daraus inflatorische Prozesse erwachsen zu lassen, müssen zum einen die beteiligten Gruppen über entsprechende Machtpositionen verfügen. Zum andern bedarf es zur Durchsetzung dieser Forderungen der monetären Alimentierung.

Ausgehend von den am Verteilungskampf beteiligten Gruppen können verschiedene Arten der Angebotsinflation unterschieden werden. Setzen die Arbeitnehmer zur Verbesserung ihrer Einkommensposition höhere Löhne durch, so besteht die Gefahr der Lohnkosteninflation. Erhöht der Staat die indirekten Steuern, dann kommt es zur Kostensteuerninflation. Verlangt das Ausland höhere Preise für den Verkauf seiner Güter, so ist importierte Kosteninflation die Folge. In all diesen Fällen führen steigende Kosten zu steigenden Preisen, es liegt eine **Kostendruckinflation** vor. Sie trägt vielfach die Bezeichnung **„cost-push-Inflation"**. Verfügen die Unternehmen über genügend Macht auf den Märkten, so können sie ihre Gewinnposition verbessern, indem sie ihre Preise heraufsetzen. In diesem Fall handelt es sich um **Marktmachtinflation.** Da versucht wird, über die Preiserhöhungen die Gewinne nach oben zu drücken, wird dieser Inflationstyp auch als „Gewinndruckinflation" bezeichnet. Auf die genannten Arten von Inflation soll im Folgenden genauer eingegangen werden.

*a. Lohnkosteninflation*

Die bekannteste Kategorie der Angebotsinflation ist die **Kosteninflation**, und hier wiederum die **Lohnkosteninflation.** Ein Anstieg der Lohnsätze (jeweils inklusive Lohnzusatzkosten) ist gleichzusetzen mit einer Verteuerung des Produktionsfaktors Arbeit. Das bedeutet nun jedoch keineswegs, dass jede Lohnsteigerung auch Anlass sein müsste, die Produktpreise entsprechend zu erhöhen. Den Lohnkostensteigerungen stehen nämlich normalerweise Kosteneinsparungen durch **Rationalisierung** gegenüber. Im Zuge der Rationalisierung steigt die **Arbeitsproduktivität.** Sie stellt eine Schlüsselgröße für die Lohn- und Preisentwicklung dar.

Unter der Arbeitsproduktivität ($\pi$) versteht man das Verhältnis von Output (Y) zum Arbeitskräfteinput (A):

$$\pi = \frac{Y}{A}$$

Wird der Arbeitskräfteeinsatz in Personen gemessen, so erhält man die **Arbeitsproduktivität je Erwerbstätigen** (in Deutschland im Jahr 2003: 51971 Euro). Wird die geleistete Arbeitszeit als Bezugsgröße im Nenner des Quotienten verwendet, so erhält man die **Arbeitsproduktivität je Erwerbstätigenstunde** (in 2003: 36,00 Euro). Steigt die Arbeitsproduktivität an, so bedeutet dies, dass

- mit einem unverändertem Personaleinsatz und folglich mit einer unveränderten Lohnkostensumme ein höherer Output, oder
- mit einem geringeren Personaleinsatz und folglich mit geringeren Lohnzahlungen ein unveränderter Output

erzeugt werden kann.

In beiden Fällen sinken die Kosten je hergestellter Produkteinheit. Produktivitätssteigerungen bewirken folglich **Stückkostensenkungen**. Bei Konstanz der übrigen Kostenfaktoren hat dies zur Folge, dass die **Lohnstückkosten sinken**. Im Ausmaß dieser rationalisierungsbedingten Kosteneinsparung können mithin die Lohnsätze steigen, ohne dass dies negative Auswirkungen auf die Lohnstückkosten hätte. Eine Lohnpolitik, welche die Lohnsteigerungen am Produktivitätsfortschritt ausrichtet, nennt man **produktivitätsorientierte Lohnpolitik**. Das „Eichmaß“ von Lohnerhöhungen ist also nach diesem Konzept die Zunahme der Arbeitsproduktivität.

Die nach dieser Regel gestiegenen Arbeitskosten sind **kostenneutral**, da sie durch Rationalisierungsfortschritte vollständig aufgefangen werden. Das heißt beispielsweise: Bei einem Produktivitätsfortschritt von 3 Prozent ist eine Lohnsteigerung von ebenfalls 3 Prozent stabilitätsgerecht. **Lohnsteigerungen**, die jedoch **über** den **Produktivitätsfortschritt** hinausgehen, wirken **inflatorisch**. Das gilt zumindest dann, wenn es den Unternehmen gelingt, den produktivitätsüberschreitenden Teil der Lohnerhöhungen in höheren Preisen weiterzugeben. Ein extremes Beispiel hierfür war das Jahr 1970; damals wurden Lohnsteigerungen von 16 Prozent durchgesetzt, während der Produktivitätsfortschritt nur knapp 4 Prozent betrug. Die Überwälzung in die Preise gelang jedoch nicht vollständig, mit der Folge, dass die Gewinnquote sank und die Lohnquote stieg. Die damit eingetretene Verschlechterung der Bedingungen für die Finanzierung der Investitionen führte zur Investitionszurückhaltung und von daher zu weniger Wachstum und weniger Beschäftigung.

Ein Blick in die Empirie veranschaulicht eine bemerkenswert parallele Entwicklung zwischen der Lohnentwicklung (gemessen an den Lohnstückkosten) und der Inflation (gemessen am Preisindex aller privaten Haushalte; siehe Abb. D. 14).

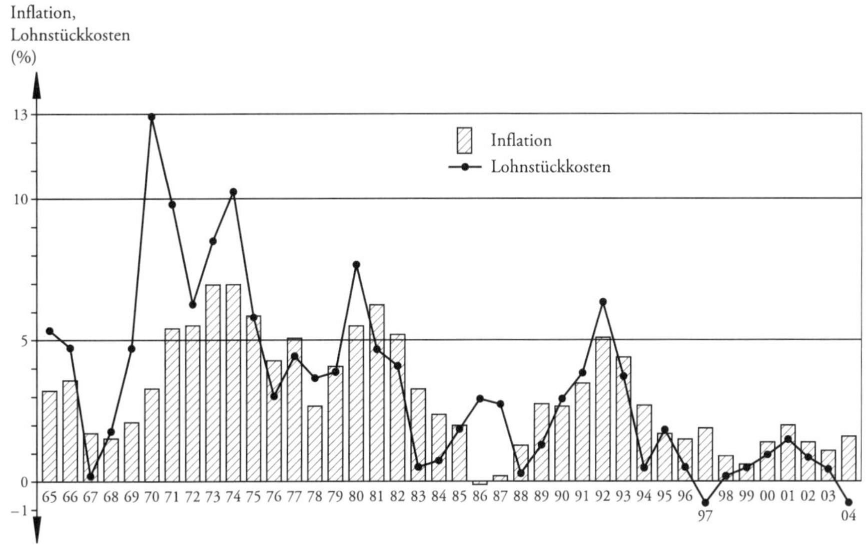


Quelle: Statistisches Bundesamt sowie Institut der deutschen Wirtschaft, Köln

*Abb. D.14: Löhne und Preise in der Bundesrepublik (bis 1991: alte Bundesländer, ab 1992: Gesamtdeutschland)*

**Produktivitätsorientierte Lohnpolitik** gilt als **kostenneutral**. Sie gibt damit, wie erwähnt, keinen Anlass zur Überwälzung in die Produktpreise. Produktivitätsorientierte Lohnpolitik ist zugleich beschäftigungsneutral. Da die Lohnstückkosten unverändert bleiben, gibt es auch keinen Anlass, Arbeitskräfte durch Sachkapital zu substituieren oder ursprünglich im Inland getätigte Investitionen in das kostengünstigere Ausland zu verlagern. Produktivitätsorientierte Lohnpolitik lässt zudem die herrschende Einkommensverteilung unverändert. Lohneinkommen und Gewinneinkommen steigen im gleichen Maße – und zwar mit der Zuwachsrate der Arbeitsproduktivität. Die Lohnquote (der Anteil der Lohneinkommen am Volkseinkommen) und die Gewinnquote (Anteil der Einkommen aus Unternehmertätigkeit und Vermögen am Volkseinkommen) bleiben dadurch unverändert.

Aus Sicht der Unternehmen ist eine produktivitätsorientierte Lohnerhöhung diejenige Lohnsteigerungsrate, die den Arbeitnehmern maximal zugestanden werden sollte. In Zeiten hoher Arbeitslosigkeit wird sogar für Lohnsteigerungen unterhalb des Produktivitätsfortschritts plädiert, um die Gewinnquote zu erhöhen und von daher die Bedingungen für die Finanzierung von arbeitsplatzschaffenden Investitionen zu verbessern. Aus Sicht der Gewerkschaften sind produktivitätsorientierte Lohnsteigerungen die Mindestforderung, die es durchzusetzen gilt. Ist im laufenden Jahr zudem mit Inflation zu rechnen, so wird zusätzlich ein **Inflationsausgleich** gefordert. Gelingt die Durchsetzung dieses Inflationsausgleichs und steigt die Inflation tatsächlich mit der prognostizierten Rate, so bedeutet dies, dass die **Reallöhne** genau mit der Rate des Produktivitätsfortschritts gestiegen sind. Realwirtschaftlich hat sich also trotz Inflationsausgleich gegenüber der Situation ohne Inflation nichts geändert.

Im Grunde ist ein **Inflationsausgleich** zwischen Arbeitgebern und Arbeitnehmern unstrittig. Strittig ist in der jeweiligen Tarifauseinandersetzung allerdings die Höhe dieses Inflationsausgleichs. Im Zweifel prognostizieren die Arbeitgebervertreter für die kommende Periode nur eine vergleichsweise geringe Inflationsrate, während die Gewerkschaften mit pessimistischen Prognosen bezüglich der künftigen Entwicklung des Geldwertes in die Verhandlungen gehen. Wie erwähnt, ändert aber auch ein korrekt antizipierter Inflationsausgleich die reale Verteilungsposition der Arbeitnehmer nicht. Die Lohnquote bleibt also unverändert.

Gewerkschaften fordern daher in der Regel zusätzlich zur Rate des Produktivitätsfortschritts und zum Inflationsausgleich einen **Umverteilungszuschlag**. Gelingt es, diesen Umverteilungszuschlag durchzusetzen, so steigen entweder die Preise oder die Arbeitslosigkeit. Preiserhöhungen ergeben sich dann, wenn die Unternehmen den Umverteilungszuschlag in die Produktpreise überwälzen können. Dann ist allerdings für die Arbeitnehmer wiederum nichts gewonnen: Zwar sind die nominellen Einkommen stärker gewachsen, gleichzeitig hat aber auch die Inflation zugenommen. Der Arbeitnehmer hat, bildhaft gesprochen, wohl eine vollere Lohntüte, real ist in dieser Lohntüte jedoch nicht mehr drin als ohne Umverteilungszuschlag.

Falls die Unternehmen den Umverteilungszuschlag nicht in die Güterpreise überwälzen können, sinkt die Gewinnquote. Die Folgen sind Investitionszurückhaltung und Arbeitslosigkeit. Diejenigen Arbeitnehmer, die nicht entlassen werden, verfügen nach der Lohnerhöhung über höhere reale Einkommen – allerdings auf Kosten derjenigen Arbeitnehmer, die durch diese Lohnpolitik arbeitslos geworden sind. Erhöhte Beiträge zur Arbeitslosenversicherung können jedoch dazu führen, dass sich auch in diesem Fall der Umverteilungserfolg als Pyrrhus-Sieg erweist.

Der produktivitätsorientierte Teil der Lohnerhöhungen steigert dagegen sehr wohl den realen Lebensstandard der Arbeitnehmer.

Die **Veränderung der Einkommensverteilung** ist, wie die Erfahrung lehrt, über die Lohnpolitik nicht bzw. nur unter Inkaufnahme erheblicher Risiken für Beschäftigung, Wachstum und Preise zu erreichen. Eine erfolgreiche Veränderung der Einkommensverteilung kann nur über die **Vermögensbildung** herbeigeführt werden. Den Tarifparteien kommt daher in einer marktwirtschaftlichen Ordnung ein hohes Maß an Verantwortung zu. **Produktivitätsorientierte Lohnpolitik** gilt als eine derartige **verantwortungsvolle Lohnpolitik**. Aus Sicht der Gewerkschaften hat sie jedoch den Nachteil, dass die herrschende Einkommensverteilung mehr oder weniger zementiert wird.

Da in der öffentlichen Diskussion häufiger die negativen Beschäftigungseffekte von Rationalisierungen und Produktivitätssteigerungen herausgestellt werden, soll der **Wohlstandseffekt des Produktivitätsfortschritts** noch aus einem anderen Blickwinkel heraus beleuchtet werden: Eine Erhöhung der Arbeitsproduktivität um beispielsweise 3 Prozent bedeutet, dass mit den gleichen Arbeitskräften eine um 3 Prozent höhere Produktion erzeugt werden kann. Produktivitätsfortschritte eröffnen folglich **Wachstums- und Verteilungsspielräume**, da im gleichen Ausmaß die volkswirtschaftliche Produktionskapazität wächst. Im Ausmaß dieses produktivitätsbedingten Wachstums- und Verteilungsspielraums können und müssen die **Einkommen** (also auch die Lohneinkommen) **steigen**, wenn gewährleistet werden soll, dass die höhere Produktionskapazität auch tatsächlich genutzt wird. Produktivitätsfortschritte repräsentieren folglich die **Grenze des realen Verteilungsspielraumes**. Diese Grenze des Verteilungsspielraumes kann nicht dadurch erweitert werden, dass einfach höhere Einkommen ausgezahlt werden. Der produktivitätsüberschreitende Teil ist letztlich wertlos. In diesem Zusammenhang spricht der Sachverständigenrat von **funktionslosen Verteilungskämpfen**. Die Entwertung der überhöhten Nominaleinkommen findet in einer Marktwirtschaft unweigerlich über höhere Preise, also auf dem Wege der Inflation, statt.

### *b. Kostensteuerninflation*

Die zweite Art der Angebotsinflation ist die **Kostensteuerninflation**. Sie kann als Ausdruck des Verteilungskampfes zwischen Staat und Privatem Sektor gewertet werden. Der Staat versucht, durch höhere Steuern und Gebühren, d. h. höhere Einnahmen, seinen Anteil am Inlandsprodukt zu vergrößern. Beachtet werden in diesem Zusammenhang insbesondere die indirekten Steuern. Zu ihnen gehören beispielsweise die Mehrwertsteuer oder die Mineralöl- und Tabaksteuer. Das Wesen der indirekten Steuern liegt in deren Überwälzbarkeit. Erhöht der Staat etwa die Mehrwertsteuer, so werden die Verkäufer dies in ihren Kalkulationen berücksichtigen und sämtliche alten Preisschilder durch neue auswechseln, die einen höheren Preis tragen. Dies bewirkt einen unmittelbaren Inflationsschub. Er fällt umso stärker aus, je leichter die höheren Preise auf den Märkten durchgesetzt werden können. Ein Beispiel hierfür bietet der Anstieg der Inflationsrate in den Monaten April und Mai 1998 als Folge der Erhöhung des Mehrwertsteuersatzes von 15 % auf 16 % zum 1. April 1998.

Die indirekten Steuern sind allerdings nur eine Kategorie der bereits erwähnten staatlich administrierten Verbraucherpreise. Hinter diesen verbergen sich mittelbar oder unmittelbar vom Staat festgesetzte Preise. Zu unterscheiden sind hierbei vier verschiedene Teilgruppen. Die indirekten Steuern bilden die Gruppe der „quasi-administrierten“ Preise. Hierzu gehören die durch Verbrauchsteuern verzerrten Preise für alkoholische Getränke, Tabakwaren, Kraftstoffe oder Kaffee. Eine zweite Gruppe enthält sog. „direkt administrierte Preise“; sie beinhalten die Preise für öffentliche Dienstleistungen, die allein von staatlichen Stellen festgelegt werden (Rundfunk- und Fernsehgebühren, öffentlicher Personennahverkehr, Eintrittsgelder für Kulturdienstleistungen, Müllabfuhrgebühren oder Friedhofsgebühren). Zur dritten Teilgruppe zählen „teiladministrierte Verbraucherpreise“ (Versorgungstarife, Wohnungsmieten im öffentlich geförderten Wohnungsbau, Kosten der Gesundheitspflege oder Notargebühren); beispielsweise erhöhte die überwiegend ab Januar 2004 umgesetzte Gesundheitsreform in Deutschland die Inflationsrate im Vorjahresvergleich um 0,65 Prozentpunkte. In der vierten Gruppe der „indirekt administrierten Verbraucherpreise“ kommen die EU-Agrarbeschlüsse zum Vorschein (Preise für Fleisch, Milch, Butter, Obst und Gemüse usw.). Die statistischen Ergebnisse belegen für Deutschland einen mehr als doppelt so starken Anstieg der administrierten Preise (1995 bis 2003: + 18,3 %) im Vergleich zu den nicht administrierten Preisen (1995 bis 2003: 8,2 %).

Ergänzend sei darauf hingewiesen, dass ein Preisschub wie etwa die Heraufsetzung des Mehrwertsteuersatzes statistische Konsequenzen für die Inflationsraten hat. Durch die Erhöhung beispielsweise der Mehrwertsteuer kommt es zu einem sofortigen Anstieg des Preisindex und damit einer plötzlichen Zunahme der Inflationsrate. Ein Jahr später wirkt dann die erhöhte Ausgangsbasis notwendigerweise preisdämpfend. Man nennt eine derartige Verzerrung auch den sog. **Basiseffekt**.

### *c. Importierte Kosteninflation*

Eine für die Bundesrepublik immer wieder bedeutsame Form der Angebotsinflation war die **importierte Kosteninflation**. Sie bestimmte das Bild an der Preisfront insbesondere während der beiden **Ölkrisen** von 1973/74 und 1979/80. Auch die in der jüngeren Vergangenheit aufgetretene starke Verteuerung des Rohöls zeigte unmittelbare Auswirkungen auf die Preisentwicklung. Die in diesen Phasen zu verzeichnenden erheblichen Verteuerungen der Öleinfuhren – zum Teil infolge einer Abwertung der heimischen Währung noch verstärkt – stellten typische importierte Kostenbelastungen dar. Auch in umgekehrter Richtung gibt es Beispiele für den markanten Einfluss von der Entwicklung der Rohstoffpreise auf die Inflationsrate. So war der ab 1982 einsetzende Preisverfall bei Rohöl derart stark, dass es im Jahr 1986 vorübergehend zu leicht deflatorischen Tendenzen in Deutschland kam (siehe Abbildung D. 15).

Hintergrund der durch gestiegene Rohstoffpreise ausgelösten importierten Kosteninflation war der Versuch der OPEC-Staaten, durch höhere Ölpreise ihre Erlöse zu steigern, um damit mehr Güter aus den westlichen Volkswirtschaften kaufen zu können. Wiederum steht also im Hintergrund ein Verteilungskampf, diesmal allerdings auf internationaler Ebene. Das Ausland versucht, seine Realposition auf Kosten des Inlandes zu verbessern. Die OPEC-Staaten verdienen zusätzliche „Petro-Dollars", mit denen sie einen höheren Anteil des Weltinlandsprodukts (also auch des deutschen Inlandsprodukts) kaufen können. Anders ausgedrückt heißt dies, dass der **inländische Verteilungsspielraum** infolge der Verteuerung der Importe **geringer** wird.

Sollen die Stückkosten aber insgesamt unverändert bleiben, so erfordert dies entsprechend **geringere Einkommenssteigerungen** der inländischen Wirtschaftssubjekte. Ein solches stabilitätsgerechtes Verhalten bürdet den Beteiligten ein hohes, möglicherweise sogar zu hohes Maß an gesellschaftspolitischer Verantwortung auf. Nach Auffassung des Sachverständigenrates sollten die Lohnerhöhungen um die Verschlechterung der sog. **terms of trade** (d. h. der Verschlechterung der inländischen gegenüber der ausländischen Realposition) nach unten korrigiert werden. Der Sachverständigenrat bezeichnet eine derartige Lohnpolitik, bei der neben dem Produktivitätsfortschritt noch sonstige Kostenbelastungen bzw. -entlastungen berücksichtigt werden, als **kostenniveauneutrale Lohnpolitik**. Abbildung D.15 zeigt den in der jüngeren Vergangenheit in der Bundesrepublik beobachtbaren Zusammenhang zwischen der Entwicklung der Einfuhrpreise und der Inflationsrate.

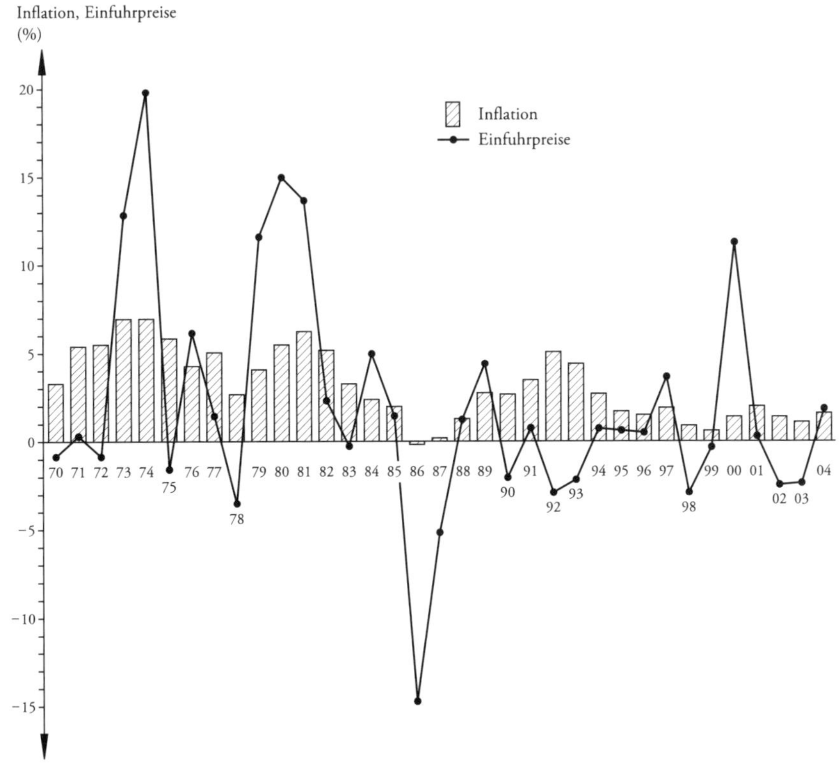


Quelle: Statistisches Bundesamt

*Abb. D.15: Einfuhrpreise und Inflation in der Bundesrepublik (bis 1991: alte Bundesländer, ab 1992: Gesamtdeutschland)*

So wie die Macht der Gewerkschaften nicht grenzenlos ist, ist allerdings auch die Macht der OPEC nicht schrankenlos. Die Erfahrung zeigt, dass die teurer gewordenen Einsatzfaktoren durch relativ billigere Produktionsfaktoren ersetzt werden. Mit Blick auf den Faktor Arbeit heißt dies, dass Arbeit durch Sachkapital substituiert wird. Durch die hieraus gegebenenfalls entstehende Arbeitslosigkeit wird die Macht der Gewerkschaften verringert. Entsprechend heißt dies für den Inputfaktor Öl, dass dieses durch andere Energieträger substituiert oder allgemein Energie gespart wird. Die Macht des OPEC-Kartells wird hierdurch ebenfalls in die Schranken verwiesen – die Erfahrung hat dies eindrucksvoll belegt.

Allerdings kann verteilungspolitisch auch die **umgekehrte Situation** vorliegen. Sinken die Importkosten für Rohstoffe, so bedeutet dies, dass für eine Einheit Importe nunmehr entsprechend weniger Exportgüter an das Ausland abgegeben werden müssen, um die Importe zu finanzieren. Der inländische **Verteilungsspielraum** wird in einem solchen Falle **größer**. Bezogen auf die Löhne heißt dies, dass diese im Ausmaß des Produktivitätsfortschritts und zusätzlich im Ausmaß der importierten Kostenentlastung angehoben werden könnten, ohne dass die Lohnstückkosten entsprechend steigen.

Bei hoher Arbeitslosigkeit ist es jedoch geboten, diesen Verteilungsspielraum nicht voll für Lohnsteigerungen zu nutzen, sondern unterhalb dieser Grenze zu bleiben. In diesem Fall verbessert sich die Gewinnsituation der Unternehmen; dies begünstigt wiederum die Bedingungen für die Investitionstätigkeit. Mittelfristig wird hierdurch auch eine höhere Beschäftigung möglich. Tatsächlich ist die Lohnentwicklung in den vergangenen Jahren hinter dem Verteilungsspielraum zurückgeblieben. Die Lohnquote ist folglich gesunken und die Gewinnquote gestiegen. Ergebnis war, dass die Beschäftigung im Zeitraum 1983 bis 1992 um rund drei Millionen Personen anstieg.

### *d. Marktmachtinflation*

Eine weitere Form der Angebotsinflation stellt die **Marktmachtinflation** dar. Sie basiert auf dem Versuch der Unternehmen, ihre Machtposition auf den Gütermärkten auszunutzen, um damit die Einkommens- und Gewinnposition auf Kosten anderer zu verbessern. Typische Beispiele sind **Kartelle** und **marktbeherrschende Unternehmen**. Die Gewinnsteigerung erfolgt in diesem Fall über das unternehmenspolitische Instrument der Preiserhöhung. Man spricht daher vielfach auch von der **Gewinndruckinflation**.

Sind die Nachfrager auf die Produkte des Kartells bzw. des marktbeherrschenden Unternehmens angewiesen, liegt also Marktmacht vor, so werden diese durch die Anbieter „ausgebeutet". Der Sachverhalt wird daher in der Wettbewerbsliteratur auch als **Ausbeutungsmissbrauch** bezeichnet. Es können allerdings auch marktmächtige Nachfrager, beispielsweise große Einzelhandelsunternehmen, ihre Lieferanten „ausbeuten". Dann liegt ein **Nachfragemachtmissbrauch** vor; Indiz hierfür sind in diesem Fall nicht zu hohe, sondern zu niedrige Preise.

Analog zum OPEC-Kartell erweist sich auch auf binnenländischer Ebene die **„Macht"** auf die Dauer als **brüchig**. Wer seine Machtposition ausnutzt, beraubt sich damit letztlich seiner eigenen Grundlagen. Denn entweder locken die hohen Gewinne neue Konkurrenten an. Oder aber die Nachfrager versuchen, die zu teuer gewordenen Produkte durch andere Waren bzw. Dienste zu substituieren. Die Erfahrung zeigt, dass die Beaufsichtigung des Preisverhaltens der marktbeherrschenden Unternehmen und die Kontrolle von Kartellen wenig wirksam sind.

## 2. Bekämpfungsmöglichkeiten der Angebotsinflation

Die Analyse der Ursachen der Angebotsinflation macht zugleich auch die Ansätze zu ihrer Bekämpfung deutlich. Das **Ziel** der Antiinflationspolitik muss generell darin bestehen, die preistreibend wirkenden **Verteilungsauseinandersetzungen einzudämmen**. Eine Wirtschaftspolitik, die das Ziel verfolgt, die Verteilungskämpfe in stabilitätsgerechte Bahnen zu lenken, wird auch als **Einkommenspolitik** bezeichnet. Verteilungsauseinandersetzungen sind ein legitimes Element einer pluralistischen Gesellschaft. Die direkte Kontrolle dieser Verteilungsauseinandersetzungen durch den Staat (beispielsweise durch Lohnkontrollen) kommt daher höchstens in Ausnahmesituationen in Betracht. Einkommenspolitische Maßnahmen sind folglich auf die **indirekte Beeinflussung** des Verteilungsverhaltens zu beschränken.

Die Schwierigkeit zur staatlichen Bekämpfung der Verteilungskampfinflation wird insbesondere bei der **Lohnkosteninflation** deutlich. Bekanntlich finden in Deutschland die Lohnverhandlungen unter Wahrung der **Tarifautonomie** statt. Staatliche Eingriffe in den Lohnbildungsprozess kommen daher prinzipiell nicht in Betracht. Lohnstopps oder Lohnkontrollen sollten nur im äußersten Fall in Erwägung gezogen werden. Für den Staat bieten sich in erster Linie indikative (richtungsweisende) Maßnahmen wie Appelle, Ermahnungen oder unverbindliche (Lohn-)Leitlinien an. Mit Hilfe dieser sog. **indikativen Einkommenspolitik** sollen die gesellschaftlichen Gruppen stärker als bisher in die gesamtwirtschaftliche Verantwortung eingebunden werden. In diesem Zusammenhang werden Sozialkontrakte, Konzertierte Aktionen, partnerschaftlicheres Verhalten u. a. m. empfohlen. Derartige Formen der indirekten Einkommenspolitik bezeichnet man auch als „kooperative Einkommenspolitik".

Insbesondere die **Konzertierte Aktion** fand lange Zeit größere Beachtung. Sie ist in § 3 des Stabilitäts- und Wachstumsgesetzes verankert und stellt den Versuch dar, die gesellschaftlichen Gruppen quasi „am runden Tisch" auf ein stabilitätsgerechtes Verhalten einzuschwören. Die Beschlüsse der Konzertierten Aktion sind allerdings **unverbindlich**. Die Autonomie der gesellschaftlichen Gruppen, insbesondere die der Sozialpartner, wird nicht angetastet. In der Praxis hat sich diese Einrichtung jedoch als **wenig effizient** erwiesen. Inzwischen werden Konzertierte Aktionen, zumindest in der Form, wie sie das Stabilitäts- und Wachstumsgesetz vorsieht, nicht mehr praktiziert.

Eine unmittelbare Verantwortung für Preissteigerungen trifft den Staat, falls er **Kostensteuern** erhöht. Gegen solche Steuern bestehen zum einen sozialpolitische Bedenken, denn sie belasten einkommensschwache Personen relativ stärker als die Bezieher höherer Einkommen. Zum andern haben sie einen direkten Preiseffekt. Wie das Beispiel der Mineralölsteuer zeigt, versuchen die Mineralölkonzerne eine vollständige Überwälzung. Um derartige Steuererhöhungen zu vermeiden, muss der Staat entweder seine Ausgaben kürzen oder aber das Steuersystem zugunsten der direkten Steuern (wie Lohn- und Einkommensteuer) umgestalten.

Die **importierte Kosteninflation** entzieht sich naturgemäß einer direkten Beeinflussbarkeit der Wirtschaftspolitik. In einer ersten Phase müssen die exogen vorgegebenen Preissteigerungen wohl oder übel hingenommen werden. Erfahrungsgemäß lösen die Preissteigerungen jedoch Einsparungs- und Substitutionseffekte aus. Wie die Beispiele der Ölpreiserhöhungen zeigen, entwickelte die Automobilindustrie benzinsparende Motoren; gleichzeitig wurde die Suche nach alternativen Energieformen verstärkt. Hier kann der Staat durch eine gezielte **Technologiepolitik** unterstützend eingreifen.

Zur Neutralisierung der gestiegenen Importpreise käme auch eine **Aufwertung** der heimischen Währung in Betracht. Voraussetzung hierfür ist aber die Fakturierung beispielsweise der Ölrechnungen auf Dollarbasis. Beim Einsatz dieses Instruments müssten jedoch die Vorteile der wechselkursbedingten Preissenkungen sorgfältig mit den Nachteilen, etwa für die Wettbewerbsfähigkeit der Exportwirtschaft, abgewogen werden.

Zur Bekämpfung der **Marktmachtinflation** bedarf es einer konsequenten **Wettbewerbspolitik**. Sie wird auch als „zweite Säule der Einkommenspolitik" bezeichnet. Monetaristen treten ohnehin für eine wirksame Wettbewerbspolitik ein. Preisstopps oder Preiskontrollen sind jedoch keinesfalls die adäquaten Instrumente zur Kontrolle der unternehmenspolitischen Preissetzungsmacht. Man würde hierdurch letztlich die marktwirtschaftliche Ordnung zerstören. Macht auf Gütermärkten, also Macht, die sich aus Kartellen, abgestimmtem Verhalten und aus marktbeherrschenden Positionen ergibt, kann wirksam nur durch eine konsequente Wettbewerbspolitik eingedämmt werden. Am wirksamsten ist hierbei die „Kontrolle" der Machtpositionen durch die Konkurrenten – und nicht durch den Staat.

Ziel der Wettbewerbspolitik muss es sein, der Kartellierung und den wettbewerbsbeschränkenden Kooperationen entgegenzuwirken sowie das Entstehen marktbeherrschender Positionen durch eine vorbeugende Fusionskontrolle zu verhindern. Wettbewerbspolitik muss mithin an den **Ursachen**, nämlich der Kartell- und Monopolmacht, nicht am Symptom, nämlich den missbräuchlich überhöhten Preisen, ansetzen.

Die **Rechtsgrundlage** hierfür bildet in der Bundesrepublik Deutschland das **Gesetz gegen Wettbewerbsbeschränkungen** (GWB) aus dem Jahr 1957, welches in der Folgezeit mehrfach novelliert wurde. Einer nationalen Wettbewerbspolitik sind allerdings in zunehmendem Maße Schranken gesetzt. Ohnehin kann festgestellt werden, dass die „beste" Wettbewerbspolitik eine Politik der **Marktöffnung** nach innen und außen ist. Marktöffnung nach außen heißt letztlich **Freihandelspolitik**. Durch die potentielle Konkurrenz von ausländischen Unternehmen wird nationale Macht allemal in die Schranken verwiesen. Die Wirtschaftspolitik muss hierzu jedoch den Mut aufbringen, die Grenzen für die ausländische Konkurrenz offen zu halten. Für eine wirksame Wettbewerbspolitik treten sämtliche Ökonomen ein, denen die Erhaltung der marktwirtschaftlichen Ordnung am Herzen liegt.

Eine zusammenfassende Übersicht über die Angebotsinflation gibt Abbildung D.16.

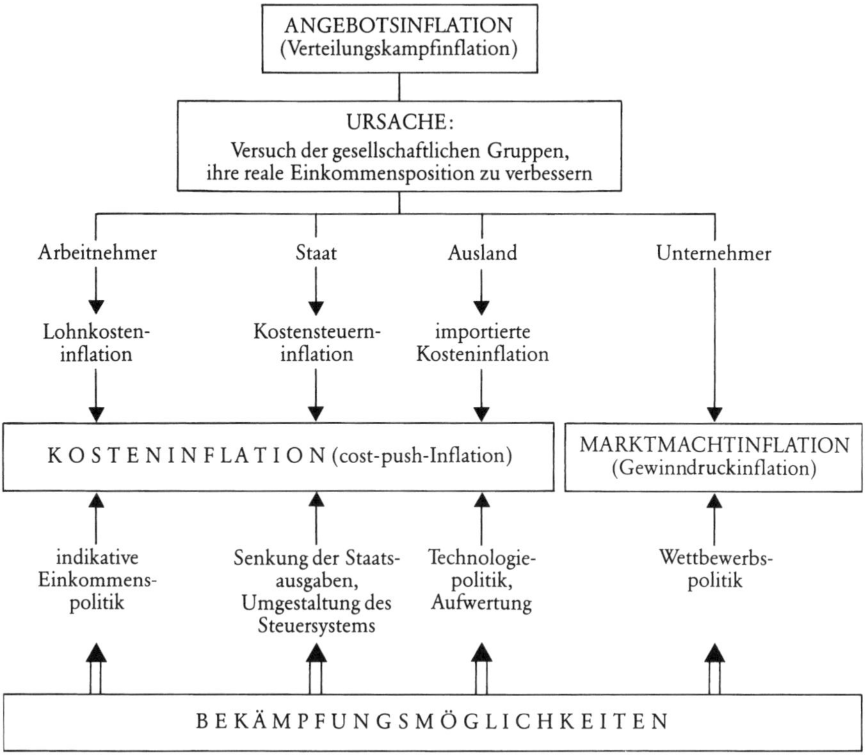


*Abb. D.16: Arten, Ursachen und Bekämpfungsmöglichkeiten der Angebotsinflation*

## VI. Geldmengeninflation

### 1. Quantitätstheorie des Geldes

Bereits mehrfach wurde darauf hingewiesen, dass jede Inflation letztlich ein **monetäres Phänomen** ist. Steigerungen des Preisniveaus müssen monetär alimentiert, d. h. mit mehr Geld „ernährt" werden, sonst können sie nicht bezahlt werden. Dies gilt ungeachtet der Ursachen und des Typus von Inflation. Ohne Ausweitung der Geldmenge ist Inflation auf Dauer nicht möglich. Dies bestätigen empirische Studien, die für eine Vielzahl von Ländern vorliegen.

Theoretische Basis für diese Erkenntnis ist die **Quantitätsgleichung des Geldes**:

$M \cdot V = P \cdot Y$

Diese Schreibweise geht auf Irving Fisher zurück, daher heißt sie auch „Fishersche Verkehrsgleichung". Sie verknüpft die Variablen Geldmenge (M), Umlaufgeschwindigkeit des Geldes (V), Preisniveau (P) und reale Produktion (Y). Fisher unterstellte eine strikte Proportionalität zwischen Geldmenge und Preisniveau.

Zum einen kann diese Gleichung als **Identitätsgleichung**, d. h. als immer erfüllte Bedingung interpretiert werden. In diesem Sinne besagt sie, dass die in einer Wirtschaft getätigten Umsätze (P · Y) notwendigerweise bezahlt, also „geldtechnisch" abgewickelt worden sein müssen, denn M · V stellt ja nichts anderes dar als die **nachfragewirksame Geldmenge**.

Zum andern lässt sich die Gleichung als **Gleichgewichtsbedingung** interpretieren. Hierzu bedarf es der verhaltenstheoretischen Fundierung der Umlaufgeschwindigkeit des Geldes. In neuerer Zeit befasste sich vor allem der Nobelpreisträger Milton Friedman mit diesem Problem. Die „Erklärung" der Umlaufgeschwindigkeit des Geldes ist Bestandteil der „Neoquantitätstheorie". Sie erlaubt Kausalaussagen bezüglich der Variablen, die in der Quantitätsgleichung auftauchen. Entscheidend ist hierbei die Aussage, dass die Entwicklung der Geldmenge ursächlich für die Entwicklung des Preisniveaus ist.

Die denkbaren Ursachen von Inflation treten deutlich zutage, wenn man die Quantitätsgleichung in Wachstumsraten schreibt:

$$w_M + w_V = w_P + w_Y$$

nach $w_P$ aufgelöst folgt:

$$w_P = w_M + w_V - w_Y$$

Ein Anstieg des Preisniveaus kann demnach bei gegebenem Wachstum des realen Inlandsprodukts prinzipiell verursacht werden durch:

- einen Anstieg der Geldmenge oder
- eine Beschleunigung der Umlaufgeschwindigkeit des Geldes

Entscheidend ist das Wachstum der Geldmenge. Aus dem monetären Sektor heraus wirkt zwar eine steigende Umlaufgeschwindigkeit des Geldes inflatorisch, jedoch kommt diesem Phänomen in der Realität nur eine untergeordnete Bedeutung zu.

Die Behauptung, wonach die Entwicklung der Geldmenge verantwortlich für die Entwicklung des Preisniveaus ist, nennt man auch die **Kausalität des Geldes**. Sie geht auf die klassische Lehre zurück, die von der Neutralität des Geldes ausging. Geld schwebt danach wie ein Schleier über der Wirtschaft und übt keinerlei Einfluss auf den realen Sektor, also Produktion und Beschäftigung, aus. Im Grunde teilen auch Monetaristen diese Vorstellung, allerdings nur für die **längere Sicht**:

$$w_M = w_P + w_Y - w_V$$

**Kurzfristig** schließen auch Monetaristen – im Gegensatz zu den „reinen" Klassikern – reale Effekte des monetären Sektors keineswegs aus. Wie die „Theorie der relativen Preise" (von Karl Brunner) zeigt, bewirkt ein Geldmengenanstieg vorübergehend eine Zunahme von Output und Beschäftigung. Durch komplizierte Anpassungsprozesse kommt es jedoch zu einer Umkehr des Aufschwungsprozesses. Im Endergebnis erreicht die Volkswirtschaft wieder ihren ursprünglichen Gleichgewichtszustand, lediglich das Preisniveau ist gestiegen.

Die kurzfristigen güterwirtschaftlichen Wirkungen des monetären Sektors betonen vor allem auch die Keynesianer:

$$w_M = w_P + w_Y - w_V$$

Will beispielsweise die Zentralbank die Wirtschaft beleben, so öffnet sie den Geldhahn. Das Mehrangebot an Geld drückt dessen Preis, d. h. der Zins sinkt. Dies verbessert die Investitionsbedingungen, Produktion und Beschäftigung nehmen zu. Das ist für Keynesianer der entscheidende Effekt. Im Zuge des Aufschwungsprozesses übersteigt jedoch häufig die Güternachfrage das Güterangebot, was nachfrageinduzierte Preissteigerungen auslöst. Die höhere Beschäftigung wird also mit einem steigenden Preisniveau erkauft. Bildhaft gesprochen bewegt man sich kurzfristig entlang der Phillips-Kurve.

Fühlt sich die Notenbank jedoch dem Ziel der Preisniveaustabilität verpflichtet, so steht sie jetzt unter Zugzwang. Sie muss im Rahmen ihrer antizyklischen Geldpolitik das Geldmengenwachstum drosseln. Die Folge sind steigende Zinsen, die in steigenden Stückkosten ihren Niederschlag finden. Die Kostensteigerung dürfte in steigenden Lohnkosten eine weitere Unterstützung finden, denn auf Grund der einsetzenden Inflation fordern die Gewerkschaften wahrscheinlich höhere Löhne. Die Unternehmen werden dies mit einem Abbau von Arbeitsplätzen beantworten. Im Bild der Phillips-Kurve kommt es nunmehr zu einer Rechtsverschiebung. Für die Beschäftigung ist durch eine solche „Politik des billigen Geldes" auf Dauer also nichts gewonnen. Zurück bleiben auf längere Sicht lediglich höhere Inflationsraten. Eine Stabilisierungskrise ist letztlich unvermeidbar. Diese längerfristigen Effekte sehen Keynesianer aber nicht.

Im Übrigen weisen die Keynesianer darauf hin, dass eine Geldmengenausweitung nicht nur durch die Zentralbank verursacht werden kann. Vielmehr ist das **Bankensystem „elastisch"** genug, um im Aufschwung weitere Kredite bereitzustellen und damit neues Geld zu schaffen. Die Wirtschaft holt sich sozusagen stets das Geld, welches sie braucht, bei den Banken. Die Geldmengenentwicklung ist also eher Folge als Ursache der wirtschaftlichen Aktivität (sog. **Endogenität des Geldes**). Diese Einschätzung mag **kurzfristig** zutreffen. Längerfristig hat es jedoch die Notenbank in der Hand, mit wie viel Zentralbankgeld sie das Bankensystem ausstattet und damit dessen Kreditvergabe limitiert. Voraussetzung hierzu ist die Entschlossenheit der Währungsbehörde, gegen inflatorische Prozesse anzugehen. Dies wiederum setzt ein entsprechendes Maß an Autonomie voraus.

## 2. Paradigmawechsel in der Geldpolitik

Die Quantitätstheorie des Geldes bildet auch eine entscheidende Säule der Politik des Europäischen Zentralbanksystems. Sowohl in organisatorischer als auch in konzeptioneller Hinsicht weist diese supranationale Institution große Ähnlichkeit mit der Deutschen Bundesbank auf. Es ist daher sinnvoll, kurz die Politik der Deutschen Bundesbank zu beleuchten. Die deutsche Währungsbehörde war, wie bereits an anderer Stelle erwähnt, bis zum 31. Dezember 1998 verantwortlich für die Geldpolitik und damit die monetären Gegebenheiten in der Bundesrepublik Deutschland. Die Bundesbank trug, wie dies für die Zentralbank eines jeden Landes gelten sollte, die **Verantwortung** für eine stabilitätsgerechte Ausweitung der Geldmenge. Voraussetzung hierfür ist prinzipiell die Autonomie der Währungsbehörde; ansonsten liegt die Geldpolitik faktisch in den Händen der jeweiligen Regierung. In der Bundesrepublik war die **Deutsche Bundesbank** gemäß § 3 des Bundesbankgesetzes (BBankG) verpflichtet, mit Hilfe ihrer Instrumente „die Währung zu sichern", d. h. den Binnenwert des Geldes stabil zu halten. Dabei war sie von Weisungen der Bundesregierung unabhängig (§ 12 BBankG), war also **autonom**. Die zusätzlich in § 12 BBankG verankerte Pflicht der Deutschen Bundesbank zur Unterstützung der allgemeinen Wirtschaftspolitik der Bundesregierung (d. h. zur Erreichung des magischen Vierecks) galt nur unter der Voraussetzung, dass hierdurch das Hauptziel der Preisniveaustabilität nicht beeinträchtigt wurde. Die Sicherung der Stabilität des Preisniveaus war daher die zentrale Aufgabe der Bundesbank.

Die praktische Geldpolitik der Deutschen Bundesbank hat verschiedene Phasen durchgemacht. In den sechziger Jahren war ihre Politik eher Keynesianisch geprägt. Im Mittelpunkt stand die Steuerung der Bankenliquidität („Freie Liquiditätsreserven"), d. h. der Kreditvergabefähigkeit der Geschäftsbanken. Es bestand die Vorstellung, die Zentralbank könne mittels antizyklischer Maßnahmen nicht nur Inflation im Boom verhindern, sondern auch dazu beitragen, die Wirtschaft aus der Rezession herauszuführen. Die Erfahrung hat allerdings gezeigt, dass speziell der expansiven Geldpolitik nur geringer Erfolg beschieden war.

Bis zum Jahr 1973 war es der Geldpolitik der Bundesbank jedoch vielfach nicht möglich, ihr Handeln konsequent an binnenwirtschaftlichen Zielen zu orientieren. Maßgeblich hierfür war die Einbindung der Bundesrepublik Deutschland in ein internationales Währungssystem mit festen Wechselkursen. In diesem **Bretton-Woods-System** war die Bundesbank verpflichtet, Dollars zu kaufen, wenn der Dollarkurs unter den unteren Interventionspunkt sank; dies bedeutete die Schaffung zusätzlichen (D-Mark-)Geldes. Umgekehrt musste die Bundesbank Dollars verkaufen, wenn der Dollarkurs den oberen Interventionspunkt überschritt; dies zog eine Geldvernichtung nach sich. Da die D-Mark permanent unter Aufwertungsdruck und der Dollar unter Abwertungsdruck stand, war die Bundesbank immer wieder genötigt, massive Devisenmarktinterventionen am unteren Interventionspunkt vorzunehmen. Dies bedeutete eine ständige Ausweitung der heimischen Geldmenge. Im Bretton-Woods-System war es der Bundesbank daher kaum möglich, die Geldmengenentwicklung auch nur annähernd unter Kontrolle zu halten und Inflation zu verhindern. Die Bundesbank handelte zu dieser Zeit quasi im Schlepptau der Fesseln des internationalen Währungssystems von Bretton-Woods.

1973 brach das Bretton-Woods-System zusammen. Seither schwanken die Devisenkurse gegenüber dem Dollar frei; die Bundesbank war folglich nicht mehr gezwungen, durch Stützungskäufe den Dollar zu stabilisieren. Damit konnte sie von dieser Seite her die Geldmengenentwicklung kontrollieren. Allerdings waren ihr während der achtziger und neunziger Jahre im Europäischen Währungssystem immer noch gewisse Fesseln angelegt, da die am Europäischen Währungssystem beteiligten Währungen von Zeit zu Zeit unter den Interventionspunkt absackten und dadurch die Bundesbank zu Eingriffen zwangen (feste Wechselkurse innerhalb des Europäischen Währungssystems EWS).

Vor dem Hintergrund der Absicherung der „außenwirtschaftlichen Flanke“ änderte die Bundesbank im Dezember 1974 ihre geldpolitische Strategie grundlegend. Sie bezeichnete die seitdem praktizierte Geldpolitik als **„Neue Geldpolitik“**. Dieses Konzept ist von monetaristischem Gedankengut inspiriert. Ziel ist es, das Wachstum der Geldmenge streng zu begrenzen und die Geldmengenentwicklung möglichst zu verstetigen. Seit dem 5. Dezember 1974 verkündete die Bundesbank jährlich im Dezember das von ihr für das kommende Jahr angestrebte **Geldmengenziel**. Bei der Festlegung des Geldmengenziels ließ sie sich von der oben dargestellten Quantitätsgleichung leiten. Als Bezugsgröße für das Geldmengenziel fungierten unterschiedliche Geldmengenabgrenzungen.

Dieser Grundgedanke fand auch Eingang in der geldpolitischen Strategie des **„Eurosystem“**. Wie an früherer Stelle bereits kurz ausgeführt, übernahm diese Institution zum 1. Januar 1999 die geldpolitische Verantwortung für die Euroländer. Das sind jene elf europäischen Nationen, in denen zum 1. 1. 1999 der Euro als bargeldloses Zahlungsmittel eingeführt wurde, sowie Griechenland. In diesen Ländern existieren weiterhin die Nationalen Zentralbanken (NZBen). Deren Präsidenten bilden zusammen mit dem sechsköpfigen Direktorium der in Frankfurt am Main ansässigen Europäischen Zentralbank (EZB) den Europäischen Zentralbankrat. Dieses Gremium trifft die **geldpolitischen Entscheidungen** für die Euroländer, indem es beispielsweise die Leitzinsen verändert. Streng genommen ist es also nicht zutreffend, wenn es heißt, die Europäische Zentralbank habe beispielsweise Leitzinssenkungen beschlossen. Gleichwohl werden die Begriffe „Eurosystem“ und „Europäische Zentralbank“ zumeist synonym verwendet. Zusätzlich gibt es fünfzehn weitere Länder, deren Beitritt vorgesehen ist. Schließt man deren Nationale Zentralbanken mit ein, so handelt es sich um das aus inzwischen 25 Ländern bestehende „Europäische System der Zentralbanken“ (ESZB).

Vorrangiges Ziel des Eurosystems ist entsprechend Artikel 105, Abs. 1 des Vertrages über die Europäische Union (vom 7. 10. 1992) sowie Artikel 7 der Satzung des Europäischen Systems der Zentralbanken und der Europäischen Zentralbank die Gewährung der Preisstabilität. Auf deren Erreichung und Erhaltung ist die **Strategie des Eurosystems** ausgerichtet (siehe auch Abbildung D.17). Sie besteht aus drei „Hauptelementen“:

- Vorrangiges Ziel: Preisstabilität
- Analyse wirtschaftlicher Entwicklungen und Schocks (wirtschaftliche Analyse)
- Analyse monetärer Trends (monetäre Analyse).

An erster Stelle steht die **Erhaltung der Preisniveaustabilität** als Hauptaufgabe des Eurosystems. Die qualitative Operationalisierung dieses Ziels erfolgt mit dem Harmonisierten Verbraucherpreisindex (HVPI) für das Euro-Währungsgebiet. Bezüglich der quantitativen Operationalisierung versteht das Eurosystem unter Preisstabilität einen Anstieg des HVPI von unter, aber nahe **2 %** gegenüber dem Vorjahr. Insoweit verfolgt der EZB-Rat ein **„direktes Preisziel“**. Dieser Zielwert wird mittelfristig angestrebt.

Die Akzeptanz einer gewissen Inflationsrate war schon bei der Deutschen Bundesbank zu beobachten; sie berücksichtigte im Rahmen ihrer Formulierung der Geldmengenziele einen sog. „normativen“ oder „unvermeidbaren“ Preisanstieg. Dahin-

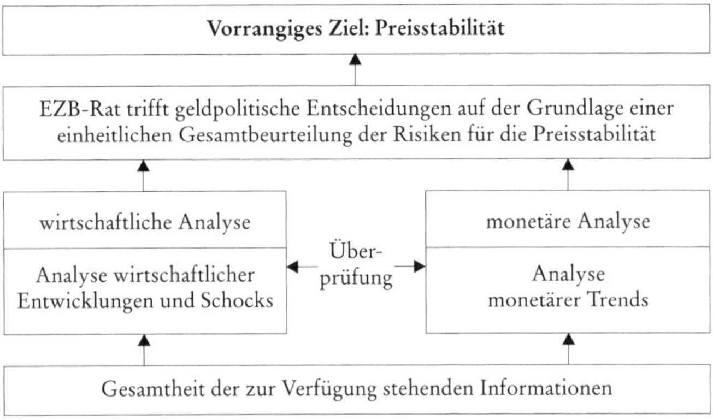


Quelle: Zusammengestellt nach Angaben der Europäischen Zentralbank

*Abb. D.17: Die stabilitätsorientierte geldpolitische Strategie des Eurosystems*

ter verbergen sich preistreibende Vorgänge, die von der Geldpolitik nicht bzw. nur unter Inkaufnahme unverhältnismäßig hoher Risiken für Beschäftigung und Wachstum vermieden werden könnten. Hierzu gehören beispielsweise administrierte Preiserhöhungen durch den Staat wie die Erhöhung der Mehrwertsteuer. Aber auch Qualitätsverbesserungen der Güter legen es nahe, eine Preisniveausteigerungsrate von 1 bis 2 Prozentpunkten noch als „Geldwertstabilität" anzusehen (siehe auch D.2). Die Akzeptanz einer Inflationsrate von „unter, aber nahe" 2 % verdeutlicht zugleich, dass das Eurosystem keine Deflation zulässt.

Die Erreichung des „Oberzieles" der Preisstabilität wird von der EZB konsequenterweise in Zusammenhang mit den Risiken für Inflation gesehen. Diese sind sowohl im realen Sektor als auch im monetären Sektor der Volkswirtschaft anzutreffen. Konsequenterweise werden beide Bereiche von der Europäischen Zentralbank genau beobachtet und analysiert. Da sie gewissermaßen die Säulen für Preisstabilität bilden, trägt die geldpolitische Strategie der EZB vielfach auch die Bezeichnung „Zwei-Säulen-Theorie".

Die in der ersten Säule enthaltene **wirtschaftliche Analyse** stellt auf Vorgänge im **realen** Sektor der Volkswirtschaft ab. Die hier ansetzenden Inflationstheorien sehen sowohl auf der Angebotsseite als auch auf der Nachfrageseite der Güter- und Faktormärkte in der Volkswirtschaft mögliche Ursachen für das Zustandekommen von Steigerungen des Preisniveaus. Daher ist es folgerichtig, wenn die EZB in Geschehnissen auf diesen Märkten potenzielle Gefahren für die Geldwertstabilität erblickt und regelmäßig eine „Analyse wirtschaftlicher Entwicklungen und Schocks" durchführt.

In diesen Bereich fallen zunächst Preis- und Kostenindikatoren wie etwa die Entwicklung der **Rohstoffpreise** oder **Lohnabschlüsse.** Gefahren für die Preisstabilität bergen auch **Fiskalindikatoren** wie Erhöhungen der Mineral- oder Mehrwertsteuer, die unmittelbar auf die Preise durchschlagen. Ein weiteres typisch nichtmonetäres Inflationsrisiko stellt die Entwicklung von **Wechselkursen** in Gestalt einer Abwertung der heimischen Währung dar. Darüber hinaus beobachtet die EZB zahlreiche **weitere Einflussfaktoren** auf die Preisentwicklung, etwa die Entwicklung der Produktion, Höhe und Struktur der Nachfrage, Zahlungsbilanz des Eurogebietes, Finanzmarktindikatoren oder Preise für Vermögenswerte. Gemeinsam ist all den verwendeten Variablen ein kürzerfristiger Zeithorizont, d. h. die EZB sieht in den Vorgängen, die der wirtschaftlichen Analyse zugrunde liegen, **kurz- bis mittelfristige Inflationsrisiken**.

Inflation ist letzten Endes immer ein monetäres Phänomen. Daher gebührt dem geldwirtschaftlichen Sektor der Volkswirtschaft besondere Aufmerksamkeit. Die Europäische Zentralbank trägt dem konsequenterweise Rechnung, indem sie in der **monetären Analyse** eine eigenständige Säule für Preisstabilität erblickt. Zentraler Bestandteil der monetären Analyse ist die Entwicklung der Geldmenge. Dies findet seinen Ausdruck in der Festlegung und Bekanntgabe eines sog. **Referenzwertes für das Wachstum der Geldmenge.** Dahinter verbirgt sich die insbesondere von neoklassisch-monetaristischer Seite hervorgebrachte Überzeugung, wonach Inflation auf Dauer nur auftreten kann, falls bei unveränderter Umlaufgeschwindigkeit des Geldes die Geldmenge schneller wächst als die reale Produktion in der Volkswirtschaft. Im Umkehrschluss bedeutet dies: Die Geldpolitik muss sicherstellen, dass das Geldmengenwachstum nicht über das Produktionswachstum hinausschießt, da es sonst zu Inflation kommt, d. h. die Zentralbank ihr gesetzlich vorgegebenes Ziel verletzt. Richtigerweise betont daher die Europäische Zentralbank ausdrücklich die **prominente Rolle der Geldmenge** bezüglich der Preisstabilität. In diesem Sinne wird es auch verständlich, wenn ein früherer Bundesbankpräsident einmal sagte: „We are monetarists by law".

Der Gedanke der stabilitätsgerechten Steuerung der Geldmenge wurde im Übrigen bereits im Konzept der Deutschen Bundesbank umgesetzt, indem diese ab 1974 jährlich ein „Geldmengenziel" in Gestalt einer angestrebten Zuwachsrate der Geldmenge beschloss und dieses öffentlich bekannt gab. Allerdings betont die EZB, dass der Referenzwert für das Wachstum der Geldmenge nicht mit einem Zwischenziel ihrer Geldpolitik gleichgesetzt werden darf, sondern lediglich als **Informations- und Orientierungsgröße** dient. Der Referenzwert ist als Richtwert zu verstehen, der für die Europäische Zentralbank einen geringeren Verbindlichkeitsgrad besitzt als ein explizit formuliertes monetäres Zwischenziel. Falls die tatsächliche Entwicklung der Geldmenge vom Referenzwert abweicht, reagiert die EZB nicht mechanistisch mit entsprechenden Maßnahmen. Sie untersucht vielmehr zunächst die Hintergründe für die Änderung der Geldmenge.

Allgemein versteht man unter der Geldmenge sämtliche Aktiva, welche die Geldfunktionen erfüllen (Tausch- und Zahlungsmittelfunktion, Wertaufbewahrungsfunktion, Wertmesser- und Recheneinheitsfunktion) und sich im Besitz inländischer Nichtbanken (die EZB spricht von „Nicht-monetären Finanzinstituten", kurz: „Nicht-MFIs") befinden. Die Europäische Zentralbank legt für ihren Referenzwert die weit gefasste **Geldmenge M3** zu Grunde. Hierin sind enthalten:

- Bargeldumlauf (Banknoten und Münzen),
- täglich fällige Einlagen (Sichteinlagen, Giralgeld),
- Einlagen mit vereinbarter Laufzeit bis zu 2 Jahren (Termineinlagen),
- Einlagen mit vereinbarter Kündigungsfrist bis zu 3 Monaten (Spareinlagen),
- Repogeschäfte,

- Geldmarktfondsanteile,
- Schuldverschreibungen bis zu 2 Jahren (einschl. Geldmarktpapiere).

Theoretischer Ausgangspunkt der Berechnung des Referenzwertes der Geldmenge ist die bekannte Quantitätsgleichung des Geldes. In Wachstumsraten geschrieben lautet die Gleichung:

$$w_M = w_P + w_Y - w_V$$

Im Rahmen ihrer neoklassisch-monetaristisch beeinflussten Geldpolitik orientiert sich das Eurosystem bei der Festlegung des Referenzwertes der Geldmenge konsequenterweise an den Größen Y und V. In die Vorgabe des Referenzwertes gehen jedoch nicht deren zyklische Schwankungen ein. Vielmehr orientiert sich der EZB-Rat an der **Trendentwicklung der Produktion** sowie an der **trendmäßigen Veränderung der Umlaufgeschwindigkeit des Geldes** ($w_{V^*}$). Diese Trendorientierung impliziert zugleich die beabsichtigte Verstetigung der Geldmengenentwicklung. Als Maß für die Trendentwicklung der Produktion legt das Eurosystem die mittelfristige Zunahme des Produktionspotenzials ($w_{PP}$) zugrunde. Kern der Geldpolitik der EZB ist mithin die modifizierte Gleichung

$$w_{M3} = w_{PP} - w_{V^*}$$

Für die Umlaufgeschwindigkeit des Geldes geht die EZB von einem trendmäßig leichten Rückgang aus. Bei der Festlegung des Referenzwertes lag der erwartete Wert bisher bei ca. –0,5 % bis –1,0 % p. a. Sinkt die Umlaufgeschwindigkeit im Trend, so bedeutet dies eine längere Verweildauer des Geldes in den Kassen bzw. auf den Konten. Um dies auszugleichen, ist ein höheres Geldmengenwachstum erforderlich, um weiterhin das Produktionswachstum zu finanzieren.

In der Praxis ist jedoch ein solcher reiner monetaristischer Kurs, bei dem sich die Geldpolitik ausschließlich am Wachstum des Produktionspotenzials und an der Trendentwicklung der Umlaufgeschwindigkeit orientiert, nicht durchzuhalten. Dieser Kurs würde ja bedeuten, dass die Zentralbank tatsächlich davon ausgeht, dass die Inflationsrate jeweils auf null gedrückt werden kann. Das ist jedoch insbesondere dann völlig unrealistisch, wenn in der Ausgangsituation eine vergleichsweise hohe Inflation herrscht. Dies zeigen die Erfahrungen der Deutschen Bundesbank. Als sie Ende 1974 zur „Neuen Geldpolitik" überging, betrug die Inflationsrate 7 %. Hätte die Bundesbank für 1975 lediglich ein Geldmengenwachstum in Höhe des geschätzten Kapazitätswachstums (und der Umlaufgeschwindigkeit) toleriert, so hätte sie unterstellt, dass die siebenprozentige Inflation im folgenden Jahr auf null „herunterstabilisiert" werden kann. Eine derart harte Antiinflationspolitik war jedoch völlig unrealistisch bzw. hätte nur unter Inkaufnahme einer ausgeprägten Stabilisierungskrise durchgehalten werden können. Daher ist es konsequent, wenn der EZB-Rat eine Inflation bis zu 2 % p. a. toleriert.

Basis für die quantitative Festlegung des Geldmengenwachstums ist daher die modifizierte Quantitätsgleichung:

$$w_{M3} = w_{PP} - w_{V^*} + w_{P^*}$$

Im Dezember 1998 legte der EZB-Rat erstmals einen Referenzwert für das Wachstum der Geldmenge M3 fest. Ausgehend von den Eckwerten der modifizierten Quantitätsgleichung unterstellte der EZB-Rat für das (zunächst verwendete)

Trendwachstum des realen Bruttoinlandsprodukt bzw. den erwarteten Zuwachs des Produktionspotenzials einen Wert von jährlich 2 % bis 2,5 %. Der trendmäßigen Rückgang der Einkommensumlaufgeschwindigkeit von M3 wird mit einem Wert von 0,5 bis 1 % p. a. angesetzt; die akzeptierte Inflationsrate wird am HVPI gemessen, dessen Anstieg knapp unter, aber nahe 2 % veranschlagt wird. Daraus errechnete sich ein Referenzwert für das Wachstum der **Geldmenge M3 von 4,5 %** pro Jahr. In den trendorientierten Bezugsgrößen zeigt sich die **Verstetigungsstrategie** der Geldpolitik des Eurosystems, die Volkswirtschaften der Euroländer mittelfristig mit einem gleichmäßigen und vorhersehbaren Geldmengenzuwachs auszustatten. Über die Entwicklung des Referenzwertes berichtet die EZB regelmäßig in ihren Publikationen, insbesondere in den Monatsberichten.

Im Gegensatz zur jahrelangen Praxis der Deutschen Bundesbank arbeitet das Eurosystem mit einem **Punktziel** für das angestrebte Wachstum der Geldmenge. Die Bundesbank hingegen verschaffte sich beim Geldmengenwachstum einen gewissen Spielraum, indem sie einen Zielkorridor (z. B. 4 % bis 6 % Geldmengenzuwachs) nannte. Einerseits erlaubt ein solcher „Zieltrichter" der Geldpolitik ein höheres Maß an Flexibilität, außerdem wird die Erreichung des selbst gesteckten Zieles wahrscheinlicher. Andererseits läuft die Zentralbank Gefahr, bei einem zu großen Korridor an Glaubwürdigkeit zu verlieren.

Bei der Beurteilung der monetären Risiken für die Preisstabilität betrachtet die EZB neben dem Wachstum der Geldmenge insbesondere die dahinter stehende **Verwendungsseite sowie die Entstehungsseite** („Gegenposten"). Eine besondere Rolle spielt hierbei die Beobachtung der Kreditgewährung, da sie eng mit der Güternachfrage und damit der Preisentwicklung verbunden ist. Aber auch die Geldkapitalbildung ist von großem Interesse; in ihr kommen Portfolioumschichtungen zum Vorschein, die ausschließlich zinsbedingt sein können. Insoweit ist eine Ausweitung der Kreditgewährung bezüglich der Inflationsrisiken anders zu beurteilen als vorübergehende Portfolioumschichtungen, obwohl beide Vorgänge zur selben Veränderungsrate der Geldmenge führen können.

Generell gilt, dass die EZB in Entwicklungen, die der monetären Analyse entstammen, **längerfristige Inflationsrisiken** erblickt. Inflation ist auf längere Sicht ein monetäres Phänomen. Die EZB ist daher gut beraten, wenn sie der Entwicklung der Geldmenge ein besonderes Maß an Aufmerksamkeit schenkt. Dass dies auch der Fall ist, wird daran deutlich, dass die Europäische Zentralbank die Geldmenge explizit als **„nominalen Anker"** für die Preisstabilität betrachtet.

Die geldpolitische Strategie des Eurosystems ist allerdings nicht unumstritten. Ein immer wieder auftauchender **Kritikpunkt** ist die parallele Verwendung der beiden Hauptelemente Preisstabilität und Referenzwert für das Wachstum der Geldmenge. Analytischer Hintergrund dieser Debatte ist die Stabilität der Geldnachfrage. Diese zeigt sich in der Entwicklung der Umlaufgeschwindigkeit des Geldes. Wie oben gezeigt, rechnet der EZB-Rat mit einem trendmäßigen Rückgang der Umlaufgeschwindigkeit von 0,5 % bis 1 % jährlich; unterstellt man für den realen Sektor ein mittelfristiges Wachstum von gut 2 %, so geht ein 4,5-prozentiger Zuwachs der Geldmenge mit einer Inflation von rund 1,5 % einher. Sollte aber die Umlaufgeschwindigkeit ansteigen, beispielsweise auf 10 %, so würde gemäß der

Quantitätsgleichung ein Zuwachs der Geldmenge um 4,5 % zu einer Inflation von 12 % führen. Das direkte Preisziel wäre dann nicht mehr mit dem Referenzwert der Geldmenge vereinbar. Nach Auffassung der Kritiker sind die Erfahrungen über die Geldnachfrage in den Euroländern noch nicht ausreichend, um die trendmäßige Entwicklung der Geldnachfrage zu prognostizieren. Die Umlaufgeschwindigkeit des Geldes könnte also vereinfacht gesagt dem Eurosystem einen Strich durch die Rechnung machen, d. h. Preisziel und Referenzwert sind unter Umständen nicht miteinander vereinbar. Angesichts dieser Unsicherheiten wird dem Eurosystem teilweise empfohlen, ausschließlich ein Preisziel bekannt zu geben und zu verfolgen, nicht aber zusätzlich einen Referenzwert für das Wachstum der Geldmenge zu formulieren.

Daneben birgt die parallele Verwendung beider Säulen das Problem von Widersprüchlichkeiten in sich. Beispielsweise könnte ein übermäßig starkes Wachstum der Geldmenge (zweite Säule) einen restriktiven geldpolitischen Kurs nahe legen, während rückläufige Rohstoffpreise (erste Säule) keinen geldpolitischen Handlungsbedarf signalisieren. Auch innerhalb der ersten Säule sind widersprüchliche Informationen für die Geldpolitik denkbar, wenn beispielsweise sinkende Rohstoffpreise keine Inflationsrisiken signalisieren, gleichzeitig aber überhöhte Lohnabschlüsse durchgesetzt werden, die eine Gefahr für die Preisstabilität darstellen. Mit der Verwendung beider Säulen setzt sich die EZB nach Auffassung des Sachverständigenrates einer „diskretionären Beliebigkeit“ aus, die der Glaubwürdigkeit der Europäischen Zentralbank schaden kann.

Ungeachtet dessen bleibt festzuhalten, dass eine Zentralbank gut beraten ist, wenn sie ihren geldpolitischen Kurs zur Aufrechterhaltung der Preisniveaustabilität jeweils im vorhinein den am Wirtschaftsleben Beteiligten ankündigt und diesen Kurs dann auch konsequent durchhält. Ist nämlich ein Inflationsprozess erst einmal in Gang gekommen und stellen sich die Wirtschaftssubjekte darauf ein, dass auch künftig mit Inflation zu rechnen ist, so ist die Inflationsmentalität nur unter Inkaufnahme erheblicher Produktions- und Beschäftigungsrisiken und damit gesellschaftlicher Kosten zu brechen. Die Entwicklung in der Bundesrepublik Deutschland in den 70er Jahren ist dafür Beleg.

### 3. Instrumente der Geldpolitik

Das Instrumentarium der Zentralbanken ist vielschichtig und von Land zu Land teilweise sehr unterschiedlich. Gleichwohl ist der Grundgedanke immer derselbe: Mit Hilfe der geldpolitischen Instrumente steuert die Zentralbank die Zufuhr von **Zentralbankgeld** in das Geschäftsbankensystem. Zentralbankgeld kann, wie der Name bereits sagt, nur von der Zentralbank selbst hergestellt werden. Es ist hoheitliches Geld und alleiniges gesetzliches Zahlungsmittel. Seine Erscheinungsformen sind das Bargeld sowie Guthaben auf Konten der Zentralbank (Zentralbankeinlagen). Die entscheidende Bedeutung des Zentralbankgeldes liegt für die Geschäftsbanken darin, dass sie dieses hoheitliche Geld im Zuge ihres Hauptgeschäfts, nämlich des Kreditgeschäfts benötigen. Zum einen müssen die Banken Barauszahlungen an ihre Kunden tätigen. Zum andern müssen die Kreditinstitute die Mindestreservepflicht erfüllen; das bedeutet, dass sie von Kundeneinlagen einen bestimmten Prozentsatz auf Zentralbankkonten hinterlegen müssen. Durch diese beiden Gegebenheiten entsteht für die Banken ein Zentralbankgeldbedarf. Genau an diesem Punkt setzt die Geldpolitik an. Indem die Zentralbank den Banken Zentralbankgeld zuführt bzw. entzieht, nimmt sie unmittelbaren Einfluss auf die Kreditvergabe der Geschäftsbanken. Da die Kreditgewährung aber die wichtigste Quelle für die Geldentstehung in der Volkswirtschaft ist, steuert die Zentralbank somit die Geldmenge in der Wirtschaft. Auf der **wohl dosierten Zufuhr von Zentralbankgeld in das Bankensystem** basiert die Ausgestaltung des Instrumentariums des Eurosystems.

Die Zufuhr von Zentralbankgeld in das Geschäftsbankensystem kann sowohl mengenmäßig als auch preismäßig gesteuert werden. Im ersten Fall handelt es sich um den Einsatz liquiditätspolitscher Instrumente; im zweiten Fall liegen zinspolitische Instrumente vor. Damit sind die technischen Voraussetzungen geschaffen, um einen angestrebten Zuwachs der Geldmenge zu erreichen. Beide Instrumentenkategorien wurden in der Vergangenheit von der Deutschen Bundesbank eingesetzt und finden sich inzwischen auch in der Geldpolitik des Eurosystems.

Das Instrumentarium des Eurosystems wird, wie aus Abbildung D.18 ersichtlich, in drei Bereiche eingeteilt:

- Offenmarktgeschäfte
- ständige Fazilitäten
- Mindestreserven.

Den eindeutigen Schwerpunkt der Geldpolitik des Eurosystems bilden **Offenmarktgeschäfte**. Allgemein versteht man darunter den An- und Verkauf von Wertpapieren durch die Zentralbank auf eigene Rechnung, d. h. am offenen Markt. Als Partner kommen sowohl Banken als auch Nichtbanken in Betracht. Die gehandelten Wertpapiere können kurzfristig (Geldmarktpapiere) oder langfristig (Kapitalmarktpapiere) sein. Das Eurosystem arbeitet im Rahmen seiner Offenmarktgeschäfte mit „Kategorie 1-Sicherheiten" und „Kategorie 2-Sicherheiten". Zur erstgenannten Kategorie zählen marktfähige Schuldtitel, die im gesamten Euro-Währungsgebiet gelten und bestimmte Zulassungskriterien erfüllen müssen; bei Kategorie 2-Sicherheiten handelt es sich um marktfähige und nicht marktfähige Schuldtitel, die lediglich für die nationalen Finanzmärkte eines Eurolandes von Bedeutung sind.

Aktionsparameter der Offenmarktpolitik können grundsätzlich die gehandelten Mengen der Papiere oder deren Verzinsung („Abgabesätze") sein. Verfolgt die Zentralbank beispielsweise eine restriktive Offenmarktpolitik, so verkauft sie den Banken Wertpapiere zu entsprechend attraktiven Konditionen. Die Banken verlieren dann durch den Kauf der Wertpapiere Zentralbankgeld. Das Eurosystem beschränkt sich praktisch ausschließlich auf kurzfristige Transaktionen mit Banken – eine Vorgehensweise, die in der Vergangenheit auch kennzeichnend für die Offenmarktpolitik der Deutschen Bundesbank war. Für die direkte Steuerung der Geldmenge bieten sich Offenmarktgeschäfte mit Nichtbanken an; trotz dieses Vorteils machte das Eurosystem (ebenso wie in der Vergangenheit die Deutsche Bundesbank) hiervon bisher keinen Gebrauch, da dessen Geldpolitik als „Ansprechpartner" die Geschäftsbanken hat.

Die Offenmarktgeschäfte können traditionell oder modern betrieben werden. Bei der traditionellen Offenmarktpolitik kauft bzw. verkauft die Zentralbank die Wertpapiere, ohne dass gleichzeitig mit dem Partner vereinbart wird, ob und wann die Papiere wieder von der Zentralbank verkauft bzw. zurück gekauft werden. Diese Form von Offenmarktgeschäften nennt die EZB **„definitive An- und Verkäufe“**. Sie spielen in der bisherigen geldpolitischen Praxis des Eurosystems allerdings nur eine sehr untergeordnete Rolle

Weitaus bedeutender ist die moderne Version der Offenmarktpolitik, die inzwischen als **„Pensionsgeschäfte“** oder **„Tendergeschäfte“** bekannt ist. Bei diesen Offenmarktgeschäften findet zunächst wieder der übliche Vorgang statt, z. B. der Kauf von Wertpapieren aus Bankenbesitz durch die Zentralbank. Die Besonderheit liegt nun darin, dass die Zentralbank bereits beim Ankauf der Papiere mit den Banken vereinbart, dass diese ihre Papiere zu einem vorab vereinbarten Termin zurückkaufen müssen („Offenmarktgeschäfte mit Rückkaufsvereinbarung“). Faktisch handelt es sich also um eine Kreditgewährung der Zentralbank an die Geschäftsbanken. Während der Verweildauer der Wertpapiere bei der Zentralbank verfügen die Banken über das begehrte Zentralbankgeld; dafür müssen sie allerdings Zinsen an die Zentralbank bezahlen. Pensionsgeschäfte sind äußerst flexibel; sie erlauben es der Zentralbank, die Zufuhr von Zentralbankgeld in das Geschäftsbanken **exakt zu steuern**, und zwar

- mengenmäßig (Ankaufsvolumen der Papiere)
- zinsmäßig („Pensionssatz“) und
- zeitlich (Dauer des Pensionsgeschäfts).

Die Durchführung von Pensionsgeschäften geschieht im Wege von Ausschreibungsverfahren. Dabei gibt die EZB den Banken rechtzeitig bekannt, wann sie ein neues Pensionsgeschäft durchführt. Technisch geschieht die Abwicklung über den

- Mengentender oder den
- Zinstender.

Beim **Mengentender** („Festsatztender“) legt die EZB neben der Laufzeit auch den von den Kreditinstituten zu bezahlenden Pensionssatz fest und gibt diese Daten von vornherein bekannt. Damit diktiert die Zentralbank die Zinsentwicklung am Geldmarkt, sie ist Preisgeber. Vom festgesetzten Pensionssatz geht eine Signalfunktion aus. Übersteigen die Mengengebote der Banken den Betrag, den die Zentralbank herauszugeben bereit ist, so erhält jede Bank einen gleich hohen Prozentsatz (Zuteilungsquote, „Repartierungsquote“) des angeforderten Zentralbankgeldes.

Beim **„Zinstender“** dagegen müssen die Banken neben dem gewünschten Betrag auch Zinsgebote abgeben, wenn sie befristet Zentralbankgeld erhalten wollen. Dabei kann eine Bank mehrere Gebote abgeben. Liegen die Gebote der Banken höher als die beabsichtigten Ankäufe seitens der Zentralbank, so werden zunächst die Banken mit den höchsten gebotenen Sätzen „bedient“. Bei einem bestimmten Satz („marginaler Zuteilungssatz“) ist dann der von der Zentralbank bereitgestellte Betrag ausgeschöpft. Gegebenenfalls wird beim marginalen Zuteilungssatz repartiert. Banken, die einen niedrigeren Satz als den marginalen Zuteilungssatz geboten haben, gehen leer aus. Beim „amerikanischen“ Zuteilungsverfahren müssen die Banken, die „im Rennen" sind, den Zinssatz bezahlen, den sie geboten haben („Tender für Erwachsene"). Dagegen wird beim „holländischen" Verfahren der marginale Zuteilungssatz einheitlich für alle Banken verrechnet. Beim Zinstender übernimmt die Zentralbank also bildhaft gesprochen die Rolle eines Auktionshauses, in dem Zentralbankgeld versteigert wird. Um den Banken eine gewisse Hilfestellung bei den Zinsgeboten zu geben, kann die Zentralbank einen Mindestbietungssatz oder einen Orientierungssatz nennen.

Pensionsgeschäfte bildeten bereits bei der Deutschen Bundesbank in den neunziger Jahren den Schwerpunkt der Geldpolitik. Auch beim Eurosystem ist diese Form der Offenmarktpolitik der mit Abstand **wichtigste Weg** der Versorgung des Bankensystems mit Zentralbankgeld. Ursprünglich waren Pensionsgeschäfte lediglich als ein Instrument zur kurzfristigen Bereitstellung von Zentralbankgeld gedacht. Schließt die Zentralbank jedoch an ein ausgelaufenes Pensionsgeschäft von beispielsweise zwei Wochen stets einen neuen Tender an, so entwickelt sich daraus faktisch eine **dauerhafte Refinanzierung** für das Bankensystem. Derartige Anschlussgeschäfte („revolvierender Einsatz") sind kennzeichnend für die Politik des Eurosystems. Gleichwohl kann die Zentralbank jederzeit die Geschäfte auslaufen lassen und dadurch den Banken Zentralbankgeld entziehen. Dies verdeutlicht die **hohe Flexibilität** der modernen Offenmarktpolitik.

Wie aus Abbildung D.18 hervorgeht, arbeitet das Eurosystem mit verschiedenen Formen von Offenmarktgeschäften:

- Hauptrefinanzierungsgeschäfte
- Längerfristige Refinanzierungsgeschäfte
- Feinsteuerungsoperationen
- Strukturelle Operationen.

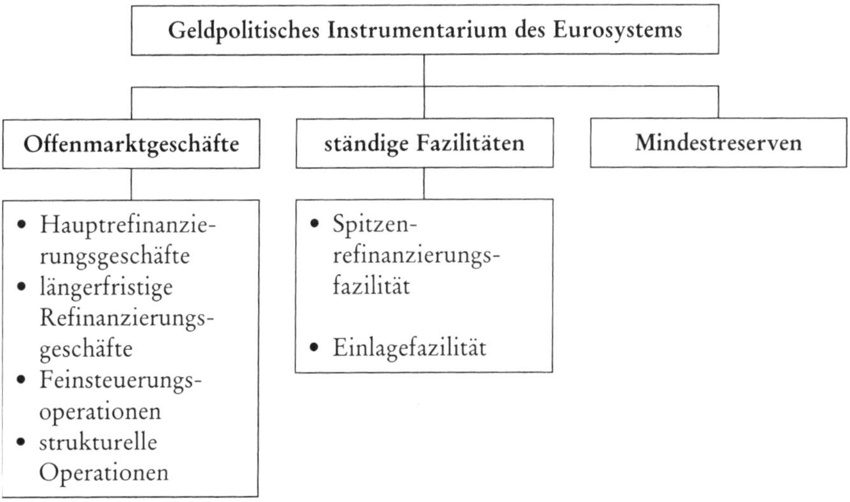


*Abb. D.18: Geldpolitisches Instrumentarium des Eurosystems*

Die größte Bedeutung kommt, wie die Bezeichnung vermuten lässt, den **Hauptrefinanzierungsgeschäften** („Haupttender") zu. Rund drei Viertel des den Banken vom Eurosystem bereitgestellten Zentralbankgeldes gelangt durch diesen Kanal zu den MFIs (Februar 2005: ca. 277 Mrd. Euro) Hierbei arbeitet das Eurosystem mit standardisierten liquiditätszuführenden Transaktionen. Jede Woche (mittwochs) findet ein neues Pensionsgeschäft statt, die Laufzeit beträgt jeweils eine Woche. Mit Beginn des Jahres 2004 wird die Laufzeit auf jeweils eine Woche verkürzt. Der genaue Terminplan für die Geschäfte wird für ein Jahr im Voraus festgelegt und den Banken mitgeteilt („Tenderkalender"). Bis Mitte des Jahres 2000 wurde die Technik des Mengentenders angewendet. Die Banken gaben jedoch derart hohe Gebote ab, dass die Zuteilungsquote bei nur ca. 1% lag. Daher ging die EZB im Juni 2000 zum Zinstender über. Der bei den Hauptrefinanzierungsgeschäften als Mindestbietungssatz genannte Zins („HRG-Satz") gilt als „erster Leitzins" des Eurosystems.

Auch die **längerfristigen Refinanzierungsgeschäfte** sind standardisierte Pensionsgeschäfte, durch die den Banken befristet Zentralbankgeld bereitgestellt wird. Sie haben gegenüber den Hauptrefinanzierungsgeschäften eine geringere Bedeutung (Februar 2005: 78 Mrd. Euro) und können als zweitwichtigstes Instrument des Eurosystems eingestuft werden. Diese liquiditätszuführenden Transaktionen werden nur ein Mal monatlich durchgeführt; die Laufzeit beträgt drei Monate – eine Frist, die der ehemaligen Diskontpolitik der Deutschen Bundesbank entspricht. Die EZB gibt die Termine ebenfalls ein Jahr im voraus bekannt. Die technische Abwicklung geschieht generell über den Zinstender, wobei überwiegend das amerikanische Verfahren zum Zuge kommt. Der hierbei festgestellte Zinssatz („LRG-Satz") ist als „zweiter Leitzins" der EZB zu werten.

**Feinsteuerungsoperationen** sind für das unerwartete Auftreten von Schwankungen der Bankenliquidität gedacht. Sie können sowohl liquiditätszuführend als auch liquiditätsabsorbierend eingesetzt werden. Die Anwendung geschieht nach Bedarf, die Laufzeit ist offen. Bislang wurde von diesem Instrument allerdings nur relativ selten Gebrauch gemacht. So erhielten die Banken als Folge der Terroranschläge vom 11. September 2001 im Rahmen eines „Schnelltenders" am Folgetag knapp 70 Mrd. Euro und am 13. September nochmals 40 Mrd. Euro für jeweils einen Tag als Mengentender (Zuteilungsquote: 100%) zugeteilt. Feinsteuerungsoperationen können technisch auch über definitive An- und Verkäufe, Devisenswapgeschäfte oder die Hereinnahme von Termineinlagen von Banken abgewickelt werden.

Bislang bedeutungslos waren **strukturelle Operationen**. Ihr Einsatz ist für strukturelle Fehlentwicklungen der Liquidität der Banken gedacht. Für die technische Abwicklung stehen der EZB bei Bedarf befristete Tender, definitive An- und Verkäufe oder die Emission von Schuldverschreibungen zur Verfügung. Es bleibt abzuwarten, wann dieses Instrument erstmals zum Einsatz kommt.

Das zweite Instrumentenbündel wird von den **ständigen Fazilitäten** gebildet. Es geht hierbei um Möglichkeiten der Banken, von der Zentralbank zu jedem Zeitpunkt Zentralbankgeld zu erhalten bzw. dieses bei der Zentralbank anzulegen. Ständige Fazilitäten haben also einen sehr kurzfristigen Charakter. Im Gegensatz zu den übrigen Offenmarktgeschäften geht die Initiative bei den ständigen Fazilitäten von den Banken und nicht von der Zentralbank aus. Gleichwohl kann die EZB die Bedingungen der Fazilitäten jederzeit ändern oder diese gar aussetzen, so dass dem Instrument der ständigen Fazilitäten eine sehr hohe Flexibilität innewohnt. Wie aus Abbildung D.18 hervorgeht, unterscheidet man die Spitzenrefinanzierungs- und die Einlagefazilität.

Bei der **Spitzenrefinanzierungsfazilität** handelt es sich um eine liquiditätszuführende Transaktion. Die Banken erhalten die Möglichkeit, über Nacht einen Kredit bei der Zentralbank aufzunehmen („Übernachtliquidität"). Im Gegenwert müssen die Banken der Zentralbank refinanzierungsfähige Sicherheiten übertragen bzw. verpfänden. Kredithöchstgrenzen existieren nicht. Bislang haben die Banken jedoch von dieser Kreditaufnahmemöglichkeit nur wenig Gebrauch gemacht, von Ausnahmen abgesehen lag der Betrag in der Regel unter 1 Mrd. Euro in allen Euroländern. Der für die Überlassung des Zentralbankgeldes verrechnete Zins wird vom EZB-Rat festgesetzt. Er ist der höchste Leitzins und bildet die Obergrenze des Tagesgeldsatzes. Sinngemäß entspricht dieses Instrument der ehemaligen Lombardpolitik der Deutschen Bundesbank.

Die **Einlagefazilität** bedeutet ein Novum. Die Bundesbank besaß während der Zeit, als sie noch die alleinige Verantwortung für die nationale Geldpolitik in Deutschland trug, kein vergleichbares Instrument. Die Einlagefazilität stellt eine liquiditätsabsorbierende Transaktion dar. Dies bedeutet, dass die Banken hierbei Zentralbankgeld verlieren. Allerdings entscheiden die Kreditinstitute hierüber selber. Die Zentralbank bietet nämlich den Banken die Möglichkeit an, überschüssiges Zentralbankgeld über Nacht auf Zentralbankkonten anzulegen. Dabei gibt es keine Betragsbegrenzung. Die bisherigen Erfahrungen zeigen allerdings, dass die Einlagen mit zumeist unter 1 Mrd. Euro im gesamten Euro-Währungsgebiet vergleichsweise niedrig ausfielen. Für ihre Geldanlage erhalten die Banken von der Zentralbank eine Verzinsung. Dieser Zins ist für die Geschäftsbanken insofern von großer Bedeutung, als er die Untergrenze am Tagesgeldmarkt markiert. Die Zinssätze, welche das Eurosystem bei den Fazilitäten anwendet, bilden somit den „Zinskanal" für den Tagesgeldsatz und damit den Geldmarkt, auf dem der Interbankenhandel mit Zentralbankgeld stattfindet.

Mit der dritten Kategorie des geldpolitischen Instrumentariums, den **Mindestreserven**, übernahm das Eurosystem ein altbekanntes Instrument. Allerdings war dessen Aufnahme in den Katalog der Instrumente des Europäischen Zentralbanksystems sehr umstritten. Insbesondere die Deutsche Bundesbank plädierte angesichts grundsätzlicher Erwägungen für die Beibehaltung dieses Aktionsparameters der Geldpolitik und konnte sich mit ihren Argumenten schließlich durchsetzen.

Die **Mindestreservepflicht** setzt auf der Passivseite der Geschäftsbankenbilanz an. Bemessungsgrundlage sind im wesentlichen die in der Geldmenge M3 enthaltenen Komponenten (außer Bargeld und Reprogeschäften, bei Einlagen mit vereinbarter Kündigungsfrist ist die Mindestreservepflicht auf Guthaben bis zu 2 Jahren ausgedehnt). Diese Aktiva sind mit einem bestimmten, vom Eurosystem vorgeschriebenen Prozentsatz abzusichern; er liegt gegenwärtig bei 2 %. Die hierbei berechneten Beträge müssen auf Zentralbankkonten, also in Zentralbankgeld gehalten werden. Insbesondere um die Banken in den Euroländern vor Wettbewerbsnachteilen gegenüber Ländern ohne Mindestreservepflicht zu schützen, entschloss sich das Eurosystem zu einer Verzinsung der Mindestreserveguthaben; dabei gilt der Zins für Hauptrefinanzierungsgeschäfte. Für den Monat März 2005 mussten die Banken im Euro-Währungsgebiet ca. 140 Mrd. Euro (darunter in Deutschland: ca. 38 Mrd. Euro) an Mindestreserven unterhalten. Da die Reservepflicht lediglich im Monatsdurchschnitt erfüllt werden muss, sind diese Guthaben für die Banken flexibel disponierbar („Liquiditätspuffer").

Ursprünglich diente die Mindestreservepflicht dem Gläubigerschutz: Sollte eine Geschäftsbank in Konkurs gehen, so befand sich wenigstens noch ein Teil der Guthaben von Bankkunden bei der Zentralbank in Sicherheit. Inzwischen sorgen jedoch in Deutschland Einlagensicherungsfonds, die von den Geschäftsbanken selbst geschaffen wurden, für die Absicherung der Kundengelder. Insoweit ist die Mindestreservepolitik weitgehend überflüssig geworden. Ihre geldpolitische Bedeutung liegt heute darin, dass sie ein Instrument zur Steuerung der Kreditgewährung der Banken ist. Da im Zuge des Kreditgeschäfts neue Bankeinlagen entstehen, wird darauf die Mindestreservepflicht fällig. Deren Existenz bedeutet für die Banken somit einen **unabdingbaren Bedarf an Zentralbankgeld**, also einem Geld, welches nur die Zentralbank schaffen kann. Mit der Mindestreservepflicht hat die Zentralbank somit die Kreditvergabe der Banken letztlich im Griff. Eine Heraufsetzung der Reservesätze führt bei den Banken zu einem Verlust von Zentralbankgeld. Die Banken verlieren dadurch freie Liquidität, der Kreditvergabespielraum wird eingeengt, die Mindestreservepolitik wirkt als **„Giralgeldschöpfungsbremse"**. Da die Kreditgewährung der wichtigste Vorgang für die Entstehung neuen Geldes ist, besitzt das Eurosystem mit der Mindestreservepolitik ein wirkungsvolles Instrument zur Steuerung der Geldmenge. Damit hat sich das Eurosystem auch gegen ordnungspolitische Bedenken hinweg gesetzt; sie sehen in der Mindestreservepolitik ein dirigistisches Instrument, welches wegen seines Zwangscharakters nicht in ein marktwirtschaftliches System passe.

Auch wenn es der Zentralbank gelingt, gemäß ihrer Absichten die Zufuhr von Zentralbankgeld in das Bankensystem zu steuern, sind doch verschiedene **Grenzen der Geldpolitik** zu beachten. So richten sich die Maßnahmen allesamt auf das Bankensystem. Beabsichtigt die Bundesbank eine Eindämmung des Geldmengenwachstums, dann wird sie den Einschuss von Zentralbankgeld verringern. Damit ist aber zumindest kurzfristig noch nicht sichergestellt, ob die Banken darauf in der gewünschten Weise reagieren und ihre Kreditgewährung zurücknehmen. Sofern sich die Banken zu einer geringeren Liquiditätsvorsorge entschließen, kann die Kreditgewährung noch einige Zeit vorangetrieben werden. Dieses **geänderte Liquiditätsverhalten** der Banken war in der Bundesrepublik anfangs der siebziger Jahre beobachtbar. Auf lange Sicht kommen jedoch die Banken an die Grenze ihrer Giralgeldschöpfungsfähigkeit, und zwar dann, wenn die letzten Reserven an Zentralbankgeld aufgebraucht sind.

Aber selbst für den Fall, dass die Banken auf die Zins- und Liquiditätsbeschlüsse der Zentralbank in vorhergesehener Weise reagieren, ist der Erfolg der Geldpolitik noch keineswegs gesichert. Ebenso kann es nämlich im Nichtbankenbereich zu unerwarteten Verhaltensweisen kommen. So muss trotz hoher Kreditzinsen die Kreditnachfrage der Unternehmer nicht zwangsläufig zurückgehen. Bei günstigen

Gewinnaussichten lassen sich die Investoren nicht davor abhalten, auch teurer gewordene Kredite aufzunehmen. Aufgrund dieser **Zinsunempfindlichkeit der Kreditnehmer** bleibt dann die Kreditsumme und damit der Geldmengenzuwachs weiterhin hoch.

Des Weiteren muss die Zentralbank bei ihren Entscheidungen auf **Zielkonflikte** Rücksicht nehmen. Eine Politik, die den Preisniveauanstieg eindämmen möchte, strebt eine Verringerung der Geldmengenzuwächse an. Dies aber zieht steigende Zinsen nach sich. Angesichts der daraus entstehenden Gefahren für Konjunktur, Investitionen und Beschäftigung **im Inland** bleibt abzuwarten, ob und wie lange die Zentralbank dem Druck der Betroffenen standhalten kann.

Auch in **internationaler Hinsicht** bringt eine Hochzinspolitik ihre Probleme mit sich. Hohe Zinsen locken ausländische Anleger ins Land. Dadurch kommt es zu einer erhöhten Nachfrage nach D-Mark. Bei flexiblen Wechselkursen ist eine D-Mark-Aufwertung die Folge. Sie schwächt die Wettbewerbsfähigkeit der Exportwirtschaft. Sofern das Währungssystem durch feste Wechselkurse gekennzeichnet ist, muss die Zentralbank am unteren Interventionspunkt intervenieren, d. h. ausländische Währungen ankaufen. Die dabei zu verzeichnende Zentralbankgeldschöpfung läuft den ursprünglichen Intentionen der Notenbank zuwider, nämlich das Geldmengenwachstum zu begrenzen. Das gilt auch dann, wenn das hohe Zinsniveau letztlich Folge der Staatsverschuldung der öffentlichen Haushalte ist. Die einsetzenden Kapitalimporte zwingen die Zentralbank zu Devisenmarktinterventionen, wodurch die heimische Geldmenge expandiert. An diesem Beispiel zeigt sich, dass auch eine formal „autonome" Notenbank ins Schlepptau einer unsoliden Finanzpolitik geraten kann.

Zu beachten ist ein weiteres, bereits kurz angesprochenes mögliches Handicap der Geldpolitik in Gestalt der **Umlaufgeschwindigkeit des Geldes**. Wie aus der Quantitätsgleichung leicht ablesbar ist, kann eine Verringerung der Wachstumsrate der Geldmenge dadurch kompensiert werden, dass die Umlaufgeschwindigkeit des Geldes zunimmt. Die vorhandene Geldmenge wird also intensiver genutzt. Man könnte auch sagen, der Auslastungsgrad der Geldmenge steigt. Damit kann dann weiterhin die Inflation finanziert werden. In der Bundesrepublik Deutschland konnte dieses Phänomen bisher jedoch nur in konjunkturellen Aufschwungsphasen beobachtet werden. Im längerfristigen Trend weist die Umlaufgeschwindigkeit des Geldes in Deutschland einen leichten Rückgang auf. Für den Erfolg der Geldpolitik des Europäischen Systems der Zentralbanken wird es wichtig sein, ob die Umlaufgeschwindigkeit des Geldes im Euro-Währungsgebiet den unterstellten leichten Abwärtstrend tatsächlich aufweist. Sollte dies der Fall sein, so stellt dieser Faktor keine ernsthafte Gefahr für die Politik des Eurosystems und damit für die Preisstabilität in den Euroländern dar.

Eine kurze Zusammenfassung der Bekämpfungsmöglichkeiten der Geldmengeninflation ist Abbildung D.19 (s. Seite 144) zu entnehmen.

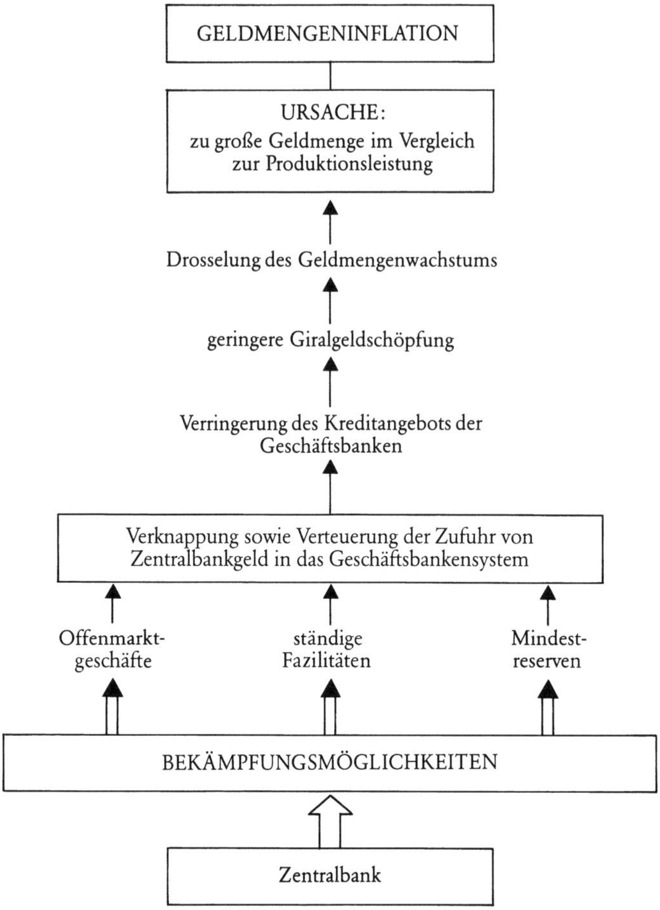


*Abb. D.19: Geldmengeninflation*

# E. Wirtschaftswachstum

Ein weiteres Ziel der Wirtschaftspolitik ist das wirtschaftliche Wachstum. Es soll, dem Wortlaut des § 1 Stabilitäts- und Wachstumsgesetzes folgend, „stetig und angemessen“ sein. Das **Wachstumsziel** kann als **Sekundärziel** interpretiert werden. Es ist Voraussetzung für die Erreichung und Erhaltung eines hohen Beschäftigungsstandes. Insofern handelt es sich beim Ziel des „hohen Beschäftigungsstandes“ um ein Primärziel der Wirtschaftspolitik. Dies gilt im Übrigen ebenso für das Ziel der Preisniveaustabilität. Gleichwohl verdient auch das stabilisierungspolitische Nebenziel des Wirtschaftswachstums eine eigenständige Erörterung.

## I. Begründung des Wachstumsziels

Das wirtschaftliche Wachstum zeigt sich allgemein in einer Zunahme der Güterproduktion in der Volkswirtschaft. Daraus resultieren unzweifelhafte Vorteile, aber auch Nachteile. Die **Gegner des Wachstums** sehen dessen Probleme insbesondere in den negativen Folgen für die **Umwelt** sowie im **Abbau nicht regenerierbarer Ressourcen**. In der Tat folgte bisher aus der Produktionstätigkeit der Unternehmen eine erhebliche Belastung der Umwelt in Gestalt einer Verschlechterung der Qualität von Luft, Gewässern oder Böden. Dies geschah im Übrigen ungeachtet des Wirtschaftssystems – die Erfahrung lehrt, dass planwirtschaftliche Systeme in der Vergangenheit sogar in höherem Maße die Umwelt belasteten, als dies in marktwirtschaftlichen Systemen der Fall war. Vor dem Hintergrund dieser Probleme forderten Kritiker des Wachstumsdenkens ein **„Nullwachstum“**. Diese Forderung mag auf den ersten Blick verständlich klingen. Dabei werden jedoch die positiven Seiten des Wachstums übersehen, die es ebenfalls zu bedenken gilt, insbesondere auch in Bezug auf die Umwelt.

Wachstum ist zunächst die entscheidende Basis für den **materiellen Wohlstand** in einem Land. Gemeint ist damit eine höhere Güterversorgung der Bevölkerung. Das Wachstumsziel dient damit dem gesellschaftlichen Oberziel der **Wohlfahrt**, also der allgemeinen Verbesserung der Lebensverhältnisse der Menschen. Die Verfügbarkeit über Waren und Dienstleistungen ist eine wesentliche Säule dieser Wohlfahrt. Die jüngeren Erfahrungen in Osteuropa belegen, welche Konsequenzen eine schlechte Güterversorgung der Bevölkerung haben kann, denn darin ist der maßgebliche Anstoß für die Reformbewegungen zu erblicken. Wachstum dient insoweit zugleich der Erhaltung der Stabilität politischer Systeme.

Wirtschaftswachstum ist darüber hinaus, wie bereits erwähnt, eine entscheidende Vorbedingung für **Vollbeschäftigung**. Dies machen einfache produktionstheoretische Überlegungen deutlich, wie sie aus Abbildung E. 1 folgen. Angenommen, es bestehe ein Beschäftigungsstand in Höhe von $A_1$, der durch Unterbeschäftigung (UB) gekennzeichnet ist; das zugehörige Produktionsvolumen liege bei $Y_1$. Eine

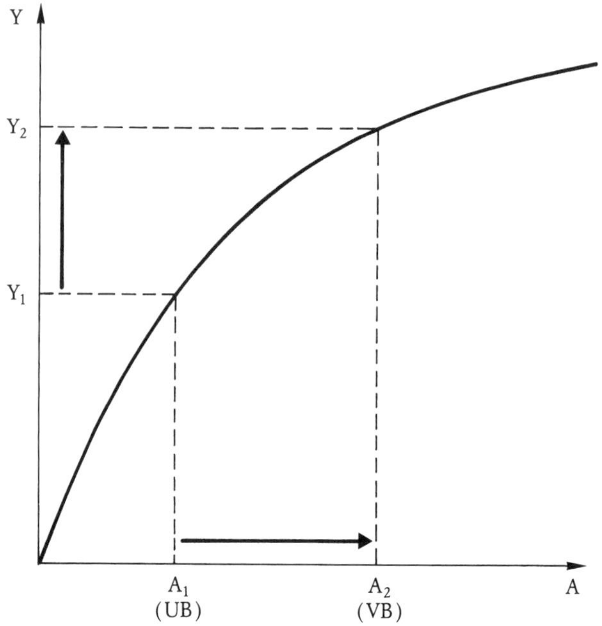


*Abb. E.1: Wachstum und Beschäftigung*

Erhöhung des Beschäftigungsgrades auf das Niveau der Vollbeschäftigung ($A_2$ = VB) ist ceteris paribus nur möglich, wenn die Produktion auf den Wert von $Y_2$ steigt. Die Produktionszunahme ist aber nichts anderes als Wachstum.

Wird das Wachstum allerdings ganz oder teilweise durch den technischen Fortschritt getragen, so verschiebt sich die Produktionsfunktion nach oben. Die Folge ist, dass der positive Beschäftigungseffekt des wirtschaftlichen Wachstums zumindest zum Teil neutralisiert wird (siehe Abb. C.19). In jedem Fall steigt aber gleichwohl die Güterversorgung je Beschäftigten. Der Beschäftigungseffekt wird umso mehr abgeschwächt, je stärker sich die Produktionsfunktion infolge des technischen Fortschritts nach oben verschiebt. Er kann im Extremfall sogar dafür sorgen, dass die höhere Produktion mit einem geringeren Einsatz von Arbeitskräften als $A_1$ erstellt wird. Wachstum ist also eine notwendige, jedoch keine hinreichende Bedingung für eine Erhöhung des Beschäftigungsstandes.

Ein weiterer positiver Aspekt des Wirtschaftswachstums ist dessen Fähigkeit, **Verteilungskonflikte** zu **entschärfen**. Damit bildet Wachstum zugleich eine entscheidende Voraussetzung zur Verhinderung des Auftretens der Verteilungskampfinflation, also der Angebotsinflation. Verteilungskämpfe finden auf den unterschiedlichsten Ebenen der Gesellschaften statt, nämlich insbesondere zwischen:

- Arbeitnehmern und Arbeitgebern,
- Inland und Ausland,
- Wirtschaft und Umwelt,
- privatem und öffentlichem Sektor.

Der Verteilungskampf zwischen **Arbeitnehmern und Arbeitgebern** zeigt sich regelmäßig bei den Tarifverhandlungen. Die Arbeitnehmer fordern einen größeren Anteil des „gesamtwirtschaftlichen Kuchens", was naturgemäß den Interessen der Arbeitgeber zuwiderläuft. Je mehr nun bildhaft gesprochen der Kuchen wächst, desto leichter lassen sich höhere Ansprüche befriedigen, da der Verteilungsspielraum größer wird, und so jede Gruppe mehr erhalten kann. Daher überrascht es nicht, dass die Tarifverhandlungen in Zeiten hohen Wachstums wesentlich schneller und reibungsloser ablaufen, als dies während rezessiver Phasen der Fall ist.

Verteilungskämpfe finden auch auf **internationaler Ebene** statt. Wie das Beispiel der Ölpreiserhöhungen zeigte, versuchten die OPEC-Staaten bisher zwei Mal, durch eine drastische Heraufsetzung der Ölpreise höhere Einnahmen zu erzielen. Damit waren sie (zumindest vorübergehend) in der Lage, größere Teile der Weltproduktion zu erwerben. Bei gleichbleibender Gesamtproduktion im Inland geht dies zu Lasten der heimischen Güterversorgung und könnte die unterschiedlichsten Gegenmaßnahmen hervorrufen. Je stärker aber die Wirtschaft wächst, desto leichter können die gestiegenen Forderungen des Auslandes an die heimische Produktionsleistung erfüllt werden.

In diesem Zusammenhang gewinnt der **innerdeutsche Verteilungskampf** besondere Aktualität. Angesichts des gegenwärtigen Zustandes der ehemaligen DDR-Wirtschaft ist in absehbarer Zeit nicht mit einem ausreichend hohen „Ost-Wachstum" zu rechnen, welches zu einer Angleichung an das „Westniveau" führt. Im Jahr 1992 war in Ostdeutschland die inländische Absorption, also die Konsumausgaben, Investitionstätigkeit und die Staatsausgaben, etwa doppelt so hoch wie das in den neuen Bundesländern produzierte Inlandsprodukt. Die ostdeutschen Bürger haben also – verständlicherweise – weit über ihre Verhältnisse gelebt. Auch in Zukunft werden hohe Transferleistungen erforderlich sein, um so eine Angleichung der materiellen Lebensverhältnisse zwischen West- und Ostdeutschland zu sichern. Dies erfordert wiederum ein entsprechend hohes Wachstum in den alten Bundesländern. Auf Dauer ist aber ein höheres Wachstum in Ostdeutschland erforderlich, um die selbst erwirtschaftete materielle Basis an die der alten Bundesländer anzugleichen. Wirtschaftswachstum ist also im gesamten Deutschland notwendig, um den Prozess der politisch geglückten Wiedervereinigung auch auf ökonomischem Felde möglichst konfliktarm zu vollenden.

Mit Blick auf die Lösung der drängenden **Umweltschutzaufgaben** kommt dem wirtschaftlichen Wachstum ebenfalls eine zentrale Rolle zu. Es ist zwar richtig, dass Produktionstätigkeit und Umweltbelastungen positiv gekoppelt sind, dass also eine Steigerung der Produktion regelmäßig mit einer zusätzlichen Belastung der Umwelt und einem zusätzlichen Ressourcenverzehr einhergeht. Die umweltpolitischen Probleme lassen sich aber keineswegs, wie vielfach vermutet, besser dadurch lösen, dass die Wirtschaft gar nicht mehr wächst. Die Forderung nach „Nullwachstum" ist zwar populär, sie löst aber die Probleme keineswegs. Denn zum einen würde ein Nullwachstum bedeuten, dass die jährliche Umweltbelastung nicht zurückginge, da ja jährlich die gleiche Produktionsmenge neu erzeugt wird. Zum andern hätte Nullwachstum zur Folge, dass der Innovationsprozess erlahmt. Mit den alten, umweltverschmutzenden Anlagen würde länger produziert, als dies bei ausgeprägtem technischen Fortschritt der Fall wäre.

Wachstum fördert hingegen den umwelttechnischen Fortschritt. Außerdem ermöglicht es auch, einen Teil des Wohlstandszuwachses für Umweltschutzausgaben abzuzweigen, ohne dass der materielle Wohlstand der Bevölkerung sinkt. Bei Nullwachstum wäre dies zwangsläufig unmöglich. Es kann daher nur darum gehen, die Mehrproduktion zumindest teilweise in die „Entsorgungsindustrie“ zu lenken und Produkte sowie Produktionsverfahren umweltschonender zu gestalten. Je stärker die Wirtschaft wächst, umso leichter kann sie Produktionsfaktoren für den Bereich der Umweltindustrie abstellen. Insoweit besteht zwischen Wachstum und Umwelt nicht nur ein Zielkonflikt, sondern auch eine Zielharmonie.

Der „Kampf um den Kuchen“ findet nicht zuletzt zwischen dem **privaten und dem öffentlichen Sektor** statt. In Deutschland wurden in den letzten Jahren rund 30 Prozent der volkswirtschaftlichen Produktionskapazitäten vom Staat in Anspruch genommen. Die hierfür eingesetzten Produktionsfaktoren standen folglich dem privaten Sektor nicht zur Verfügung. Zwar erwartet die Mehrzahl der Bürger auf der einen Seite zunehmend mehr und bessere staatliche Leistungen (wie Gesundheitswesen, kulturelle Angebote oder Bildungseinrichtungen). Auf der anderen Seite steigt aber auch der Bedarf an privaten Gütern. Je höher nun das Wachstum ausfällt, desto leichter ist es, dieses Dilemmaproblem zu lösen.

Eine Steigerung der Wirtschaftsleistung bewirkt bei einem gegebenen Steuersystem eine Erhöhung der Steuereinnahmen. Dadurch ist der Staat in der Lage, seinen Bürgern mehr bzw. bessere **öffentliche Güter** wie Ausbildung oder Verkehrsinfrastruktur bereitzustellen. Die kollektiven Bedürfnisse der Bevölkerung werden dadurch in höherem Maße befriedigt. Außerdem ermöglicht eine steigende Wirtschaftsleistung auch bessere **Sozialleistungen**, d. h. den Ausbau einer Gesellschaft hin zu einem Wohlfahrtstaat.

All diese Aspekte gilt es abzuwägen, wenn man sich kritisch mit dem Ziel des Wirtschaftswachstums auseinandersetzt.

## II. Operationalisierung des Wachstumsziels

### 1. Inlandsprodukt und Produktionspotenzial

Die bisherigen Überlegungen zur Notwendigkeit des wirtschaftlichen Wachstums knüpften an der Güterversorgung in einer Volkswirtschaft an. Indikator zur Messung dieses materiellen Wirtschaftswachstums ist inzwischen die Zunahme des realen Bruttoinlandsprodukts. Das früher übliche Maß „Sozialprodukt“ erfasste bekanntlich die Produktionsleistung der im Inland wohnhaften Personen, ungeachtet deren Nationalität sowie der Frage, ob diese Produktionsleistung im Inland oder im Ausland erbracht wurde. Inzwischen ersetzte die amtliche Statistik den Begriff „Sozialprodukt“ durch die Bezeichnung „Nationaleinkommen“. Das Inlandsprodukt erfasst demgegenüber die Produktionsleistung innerhalb der Grenzen eines Landes, dabei spielt es keine Rolle, ob hierzu auch Ausländer, die ihren Wohnsitz nicht in der Bundesrepublik haben, beitrugen. Der Unterschied zwischen dem Inlandsprodukt und dem Nationaleinkommen ist allerdings in Deutschland verhältnismäßig gering (in 2004 lag das Bruttoinlandsprodukt um 0,3 % über dem Bruttonationaleinkommen). Daher soll im Folgenden die Unterscheidung zwischen Inlandsprodukt und Nationaleinkommen vernachlässigt und das inzwischen überwiegend anzutreffende „Inlandsprodukt“ verwendet werden.

Eine Steigerung des realen (d. h. inflationsbereinigten) Inlandsprodukts ist nichts anderes als eine Zunahme der **tatsächlichen** Produktion. Verantwortlich hierfür ist die Entwicklung der gesamtwirtschaftlichen **Nachfrage**, also die Summe von Konsum, Investitionen, Staatsausgaben und Außenbeitrag (Güterexporte minus Güterimporte). Die Nachfragekomponenten weisen kurzfristig teilweise erhebliche Schwankungen auf, die das Bild der **Konjunktur** ergeben. In Phasen des Aufschwungs bzw. des Booms werden die vorhandenen Sachkapazitäten der Volkswirtschaft stärker ausgelastet, in Abschwungs- oder Rezessionsphasen verhält es sich umgekehrt. Die konjunkturelle Entwicklung spiegelt sich also in **Schwankungen des Auslastungsgrades der Produktionskapazitäten** wider. Das Wachstum des Inlandsprodukts kann sich allerdings immer nur innerhalb der zur Verfügung stehenden Produktionskapazität vollziehen, d. h. nicht jede beliebige Nachfragesteigerung kann mit einer entsprechenden Steigerung der realen Produktion beantwortet werden. Unter zeitlichem Aspekt handelt es sich daher beim Wachstum des realen Inlandsprodukts um einen **kurzfristigen Entwicklungsprozess**, der zudem in **Zyklen** verläuft. Hierauf stellt die Konjunkturpolitik ab. Ihr Ansatzpunkt ist die Nachfrageseite der Volkswirtschaft. Das Ziel besteht darin, eine stetige und zugleich „befriedigende“ Auslastung der volkswirtschaftlichen Produktionskapazitäten herbeizuführen.

Da sich die reale wirtschaftliche Entwicklung immer nur innerhalb der zur Verfügung stehenden Produktionskapazitäten vollziehen kann, bietet es sich an, als Wachstumsindikator nicht das tatsächlich erzeugte Inlandsprodukt zu wählen, sondern sich am Wachstum des **Produktionspotenzials** zu orientieren. Letztlich handelt es sich hierbei um den Versuch, die volkswirtschaftliche Produktionskapazität als Summe der einzelwirtschaftlichen Kapazitäten zu ermitteln. Das so definierte potenzielle Inlandsprodukt (Produktionspotenzial) ist nichts anderes als ein Inlandsprodukt bei Vollauslastung der zur Verfügung stehenden Produktionskapazitäten. Stagniert das Produktionspotenzial, so kann auf Dauer auch nicht das Inlandsprodukt wachsen. Das Produktionspotenzial gibt folglich die Obergrenze der tatsächlichen volkswirtschaftlichen Produktion an. Liegt die tatsächliche Produktion (Inlandsprodukt) unterhalb des Produktionspotenzials, so besteht in Höhe dieses Abstandes eine sog. **„Outputlücke“** („output gap“).

Die gesamtwirtschaftliche Kapazität hängt – wie die betriebliche Kapazität auch – von der Ausstattung mit Produktionsfaktoren ab. Die entscheidenden kapazitätsbeschränkenden Faktoren sind:

- das Arbeitskräftevolumen (A),
- die Sachkapitalausstattung (K),
- die natürlichen Ressourcenbestände (R; z. B. Bodenschätze, aber auch Umwelt),
- das technische und organisatorische Wissen (TO).

Als Funktion geschrieben folgt mithin für das Produktionspotenzial (PP):

$$PP = PP\,(A, K, R, TO)$$

Das Wachstum ($w_{PP}$) der volkswirtschaftlichen Produktionskapazität hängt von der quantitativen und qualitativen Entwicklung dieser Faktorbestände ab:

$$w_{PP} = w_{PP}\,(w_K, w_A, w_R, w_{TO})$$

Soll die Produktionskapazität gesteigert und damit der Spielraum für das tatsächliche Produktionswachstum erhöht werden, so setzt dies **Nettoinvestitionen** voraus. Der Begriff **„investiv"** ist hier allerdings wesentlich weiter gefasst als üblich. Er umfasst sämtliche Effekte, welche die Produktionskapazitäten der Volkswirtschaft erweitern. Dies gilt ungeachtet des formalen Gesichtspunktes, ob die betreffende Aktivität in der Statistik des Volkswirtschaftlichen Rechnungswesens offiziell als „Investition" erfasst ist oder nicht. Mit Blick auf die angesprochenen Produktionsfaktoren kommt Folgenden Investitionen wachstumspolitische Bedeutung zu:

(1) Sachkapitalerweiterungsinvestitionen (z. B. Anlageinvestitionen ohne technischen Fortschritt),

(2) Sachkapitalverbesserungsinvestitionen bzw. Rationalisierungsinvestitionen (z. B. Installation einer leistungsfähigeren Anlage),

(3) Humankapitalinvestitionen bzw. Bildungs- und Ausbildungsinvestitionen

(4) Ressourceninvestitionen (z. B. Investitionen zur Verringerung des spezifischen Energie- und Ressourcenverbrauchs),

(5) Forschungs- und Entwicklungsinvestitionen,

(6) Investitionen in das Organisationskapital (organisatorische Verbesserungen).

Die Wachstumspolitik muss darauf abzielen, die Bedingungen für all diese investiven Aktivitäten (i. w. S.) zu verbessern. Wachstumspolitik setzt damit primär auf der **Angebotsseite** einer Volkswirtschaft an. Die Steigerung der Kapazität ist allerdings nicht nur durch die oben genannten Investitionen möglich, sondern beispielsweise auch dadurch, dass durch Flexibilisierung der Arbeitszeitregelungen die Maschinenlaufzeiten verlängert und damit die vorhandenen Kapazitäten besser genutzt werden.

Die Auflistung der investiven Aktivitäten macht im Übrigen den Unterschied zur amtlichen Statistik deutlich: In der VGR werden als „Investitionen" lediglich die Sachkapitalinvestitionen erfasst (Ausrüstungen, Bauten und Vorratsinvestitionen). Schematisch ergibt sich für die Determinanten des Wachstums die in Abbildung E.2 dargestellte Übersicht.

Einen abschließenden kurzen Überblick über die alternativen Maßgrößen für das Wirtschaftswachstum vermittelt Abbildung E.3.

## 2. Methoden zur Schätzung des Produktionspotenzials

Die direkte Ermittlung der volkswirtschaftlichen Produktionskapazität ist nicht möglich. Das Produktionspotenzial lässt sich insbesondere nicht als Summe der einzelwirtschaftlichen Kapazitäten ermitteln – hierzu müssten ja die Kapazitäten eines Automobilwerkes, einer Computerfabrik, eines Stahlwerkes, die Produk-

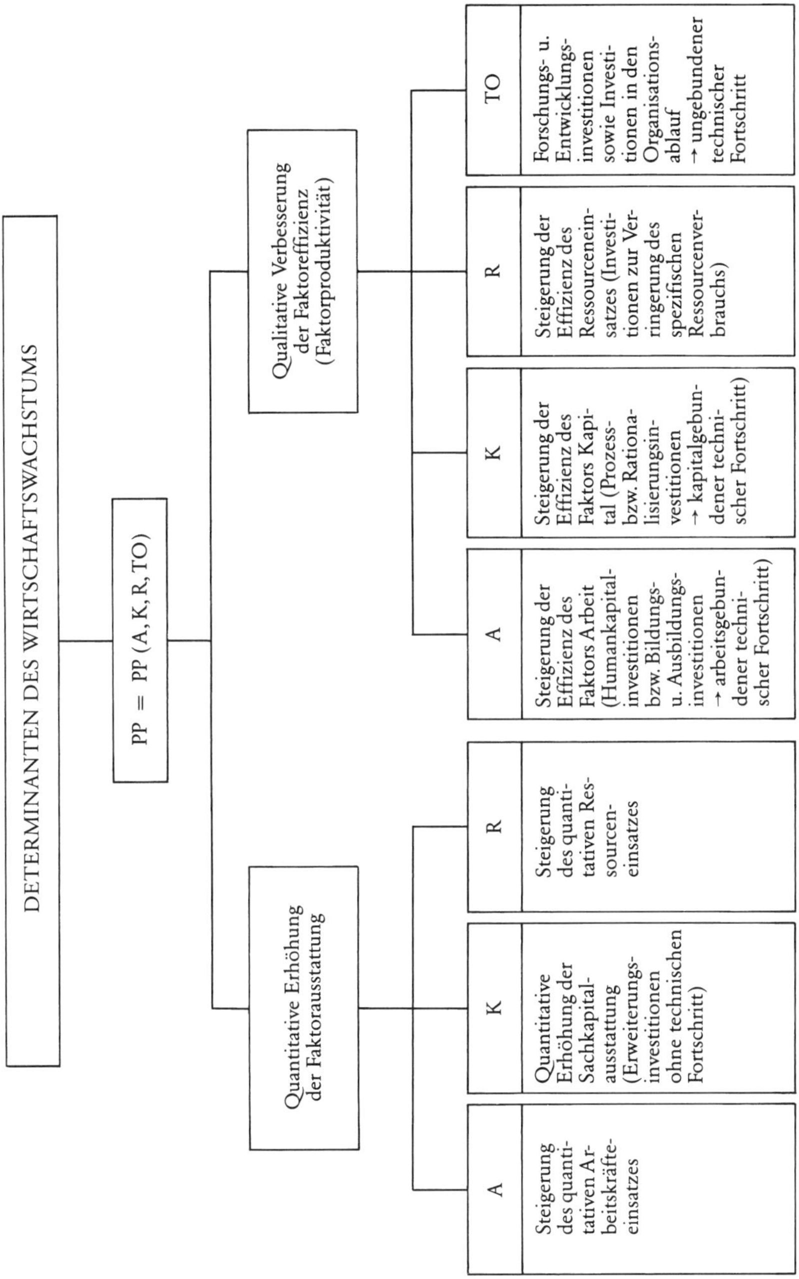


*Abb. E.2: Determinanten des Wirtschaftswachstums*

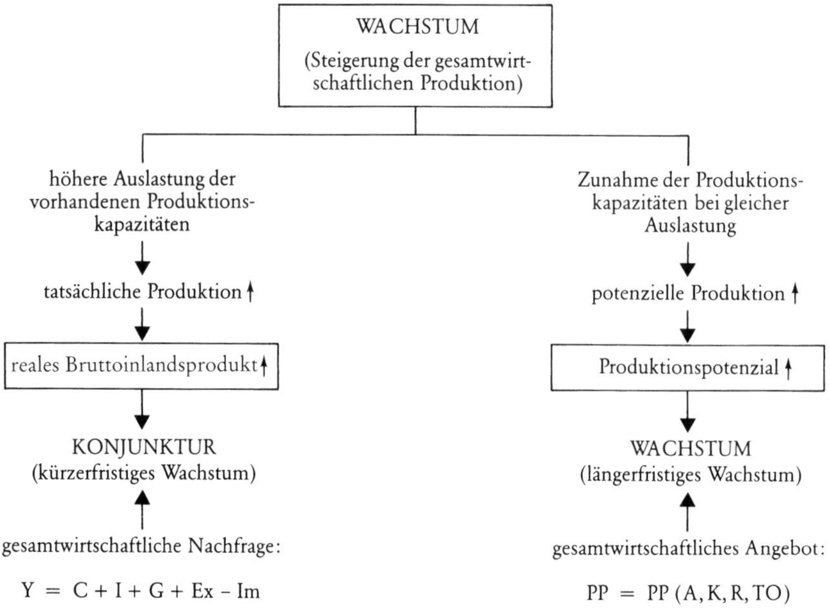


*Abb. E.3: Operationalisierung des Wachstumsziels*

tionskapazität eines Software-Dienstleistungsunternehmens, der Landwirtschaft usw. addiert werden können. Zudem ist auch die einzelbetriebliche Kapazität nicht exakt definiert. Auch Betriebe arbeiten mit dem Begriff der „betriebsüblichen Normalkapazität". Das ist jenes „maximale" Produktionsvolumen, das bei betriebsüblichen Arbeitszeiten erzeugt werden könnte. Die technische Maximalkapazität bei einer 24-stündigen Betriebsnutzungszeit liegt regelmäßig wesentlich höher.

Schätzungen des Produktionspotenzials werden u. a. vom Sachverständigenrat und von der Deutschen Bundesbank vorgenommen. Beiden dient das Potenzialwachstum als wichtige Bezugsgröße für die Wirtschaftspolitik. Sowohl der Sachverständigenrat als auch die Bundesbank verwenden zur Schätzung der volkswirtschaftlichen Produktionskapazität eine makroökonomische Produktionsfunktion.

### *a. Potenzialschätzung der Deutschen Bundesbank*

Die Deutsche Bundesbank arbeitet mit einer vollständigen (totalen) Produktionsfunktion. In ihr sind die Produktionsfaktoren Arbeit und Sachkapital (stellvertretend für natürliche Ressourcen) sowie der technische und organisatorische Fortschritt enthalten [PP = PP (A, K, TO)]. Es wird dabei von einer begrenzten Substituierbarkeit (Austauschbarkeit) der Produktionsfaktoren ausgegangen (formal arbeitet die Bundesbank daher mit einer CES-Produktionsfunktion). Auf dieser Grundlage ermittelt die Bundesbank dasjenige Produktionsvolumen, das bei „normaler" Auslastung der Produktionsfaktoren erzeugt werden könnte. Diesen Normalauslastungsgrad setzt sie gleich 100 Prozent. Daraus folgt, dass der Auslastungsgrad in der Hochkonjunktur über 100 Prozent liegt, während in der Rezession Werte von weniger als 100 Prozent zu verzeichnen sind. Das so ermittelte Wachstum des Produktionspotenzials ist der zentrale Bezugspol für die Berechnung des Geldmengenziels der Bundesbank.

### *b. Potenzialschätzung des Sachverständigenrates*

Der Sachverständigenrat zur Begutachtung der gesamtwirtschaftlichen Entwicklung schätzt die volkswirtschaftliche Produktionskapazität ausgehend von einer reduzierten (partiellen) makroökonomischen Produktionsfunktion. Als kapazitätsbeschränkenden Faktor berücksichtigt der Rat ausschließlich den Faktor Sachkapital [PP = PP (K)]. Durch Multiplikation der Sachkapitalausstattung des jeweiligen Jahres mit dem Trendwert der maximalen Kapitalproduktivität erhält man eine Schätzgröße für die gesamtwirtschaftliche Kapazität.

Das Konzept des Sachverständigenrates hat den Vorteil, dass aus einer Veränderung der Investitionstätigkeit (im Sinne der VGR) unmittelbar die entsprechende Veränderung des Kapazitätswachstums abgeleitet werden kann. Es hat allerdings den Nachteil, dass die Übrigen Produktionsfaktoren nicht als mögliche Engpassfaktoren in die Schätzung eingehen. Der Rat unterstellt also mit anderen Worten, dass die erforderlichen (qualifizierten) Arbeitskräfte, die erforderlichen Ressourcen usw. unbegrenzt zur Verfügung stehen, um den Sachkapitalstock auch auszulasten.

Bei der Berechnung der volkswirtschaftliche Produktionskapazität orientiert sich der Sachverständigenrat im Übrigen an der maximal beobachteten Auslastung des Hochkonjunkturjahres nach dem Vereinigungsboom 1991. Die Potenzialwerte des Sachverständigenrates beantworten also die Frage, wie hoch im betreffenden Berichtsjahr die Kapazität wäre, wenn die gleiche Auslastung wie im Hochkonjunkturjahr 1991 herrschen würde. Diese „Maximalkapazität" stellt zugleich den jeweiligen 100-Prozent-Wert dar. Der tatsächliche Auslastungsgrad liegt dann, je nach konjunktureller Situation, unter 100 Prozent bzw. bei maximal 100 Prozent. Eine Normalauslastung des Produktionspotenzials herrscht gemäß Sachverständigenrat bei 96,75 Prozent. Das entspricht zugleich dem langfristigen Durchschnitt in der Bundesrepublik Deutschland (West). Bisher wurde darauf verzichtet, den Versuch zu unternehmen, für Ostdeutschland das Produktionspotenzial zu quantifizieren. Das gesamtwirtschaftliche Produktionspotenzial von Gesamtdeutschland wird dadurch berechnet, dass zum Potenzialwert für Westdeutschland das tatsächlich erzeugte BIP für Ostdeutschland addiert wird.

Einen Eindruck von der Entwicklung des Produktionspotenzials, der tatsächlichen Produktion (gemessen am realen Bruttoinlandsprodukt, BIP) und dem Auslastungsgrad des Produktionspotenzials vermittelt Abb. E.4.

Die Abbildung lässt erkennen, dass das tatsächlich erzeugte BIP in der Bundesrepublik (alte Bundesländer) im Darstellungszeitraum kräftig gewachsen ist. Das Produktionspotenzial gab hierbei den jeweiligen maximalen Wachstumsspielraum vor. Ausgehend von einer Situation der Vollauslastung der Kapazitäten (dies war 1979 und 1991 der Fall) konnte das BIP höchstens noch so stark wie das Produktionspotenzial wachsen. Dagegen konnte in einer Situation der Unterauslastung

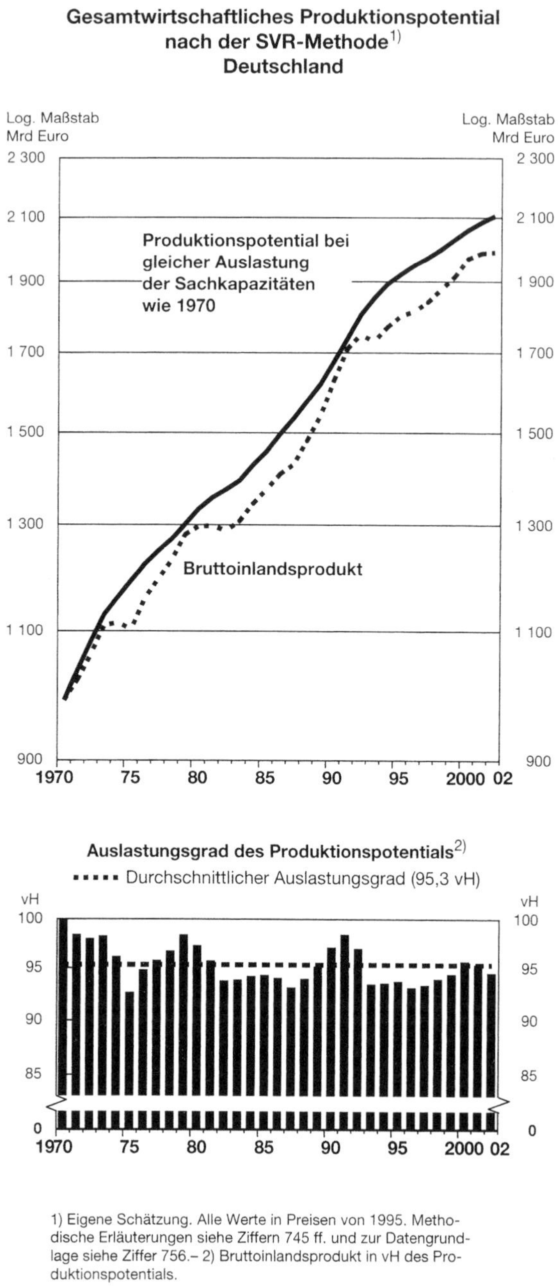


Quelle: Jahresgutachten 2003/04 des Sachverständigenrates zur Begutachtung der gesamtwirtschaftlichen Entwicklung, S. 418.

*Abb. E.4: Produktionspotenzial, Bruttoinlandsprodukt und Auslastungsgrad*

(z. B. 1975 oder 1982/83) infolge eines „Hineinwachsens“ in die vorhandenen Kapazitäten die BIP-Wachstumsrate wesentlich höher sein als die Zuwachsrate des Produktionspotenzials. Die Darstellung zeigt auch, dass sich das Potenzialwachstum in der Periode 1980 bis 1985 deutlich verlangsamt hat. Dies waren die Auswirkungen einer nachlassenden Investitionstätigkeit gegen Ende der siebziger und zu Beginn der achtziger Jahre. Seit Mitte der achtziger Jahre hat sich dann das Wachstum des Produktionspotenzials infolge deutlich verbesserter Rahmenbedingungen für die Investitionstätigkeit wieder kräftig beschleunigt und stieg bis 1992 bis auf 4 % an; in der Folgezeit ging das Potenzialwachstum jedoch auf Werte von ca. 2 % zurück.

Im Trend stimmen die Wachstumsraten der potenziellen und der tatsächlichen Produktion überein. Auf Dauer ist es nämlich kaum denkbar, dass die Unternehmen trotz zunehmender Unterauslastung ihrer Kapazitäten weiter investieren und so ihre Kapazitäten erweitern. Sinkt der Auslastungsgrad längerfristig, so stagniert die Investitionstätigkeit. Die Folge ist eine Abflachung oder gar das Erliegen des Wachstums des Produktionspotenzials. Aufgabe der Wachstumspolitik ist es, die Angebotsbedingungen für die Investitionstätigkeit (i. w. s.) so zu gestalten, dass ein „angemessenes“ Wirtschaftswachstum, d. h. Potenzialwachstum, erreicht werden kann.

### 3. Aussagefähigkeit der Wachstumsindikatoren

Die Aussagefähigkeit des **realen Bruttoinlandsprodukts** als Wohlfahrtsindikator wurde in der Vergangenheit zunehmend in Frage gestellt. In der Tat existiert eine ganze Reihe von Argumenten, die gegen die Verwendung des Inlandsprodukts als Wohlfahrtsindikator sprechen. Im Folgenden soll auf einige Argumente näher eingegangen werden.

Es ist eine verbreitete Praxis, die Wohlstandssteigerung eines Landes am **prozentualen Zuwachs** des realen Inlandsprodukts abzulesen. Hierbei sollte man sich jedoch der Tatsache bewusst sein, dass es sich bei **Wachstumsraten** stets um Relativzahlen handelt. Ein bestimmter prozentualer Zuwachs gewinnt erst dann an Aussagekraft, wenn man die Prozentzahl in Verbindung mit dem Ausgangsniveau sieht. So kann ein Entwicklungsland eine zweistellige Wachstumsrate aufweisen, obwohl die Menschen dort wegen des sehr niedrigen Ausgangsniveaus weiterhin mit einer äußerst schlechten Güterversorgung leben müssen. Umgekehrt suggerieren etwa geringe Wachstumsraten in Industrieländern eine wirtschaftliche „Katastrophe“, obwohl das Versorgungsniveau bereits sehr hoch ist und sogar noch weiter wächst. Die Vorstellung, eine Gesellschaft könne auf Dauer mit einer konstant hohen Wachstumsrate wachsen, ist zumindest für hoch entwickelte Volkswirtschaften schlicht unrealistisch. Eine konstante Wachstumsrate würde ja bedeuten, dass eine Volkswirtschaft exponentiell wächst. Je reicher die Menschen werden, umso größer würde auch der absolute Wohlstandszuwachs. Bereits von daher ist es wenig erstaunlich, dass sich die Zuwachsraten des Inlandsprodukts in Westdeutschland im Trend immer weiter abgeflacht haben.

Für die Aussagefähigkeit des Inlandsprodukts bzw. dessen Entwicklung spielt des Weiteren die Entwicklung der **Bevölkerung** eine entscheidende Rolle. Wächst das reale Inlandsprodukt genauso schnell, wie die Bevölkerung zunimmt, so liegt quasi ein stationärer Zustand vor. Das Pro-Kopf-Realeinkommen der Bevölkerung steigt erst dann, wenn die Zuwachsrate des realen Inlandsprodukts über dem Bevölkerungswachstum liegt. Aussagekräftiger als das Inlandsprodukt ist daher das Pro-Kopf-Inlandsprodukt. Speziell in Entwicklungsländern ist zu beobachten, dass das Inlandsprodukt zwar wächst, infolge eines noch schnelleren Wachstums der Bevölkerung ist jedoch pro Kopf ein Verarmungsprozess zu konstatieren.

Inlandsprodukt oder Pro-Kopf-Inlandsprodukt sagen zudem nichts über die **Verteilung** des Volkseinkommens auf die Bevölkerung aus. So kann es sein, dass in einem Staat das rechnerische Pro-Kopf-Einkommen einen sehr hohen Wert aufweist, obwohl gleichzeitig große Teile der Bevölkerung in Armut leben. Erforderlich sind daher zusätzliche Informationen über die Verteilung des Volkseinkommens in einer Gesellschaft.

Ein weiteres Problem stellt die **Zusammensetzung** des Inlandsprodukts dar. Als Aggregat liefert es keinerlei Informationen über seine Struktur. Für den Wohlstandseffekt ist es aber sehr wohl von Bedeutung, ob große Anteile beispielsweise auf den Konsum- oder den Rüstungsgüterbereich entfallen. Ressourcen können dazu eingesetzt werden, den materiellen Wohlstand in einer Gesellschaft zu erhöhen; sie können aber auch dazu dienen, die Machtposition nach innen und außen zu stärken.

Die Bewertung des Inlandsprodukts erfolgt zu **Marktpreisen**. Über Preise werden die Güter „gleichnamig“ gemacht. Die Bewertung ist also Voraussetzung dafür, dass Güter „addiert“ werden können. Die Bewertung ist jedoch zugleich eine gesellschaftliche Gewichtung. Das ist dann zulässig, wenn die Marktpreise die Präferenzen der Bevölkerung widerspiegeln. Im idealtypischen Modell einer Marktwirtschaft mit vollständiger Konkurrenz ist das der Fall. In der Realität entfernen sich jedoch die Marktpreise mehr oder weniger von den subjektiven Wertschätzungen der Bevölkerung für die betreffenden Güter. Als aggregierter Wohlfahrtsindikator verliert damit das Inlandsprodukt an Aussagekraft. Problematisch ist zudem die Bewertung der vom Staat erbrachten Dienstleistungen; sie erfolgt nach dem Kostenwertprinzip. Preise für private Güter enthalten dagegen auch einen Gewinnanteil. Staatliche Leistungen werden folglich im Inlandsproduktskonzept systematisch geringer bewertet als private Güter.

Bestimmte wirtschaftliche Leistungen sind im Inlandsprodukt nur teilweise oder aber überhaupt nicht erfasst, da deren Handel nicht auf „offiziellen“ Märkten erfolgt. Dies ist der Bereich der **„Schattenwirtschaft“**. Sie umfasst zum einen „legale“ Produktionsleistungen, vor allem der privaten Haushalte (wie Hausfrauenarbeit oder Do-it-yourself-Tätigkeiten), die keinerlei Eingang in die amtliche Statistik findet. Zum andern ist hierin aber auch der illegale Bereich enthalten (z. B. Schwarzarbeit, Drogenhandel). Diese Schattenproduktion ist nur zu einem Teil durch Schätzungen des Statistischen Bundesamtes in den offiziellen Zahlen enthalten. Wenn man den gesamten in einer Gesellschaft erzeugten Output erfassen will, müssten sämtliche illegale Tätigkeiten erfasst werden; sie dürften gemäß wissenschaftlicher Untersuchungen für Deutschland bei ca. 16 % des legalen BIP liegen.

Des Weiteren werden im Inlandsprodukt die **Umweltschäden** nicht oder fehlerhaft erfasst. Obwohl Raubbau an Umwelt und Ressourcen erfolgt, werden keine Abschreibungen auf das Gut „Umwelt" vorgenommen. Sie würden das Nettoinlandsprodukt verringern. Umweltschutzausgaben (z. B. Kosten eines Klärwerkes) gehen dagegen positiv in das Inlandsprodukt ein. Es wird damit ein „Wachstum" ausgewiesen, obwohl diese Ausgaben möglicherweise noch nicht einmal ausreichen, die Verschlechterungen der Umweltqualität auszugleichen. Es ist inzwischen unumstritten, das zumindest unter Umweltgesichtspunkten der Inlandsproduktindikator zur reformieren oder möglicherweise ganz durch eine **„ökonomische und ökologische Gesamtrechnung"** zu ersetzen ist.

Angesichts der Schwachstellen des Inlandsprodukts als Wohlfahrtsindikator sind verschiedene Versuche unternommen worden, einen „neuen", korrigierten Inlandsproduktindikator zu berechnen. So haben beispielsweise die Nobelpreisträger Samuelson und Solow die Berechnung eines „NEW" (Net Economic Welfare) vorgeschlagen. Aus Wohlfahrtssicht positive Faktoren (wie Hausfrauenarbeit, Freizeit u. a. m.) sind dem Inlandsprodukt hinzuzurechnen; dagegen sind negative Faktoren (wie Umweltschädigungen, Ausgaben für Verteidigung etc.) abzuziehen. Berechnungen für Japan haben ergeben, dass das NEW infolge der Umweltverschmutzung wesentlich langsamer wächst als das traditionelle Inlandsprodukt. Allerdings bleiben solche eindimensionalen Maße fragwürdig; schließlich müsste hierzu ja beispielsweise das Waldsterben in Mark und Pfennig bewertet werden.

Wohlfahrt ist ein vielschichtiger Begriff. Sie kann nicht mittels eines einzigen Indikators hinreichend erfasst werden. Es sind daher immer wieder Versuche unternommen worden, ein System von **Sozialen Indikatoren** zu entwickeln. Hiermit soll die Wohlfahrtsentwicklung in einem Land und im internationalen Vergleich dargestellt werden. Im Sozialen Indikatorensystem der OECD wird versucht, verschiedene Lebensbereiche (Gesundheit, Bildungssystem, Qualität des Arbeitslebens, materielle Güterversorgung, Zeiteinteilung und Freizeit, natürliche Umwelt, persönliche Sicherheit und Rechtspflege, Mitbestimmung u. a. m.) mittels zahlreicher Einzelindikatoren zu erfassen (z. B. Ärzte je 100 Einwohner, Schüler-Lehrer-Relation, Wohnraum je Einwohner, Inlandsprodukt je Einwohner). Diese sollen Aufschluss über die Veränderung der Wohlfahrt in einer Gesellschaft geben. Schwierig ist hier jedoch nicht nur die Wahl der Indikatoren; es ist vielmehr auch faktisch unmöglich, dieses System von Einzelindikatoren zu einer Gesamtaussage in Form eines Gesamtindikators zu bündeln – hierzu müssten ja die Einzelfaktoren wiederum gewichtet und auf einen Nenner gebracht werden.

Auch das **Statistische Bundesamt** in Wiesbaden arbeitet gegenwärtig an einer Umweltökonomischen Gesamtrechnung. Sie enthält neben einem umweltökonomischen Berichtsystem die Bewertung relevanter ökologischer Aspekte wie Umweltbelastung oder Ressourcenverzehr. Ziel ist es, eine laufende Umweltberichterstattung zu erhalten. Die Berechnung eines **„Öko-Inlandsprodukts"** ist allerdings wegen der damit verbundenen methodischen Probleme nicht geplant. Es handelt sich vielmehr um ein **„Satellitensystem"** zur Volkswirtschaftlichen Gesamtrechnung. Auf den traditionellen Inlandsproduktindikator kann vorerst – schon aus Gründen des internationalen Vergleichs – nicht verzichtet werden.

## III. Klassifikation der Ursachen von Stagnation

Unter Stagnation versteht man allgemein einen **Stillstand** in der Entwicklung einer Größe. Wirtschaftliche Stagnation bedeutet eine länger anhaltende Wachstumsstockung. Ein kurzfristiger Einbruch beim Wirtschaftswachstum wird dagegen als Rezession bezeichnet. In der wirtschaftspolitischen Diskussion spricht man allerdings häufig auch dann von Stagnation, wenn sich die Zuwachsraten im Trend immer mehr verlangsamen und schließlich gegen null konvergieren.

In diesem Sinne wurde in der Bundesrepublik vor allem seit Mitte der siebziger bis Anfang der achtziger Jahre ein Stagnationsprozess diagnostiziert. Die trendmäßige Verringerung der Wachstumsraten des realen Inlandsprodukts ging gleichzeitig mit einem starken Anstieg der Arbeitslosigkeit einher. Das Wachstum des Inlandsprodukts war offensichtlich nicht mehr ausreichend, um alle Arbeitswilligen zu beschäftigen. Es wurde jedoch schon an anderer Stelle darauf hingewiesen, dass die trendmäßige Verringerung von Wachstumsraten ein nahezu „natürlicher" Vorgang ist. „Unnatürlich" wäre es, wenn auf Dauer konstante Raten zu verzeichnen wären; das hiermit zwangsläufig verbundene **exponentielle Wachstum** war auch in der Bundesrepublik Deutschland nicht zu beobachten. Im Trend haben sich die Wachstumsraten des realen Inlandsprodukts gegenüber den fünfziger und sechziger Jahren deutlich verringert.

Unabhängig von dieser statistischen Begründung eines Prozesses der Wachstumsverlangsamung wird immer wieder nach den Ursachen von Stagnation gefragt. Eine bekannte Stagnationshypothese geht auf den englischen Klassiker Thomas Robert **Malthus** (1766 bis 1834) zurück. In seinem berühmten **Bevölkerungsgesetz** geht er von einer lediglich linearen Steigerung der (Nahrungsmittel-)Produktion aus, während das Wachstum der Bevölkerung exponentiell erfolgt. Infolge des relativ zum Bevölkerungswachstum „zu geringen" Wachstum des Inlandsprodukts sinkt das Pro-Kopf-Einkommen und es kommt zu Hungersnöten und Krankheiten. Auf Dauer kann – so die These – infolge der relativen Stagnation des Inlandsprodukts nur eine begrenzte Bevölkerungszahl ernährt werden.

Auch der **Club of Rome** ist der Tradition des Malthusianismus verbunden. In der Meadows-Studie aus dem Jahr 1972 (erster Bericht des Club of Rome) werden die **„Grenzen des Wachstums"** zwar nicht mehr (nur) auf die begrenzte Nahrungsmittelproduktion zurückgeführt, sondern auf Ressourcengrenzen. Die Endlichkeit der natürlichen Ressourcenvorräte auf der Erde führe dazu, dass die wirtschaftliche Entwicklung an ihre Grenzen stoße und das System letztlich kollabiere. In einer neueren jüngsten Club-of-Rome-Studie (1992) wird verstärkt die Umwelt als wachstumsbeschränkender Faktor herausgestellt. Nach wie vor erscheint dem Club of Rome der Kollaps unausweichlich, wenn nicht ein grundlegendes Umsteuern in der Wirtschafts-, Umwelt- und Gesellschaftspolitik erfolgt.

In enger ausgerichteten ökonomischen Analysen von länger anhaltenden Wachstumsstockungen sind prinzipiell zwei Denkansätze zu unterscheiden:

- der nachfrageorientierte Ansatz sowie
- der angebotsorientierte Ansatz.

Die **nachfrageorientierte Stagnationserklärung** steht in der **Keynesianischen Tradition**. Ursächlich für die Wachstumsschwäche sind Sättigungstendenzen bei der Nachfrage nach Gütern. Der **angebotsorientierte Erklärungsansatz** steht dagegen in der klassischen Tradition. Nach Auffassung der Angebotstheoretiker sind vielschichtige Angebotshemmnisse für das Erlahmen der Investitions- und Wachstumsdynamik verantwortlich. Auf diese beiden Erklärungen der Stagnation (siehe Abbildung E.5) sowie den daraus resultierenden Bekämpfungsmöglichkeiten soll nunmehr näher eingegangen werden.

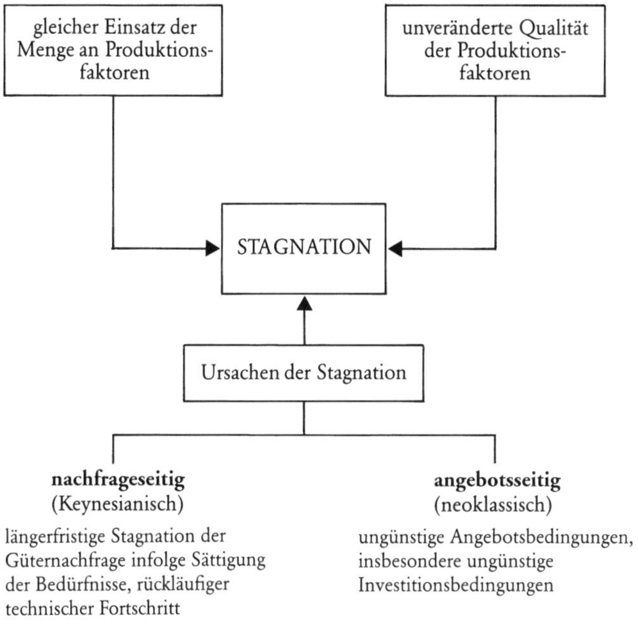


*Abb. E.5: Übersicht über die Ursachen von Stagnation*

# IV. Nachfrageseitige Stagnation

## 1. Ursachen der nachfrageseitigen Stagnation

Die Keynesianische Stagnationstheorie stimmt insoweit mit der traditionellen Keynesschen Theorie überein, als in beiden Ansätzen die Güternachfrage das Wirtschaftsgeschehen dominiert. Allerdings stellt die IS-LM-Diagrammatik in erster Linie auf die kurzfristigen Wirkungen von Nachfrageschwankungen ab. Der berühmte Ausspruch von J. M. Keynes: „on the long run we are all dead" unterstreicht dessen „short-run"-Sichtweise.

Demgegenüber tritt dieser Aspekt in der Keynesianischen Stagnationstheorie, die auf A. H. Hansen zurückgeht, in den Hintergrund. Dieser Ansatz ist **langfristig** ausgerichtet. Zentraler Ausgangspunkt ist wiederum die Güternachfrage, allerdings vorrangig die private Nachfrage nach **Konsumgütern**. Nach dieser Theorie kommt es langfristig zu Sättigungstendenzen. Dahinter steht die Vorstellung **endlicher Bedürfnisse**. Diesen Standpunkt vertrat im Übrigen bereits Keynes in Gestalt seines „psycholgischen Gesetzes"; danach nimmt die Sparneigung mit steigendem Einkommen zu, d. h. die Konsumneigung sinkt. Die für reife Volkswirtschaften unterstellte Sättigung der Konsumgütermärkte ist jedoch nicht nur das Resultat von sich ändernden Konsum- oder Spargewohnheiten. Vielmehr spielt auch die **Bevölkerungsentwicklung** eine unterstützende Rolle. Stagnationstheoretiker behaupten ein auf längere Sicht eintretendes Ende des Bevölkerungswachstums. Dadurch seien der Konsumgüternachfrage ebenfalls Grenzen gesetzt.

Einen weiteren Grund für die langfristige Stagnation der Produktion erblicken Keynesianer im **rückläufigen technischen Fortschritt**. Nach ihrer Auffassung ist in reifen Volkswirtschaften mit einem allmählichen Ende bahnbrechender technischer Neuerungen zu rechnen. Daher versiegen auf längere Sicht die Impulse für das wirtschaftliche Wachstum, d. h. es kommt zu einer technologisch verursachten Stagnation. Keynesianer sind also **Sättigungs**- und **Fortschrittspessimisten**. Angesichts der Nachfragesättigungen und der erlahmenden technologischen Innovationen stagniert die Investitionstätigkeit, was ihrerseits negative Multiplikator- und Akzeleratorprozesse in Gang setzt. Dies forciert den Wachstumsverfall zusätzlich.

Der Keynesianische Sättigungspessimismus ist jedoch heftig umstritten. Interpretiert man das Inlandsprodukt, wie in der Theorie vielfach üblich, als eine Ein-Gut-Volkswirtschaft, so ist Nachfragesättigung sehr wahrscheinlich. Es ist nur zu verständlich, dass mit steigendem Einkommen die Nachfrage nach diesem einen Gut relativ sinkt, dass also das psychologische Gesetz von Keynes Gültigkeit bekommt. Volkswirtschaften sind jedoch in der Realität keine Ein-Gut-Wirtschaften. Der wirtschaftliche Entwicklungsprozess ist dadurch gekennzeichnet, dass zwar alte Märkte stagnieren; gleichzeitig expandieren aber neue Märkte. Es findet mithin eine permanente Verlagerung der Nachfrage statt. Sind alte Bedürfnisse gedeckt, so entstehen neue Wünsche, die der Befriedigung harren. Dieser permanente strukturelle Wandel wird in der Keynesianischen Theorie völlig vernachlässigt. Die wirtschaftliche Entwicklung wird in der Wirklichkeit nicht von den **„Keynesianischen Unternehmern"** vorangetrieben, die nur das produzieren, was schon immer produziert worden ist. Vielmehr treten immer wieder **Pionierunternehmer** auf, die neue Märkte erschließen und latent vorhandene Bedürfnisse wecken und befriedigen.

Sättigung kann zudem nicht – wie vielfach fälschlicherweise vermutet – aus der Entwicklung der Sparneigung geschlossen werden. Sättigung ist vielmehr, sofern sie überhaupt zu beobachten ist, ein Phänomen des Wertewandels. Materielle Sättigung liegt vor, wenn Menschen danach streben, anstelle der materiellen Bedürfnisbefriedigung in zunehmendem Maße immaterielle Bedürfnisse zu befriedigen. Ein solcher Wertewandel könnte sich dahingehend äußern, dass anstatt prinzipiell erzielbarem Realeinkommen mehr Freizeit nachgefragt wird.

Die in der Bundesrepublik heftig geführte Diskussion um die Frage von **Arbeitszeitverkürzungen** ist letztlich eine Auseinandersetzung zur Frage der dominierenden Werte in einer Gesellschaft. Arbeitszeitverkürzung bedeutet (unter sonst gleichen Umständen) immer auch Verzicht auf ansonsten erzielbare Realeinkommensteigerungen und damit Verzicht auf die Befriedigung materieller Bedürfnisse zugunsten des immateriellen Bedürfnisses „Muse". Für eine Arbeitszeitverkürzung dürfte zweifellos die große Mehrzahl der Arbeitnehmer sein. Wird jedoch danach gefragt, ob sie gleichzeitig bereit sind, auf im Prinzip realisierbare Einkommenssteigerungen zu verzichten, so fallen die Antworten keineswegs mehr so eindeutig aus. Offensichtlich gibt es immer noch genügend materielle Bedürfnisse, die befriedigt werden wollen. Nach wie vor ist umstritten, ob wir in der Bundesrepublik Deutschland bereits in eine gesellschaftliche Entwicklung eingeschwenkt sind, bei der immaterielle Wohlfahrt letztlich mehr zählt als materieller Wohlstand.

Im Übrigen ist auch ein Anstieg der Sparquote kein Indiz für Sättigung. Steigt die Sparquote, sinkt also der Anteil des Konsums am verfügbaren Einkommen, so stagniert die Konsumnachfrage. Die Stagnation der Konsumnachfrage führt ihrerseits zur Erlahmung der Investitionstätigkeit. Die Folgen sind ein geringeres wirtschaftliches Wachstum und damit geringere Einkommenssteigerungen. Von diesem geringerem Einkommen wird dann möglicherweise wiederum der gleiche, vielleicht sogar ein höherer Anteil für Konsumzwecke verausgabt, wie dies vor dem Anstieg der Sparquote der Fall war. Die Veränderung der Konsum- bzw. Sparquoten ist noch längst kein Indiz für Sättigung. Im Übrigen ist auch in der Bundesrepublik Deutschland kein permanenter Anstieg der Sparquote zu verzeichnen. Weltweit liegt ohnehin keine Sättigung der Bedürfnisse vor. Verwiesen sei in diesem Zusammenhang nur auf die unbefriedigten Bedürfnisse der Menschen in Entwicklungsländern.

Zudem wird im Keynesianischen Fortschrittspessimismus die Kraft des technischen Fortschritts unterschätzt. Zwar herrschte immer wieder in der Vergangenheit eine Art von „Untergangsstimmung", weil der Glaube an technische Neuerungen erschüttert schien. Doch gelang es bislang jedes Mal, durch bahnbrechende Erfindungen neue längerfristige Wachstumsschübe auszulösen. Die Studien von J. A. Schumpeter (1911) belegen dies eindrucksvoll. Für die fernere Zukunft werden insbesondere große Chancen in den Bereichen Mikroelektronik, Kommunikationstechnik, Energietechnik, Gentechnik sowie neue Werkstoffe gesehen.

## 2. Nachfrageorientierte Wachstumspolitik

Die Keynesianische Strategie zur Bekämpfung von Stagnationstendenzen liegt auf der Hand. Sie wurde bereits im Rahmen der Ausführungen zur wachstumsdefizitären Arbeitslosigkeit angesprochen. Da langfristig, so die Hypothese, die private Nachfrage zur Sättigung tendiert, ist es Aufgabe des **Staates**, seine Nachfrage permanent zu steigern. Nachfrageorientierte Wachstumspolitik ist somit in erster Linie expansive **Finanzpolitik**. Der Staat hat die Rolle zu übernehmen, **Träger des Wachstums** zu sein. Diese Vorstellung steht auf den ersten Blick in vollem Einklang mit der Keynesianischen Lehre.

Der entscheidende Unterschied ist allerdings, dass der traditionelle Keynesianismus lediglich ein Konzept zur Bekämpfung temporärer Nachfragestockungen entwickelt hat. Er empfiehlt daher eine Erhöhung der Staatsnachfrage ausschließlich in der Rezession. Die Übertragung dieses Stabilisierungskonzepts auf die lange Frist ist jedoch nicht unproblematisch. Sie führt letztlich zu der Konsequenz, dass die Staatsausgaben auf Dauer, und nicht nur in der Rezession, schneller wachsen, als die Gesamtwirtschaft wächst. Eine dauerhaft kompensatorische Ausgabenpolitik der öffentlichen Hand führt also zu einem ständigen **Anstieg der Staatsquote**, d. h. zu einem höheren Anteil des Staates am Inlandsprodukt.

Die nachfrageorientierte Wachstumspolitik setzt voraus, dass

- der Anstieg der Staatsquote gesellschaftspolitisch erwünscht ist, und
- die steigende Staatsnachfrage problemlos finanziert werden kann.

Welche Staatsausgaben überproportional gesteigert werden sollen, wird von den Vertretern einer nachfrageorientierten Wachstumspolitik (in Deutschland sind vor allem der Deutsche Gewerkschaftsbund [DGB] sowie das Deutsche Institut für Wirtschaftsforschung [DIW] in Berlin zu nennen) mit Verweis auf die noch unzureichende Ausstattung mit materieller und sozialer Infrastruktur näher konkretisiert. Als Schwerpunkte werden die Bereiche Wohnungs- und Städtebau, Verkehr, Umwelt, Bildung, Energie sowie Forschung und Entwicklung genannt. Sie sollen das quantitative mit dem **qualitativen Wachstum** verbinden.

Die kontinuierliche Erhöhung der Staatsquote setzt voraus, dass es bei öffentlichen Gütern (im Gegensatz zu privaten Gütern) keine Sättigung gibt. Die Umleitung von Produktionsfaktoren aus dem privaten in den staatlichen Bereich ist allokationspolitisch erwünscht. Bereits der amerikanische Ökonom J. K. Galbraith (1958) hat in diesem Zusammenhang von „privatem Reichtum“ und der „öffentlichen Armut“ gesprochen. Ob Sättigung bei privaten Gütern bereits gegeben ist und ob die Bedürfnisse nach öffentlichen Gütern noch ungesättigt sind, lässt sich wissenschaftlich nicht entscheiden. Die diesbezüglichen Wünsche der Gesellschaft sind subjektiver Natur; sie äußern sich letztlich auch im Verhalten der Bürger bei Wahlen.

Unabhängig von der Frage der gesellschaftspolitischen Angemessenheit einer Erhöhung der Staatquote stellt sich die Frage, wie der überproportionale Anstieg der Staatsausgaben **finanziert** werden soll. Für die Verfechter der nachfrageorientierten Wachstumspolitik ist dies im Grunde kein Problem. Infolge der Sättigung im privaten Sektor **steigt** dort die **Sparquote**. Dies eröffnet dem Staat die Möglichkeit, die Steuern zu erhöhen, und zwar ohne dass hierdurch private Nachfrage zusätzlich zurückgedrängt wird. An die Stelle des privaten Nachfrageausfalls tritt die staatliche Nachfrage. Der Staat lenkt praktisch die ausfallende Privatnachfrage in den öffentlichen Sektor um. Theoretisch bewirkt eine parallele Erhöhung der Steuerquote und der Ausgabenquote per Saldo sogar einen positiven Wachstumseffekt. Dies folgt aus dem sog. Havelmoo-Theorem: Da der (positive) Staatsausgabenmultiplikator einen höheren Wert aufweist als der (negative) Steuermultiplikator, steigt per Saldo das Inlandsprodukt.

Von den nachfrageorientierten Wachstumstheoretikern wird allerdings immer wieder auch die Alternative der **Kreditfinanzierung** der zusätzlichen Staatsausgaben empfohlen, und zwar wohl deshalb, weil die Steuererhöhung möglicherweise doch zur einer unerwünschten Zurückdrängung privater Nachfrage führen kann und daher wachstumsschädlich ist. Oder aber schlicht deshalb, weil die Kreditfinanzierung politisch leichter durchsetzbar erscheint als die Steuerfinanzierung. Steigt die Sparquote, so erhöht sich die private Geldvermögensbildung. Diese Geldvermögensbildung steht dann dem Staat, so die Vorstellung, für staatliche Kredite zur Finanzierung der Ausgaben zur Verfügung. Die zusätzliche staatliche Kreditaufnahme führe daher zu keinen Zinssteigerungen und dränge damit keine private Nachfrage zurück. Es erfolgt also mit anderen Worten kein zinsbedingter crowding-out-Effekt.

Vielfach wird jedoch auch für **Direktkredite bei der Zentralbank** plädiert. Damit möchte man den komplizierten – und wegen der latenten Zinssteigerungsgefahr risikoreichen – Weg der Defizitfinanzierung über Anleihen im privaten Sektor oder der Aufnahme von Krediten bei Geschäftsbanken vermeiden. Diese Zentralbankkredite sollten, so die Vorstellung, zins- und tilgungsfrei sein. Faktisch würde dies bedeuten, dass das neu geschaffene Zentralbankgeld nur noch über den Staat in die Wirtschaft eingeschleust wird. Im Falle einer zu starken Ausweitung der Geldmenge wäre Inflation die Folge dieses Finanzierungsweges. Ob dieser Vorstellung einer durch den Staat erzwungenen Zentralbankgeldschöpfung entsprochen wird, hängt wesentlich von den institutionellen Gegebenheiten in einer Volkswirtschaft ab. In den gesetzlichen Regelungen des mit einem hohen Grad an Autonomie ausgestatteten Europäischen Systems der Zentralbanken ist keine Möglichkeit vorgesehen, den Regierungen Zentralbankkredite zu gewähren. Diese Praxis war schon zu Zeiten der national betriebenen Geldpolitik in der Bundesrepublik Deutschland zu verzeichnen; das Bundesbankgesetz sah keine Möglichkeiten zur langfristigen Kreditfinanzierung der Staatsausgaben durch die Deutsche Bundesbank vor.

Im Übrigen verweisen die Anhänger der nachfrageorientierten Wachstumspolitik auf die Kräfte einer **Selbstfinanzierung** zusätzlicher staatlicher Ausgaben. Die theoretische Erklärung hierfür liefert der Staatsausgabenmultiplikator. Die Kreislaufwirkungen öffentlicher Investitionen werden als stark genug angesehen, um das Wachstum der Wirtschaft per Saldo anzukurbeln und damit höhere Steuereinnahmen fließen zu lassen. Zudem sinken auch bestimmte Staatsausgaben, etwa für Unterstützungszahlungen an Arbeitslose. Dadurch erfolgt auf längere Sicht eine Selbstfinanzierung der zusätzlichen Ausgaben der öffentlichen Gebietskörperschaften.

Gegen die angeführte Argumentationsweise der Vertreter einer nachfrageorientierten Wachstumspolitik lassen sich jedoch verschiedene **Vorbehalte** anbringen. Zunächst ist es mehr als fraglich, ob die zur Finanzierung der höheren Staatsausgaben ins Auge gefasste Erhöhung der Steuerquote tatsächlich keine negativen Rückwirkungen auf die private Nachfrage hat. Sofern die dadurch in Gang gesetzte Zurückdrängung der Privatnachfrage lediglich durch entsprechende Staatsausgaben kompensiert wird, käme es kaum zu positiven Wachstumseffekten. Jedoch bestehen erhebliche Wachstums- und Beschäftigungsrisiken, sofern die Steuererhöhungen auf den Unternehmensbereich ausgerichtet sind; in diesem Falle ist mit rückläufigen privaten Investitionen und damit auf Dauer mit weniger Wachstum zu rechnen.

Skepsis ist auch gegenüber dem Multiplikatoroptimismus angebracht. Empirische Untersuchungen, etwa der Deutschen Bundesbank oder von wirtschaftswissenschaftlichen Forschungsinstituten, widerlegen die Annahme, zusätzliche staatliche Investitionen finanzierten sich quasi von selbst. Danach lassen die optimistischen Berechnungen vor allem die Folgelasten öffentlicher Investitionen außer Acht. Beispielsweise folgen dem Bau eines Hallenbades die Aufwendungen für dessen Unterhalt. Dieser Staatskonsum dürfte bei jährlich rund 20–30 Prozent der ursprünglichen Investitionssumme liegen, sie übersteigen also schnell das ursprüngliche Investitionsvolumen. Dem könnte man entgegenhalten, dass die dabei eingesetzten Bediensteten ein Einkommen beziehen, das seinerseits nachfragewirksam wird. Gleichwohl sind die Investitionen einschließlich der Folgekosten nur dann vertretbar, wenn tatsächlich ein zusätzlicher Bedarf an öffentlichen Leistungen besteht. Diese These ist jedoch umstritten. Zudem hält die Bundesbank dem Multiplikatoroptimismus der Nachfragetheoretiker einen Multiplikatorpessimismus entgegen. Von einer (kreditfinanzierten) Erhöhung der Staatsausgaben gehen allenfalls kurzfristig positive Effekte auf Wachstum, Beschäftigung und Steueraufkommen aus. Auf Dauer schlagen die negativen Effekte der Staatsverschuldung durch. Längerfristig ist also – so die Bundesbank – der Staatsausgabenmultiplikator sogar negativ: Wachstum, Beschäftigung und Steueraufkommen sinken.

Wie schon erwähnt, ist die Annahme einer langfristig ansteigenden Sparquote weder theoretisch noch empirisch abgesichert. Entsprechendes gilt auch für die Sättigungsthese, d. h. der Vermutung der privaten Nachfragesättigung und den damit verbundenen Wertewandel in einer Gesellschaft. Aber selbst wenn die Sparquote längerfristig zunimmt, so kann dies auch Ausdruck einer verstärkten Präferenz für private Zukunftsgüter sein. Ein Indiz für den Wunsch nach mehr öffentlichen Gütern ist die steigende Sparquote nicht.

Insgesamt ist der links-Keynesianische Ansatz einer nachfrageorientierten Wachstumspolitik mit Skepsis zu betrachten. Heftig umstritten ist das dahinterstehende ordnungspolitische Leitbild einer Volkswirtschaft, die durch „mehr Staat" gekennzeichnet ist. Umstritten sind aber auch die Wege der Finanzierung der zusätzlichen Staatsausgaben.

## V. Angebotsseitige Stagnation

### 1. Ursachen der angebotsseitigen Stagnation

Wie bereits erwähnt, lehnen klassisch orientierte Ökonomen die Vorstellung von endlichen Bedürfnissen ab. Zwar kann es auf einzelnen Märkten im Laufe der Zeit durchaus zu Nachfragestockungen kommen, sie sind allerdings nur temporärer Natur bzw. werden durch die Erschließung neuer Märkte ausgeglichen. Innovative Unternehmer entwickeln permanent verbesserte bzw. neue Produkte und Produktionsverfahren; sie erschließen damit neue Märkte. Die neuen Güter wecken neue Bedürfnisse und schaffen so ihre eigene Nachfrage. Von der Nachfrageseite her ist also aus angebotstheoretischer Sicht nicht mit Stagnationstendenzen zu rechnen.

Wenn dennoch anhaltende Wachstumsstockungen auftreten, so entspringen diese primär der **Angebotsseite** der Volkswirtschaft. Nach Überzeugung der Vertreter einer angebotsorientierten Wirtschaftspolitik wirkt eine Vielzahl von Faktoren negativ auf die Erstellung wirtschaftlicher Leistungen ein. Sie behindern vor allem die **Investitionen** der Unternehmen und damit die entscheidende Voraussetzung für wirtschaftliches Wachstum. Im Vordergrund der angebotsorientierten Argumentation stehen vor allem folgende Angebotshemmnisse:

- eine zu hohe Steuer- und Abgabenbelastung, die die Leistungsbereitschaft beeinträchtigt,
- zu hohe Zinsen, die bremsend auf die Investitionstätigkeit wirken,
- zu hohe Arbeitskosten, die die Stückkosten in die Höhe treiben und zur Beeinträchtigung der internationalen Wettbewerbsfähigkeit führen,
- zu weitgehende Sozialleistungen, die die Initiative und Eigenverantwortlichkeit der Wirtschaftssubjekte mindern,
- zu viele Marktschranken, die Pionierunternehmern den Zugang zu neuen Märkten verbauen,
- zu wenig qualifizierte Arbeitskräfte, die für Produktivitätssteigerungen und damit für internationale Wettbewerbsfähigkeit so wichtig sind,
- zu hohe Umweltkosten, die einen Nachteil für die heimische Wirtschaft im internationalen Wettbewerb bedeuten und
- generell zu wenig Wettbewerb, durch den die „Peitsche der Konkurrenz" erlahmt, und die Effizienz der Marktwirtschaft verringert wird.

Hinter diesen wachstumshemmenden Faktoren stehen offensichtlich äußerst heterogene Sachverhalte, die praktisch die gesamte Breite des Wirtschaftslebens umspannen. Gleichwohl können die genannten Argumente, die in der gegenwärtig intensiv geführten Diskussion um den „Standort Deutschland" immer wieder auftauchen, auf einen gemeinsamen Nenner gebracht werden: Letztlich werden nämlich **„schlechte" bzw. „falsche" Rahmenbedingungen** für die Fehlentwicklungen verantwortlich gemacht. Effizienzverluste und eine unzureichende Wachstumsdynamik sind Folge dieser angebotsseitigen Hemmnisse. Sie sind häufig Konsequenz einer „verfehlten" Wirtschaftspolitik. Die Aufgabe der Politik und der verantwortlichen Wirtschaftsakteure besteht darin, die Rahmenbedingungen so zu verändern, dass mehr Investitionen, mehr Wachstum und mehr Beschäftigung möglich werden.

Ursächlich für die schlechten bzw. falschen Rahmenbedingungen ist vor allem eine Wirtschaftspolitik, die sich nur an **kurzfristigen Notwendigkeiten** ausrichtet, dabei aber die längerfristige Entwicklung des Systems aus den Augen verliert. Kurzatmiges Handeln und hektische Kurswechsel beeinträchtigen die Entscheidungssicherheit für Investoren und Konsumenten. Die Folge ist eine Destabilisierung der Erwartungen und eine insgesamt instabilere wirtschaftliche Entwicklung. Ein ausuferndes soziales Sicherungssystem, Marktschranken und ein insgesamt erlahmender Wettbewerb führen zudem dazu, dass die Leistungs- und Flexibilitätsbereitschaft der Wirtschaftssubjekte erlahmt. Anspruchsverhalten ohne eigene Leistung sind an der Tagesordnung. Die Folge ist eine geringere wirtschaftliche Dynamik. Speziell für die siebziger Jahre wurde in Deutschland (und in Europa) ein Prozess der wirtschaftlichen und gesellschaftlichen **Sklerose** („Eurosklerose") als Ursache der erlahmenden Wachstumskräfte diagnostiziert. Inzwischen haben zahlreiche europäische Staaten die erforderlichen Reformprozesse eingeleitet bzw. auf den Weg gebracht; jedoch wird sowohl von nationalen als auch von internationalen Institutionen die mangelnde Reformfähigkeit Deutschlands kritisiert.

Im Folgenden sollen diese Angebotshemmnisse etwas genauer beleuchtet und die sich hieraus ergebenden Empfehlungen für die einzelnen Politikbereiche dargestellt werden. Vorab werden jedoch die zentralen Basishypothesen der Angebotspolitik kurz beleuchtet.

## 2. Basishypothesen der Angebotspolitik

Angebotsorientierte Wachstumspolitik zielt auf die „Revitalisierung der Marktkräfte“. Kurzfristige konjunkturpolitische Stop-and-go-Aktivitäten werden abgelehnt. Durch Verbesserung der Rahmenbedingungen sollen die „gefesselten Marktkräfte“ (Herbert Giersch) entfesselt und dadurch auf Dauer mehr Wachstum und mehr Beschäftigung möglich gemacht werden. Angebotspolitik ist in erster Linie Leistungs- und Flexibilitätsförderungspolitik. Die Konzeption basiert auf Folgenden theoretischen Grundlagen:

- der Stabilitätshypothese,
- dem Sayschen Theorem,
- der Schumpeter-Hypothese,
- dem Laffer-Theorem sowie
- der Konstanz der Wirtschaftspolitik.

Diese theoretischen Bausteine sollen im Folgenden genauer erläutert werden.

### *a. Die Stabilitätshypothese*

Aus angebotstheoretischer Sicht sind marktwirtschaftliche Systeme grundsätzlich stabil. Störungen (etwa durch eine Ölkrise) werden durch die Marktkräfte abgefedert und neutralisiert. Die Wirtschaft besitzt sozusagen von Natur aus ein sehr starkes Immunsystem. Krisen werden dadurch selbsttätig beseitigt. Vorraussetzung für diesen Mechanismus der Selbststabilisierung ist allerdings, dass der **Wettbewerb** funktioniert. Ist dies nicht der Fall, so kann der Marktmechanismus seine Stabilitätseigenschaften nicht mehr voll entfalten. Die in der Realität beobachtbaren Fehlentwicklungen sind vor allem Folge von Wettbewerbsbeschränkungen und Interventionen des Staates in das Marktsystem. Die Aufgabe muss darin bestehen, das Problem an der Wurzel zu packen und für einen funktionsfähigeren Wettbewerb zu sorgen. Angebotspolitik ist von daher vor allem Wettbewerbspolitik.

### *b. Das Saysche Theorem*

Gemäß des Sayschen Theorems „schafft sich jedes Angebot seine eigene Nachfrage“. Die Begründung für diesen Sachverhalt geht von der Tatsache aus, dass im Zuge der Produktion von Waren und Diensten, d. h. bei der Erstellung des Angebots, wertgleich Einkommen entstehen. Die Einkommen bilden ihrerseits die

Basis für kaufkräftige Nachfrage. Falls die Einkommensbezieher nicht sparen, besteht die Nachfrage ausschließlich aus der Konsumnachfrage. Sofern gespart wird, sorgt der Zinsmechanismus dafür, dass an die Stelle des Sparens (Nachfrageausfall) eine gleich hohe Nachfrage nach Investitionsgütern tritt. Wiederum stimmen Gesamtangebot und Gesamtnachfrage überein. Marktungleichgewichte sind zwar kurzzeitig möglich; hier sorgt jedoch der Preismechanismus sehr schnell für eine „Umleitung" der Produktion in die vom Markt gewünschte Richtung. Auf Dauer ist somit keine allgemeine Überproduktion möglich.

Nun könnte das Saysche Theorem außer Kraft gesetzt werden, falls auf den Gütermärkten auf breiter Front Sättigungstendenzen auftreten. Dem halten die Angebotstheoretiker jedoch die These der Unendlichkeit der Bedürfnisse entgegen. Nachfragesättigungen sind aus Sicht der Angebotstheorie also nicht das zentrale Problem der Wirtschaftspolitik.

### *c. Die Schumpeter-Hypothese*

J. A. Schumpeter (1883–1950) interpretiert die marktwirtschaftlich-kapitalistische Entwicklung als einen permanenten Prozess der „schöpferischen Zerstörung" (Theorie der wirtschaftlichen Entwicklung, 1911). Motor des Fortschritts sind die **dynamischen Pionierunternehmer.** Sie erkunden neue Märkte (Produktinnovationen), setzen neue oder verbesserte Verfahren durch (Prozessinnovationen) oder erschließen neue Rohstoffquellen (Ressourceninnovationen). Sättigungstendenzen in „alten Märkten" werden durch das Entstehen „neuer Märkte" kompensiert. Die Pioniere sind somit die Motoren des dynamischen Wachstumsprozesses in der Marktwirtschaft. Voraussetzung ist allerdings, dass die Rahmenbedingungen nicht das Auftreten von Pionierunternehmern verhindern.

### *d. Das Laffer-Theorem*

Nach A. Laffer (1979) ist die Grenzsteuerbelastung der Einkommen und der Gewinne zu hoch. Die Folgen sind Leistungsverweigerungen und ein Ausweichen in die Schattenwirtschaft oder in das steuergünstigere Ausland. Um die Leistungsbereitschaft anzuregen und die wirtschaftliche Dynamik zu beschleunigen, werden steuerliche Entlastungen gefordert. Nach Laffer führt die Senkung der Steuersätze (t) nicht, wie man zunächst vermuten könnte, zu einem geringeren Steueraufkommen. Im Gegenteil, die positiven Impulse der Steuerentlastung bewirken eine ausgeprägte Beschleunigung der Wachstums- und Einkommensdynamik; dadurch nehmen die Steuereinnahmen sogar absolut zu. Eventuell vorhandene Haushaltsdefizite werden damit abgebaut. Abbildung E.6 verdeutlicht diesen Sachverhalt:

Schematisch ergibt sich folgender Ablauf:

$t \downarrow \rightarrow Y \uparrow \rightarrow T \uparrow$

Die Revitalisierung der Volkswirtschaft geschieht durch Senkungen des Steuersatzes und dadurch bewirkte Leistungsanreize. Davon profitiert der Staat letztlich selbst, indem er mehr Steuern einnimmt. Am günstigsten fällt der Effekt für den Staat aus, falls er den Steuersatz auf den Wert von topt herabsetzt. Gegenüber dem Ausgangszeitpunkt steigen dadurch die Steuereinnahmen auf ein Maximum ($T_{max}$) an.

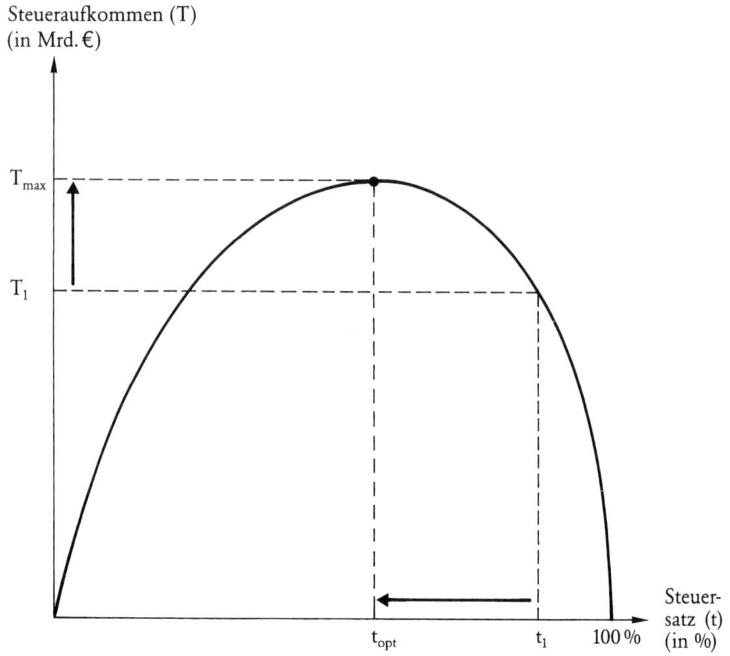


*Abb. E.6: Laffer-Theorem*

### *e. Konstanz der Wirtschaftspolitik*

Die Verbesserung der Rahmenbedingungen durch mehr Wettbewerb, durch die Abschaffung leistungshemmender Vorschriften (sog. Deregulierungen) und steuerlicher Belastungen ist eine Seite der Forderung von Angebotsökonomen. Die andere Seite bildet das **wirtschaftspolitische Verhalten** des Staates, der Tarifpartner sowie der Notenbank; dieses sollte stetiger und berechenbarer gestaltet werden. Denn Störungen der wirtschaftlichen Entwicklung sind nach Auffassung der Angebotökonomen maßgeblich die Konsequenz einer instabilen, nicht berechenbaren Wirtschaftspolitik. Sie trägt Unsicherheiten in den Wirtschaftsprozess hinein, destabilisiert die Erwartungen der Wirtschaftsteilnehmer und führt so zu einem instabilen Wirtschaftsablauf. Die alte Forderung der Klassiker und Neoklassiker (z. B. die Forderung des geistigen Vaters der Sozialen Marktwirtschaft Walter Eucken) nach mehr „Konstanz der Wirtschaftspolitik" gewinnt so wieder an Gewicht. Gefordert wird eine berechenbare und glaubwürdige Wirtschafts- und Gesellschaftspolitik („credibility").

Vertreten wird das angebotstheoretische Konzept der Wirtschaftspolitik in Deutschland vor allem vom Sachverständigenrat zur Begutachtung der gesamtwirtschaftlichen Entwicklung. Mit der „Wende" von 1982 übernahm die Regierung Helmut Kohl den angebotsorientierten Ansatz in ihre praktische Politik. In den USA fiel der paradigmatische Wechsel zugunsten der Angebotspolitik in das Jahr 1981; dort wurde die „Wende" in der Wirtschaftspolitik durch Präsident Ronald Reagan eingeleitet („Reagonomics"). In Großbritannien, dem traditionsreichen Land des Keynesianismus, leitete Premierministerin M. Thatcher den Kurswechsel bereits im Jahr 1979 ein („Thatcherismus"). Zu nennen sind in neuerer Zeit insbesondere auch die angebotsorientierten Strategien in Neuseeland, den Niederlanden und Dänemark. Die Wirtschaftspolitik Japans ist dagegen nach wie vor eher dem Keynesianismus und Interventionismus verhaftet.

Eine zusammenfassende Übersicht der zentralen Basishypothesen des Angebotskonzepts findet sich in Abb. E.7

| **Basishypothesen des neoklassisch-angebotsorientierten Stabilisierungskonzepts** | | |
|---|---|---|
| | **Hypothese** | **Erläuterung** |
| 1 | **Eindeutige Rollenzuweisung** | Jedem Träger ist eine eindeutige Rolle zuzuweisen. Fehlentwicklungen können so leichter dem jeweiligen Verantwortungsträger zugeordnet werden. |
| 2 | **Stabilitätshypothese** | Wenn der Wettbewerb funktioniert, sind marktwirtschaftliche Systeme inhärent stabil. Aufgabe des Staates ist es daher, dafür Sorge zu tragen, dass die Märkte funktionsfähig sind (**Ordnungspolitik als Kausaltherapie**). Darüber hinausgehende Interventionen werden als **Symptomtherapie** abgelehnt. Das gilt auch mit Blick auf die antizyklische Konjunkturpolitik (**Verstetigungskonzept**). |
| 3 | **Saysches Theorem** | **Das Angebot schafft sich seine Nachfrage.** Bei der Produktion von Gütern entstehen Einkommen und damit kaufkräftige Nachfrage, die den Absatz der Produktion sichern. |
| 4 | **Schumpeter-Pionierunternehmer** | Innovative Unternehmer (**Pionierunternehmer**) sind die Träger des Fortschritts- und Wachstumsprozesses. |
| 5 | **Laffer-Theorem** | In der Realität sind die aufkommensmaximalen Steuersätze überschritten. Steuersenkungen fördern die Leistungsbereitschaft („incentives"), das Wachstum und die Beschäftigung; sie erhöhen zudem das Steueraufkommen. |
| 6 | **Konstanz der Wirtschaftspolitik** | Verhalten des Staates, der Tarifpartner und der Zentralbank soll glaubwürdig und berechenbar sein, um die Erwartungen der Wirtschaftsteilnehmer zu stabilisieren (Credibility-Theorem). |

*Abb. E.7: Basishypothesen des Angebotskonzepts*

Im Folgenden werden die Grundzüge der angebotsorientierten Wirtschaftspolitik skizziert.

## 3. Angebotspolitische Empfehlungen

### *a. Finanzpolitik*

Wie bereits erwähnt, können von einer „falschen" Finanzpolitik ungünstige Rahmenbedingungen für die Leistungsentfaltung des privaten Sektors ausgehen. Dies gilt sowohl für die Einnahmenseite, als auch für die Ausgabenseite der öffentlichen Haushalte.

Bei den staatlichen **Einnahmen** stehen folgende leistungshemmenden Elemente im Zentrum der Kritik:

- Zu hohe Steuern, insbesondere in Gestalt zu hoher **Grenzsteuersätze in der Einkommensteuer**. Sie wirken als sog. „disincentives“ und beeinträchtigen die Leistungsbereitschaft von Haushalten und Unternehmern. Die Folge sind negative Konsequenzen für Wachstum und Beschäftigung.
- Mit Blick auf die internationale Wettbewerbsfähigkeit wird zudem auf zu hohe **Unternehmensteuern** verwiesen. Besonders die Gewerbekapitalsteuer stand unter Kritik. Sie war lange Zeit auch zu zahlen, wenn die Unternehmen keine Gewinne erwirtschafteten, ist inzwischen aber abgeschafft. Hohe Unternehmensteuersätze unterminieren zudem die Selbstfinanzierungskraft der Unternehmen und beeinträchtigen die internationale Wettbewerbsfähigkeit.
- **Vermögensverkehrsteuern** (z. B. Grunderwerbsteuer) bestrafen die (für die Allokation der Produktionsfaktoren so wichtige) Mobilität der Produktionsfaktoren.
- Kritisiert wird auch die Kompliziertheit des **Steuersystems** und dessen Schlagseite in Richtung (leistungshemmende) direkte Steuern (wie Lohn- und Einkommensteuer, Körperschaftsteuer) gegenüber den indirekten Steuern (wie Mehrwert- oder Mineralölsteuer).

Im Jahr 2000 wurde in Deutschland eine Steuerreform beschlossen, die sich angebotstheoretischen Vorstellungen annähert. Die Körperschaftssteuer wird damit auf einheitlich 25 Prozent für einbehaltene (bisher 40 %) und ausgeschüttete (bisher 30 %) Gewinne abgesenkt. Der Eingangssteuersatz der Einkommensteuer wird auf 17 Prozent und der Spitzensteuersatz schrittweise auf 42 Prozent bis zum Jahr 2005 gesenkt. Die Progression wird abgeflacht. Für Personenunternehmen wurde als Kompensation der Gewerbesteuerbelastung die ertragsteuerliche Abzugsfähigkeit der Gewerbesteuer beschlossen. Die Gegenfinanzierung der Steuerreform erfolgte insbesondere durch eine Verbreiterung der Bemessungsgrundlage (u. a. Senkung der degressiven Abschreibung). Die Nettoentlastung als Folge der Steuerreform wird von der Bundesregierung für das Jahr 2005 mit ca. 32 Mrd. Euro angegeben.

Bezüglich der **Ausgabenseite** des Staatshaushalts werden die mangelnde Ausgabendisziplin und eine ungesunde Ausgabenstruktur der öffentlichen Hände bemängelt. Das Wachstum der Staatsausgaben ist nicht nur insgesamt zu hoch, sondern die Ausgabenentwicklung ist zudem von der Zusammensetzung her wachstumshemmend. Besonders stark nehmen die staatlichen Konsumausgaben (insbesondere Personalausgaben), die Sozialleistungen und Subventionen sowie die Zinsausgaben zu. Der Anteil der staatlichen Investitionsausgaben an den Gesamtausgaben nimmt dagegen tendenziell eher ab.

Die unsolide Ausgabenentwicklung fördert zudem das Entstehen **struktureller Budgetdefizite**. Im Unterschied zu den konjunkturellen Haushaltsdefiziten sind strukturelle Defizite nicht nur vorübergehender Natur. Sie bauen sich auf, weil die Staatsausgaben nicht nur kurzfristig in der Rezession, sondern längerfristig schneller wachsen als die Steuereinnahmen. Strukturelle Haushaltsdefizite sind wachstumspolitisch jedoch schädlich. Hält die Notenbank die Zügel der Geldmengenentwicklung straff, so wirkt der Staat als „Zinstreiber“. Das höhere Zinsniveau beeinträchtigt die kreditfinanzierten Ausgaben des privaten Sektors. Das sind in erster Linie die wachstumspolitisch wichtigen Investitionen der privaten Unternehmen. Die Investitionstätigkeit der Privaten wird infolge der Kreditaufnahme des Staates zurückgedrängt; man spricht daher auch von einem **„zinsbedingten crowding out" der Staatsverschuldung**.

Führt die Staatsverschuldung sogar zu einem Anstieg der Geldmenge, weil z. B. die Notenbank dem Staat Kredite gibt, oder weil das Geschäftsbankensystem hinreichend elastisch ist und genügend Giralgeld schöpfen kann, so treibt die Staatsverschuldung die Inflation in die Höhe. Die Folge ist ein **„preissteigerungsbedingtes crowding out" der Staatsverschuldung**. Aufgrund der gesetzlichen Regelungen in den Europäischen Verträgen spielt die Direktfinanzierung der Staatsverschuldung in den Euroländern keine Rolle. In der Bundesrepublik Deutschland hatten Bund und Länder die Möglichkeit, kurzfristige Überziehungskredite bei der Bundesbank aufzunehmen; der dabei gültige Kreditplafond von damals insgesamt ca. 15 Mrd. DM erlaubte jedoch nicht die Finanzierung struktureller Budgetdefizite.

Als Folge der Wiedervereinigung spielte in Deutschland die Staatsverschuldung eine herausragende Rolle. Nach einer hohen Neuverschuldung des Staates (inklusive Sozialversicherungen) Mitte der siebziger Jahre – die Defizitquote, also die Nettokreditaufnahme i. v. H. des Bruttoinlandsprodukts, lag damals bei 5,5 Prozent – war in den achtziger Jahren im Zuge der angebotsorientierten Wirtschaftspolitik ein deutlicher Rückgang der Defizitquote zu verzeichnen (1989 lag sie sogar leicht unter null Prozent). Seit der Vereinigung der beiden deutschen Staaten ist das öffentliche Defizit allerdings wieder deutlich angestiegen. Aus angebotspolitischer Sicht muss verhindert werden, dass sich die Staatsverschuldung wiederum so wachstums- und beschäftigungsfeindlich auswirkt, wie dies in den siebziger Jahren der Fall war. Nicht zuletzt die Erfüllung der Maastricht-Kriterien übte einen Druck auf die gestiegene Netto-Neuverschuldung aus. Um die neue Gemeinschaftswährung einführen zu dürfen, musste ein Land u. a. seine Neuverschuldung auf eine Quote von höchstens 3 % des Bruttoinlandsprodukts begrenzen. Dieses Kriterium hat Deutschland erfüllt; seit dem Jahr 2002 konnte nicht zuletzt aus konjunkturellen Gründen das Defizitkriterium nicht eingehalten werden. Als Konsequenz wurde vor allem von Deutschland und Frankreich politischer Druck zur Aufweichung dieses Kriteriums ausgeübt.

Über den Weg der Kreditfinanzierung können zudem die realen Anpassungslasten nicht auf künftige Generationen verlagert werden. Diese müssen zwar infolge des Schuldendienstes noch nachträglich die Kosten der Wiedervereinigung mittragen. Die eigentliche Last der Staatsverschuldung (bzw. der deutschen Einheit) ist aber bereits heute zu tragen. Die privaten Investoren und Haushalte (vor allem im Wohnungsbau) werden heute zurückgedrängt, indem sie gezwungen sind, infolge der durch die staatliche Kreditnachfrage gestiegenen Zinsen ihre reale Güternachfrage zurückzunehmen. Entsprechendes gilt, falls die staatliche Kreditaufnahme (via höhere Geldmenge) zu Inflation führt. Hier folgt allerdings ein preissteigerungsbedingtes crowding out der privaten Nachfrage. Die Vorstellung, die Bürger könnten sich heute im Wege einer Kreditfinanzierung der Verschlechterung ihrer Realposition entziehen, ist falsch. Die Kreditfinanzierung verteilt lediglich die reale Anpassungslast auf andere Schultern – nämlich auf die der Kreditnehmer. Bei einer Steuerfinanzierung hingegen kann der Staat die Belastungen, die durch die Finanzierung der Staatsausgaben entstehen, nicht nur unter verteilungspolitischen, sondern auch unter wachstumspolitischen Gesichtspunkten besser wählen; dies ermöglicht eine Minimierung und Kontrolle der crowding-out-Prozesse. Eine Zurückdrängung der privaten Nachfrage erfolgt allerdings in jedem Fall.

Vor diesem Hintergrund einer „falschen" Finanzpolitik plädieren die Angebotsökonomen für einen Kurswechsel der öffentlichen Haushaltspolitik. Im Wege einer **„Neuen Finanzpolitik"** sind die Haushalte zu **konsolidieren.** Um die bestehenden Staatsdefizite abzubauen, müssen die Ausgabenzuwächse unterhalb der Entwicklung des Steueraufkommens liegen. Nach erfolgter Konsolidierung der strukturellen Defizite soll das Wachstum der Staatsausgaben am langfristigen Wachstumstrend der Wirtschaft (Wachstum des Produktionspotenzials) ausgerichtet werden. Entsprechendes gilt für die Entwicklung der Steuereinnahmen. Staatsquote (Staatsausgaben in Prozent des Inlandsprodukts) und Steuerquote (Steuereinnahmen in Prozent des Inlandsprodukts) würden durch diesen neuen Kurs einer angebotsorientierten Finanzpolitik nicht mehr weiter anwachsen. Da wegen der Progression der Einkommensteuer das Steueraufkommen jedoch schneller zunimmt als das Inlandsprodukt, sind permanente Steuersenkungsreformen erforderlich. Wachsen Staatsausgaben (G) und Steueraufkommen (T) mit gleicher Rate wie das Produktionspotenzial (PP), so bleibt auch eine möglicherweise im Ausgangszeitpunkt noch bestehende (geringe) „Normalverschuldung" (Nettokreditaufnahme (Kr) in Prozent des Produktionspotenzials) unverändert.

Die von den Angebotsökonomen empfohlene **„Neue Finanzpolitik"** lässt sich dann wie folgt schreiben:

$w_G = w_{PP} \Rightarrow$ Staatsquote konstant

$w_T = w_{PP} \Rightarrow$ Steuerquote konstant

$w_{Kr} = w_{PP} \Rightarrow$ Verschuldungsquote konstant

Da die Bezugsgröße für das Wachstum der staatlichen Aggregate jeweils der Entwicklung des Produktionspotenzials ist, spricht man auch von einer **„potenzialorientierten Finanzpolitik"**. Für sie gilt mithin folgende Regel:

$$w_G = w_T = w_{Kr} = w_{PP}$$

Verhält sich der Staat gemäß dieser Regel, so praktiziert er zugleich eine **konjunkturneutrale Haushaltspolitik,** d. h. von den öffentlichen Ausgaben gehen weder expansive noch kontraktive Impulse auf die Konjunkturentwicklung aus. Im Übrigen folgt er dem Gebot der Verstetigung der Wirtschaftspolitik. Die potenzialorientierte oder konjunkturneutrale Haushaltspolitik ist daher zugleich ein zentraler Baustein einer wirtschaftspolitischen Verstetigungsstrategie.

Die öffentlichen Haushalte sind allerdings nicht nur in quantitativer Hinsicht zu konsolidieren. Es ist vielmehr auch eine **qualitative Konsolidierungspolitik** zu betreiben. Danach ist die Zusammensetzung der Staatsausgaben und Steuereinnahmen wachstumsfreundlicher und leistungsfördernder zu gestalten. Ausgabenpolitisch ist das Gewicht auf die Investitionsausgaben des Staates zu verlagern. Die staatlichen Konsumausgaben, d. h. soziale Transfers und Subventionen, sind zurückzudrängen. Auf der Steuerseite wird gemäß des Laffer-Theorems für steuerliche Entlastungen mit dem Ziel der Eindämmung steuerlicher **Leistungshemmnisse** (disincentives) plädiert. In Betracht kommen vor allem die Senkung des Spitzensteuersatzes in der Einkommensteuer und die Abflachung der Progression (inzwischen wurde in der Bundesrepublik durch Übergang zum linear progressiven Tarif die Progressivität der Einkommensteuer gemildert und der Spitzensteuersatz gesenkt).

Empfohlen werden auch die Umgestaltung der Gewerbeertragsteuer in eine kommunale Wertschöpfungssteuer, die Abschaffung der Grunderwerbsteuer und der Kapitalverkehrsteuern sowie die generelle Vereinfachung des Steuersystems. Wie das Laffer-Theorem zeigte, gehen von diesen steuerlichen Entlastungen positive Anreizwirkungen aus, die das Wachstum der Wirtschaft beschleunigen und schließlich zu einem höheren Steueraufkommen führen. Allerdings ist kaum anzunehmen, dass sämtliche Steuerausfälle binnen angemessener Frist durch das **„Laffer-Kurven-Wunder"** wieder kompensiert werden; als Ausgleich hierfür sind dann im Zweifel die indirekten Steuern zu erhöhen, da diese weniger wachstumsfeindlich sind. Allerdings zeigt das Beispiel Deutschlands, wie schwer es ist, die finanzpolitischen Empfehlungen der Angebotsökonomen im politischen Raum durchzusetzen.

*b. Geldpolitik*

Eine „falsche" Geldpolitik findet ihren Ausdruck in der **Inflation**. Sie stört den Allokationsmechanismus und beeinträchtigt Wachstum und Beschäftigung. Deshalb betonen neoklassische Ökonomen immer wieder die herausragende Bedeutung eines stabilen Preisniveaus für die Volkswirtschaft. Dies schließt wohlgemerkt nicht den Anstieg einzelner Preise aus, die die relative Knappheiten auf einzelnen Märkten signalisieren. Dem müssen allerdings sinkende Preise auf anderen Märkten gegenüberstehen. Angebotsökonomen sehen in der Verhinderung von Inflation die zentrale Säule einer marktwirtschaftskonformen Ordnungspolitik. Stabilitätsgerechte Geldpolitik ist zugleich die beste Voraussetzung für die wirksame Entfaltung der Marktkräfte. Ohne Preisniveaustabilität ist auf Dauer kein selbsttragender Wachstumsprozess möglich.

Inflation ist, wie bereits mehrfach betont, ein monetäres Phänomen. Sie tritt immer dann auf, wenn (bei unveränderter Umlaufgeschwindigkeit des Geldes) die Geldmenge schneller wächst als die reale Produktion. Gemäß der quantitätstheoretischen Vorstellung ist es Aufgabe der Geldpolitik, die Geldmengenentwicklung am mittelfristigen Wachstum der Wirtschaft auszurichten. Die Angebotsökonomen schlagen als Bezugsgröße wiederum das Produktionspotenzial vor. Danach soll die Zentralbank die Geldmenge nach der „Faustregel":

$$w_M = w_{PP}$$

ausdehnen. Man nennt diese Strategie auch eine **potenzialorientierte Geldpolitik**. Aus pragmatischen Gründen fordert M. Friedman sogar die verfassungsrechtliche Verankerung dieses geldpolitischen Kurses. Er empfahl ursprünglich, das Geldmengenwachstum auf jährlich 4 Prozent zu begrenzen („Vier-Prozent-Geldmengen-Regel").

Das Eurosystem hält sich im Rahmen seiner geldpolitischen Strategie grundsätzlich an die monetaristisch-angebotsorientierte Empfehlung. Wie im letzten Kapitel ausgeführt, gibt die EZB seit Ende 1998 einen Richtwert für das Geldmengenwachstum (der Geldmenge M3) in Höhe von 4,5 % an, der in den Folgenden Jahren erreicht werden sollte. Neben dem mittelfristigen Wachstum des realen Bruttoinlandsprodukts bzw. seit 2003 des Produktionspotenzials ($w_{PP}$) berücksichtigt das Eurosystem bei der Festlegung dieses Referenzwertes für das Wachstum der Geldmenge die trendmäßige Veränderung der Umlaufgeschwindigkeit des Geldes ($w_{V,m}$) sowie ein angestrebtes Inflationsziel ($w_P$) von nahe 2 %. Damit ergibt sich folgende Bestimmungsgleichung für das mittelfristig angestrebte Wachstum der Geldmenge:

$$w_{M3} = w_{PP} + w_P - w_{V,m}$$

Die zugrunde liegenden Parameter unterstreichen die mittelfristig, trendorientierte Ausrichtung der europäischen Geldpolitik. Man nennt diese Konzeption häufig auch die „Geldpolitik der ruhigen Hand“. Sie bildet damit einen wichtigen Baustein für eine wirtschaftspolitische **Verstetigungskonzeption**. Auf diesen Gedanken basierte auch die Politik der Deutschen Bundesbank, deren Erfolge mit dieser geldpolitischen Strategie insgesamt positiv zu bewerten sind. Zwar konnten während der Zeit, in der die Bundesbank ihre eigenständige nationale Geldpolitik betrieb, die vorgegebenen Geldmengenziele nur in der Hälfte der Jahre realisiert werden; insgesamt gelang es bisher dennoch, aufkommende Inflationsschübe alsbald wieder „herunterzustabilisieren“. Dem Eurosystem gelang es in den ersten zwei Jahren seines Bestehens, den vorgegebenen Referenzwert für das Geldmengenwachstum nahezu einzuhalten, das Wachstum von M3 lag bei 5 %. Seit Ende 2001 wurde die angestrebte Wachstumsrate jedoch teilweise deutlich überschritten. Hintergrund hierfür sind in erster Linie Portfolioumschichtungen zugunsten kürzerfristiger (und damit geldmengenrelevanter) Anlageformen als Reflex auf die gesunkenen Zinsen und die damit verbundenen Erwartungen auf künftige Zinssteigerungen. Insoweit gehen von den Überschreitungen des Refernzwertes keine unmittelbaren Inflationsgefahren aus.

Um eine erfolgreiche Geldpolitik betreiben zu können, bedarf es allerdings vor allem einer **außenwirtschaftlichen Absicherung** in Gestalt flexibler Wechselkurse (Aufhebung des Zwangs zu Interventionen der Zentralbank am Devisenmarkt). Die Erfahrungen in der Bundesrepublik zeigen, wie schwer die Geldmengensteuerung werden kann, wenn die Notenbank in einem System fester Wechselkurse zu ständigen Eingriffen auf dem Devisenmarkt gezwungen ist. Monetaristen und Angebotsökonomen fordern daher regelmäßig ein internationales Währungssystem mit flexiblen Wechselkursen.

Eine weitere Gefahr für die Geldmengenausweitung droht von einem zu großen **Kreditschöpfungsspielraum der Geschäftsbanken**. Um diese an die „kurze Leine“ zu nehmen, fordern Monetaristen teilweise sogar eine Mindestreservepflicht von 100 Prozent. Dem wird allerdings bisher in keinem Land entsprochen. Das Eurosystem besitzt gleichwohl eine Reihe von Instrumenten, um die Kreditvergabe der Banken zuverlässig zu steuern. Sie haben alle die Versorgung des Geschäftsbankensystems mit Zentralbankgeld zum Ansatz. Als besonders effizient erweisen sich dabei Offenmarktgeschäfte; damit kann das Eurosystem die zeitlichen, mengenmäßigen und preislichen Konditionen, zu denen es den Geschäftsbanken Zentralbankgeld bereitstellt, exakt und äußerst flexibel festlegen.

Als entscheidend für den Erfolg oder Misserfolg der Geldpolitik erweist sich insbesondere auch die **Autonomieregelung**. Die historischen Erfahrungen belegen dies eindrucksvoll für eine Vielzahl von Ländern und Epochen. Es ist kaum damit zu rechnen, dass der Staat freiwillig den Gang zur Notenpresse unterlässt, wenn Finanzierungsprobleme anstehen. Insofern war es konsequent, dass das für die Gemeinschaftswährung zuständige Europäische System der Zentralbanken mit einem hohen Grad an Autonomie ausgestattet wurde; dadurch ist es von Weisungen der Regierungen der Euroländer unabhängig.

*c. Lohnpolitik*

Ein wichtiger Faktor, der vor allem über die internationale (preisliche) Wettbewerbsfähigkeit einer Volkswirtschaft entscheidet, sind die Löhne. **Zu hohe Arbeitskosten** können sich als ein entscheidendes angebotsseitiges Hemmnis erweisen. So lagen im Jahr 2004 in Westdeutschland die gesamten durchschnittlichen Arbeitskosten eines Arbeiters im Produzierenden Gewerbe bei ca. 25 Euro pro Arbeitsstunde. Dies bedeutete im internationalen Vergleich einen Spitzenwert. Von besonderer Bedeutung ist die Zusammensetzung der Arbeitskosten. Auf das **Direktentgelt** (das ist der Bruttolohn, der an den Arbeitnehmer ausgezahlt wurde, einschließlich der Arbeitnehmeranteile zur Sozialversicherung) entfielen ca. 56 %, auf **Lohnzusatzkosten** (Personalzusatzkosten) 44 %; zum „ersten Lohn" kamen damit nochmals rund 80 % an „zweitem Lohn" hinzu. Im Kredit- und Versicherungsgewerbe übersteigen sogar die Personalzusatzkosten das Direktentgelt. Zu den Personalzusatzkosten gehören insbesondere die Arbeitgeberbeiträge zur Sozialversicherung, Entgeltfortzahlungen im Krankheitsfall, Urlaubs- und Weihnachtsgeld sowie die betriebliche Altersversorgung. Zu beachten ist, dass innerhalb der Lohnzusatzkosten lediglich ca. 45 % auf gesetzlichen Vorschriften beruhen; der größere Teil der Personalzusatzkosten (ca. 55 %) beruht auf tariflichen und betrieblichen Zusatzkosten, die zwischen den Tarifpartnern ausgehandelt bzw. von den Betrieben freiwillig gezahlt wurden und damit nicht dem Staat angelastet werden können.

Entscheidend ist allerdings nicht so sehr die absolute Höhe der Löhne, sondern die Höhe der **Lohnstückkosten**, bzw. die Veränderung dieser Lohnstückkosten. Bei den Lohnstückkosten wird zusätzlich noch das Niveau des technischen Fortschritts (gemessen an der Arbeitsproduktivität) berücksichtigt. Lohnstückkosten sind definiert als das Verhältnis der Bruttoarbeitskosten zur Arbeitsproduktivität. Bei internationalen Vergleichen ist zudem eine Umrechnung über den Wechselkurs in eine einheitliche Währung erforderlich. Da sich Wechselkurse rasch ändern können, handelt es sich bei internationalen Vergleichen auf der Basis einer einheitlichen Währung immer um Momentaufnahmen. Die Aussagen sind daher mit der entsprechenden Vorsicht zu interpretieren. Ein internationaler Vergleich der Lohnstückkosten im Verarbeitenden Gewerbe zeigt: Westdeutschland ist hinsichtlich der Arbeitskosten ein teurer Produktionsstandort. Allerdings ist zu beachten, dass sich Deutschland ein vergleichsweise hohes Lohnniveau insofern „leisten" kann, als das Niveau der Arbeitsproduktivität (insbesondere Westdeutschland) einen vergleichsweise hohen Wert aufweist.

Die Bedenken richten sich jedoch nicht nur gegen die Höhe der Löhne. Sie sollten auch viel stärker **differenziert** werden. Dies gilt zum einen in regionaler Hinsicht.

In strukturschwachen Gebieten wirken hohe Löhne wie ein Investitions- und Beschäftigungsverbot. Das gilt vor allem auch für Ostdeutschland, wo die Löhne nach wie vor weit von der Produktivität entfernt liegen. Entsprechendes gilt für strukturschwache Branchen; wenn „Krisenbranchen" wettbewerbsfähig bleiben sollen, dann können sie nicht dieselben Lohnkosten tragen wie Wachstumsbranchen. Auch sollte die Qualifikation der Arbeitskräfte stärker in den Löhnen zum Ausdruck kommen. Während beispielsweise in den USA eine ungelernte Arbeitskraft die Hälfte des Lohnes eines Facharbeiters bezieht, beträgt dieser Abstand in der Bundesrepublik nur ca. 20 %. Für eine stärkere Lohnspreizung plädieren beispielsweise in Deutschland der Sachverständigenrat zur Begutachtung der gesamtwirtschaftlichen Entwicklung sowie die Europäische Zentralbank.

Lohnpolitisch ist hieraus die Schlussfolgerung zu ziehen, dass sich die Entwicklung der Löhne (l) an der Entwicklung der Arbeitsproduktivität (der jeweiligen Branche, Region, Qualifikation; Arbeitsproduktivität: $\pi$) ausrichten sollte. Angebotsökonomen plädieren daher regelmäßig für eine **produktivitätsorientierte Lohnpolitik**:

$$w_l = w_\pi$$

Eine produktivitätsorientierte Lohnpolitik lässt die Lohnstückkosten unverändert. Bei ausgeprägter Investitions- und Wachstumsschwäche ist sogar eine Lohnpolitik unterhalb des Produktivitätsfortschritts geboten. Eine produktivitätsorientierte Lohnpolitik lässt die herrschende Einkommensverteilung unverändert, d. h. die Lohnquote bleibt konstant. Bei einem Anteil der Löhne am Volkseinkommen von etwa 70 Prozent bedeutet dies, dass der sich aus dem Produktivitätswachstum ergebende Verteilungsspielraum zu 70 Prozent den Arbeitnehmern und 30 Prozent den Unternehmen zufließt. Die Arbeitnehmer erhalten also „ihren" Anteil am Wohlstandszuwachs.

Da bei einer produktivitätsorientierten Lohnpolitik die Lohnkosten je Produkteinheit nicht steigen, geht von ihr (unter sonst gleichen Umständen) auch keine Verschlechterung der internationalen preislichen Wettbewerbsfähigkeit aus. Sie ist darüber hinaus im Inland nicht preistreibend, denn es besteht für die Unternehmen kein Grund, die Güterpreise aufgrund der (im Ausmaß des Produktivitätszuwachses) gestiegenen Arbeitskosten hoch zu setzen. Eine produktivitätsorientierte Lohnpolitik unterstützt damit die auf Geldwertstabilität ausgerichtete Politik der Bundesbank.

Die Arbeitsproduktivität unterliegt jedoch im Konjunkturverlauf starken Schwankungen. Sie steigt in Aufschwungsphasen an, da hier die Produktionssteigerungen zumindest teilweise mit dem vorhandenen Personal erwirtschaftet werden. Umgekehrt fällt die Produktivität in Abschwungsphasen, da nicht parallel zu den Produktionsrückgängen auch sofort das Personal entlassen wird. Diese konjunkturellen Schwankungen der Produktivitätsentwicklung erschweren eine einigermaßen zutreffende Prognose. Da mit Lohnvereinbarungen die Lohnhöhe für eine kommende Periode (z. B. ein Jahr) festgelegt wird, bedeutet dies einen erheblichen Unsicherheitsfaktor. Selbst bei zutreffender Prognose würden die Löhne wegen der zyklischen Schwankungen der Arbeitsproduktivität ebenfalls starken Schwankungen unterliegen. Eine unstetige Lohnentwicklung schafft jedoch für die Unternehmen instabile Rahmenbedingungen bezüglich ihrer Investitionsentscheidungen.

Der Sachverständigenrat plädiert daher für mehrjährige Lohnabschlüsse, die sich am Trend der Arbeitsproduktivität orientieren sollten. In dieser trendorientierten Version ist eine produktivitätsorientierte Lohnpolitik zugleich eine weitere Säule der angebotsorientierten **Verstetigungskonzeption**. Gefordert wird zudem eine stärkere Flexibilisierung des Arbeitsmarktes, z. B. Öffnungsklauseln in den Flächentarifverträgen für betriebliche, regionale und berufliche Differenzierungen, mehr Teilzeitarbeit auf freiwilliger Basis und generell flexiblere Arbeitszeiten.

Die lohnpolitischen Vorschläge der Angebotsökonomen richten sich allerdings nicht nur an die Tarifpartner, sondern auch an den Staat. Seine lohnpolitische Verantwortung besteht zum einen darin, auch im öffentlichen Dienst eine produktivitätsorientierte Lohnpolitik durchzusetzen – wenngleich zuzugeben ist, dass die Ermittlung des Produktivitätsfortschritts im öffentlichen Dienst erhebliche Probleme bereitet – und als Gesetzgeber den weiteren Anstieg der (gesetzlichen) **Personalzusatzkosten** zu verhindern oder besser noch diese abzubauen.

Ein spezifisches Problem der Lohnpolitik in Deutschland stellt die Angleichung der Ostlöhne an das Westniveau dar. In dem richtungsweisenden Metalltarifvertrag vom 1. 3. 1991 wurde vereinbart, dass die Tarifgrundlöhne sowie alle tariflichen Nebenleistungen bis 1995 an das westdeutsche Niveau angepasst sein sollten. Tatsächlich erreichte das Durchschnittslohnniveau bis zu diesem Zeitpunkt lediglich rund drei Viertel der Westlöhne. Dennoch steht diese Lohnpolitik nicht in Einklang mit der Produktivitätsentwicklung in Ostdeutschland. In dieser Region muss der für die Vollbeschäftigung erforderliche Kapitalstock erst aufgebaut werden. Die lohnpolitische **Aufholstrategie** kommt praktisch einem **Beschäftigungsverbot** in Ostdeutschland gleich. Falls in Ostdeutschland gleich hohe Löhne wie in Westdeutschland erwirtschaftet werden sollen, dann müssten quasi überall hochproduktive Arbeitsplätze wie in der westdeutschen Industrie entstehen. Ein **Solidarpakt** der **lohnpolitischen Vernunft** ist daher nach wie vor dringend geboten.

### *d. Wettbewerbspolitik*

Eine wachstumsfördernde und damit angebotsorientierte Wirtschaftspolitik baut vor allem auf die dynamischen Kräfte des Marktes. Die „Peitsche des Wettbewerbs" soll die Unternehmer laufend zur Anpassung an die sich ändernden Marktbedingungen zwingen. Insbesondere sollen sich die Unternehmen den Produkt- und Prozessinnovationen zuwenden. Die dynamischen Kräfte des Wettbewerbs werden jedoch durch eine ganze Reihe von Faktoren bedroht. Sie lassen sich in folgende zwei Gruppen einteilen:

- Wettbewerbsbeschränkungen,
- Existenz von Marktschranken

Diese bilden damit zugleich die Ansatzpunkte für die **Wettbewerbspolitik**.

**Wettbewerbsbeschränkungen** sind vor allem Folge wettbewerbsbeschränkenden Verhaltens der Marktteilnehmer. Beispiele sind:

- Kartelle und abgestimmtes Verhalten,
- Behinderungen anderer Unternehmen, Boykott und Lieferverweigerung (diskriminierendes Verhalten),

- Ausbeutungsverhalten durch marktbeherrschende Unternehmen (Anbieter- und Nachfragemachtmissbrauch),
- Unternehmenszusammenschlüsse (Fusionen), sofern hierdurch eine marktbeherrschende Stellung entsteht oder eine bereits bestehende marktbeherrschende Stellung weiter verstärkt wird.

In der Bundesrepublik Deutschland wurde mit dem im Jahr 1957 erlassenen **„Gesetz gegen Wettbewerbsbeschränkungen" (GWB)** eine Rechtsgrundlage geschaffen, um gegen Beschränkungen des Wettbewerbs anzugehen. Eine entscheidende zweite Novelle des GWB erfolgte mit der Einfügung einer Fusionskontrolle im Jahr 1973. In der sechsten Novelle 1998 wurde das GWB zudem grundlegend novelliert und neu systematisiert. Die Vorschriften des GWB gelten vielerorts als vorbildlich. Aus Sicht der Angebotstheoretiker ist eine „offensive Marktpolitik" jedoch mehr als nur Anwendung des GWB. Zudem werden die Regelungen des GWB als nicht streng genug eingestuft, und die Anwendung des herrschenden Wettbewerbsrechts sollte konsequenter erfolgen. Die **Kritik** richtet sich insbesondere auf folgende Punkte:

- zu viele und zu bedeutende Wirtschaftszweige sind vom Wettbewerb weitgehend ausgeschlossen;
- die Missbrauchsaufsicht über marktwirtschaftliche Unternehmen ist falsch konstruiert. Schwierigkeiten treten nicht nur bei der Feststellung einer Marktbeherrschung auf, sondern auch beim Nachweis eines missbräuchlichen Verhaltens. Missbrauchsaufsicht ist faktisch nur Symptomtherapie;
- das GWB enthält keine Möglichkeit zur Entflechtung marktbeherrschender Unternehmen und ist damit kein Instrument, um wettbewerbliche Marktstrukturen wiederherzustellen. Die Monopolkommission hält gerade im Energiebereich eine Entflechtung für dringend erforderlich;
- das GWB sollte konsequenter angewandt werden. Insbesondere bei der Fusionskontrolle eröffnet es dem Wirtschaftsminister zu weitgehende politische Entscheidungsspielräume.

Im Übrigen gewinnt die Europäische Wettbewerbspolitik zunehmend an Gewicht. Nach langen und sehr kontroversen Diskussionen vervollständigte der Rat der Europäischen Gemeinschaft Ende 1989 die bereits bestehende europäische Kartellaufsicht um eine vorbeugende Fusionskontrolle. Sie trat im September 1990 in Kraft und trägt in vielen Punkten die Merkmale eines politischen Kompromisses.

Unzureichender Wettbewerb ist auch das Resultat von **bestehenden Marktschranken**. Aus wettbewerblicher Sicht sollte speziell den neu auftretenden Anbietern sowie den mittelständischen Unternehmen der Zugang zum Markt erleichtert werden. In der Realität ist jedoch auf vielen Märkten der freie Marktzugang beschränkt; laut Berechnungen der Monopolkommission finden in den alten Bundesländern nur noch etwa die Hälfte der Wertschöpfung unter unverfälschtem Wettbewerb statt. Ursache sind unzählige **staatliche Regulierungen**, die im Laufe der Jahre entstanden sind und die dynamischen Wachstumskräfte behindern.

Im internationalen Vergleich gilt die Bundesrepublik Deutschland trotz inzwischen erfolgter durchgreifender Deregulierungen in wichtigen Bereichen der

Volkswirtschaft (Liberalisierung in den Bereichen Telekommunikation, Post, Energie, Abbau von Regulierungen im Verkehrsbereich, Verkürzung von Planungs- und Genehmigungsverfahren, Verlängerung der Ladenschlusszeiten) immer noch als ein Land mit hoher Regulierungsdichte. Angebotsökonomen erblicken hierin einen Standortnachteil, der sich wachstumshemmend auswirkt.

Aufgabe der Wettbewerbspolitik ist es, die dynamischen Marktkräfte am Leben zu erhalten. In den Bereich der **Wettbewerbsschutzpolitik** fallen sämtliche Maßnahmen, die das Ziel haben, wettbewerbsbeschränkendes Verhalten zu unterbinden. Für die deutschen Verhältnisse fordern Angebotstheoretiker eine strengere Wettbewerbsgesetzgebung sowie eine konsequentere Anwendung der bestehenden gesetzlichen Regelungen. Dadurch soll der wettbewerbliche Rahmen weiter verbessert werden. Insbesondere richten sich die Forderungen auf folgende Bereiche:

- auch die Ausnahmebereiche des GWB sollten gegenüber dem Wettbewerb geöffnet werden. Hierzu zählt immer noch die Land- und Forstwirtschaft. In manchen anderen wettbewerbspolitischen Ausnahmebereichen wurde allerdings zum Teil eine weitreichende Liberalisierung und Deregulierung auf den Weg gebracht. An erster Stelle ist in diesem Zusammenhang der Telekommunikationsbereich zu erwähnen;
- sofern überhaupt an der Missbrauchsaufsicht über marktbeherrschende Unternehmen festgehalten wird, sollten die Sanktionen bei festgestelltem Machtmissbrauch verschärft werden;
- in das GWB sollte zudem eine Entflechtungsregelung aufgenommen werden, um zumindest bei wettbewerbsgefährdender Marktmacht wirksamer einschreiten zu können. Zu verweisen ist in diesem Zusammenhang auf das US-amerikanische Beispiel „Microsoft".

Zu einer offensiven Marktpolitik gehört als zweite Säule die **Förderung des Wettbewerbs**. Dies ist am besten durch **Deregulierung** und **Privatisierung** zu erreichen. Es muss in einer Marktwirtschaft gewährleistet sein, dass speziell Newcomern und mittelständischen Unternehmen der Zugang zum Markt erleichtert wird. Beispiele für Deregulierungen sind die Abschaffung des großen Befähigungsnachweises im Handwerk oder die Abschaffung staatlicher Konzessionen und Preiskontrollen im Verkehrssektor.

Der aus angebotspolitischer Sicht notwendige Rückzug des Staates aus der Wirtschaft, sei es durch Aufhebung von Vorschriften oder durch Privatisierung von Staatsbetrieben, ist Ausdruck der klassischen Forderung nach „mehr Markt und weniger Staat". Die Erfahrung zeigt aber, dass der Privatisierung staatlicher Aufgaben Grenzen gesetzt sind.

Deregulierung ist per Saldo nur dann angezeigt, wenn der Nutzen für die Allgemeinheit die Kosten des Abbaus von Schutzvorschriften übertrifft. Wie die Erfahrung lehrt, ist Deregulierung in vielen Fällen geboten, politisch ist sie jedoch nur schwer durchsetzbar. Im Übrigen ist darauf zu verweisen, dass die erforderlichen Anpassungen an den EG-Binnenmarkt als ein großangelegtes Deregulierungsprogramm interpretiert werden können. Es geht hierbei etwa um die Beseitigung technischer Handelshemmnisse, die Liberalisierung in den Bereichen öffentliches Auftragswesen, Kapitalverkehr und Verkehrsmärkte. Zudem ist eine

Außenwirtschaftspolitik, die auf internationalen Freihandel setzt, ein zentraler Baustein einer „offensiven Marktpolitik".

*e. Sozialpolitik*

Die Entwicklung zur Sozialen Marktwirtschaft wurde in der Bundesrepublik Deutschland von einer breiten Zustimmung getragen. Vielen gilt die praktizierte **Sozialpolitik** als Abfederung gegenüber den Härten und Problemen, die ein marktwirtschaftliches System in sich birgt. Aus volkswirtschaftlicher Sicht stellt sich jedoch die Frage, ob das soziale Sicherungssystem, so wie es in seiner heutigen Ausgestaltung vorzufinden ist, tatsächlich eine optimale Kombination zwischen sozialpolitisch erwünschter Absicherung einerseits und ökonomischer Effizienz andererseits darstellt. Zwischen diesen beiden Zielen besteht ein **Zielkonflikt**.

Die generelle Gefahr von sozialpolitischen Regelungen besteht in der **Aushöhlung der Selbstverantwortung** des Einzelnen; damit gehen negative **Anreizwirkungen** einher. Beispielsweise kann ein überhöhtes Sicherungsniveau beim Eintreten von Arbeitslosigkeit dazu führen, dass die Bereitschaft von Leistungsempfängern abnimmt, Erwerbsmöglichkeiten zu nutzen. Ungeachtet der Tatsache, ob die Regelungen gut oder schlecht begründet sind, bergen sie damit das Risiko in sich, „Regelkreisstörungen" (Sachverständigenrat) auszulösen. Die Wirkungen des Systems der sozialen Sicherung auf das Leistungsverhalten sind äußerst komplex und nicht zweifelsfrei feststellbar.

Auch Angebotsökonomen räumen durchaus ein, dass ein soziales Sicherungssystem die Gesundheit, Zufriedenheit und damit die Leistungsfähigkeit der Menschen verbessert und von daher günstige Voraussetzungen für das Wirtschaftswachstum schafft. Zugleich weist die angebotsorientierte Politik aber auf die leistungshemmenden Wirkungen hin, die durch eine zu weitgehende soziale Absicherung ausgelöst werden können. Auch wird von weiteren unternehmerischen Belastungen durch zusätzliche staatlich verordnete Lohnkosten dringend abgeraten, da diese die internationale Wettbewerbsfähigkeit der deutschen Wirtschaft noch stärker gefährden. Ein pauschales Urteil zur Frage der Abwägung der positiven gegenüber den negativen Effekten der sozialen Sicherung dürfte allerdings nicht möglich sein. Hierzu sind die bestehenden Regeln jeweils auf ihre Sinnhaftigkeit hin zu überprüfen. Im Zweifelsfall plädieren Angebotsökonomen für **mehr Eigenverantwortung** und eine lediglich **subsidiäre Sozialpolitik** durch den Staat. Der Grundsatz lautet: „Selbsthilfe geht vor Fremdhilfe"; beispielsweise müssen zuerst die Kinder für ihre Eltern sorgen, und nicht die Gesellschaft. Auch im Bereich der Sozialpolitik zeigt sich in Deutschland das Problem der politischen Durchsetzbarkeit grundlegender Reformen. In der politischen Praxis ist es regelmäßig schwer, tradierte Besitzstände abzubauen.

*f. Forschungs- und Entwicklungspolitik*

Für die internationale Wettbewerbsfähigkeit einer Volkswirtschaft ist der Stand von **Forschung und Entwicklung** (F&E) ein herausragender Faktor. Im internationalen Vergleich schneidet die Bundesrepublik vor allem bei den Erfindungen (Inventionen) günstig ab. Weniger ausgeprägt ist in Deutschland allerdings die Fähigkeit, dieses Wissen in marktreife Produkte und Verfahren umzusetzen (sog. Innovation). Dieser Innovationsprozess muss noch mehr beschleunigt werden. Darüber hinaus scheint sich in wichtigen Bereichen eine **technologische Lücke** zu öffnen. Die Bundesrepublik läuft nämlich Gefahr, in Schlüsselbereichen den Anschluss an die Weltspitze zu verlieren. Dies gilt etwa für die Kommunikationstechnologie, die Biotechnik oder die Luft- und Raumfahrt. Bei der Halbleiterindustrie ist das Rennen bereits gelaufen: Diese Schlüsselindustrie wird inzwischen klar von Japan und den USA beherrscht. Als sichtbarer Ausdruck für die mangelnde Innovationskraft der deutschen Wirtschaft kann der hierfür relevante Passivsaldo innerhalb der Dienstleistungsbilanz gewertet werden; dort wurde für den Kauf ausländischer Patente und Lizenzen nicht etwa per Saldo Geld verdient, sondern es flossen in den letzten Jahren regelmäßig Devisen im Wert von teilweise mehreren Milliarden Euro jährlich ab.

Ein weiteres Problem bildet die Art der **Forschungsförderungspolitik** des Staates. Sie wird immer noch zu einem beträchtlichen Teil in Form **direkter** Fördermaßnahmen betrieben. Es ist aber fraglich, ob der Staat die Aufgabe übernehmen soll bzw. kann, die „richtigen" Zukunftsmärkte zu erkennen. Möglicherweise fördert der Staat bei der direkten Förderung einzelner Projekte die falschen Produkte oder Verfahren. Außerdem wirkt eine direkte Projektförderung in der Praxis konzentrationsfördernd, da die Mittelvergabe faktisch auf große Unternehmen beschränkt bleibt.

Die Bedeutung von Forschung und Entwicklung für das wirtschaftliche Wachstum ist unbestritten. Dies belegen auch empirische Studien eindrucksvoll. Die Wirtschafts- und Gesellschaftspolitik sollte daher für ein **„forschungs- und innovationsfreundliches Klima"** Sorge tragen. Hierzu kann der Staat beitragen, indem er die Bereiche Forschung und Entwicklung fördert. Allerdings sollte diese Förderung aus Wettbewerbsgründen nicht so sehr auf einzelbetrieblicher Basis geschehen. Empfohlen wird von Seiten der Angebotspolitik vielmehr der Ausbau der **Grundlagenforschung**. Sie soll als Basis für neue Erfindungen der Allgemeinheit zur Verfügung stehen. Daneben sind weitere Maßnahmen denkbar wie etwa die Beschleunigung des Technologietransfers, staatliche Unterstützungen bei der Einführung technologischer Neuerungen oder steuerliche Erleichterungen von privaten F&E-Aktivitäten.

Mit der Forderung nach staatlicher Unterstützung des F&E-Bereichs knüpft die Angebotspolitik an das bekannte **Schumpeter-Theorem** an. Bekanntlich interpretierte J. A. Schumpeter die marktwirtschaftliche Entwicklung als einen permanenten **Prozess der „schöpferischen Zerstörung"**. Den Motor bilden die „Pionierunternehmer". Sie entwickeln neue bzw. bessere Produkte (Produktinnovationen), setzen neue Produktionsverfahren durch (Prozessinnovationen) und erschließen neue Rohstoffquellen (Ressourceninnovationen). Dies weckt neue Bedürfnisse und erlaubt die Erschließung neuer Märkte. Schumpeter steht also in der Tradiion der Klassik, indem er ebenfalls von unendlichen Bedürfnissen ausgeht. Das schließt aber nicht aus, dass auf einzelnen Märkten Sättigungstendenzen auftreten.

Für die **Wirtschaftspolitik** bedeutet das Schumpeter-Theorem, günstige Voraussetzungen für das Auftreten von Pionierunternehmern zu schaffen. Das ist insbesondere durch eine aktive Forschungs- und Entwicklungspolitik möglich. Aber auch bereits angesprochene andere Bereiche der Wirtschaftspolitik spielen hierbei eine Rolle. So gesteht Schumpeter den Pionierunternehmern als Belohnung durchaus hohe Monopolgewinne zu. Diese haben, wenn die zahlreichen „Imitatoren" nachziehen (sog. Diffusionsphase), ohnehin keinen dauerhaften Bestand. Doch die in der Anfangsphase anfallenden hohen Gewinne des Pionierunternehmers dürfen nicht durch zu hohe Steuersätze „wegbesteuert" werden, sonst entfällt der Anreiz, innovativ tätig zu sein. Auch sollte jeder Innovator die Chance haben, auf dem gewünschten Markt auftreten zu dürfen. Dies wiederum setzt die Öffnung der Märkte vor allem durch Deregulierung und Reprivatisierung voraus.

### *g. Bildungspolitik*

Ansatzpunkt der Bildungspolitik ist die Qualität des Produktionsfaktors Arbeit. Dessen ständige Verbesserung ist eine permanente Aufgabe. Speziell rohstoffarme Länder müssen die Ressource „Qualität der Ausbildung" besonders pflegen. Eine hochqualifizierte Ausbildung bildet einerseits die Voraussetzung für Fortschritte im Bereich von Forschung und Entwicklung. Andererseits schützt eine entsprechende Ausbildung am besten vor der Gefahr der Arbeitslosigkeit. Generell nimmt die Qualität des Humankapitals eine herausragende Rolle für das Wirtschaftswachstum ein. Dies ist insbesondere im Hinblick auf die zu erwartende Schrumpfung der Erwerbsbevölkerung zu beachten.

Auf internationaler Ebene genießt das deutsche Aus- und Weiterbildungssystem hohes Ansehen. Dies gilt sowohl für die staatlichen Ausbildungsinstitutionen als auch für die Qualifikationsmaßnahmen der Wirtschaft selbst. Hervorgehoben wird in diesem Zusammenhang insbesondere die **duale Ausbildung**, die eine Verzahnung von Theoriewissen und Praxiserfahrung zum Gegenstand hat. Beispiele hierfür sind das Berufsschulwesen oder im tertiären Bildungsbereich die Berufsakademien und Fachhochschulen.

Ein zentrales Problem sind jedoch die viel zu **langen Ausbildungszeiten**. Dies gilt in erster Linie für die Studiendauer an Universitäten, die leicht bei sechs und mehr Jahren liegen kann. Gerade im Hinblick auf den europäischen Binnenmarkt und die damit verbundene Öffnung der Arbeitsmärkte kann sich dieser Tatbestand sehr nachteilig für die deutschen Studenten auswirken, da deren Eintrittsalter in das Berufsleben teilweise deutlich höher ausfällt als das der europäischen Konkurrenten.

Vielfach wird auch seitens der Unternehmen die **Praxisferne** gerade von Universitätsabsolventen beklagt. Zwar erfolgt die langjährige Ausbildung auf hohem theoretischem Niveau. Dem steht jedoch nicht immer eine „Verwertbarkeit" des dabei erworbenen Wissens bei der späteren Tätigkeit gegenüber. Mit dem Eintritt ins Berufsleben ist häufig ein Praxisschock verbunden. Es ist dann Aufgabe der Betriebe, im Rahmen innerbetrieblicher Aktivitäten diese Praxislücke zu schließen.

Ein weiterer Vorwurf betrifft die Ausrichtung der Bildungspolitik. Sie wird vielfach als **zu wenig bedarfsorientiert** eingeschätzt. Dadurch kommt es zu Merkmalsdiskrepanzen auf dem Arbeitsmarkt, d. h. die Qualifikation, die der Arbeitssuchende auf Grund seiner frei gewählten Berufsausbildung mitbringt, stimmt nicht mit dem Anforderungsprofil der Firmen überein. Dies führt zu Effizienzverlusten in der Wirtschaft – potenzielle Wachstumsmöglichkeiten bleiben so ungenutzt.

### *h. Ressourcen- und Umweltpolitik*

Als letzter Politikbereich ist die Ressourcen- und Umweltpolitik zu nennen. Sie umfasst die Gesamtheit der Maßnahmen zur Erhaltung und Verbesserung der natürlichen Bedingungen wie Rohstoffe, Klima und Umwelt. Der Ressourcenpolitik kommt eine immer größere Bedeutung zu.

Aus unternehmerischer Sicht entzündet sich die Kritik vor allem an „zu hohen" **Umweltkosten**. Sie werden als disincentives empfunden, die eine Verschlechterung der internationalen Wettbewerbsposition zur Folge haben. Zahlreiche Auflagen in den Bereichen Luftreinhaltung, Gewässerschutz, Abfallbeseitigung und Lärmminderung belasteten die Unternehmen des Produzierenden Gewerbes in Deutschland beispielsweise im Jahr 2000 mit Kosten in Höhe von über 5 Mrd. Euro. Darin erblickt man vielfach einen Standortnachteil für die in Deutschland produzierenden Firmen, da derartige Auflagen im Ausland, zumindest in diesem Ausmaß, nicht üblich sind. Im Gegenteil, es gibt sogar Volkswirtschaften, die für Industrieansiedlungen mit dem Argument werben, es fielen keinerlei Umweltkosten an.

Andererseits dürfen Umweltschutzausgaben nicht nur als Belastungen gesehen werden. Umweltschutz und Ressourcenschonung eröffnet vielmehr hoch industrialisierten Ländern erst die Möglichkeit, auch in Zukunft ein Standort für Industrieprodukte zu bleiben. Vor diesem Hintergrund und infolge der zunehmenden globalen Umweltprobleme ist eine schärfere Gangart der Umweltpolitik keineswegs von vornherein „industriefeindlich". Die zu starke Nutzung nicht regenerierbarer Ressourcen (z. B. Energieträger), die Zerstörung der Natur, eine sich abzeichnenden Klimakatastrophe sowie die Zurückbildung der Ozonschicht werden als Belege für unzureichende umweltpolitische Rahmenbedingungen und damit für eine falsche Ressourcenpolitik gewertet. Der Club of Rome legte in seiner neuen Meadows-II-Studie die Problembereiche im Einzelnen dar und zeichnete mit Hilfe von Simulationsmodellen ein düsteres Bild für das nächste Jahrhundert. Die Umweltpolitik steht damit national wie auch international vor großen Herausforderungen.

Aus angebotsorientierter Sicht sollte sich die Umwelt- und Ressourcenpolitik allerdings vorwiegend der kostengünstigen **„marktwirtschaftlichen" Instrumente** bedienen. Nur in den Fällen, in denen es gilt, unmittelbare Gefährdungen für Leib und Leben abzuwehren, sind Verbote und Gebote unverzichtbar. Ein Beispiel hierfür bilden für jeden Emittenten gleiche Emissionsgrenzwerte. Diese Form der Umweltpolitik ist allerdings ökonomisch sehr teuer. Man kann zeigen, dass mit intelligenteren Instrumenten derselbe Umweltschutz zum halben Preis zu haben ist. Umgekehrt bedeutet dies, dass mit gleichen Kosten doppelt soviel für die Umwelt getan werden könnte. Hierzu muss der Staat allerdings Instrumente einsetzen, die sich die Marktkräfte nutzbar machen. Zu solchen „marktwirtschaftlichen Instrumenten" der Umweltpolitik gehören Umweltzertifikate, Umweltabgaben und das Umwelthaftungsrecht. Mit diesen marktsteuernden Instrumenten können nicht nur die umweltpolitischen Eingriffe des Staates auf das unbedingt Notwendige begrenzt werden, sie fördern zugleich auch den umwelttechnischen Fortschritt und tragen damit zur Verbesserung der internationalen Wettbewerbsfähigkeit eines Landes bei. Auf Einzelheiten dieser Instrumente kann hier allerdings nicht näher eingegangen werden. Auf diese Fragen wird im Teil G näher eingegangen.

| POLITIK-BEREICHE | STÖRUNGEN BZW. FEHLENTWICKLUNGEN | BEKÄMPFUNGSMÖGLICHKEITEN |
|---|---|---|
| | • falsche bzw. schlechte Rahmenbedingungen<br>– instabile Wirtschaftspolitik [Politikbereiche (1) – (3)]<br>– Leistung und Flexibilität gehemmt [Politikbereiche (4) – (8)] | • Verbesserung der Rahmenbedingungen<br>– „Stabilisierung der Stabilisierungspolitik"<br>– Förderung von Leistung und Flexibilität<br>• Theoretische Fundierung:<br>– Stabilitätsthese<br>– SAYsches Theorem |
| (1) Finanzpolitik | • Staatseinnahmen:<br>– zu hohe Grenzsteuersätze<br>– zu hohe Unternehmensteuern<br>– Existenz von Vermögensverkehrsteuern<br>– falsches Steuersystem<br>→ „disincentives"<br><br>• Staatsausgaben:<br>– strukturelle Budgetdefizite<br>– Inflation<br>– Crowding out<br>– wachstumshemmend strukturiert | • Staatseinnahmen:<br>– Grenzsteuersätze senken (LAFFER-Theorem)<br>– Unternehmensteuern senken<br>– Vermögensverkehrsteuern abschaffen<br>– Steuersystem vereinfachen<br>→ „incentives"<br>• Staatsausgaben:<br>– wachstumshemmende Ausgaben kürzen<br>– wachstumsfördernde Ausgaben steigern<br>→ qualitative und quantitative Konsolidierung<br>→ potenzialorientierte Finanzpolitik:<br>$w_G = w_T = w_{Kr} = w_{PP}$ |
| (2) Geldpolitik | • Inflation als Folge einer im Vergleich zur Produktion zu starken Ausweitung der Geldmenge:<br>– feste Wechselkurse<br>– zu reichliche Beschaffungsmöglichkeit von Zentralbankgeld seitens der Geschäftsbanken und des Staates | • Bekämpfung von Inflation durch Kontrolle des Geldmengenwachstums:<br>– flexible Wechselkurse<br>– Kontrolle des Kreditangebotes der Banken<br>– Autonomie der Zentralbank<br>→ potenzialorientierte Geldpolitik:<br>$w_M = w_{PP}$ |
| (3) Lohnpolitik | • zu hohe Löhne (Direktentgelt und Lohnzusatzkosten)<br>• zu undifferenzierte Löhne (Regionen, Branchen, Qualifikation) | • produktivitätsorientierte Lohnpolitik:<br>$w_l = w_{rr}$<br>• Eindämmung der Lohnzusatzkosten<br>• stärkere Differenzierung der Löhne |
| (4) Wettbewerbspolitik | • Wettbewerbsbeschränkungen<br>– wettbewerbsbeschränkendes Verhalten<br>– GWB nicht streng genug formuliert und angewandt<br>• Existenz von Marktschranken (Regulierungen, staatliche Betriebe) | • Wettbewerbsschutzpolitik (Verschärfung und konsequente Anwendung des GWB)<br>• Wettbewerbsförderungspolitik (Deregulierung, Privatisierung) |
| (5) Sozialpolitik | • Gefahr der Aushöhlung der Selbstverantwortung<br>• Negative Auswirkungen für die Leistungserbringung<br>• Staatliche Lohnzusatzkosten | • stärkere Eigenverantwortung<br>• subsidiäre Sozialpolitik |
| (6) Forschungs- und Entwicklungspolitik | • technologische Lücke<br>• Förderpolitik (direkte Projektförderung) | • Stärkung der F&E-Aktivitäten (Grundlagenforschung, Technologiezentren etc.)<br>→ SCHUMPETER-Theorem |
| (7) Bildungspolitik | • lange Ausbildungszeiten<br>• Praxisferne<br>• Ausbildung nicht genug bedarfsorientiert | • kürzere Ausbildungszeiten<br>• Praxisnähe<br>• bedarfsorientierte Ausbildung |
| (8) Ressourcen- und Umweltpolitik | • zu hohe Umweltkosten (unternehmerische Sicht)<br>• zu wenig Umweltvorsorge (ökologische Sicht) | Notwendigkeit der Umweltpolitik<br>• Kosteneinsparungen<br>• ökologisch erforderlich<br>• marktwirtschaftliche Instrumente |

*Abb. E.8: Angebotsorientierte Wirtschaftspolitik*

Die beschriebenen Felder der Angebotspolitik machen deutlich, dass diese Strategie nicht von heute auf morgen durchgesetzt werden kann. Gefragt sind vielmehr Allmählichkeit, Gleichmäßigkeit, Behutsamkeit und Berechenbarkeit. Angebotspolitik verheißt zudem keine schnellen Erfolge, aber dafür eine umso dauerhaftere Stabilisierung der Volkswirtschaft; sie ist eine **„Politik des langen Atems"**. Insgesamt gesehen geht es den Angebotsökonomen nicht nur um die Revitalisierung der Marktkräfte, sondern ganz generell um eine wettbewerbsfähigere Gesellschaft (competetive society).

Die skizzierten Störungen bzw. Fehlentwicklungen, die in den unterschiedlichen Teilbereichen der Wirtschaft auftreten, bedürfen nach Meinung der Angebotsökonomen einer ursachenadäquaten Korrektur. Die daraus abgeleiteten Maßnahmen münden in das Konzept der **angebotsorientierten Wirtschaftspolitik**. Sie stellte die Antwort auf die Keynesianische, nachfrageorientierte Wirtschaftspolitik dar, die nicht in der Lage war, mit langfristig-strukturellen Problemen in der Wirtschaft fertig zu werden.

Einen synoptischen Überblick über die Ursachen von angebotsseitigen Fehlentwicklungen sowie die daraus resultierenden Konsequenzen für die angebotsorientierte Wirtschaftspolitik vermittelt Abbildung E.8.

# F. Außenwirtschaftliches Gleichgewicht

Das vierte und damit letzte Ziel des „gesamtwirtschaftlichen Gleichgewichts" ist das Außenwirtschaftsziel. Auch das Ziel des „außenwirtschaftlichen Gleichgewichts" ist in § 1 des Stabilitäts- und Wachstumsgesetzes verankert. Es kann als eine Voraussetzung für die Erreichung der binnenwirtschaftlichen Stabilisierungsziele – Preisniveaustabilität, hoher Beschäftigungsstand, stetiges und angemessenes Wirtschaftswachstum – interpretiert werden. Das Ziel des außenwirtschaftlichen Gleichgewichts beinhaltet insoweit ganz allgemein die außenwirtschaftliche Absicherung der binnenwirtschaftlichen Entwicklung. Es ist sicherzustellen, dass internationale wirtschaftliche Transaktionen sich nicht störend auf die nationale Wirtschaftsentwicklung auswirken. In Bezug auf die binnenwirtschaftlichen Ziele heißt dies, dass „importierte Inflation", „importierte Arbeitslosigkeit" und „importierte Wachstumsschwäche" vermieden werden sollen. Umgekehrt dürfen aber auch die heimischen Probleme nicht zu Lasten des Auslandes gelöst werden, also kein „Export von Inflation", „Export von Unterbeschäftigung" oder „Export heimischer Wachstumsschwäche" stattfinden.

## I. Begründung der Notwendigkeit des außenwirtschaftlichen Gleichgewichts

Bei der Begründung des außenwirtschaftlichen Gleichgewichts steht üblicherweise der internationale **Güterverkehr** im Vordergrund. Angestrebt wird eine ausgeglichene Tendenz, d. h. die Ausfuhr von Waren und Dienstleistungen sowie die Einfuhr von Gütern sollten sich (in etwa) die Waage halten. Sofern Exporte und Importe nicht übereinstimmen, kommt es zu verschiedenen Effekten, die letztlich unerwünscht sind. Diese werden im Folgenden am Beispiel eines Exportüberschusses durchgespielt (für einen Importüberschuss gelten die Überlegungen mit umgekehrtem Vorzeichen).

Aus **binnenwirtschaftlicher Sicht** bringt ein Exportüberschuss zunächst eine Reihe von (tatsächlichen oder vermeintlichen) **Vorteilen** für die exportstarke Volkswirtschaft:

- Exporte sichern Arbeitsplätze; dieser Tatbestand ist gerade für eine Exportnation wie die Bundesrepublik Deutschland von großer Bedeutung. Die Ausfuhren leisten damit einen wesentlichen Beitrag zur Erreichung und Sicherung eines **hohen Beschäftigungsstandes**;
- mit der Abwicklung von Exportaufträgen ist die Erzeugung von Gütern verbunden. Diese Mehrproduktion erhöht das Inlandsprodukt einer Volkswirtschaft und sorgt damit für **Wachstum**. Mit der Erzeugung von mehr Gütern ist untrennbar ein Anstieg des Einkommens verbunden;

- infolge des Exportüberschusses fließen (über die Ausfuhren) mehr Devisen ins Inland, als umgekehrt (über die Einfuhren) Devisen ins Ausland abfließen. Per Saldo entsteht im Inland ein Devisenüberschuss. Er **erhöht** die **Nettovermögensposition** des Inlandes gegenüber dem Ausland. Das Inland ist Gläubigerland. Der solchermaßen entstandene Devisenvorrat stellt für die heimische Volkswirtschaft ein Polster dar, auf welches zurückgegriffen werden kann, wenn plötzlich internationale Zahlungsprobleme – etwa infolge steigender Importpreise – auftreten. Die Devisenreserven können im Ausland wiederum zinstragend angelegt werden und erhöhen so über die Kapitalerträge weiterhin den Exportüberschuss. Hält die Bundesbank bzw. die Europäische Zentralbank die Devisenreserven, und legt sie diese im Ausland zinstragend an, so steigern die Kapitalerträge den **„Bundesbankgewinn"**, der dem Staat zusätzliche Einnahmen bringt.

Nicht alle diese „Vorteile" erweisen sich jedoch bei genauerem Hinsehen als echte Vorzüge. Hierauf wird an späterer Stelle einzugehen sein.

Mögliche **Nachteile** von Exportüberschüssen sind für das Inland

- mit steigenden Exporten nimmt auch die Gefahr der **Abhängigkeit vom Ausland** zu. Die Erfahrungen in der Bundesrepublik zeigen, wie leicht eine Volkswirtschaft in das Schlepptau der nachlassenden Konjunktur wichtiger Abnehmerstaaten geraten kann;
- derjenige Teil der Produktion, der in das Ausland verkauft wurde, steht der heimischen Bevölkerung nicht zur Verfügung. Er wirkt also im Inland nicht wohlstandsmehrend. Bezieht das Inland nicht in gleichem Umfang Güter aus dem Ausland, so entsteht im Inland per Saldo eine **Güterlücke**. Die heimische Bevölkerung sieht sich also aufgrund des Exportüberschusses einer schlechteren Güterversorgung gegenüber, als dies ohne einen Exportüberschuss der Fall wäre. Die inländische Produktion von Waren und Diensten ist im Fall eines Exportüberschusses größer als die inländische Absorption (Konsum-, Investitions- und Staatsnachfrage). Das Inland lebt offensichtlich unter seinen Verhältnissen, das Ausland dagegen lebt über seine Verhältnisse. Es stellt sich die Frage, welcher gesamtwirtschaftliche Sinn darin zu sehen ist, Güter zu produzieren, die den Wohlstand dieser Gesellschaft nicht erhöhen – es sei denn, es handelt sich bei dem Inland um eine altruistische Nation, die gerne für das Ausland arbeitet.
- im Zuge der Herstellung von Exportgütern entsteht, wie bereits ausgeführt, im Inland automatisch Einkommen. Da diesem Einkommen und der damit verbundenen höheren Binnennachfrage aber infolge der Güterlücke ein geringeres Angebot entspricht, besteht die Gefahr von **Preisniveausteigerungen** im Inland (**importierte Inflation**). Diese Tendenz wird in einem System fester Wechselkurse zudem von der monetären Seite her unterstützt: Da die Zentralbank zum Ankauf von Devisen verpflichtet ist, steigt die Zentralbankgeldmenge und damit die Geldmenge an, was zusätzlich zum Nachfrageeffekt der Exporte inflatorisch wirkt;
- die durch Exportüberschüsse entstandenen Devisenreserven unterliegen (insbesondere bei flexiblen Wechselkursen) dem **Wechselkursrisiko**. Sinkt der Kurs der Devisen, so verliert die Nettovermögensposition an Wert.

Diese Negativpunkte lassen bereits erkennen, dass ein Exportüberschuss nicht wünschenswert ist. Nun könnte man dem aber die zuvor erwähnten Vorzüge entgegenhalten, etwa die positiven Beschäftigungs- und Wachstumseffekte. Diese Vorteile erweisen sich indes als vordergründig. Denn zu bedenken ist, dass dem Exportüberschuss des Inlandes immer ein Importüberschuss des Auslandes entgegensteht, der dort eine Reihe negativer Konsequenzen nach sich zieht:

- die Güter, welche das Ausland im Inland kauft, werden logischerweise nicht im Ausland nachgefragt. Die ausländischen Unternehmen erhalten also weniger Aufträge, als dies potentiell möglich wäre. Dadurch erreicht die Produktion im Ausland ein geringeres Volumen. Der Exportüberschuss des Inlandes wirkt sich somit für das Ausland **wachstumshemmend** aus. Das Überschussland (Inland) **exportiert** folglich **Wachstumsschwäche**; es macht sozusagen den Nachbarn zum Bettler („Beggar-my-neighbour-policy");
- infolge des Produktionsrückgangs im Ausland ist dort auch mit einer **geringeren Beschäftigung** zu rechnen. Anders ausgedrückt heißt dies, dass mit dem Export von Gütern aus dem Inland zugleich ein Export von Arbeitslosigkeit in das Ausland verbunden ist. Im Überschussland herrscht Vollbeschäftigung, es löst seine Arbeitsmarktprobleme durch **Export von Arbeitslosigkeit**.
- zur Bezahlung der Importe benötigt das Ausland Devisen. Sofern dort noch Devisenvorräte vorhanden sind, werden diese abgebaut. Dadurch **verschlechtert** sich die **Nettovermögensposition** des Auslandes. Sind die Devisenreserven aufgebraucht, so muss das ausländische Defizitland Kredite aufnehmen. Das Ausland wird zum **Schuldnerland**.

All diese Probleme wird das Ausland auf Dauer nicht hinnehmen. Vielmehr ist mit Bemühungen zu rechnen, die einen Abbau der Importüberschüsse zum Gegenstand haben. Es kommt zu **Abwehrmaßnahmen** des Auslandes wie beispielsweise der Erhebung von Importsteuern, der Einführung von Importkontingenten oder anderer Schutzmaßnahmen zugunsten der dortigen Wirtschaft. Erfahrungsgemäß lösen derartige Aktionen wiederum interventionistische Gegenmaßnahmen aus. Auf diese Weise besteht die Gefahr, dass eine Spirale protektionistischer Aktionen in Gang gesetzt wird. Mit solchen „Handelskriegen" treten in der Regel auch politische Spannungen auf, die dann das Verhältnis der Länder nicht nur auf wirtschaftlicher Ebene belasten können.

Diese Überlegungen machen deutlich, welche Gefahren in außenwirtschaftlichen Ungleichgewichten stecken. Zwar mögen protektionistische Maßnahmen aus Sicht der betroffenen Volkswirtschaften notwendig sein. Letztlich ist damit aber für keine Volkswirtschaft etwas gewonnen. Denn es ist unstrittig, dass die internationale Arbeitsteilung und der damit verbundene **freie und ungestörte Handel**, also die Globalisierung,in der Lage ist, im Endergebnis allen am Welthandel beteiligten Volkswirtschaften **Vorteile** zu bringen. Außenwirtschaftliches Gleichgewicht ist eine entscheidende Voraussetzung für eine ausgeglichene Wirtschaftsentwicklung sowohl auf nationaler als auch auf internationaler Ebene.

Die bisherigen Überlegungen bezogen sich auf Ungleichgewichte des güterwirtschaftlichen Sektors. Internationale Spannungen können aber auch entstehen, falls sich die Devisenströme bei **geldwirtschaftlichen** Transaktionen nicht ausgleichen.

Betreibt etwa das Inland eine Hochzinspolitik, um seine Inflation zu bekämpfen, so locken die attraktiven Zinsen auch ausländische Anleger ins Land. Dadurch übertreffen die Devisenzuflüsse die Devisenabflüsse, wiederum baut sich im Inland ein Devisenüberschuss auf. Das Ausland verliert auf diese Weise einen Teil des Geldvermögens. Dies kann zu zweierlei Reaktionen führen:

- um „mithalten" zu können, müsste das Ausland seine Zinsen ebenfalls heraufsetzen. Dies läuft möglicherweise dem dortigen nationalen wirtschaftspolitischen Kurs zuwider. Unter Umständen bleibt dem Ausland aber letztlich doch nichts anderes übrig, als sich dem höheren Zinsniveau anzupassen;
- oder das Ausland übt auf das Inland einen derart großen Druck aus, dass schließlich die heimischen Zinsen gesenkt werden, obwohl dies dem angestrebten stabilitätspolitischen Kurs des Inlandes zuwiderläuft.

In jedem Falle ist auch bei dieser Konstellation mit Spannungen zwischen den beteiligten Nationen zu rechnen. Diese kämen erst gar nicht auf, wenn die durch Kapitaltransaktionen ausgelösten Devisenströme sich die Waage hielten. Somit ist unter monetären Gesichtspunkten ebenfalls eine Situation wünschenswert, in der sich die entgegenlaufenden Devisenströme ausgleichen.

Die bisherigen Überlegungen gingen vorwiegend von einer vergleichsweise engen Definition des außenwirtschaftlichen Gleichgewichts im Sinne eines Ausgleichs der Handels- und Dienstleistungsbilanz aus. Es ist erforderlich, dieses Ziel genauer zu operationalisieren, was im Folgenden geschieht.

## II. Operationalisierung des außenwirtschaftlichen Gleichgewichts

Außenwirtschaftliches Gleichgewicht wurde umschrieben als eine Situation, die dadurch gekennzeichnet ist, dass von den wirtschaftlichen Transaktionen des Inlands mit dem Ausland keine negativen Wirkungen auf die binnenwirtschaftliche Entwicklung ausgehen, und umgekehrt, die heimischen Probleme nicht auf Kosten des Auslandes gelöst werden. Zur Operationalisierung dieser Zielumschreibung bietet es sich an, von der Zahlungsbilanz auszugehen. Dieses außenwirtschaftliche Rechenwerk soll daher kurz vorgestellt werden.

### 1. Aufbau der Zahlungsbilanz

In der Zahlungsbilanz werden sämtliche ökonomischen Transaktionen erfasst, die innerhalb einer bestimmten Zeitperiode zwischen Inländern (Gebietsansässige) und Ausländern (Gebietsfremde) anfallen. Entscheidend ist dabei der ständige Wohnsitz der Personen bzw. der Sitze des Betriebes. Es kommt also nicht auf die Nationalität an. Genau genommen handelt es sich bei diesem volkswirtschaftlichen Rechnungswerk nicht um eine „Bilanz", sondern um eine Gewinn- und Verlustrechnung (Erfolgsbilanz, Bewegungsbilanz) mit dem Ausland. Der Begriff Zahlungs„bilanz" ist daher irreführend. Denn die hierin erfassten ökonomischen Transaktionen sind keine Bestandsgrößen, sondern **Stromgrößen**. Gleichwohl hat sich der Begriff „Zahlungsbilanz" eingebürgert. Die registrierten ökonomischen Transaktionen können sowohl güterwirtschaftlicher als auch rein geldwirtschaftlicher Natur sein. Außerdem ist zwischen einseitigen und zweiseitigen Transaktionen zu unterscheiden. In jedem Fall werden sämtliche Transaktionen doppelt verbucht. Gemäß diesem Prinzip der doppelten Buchhaltung ist die Zahlungsbilanz unter dem Strich immer ausgeglichen. Die Konkretisierung des Außenwirtschaftsziels als buchhalterischer „Ausgleich der Zahlungsbilanz" ist jedoch inhaltsleer.

Der Aufbau der Zahlungsbilanz wurde mehrfach geändert. Seit 1993 orientiert er sich an einem Rahmen, der vom Internationalen Währungsfonds (IWF) erstellt wurde und international üblich ist. In ihrer einfachsten Form hat die Zahlungsbilanz gegenwärtig folgende Struktur:

Zahlungsbilanz:

1. Leistungsbilanz
   a. Außenhandel (Handelsbilanz)
   b. Dienstleistungen (Dienstleistungsbilanz)
   c. Erwerbs- und Vermögenseinkommen (Saldo der Erwerbs- und Vermögenseinkommen)
   d. laufende Übertragungen (Übertragungsbilanz)
2. Vermögensübertragungen
3. Kapitalbilanz
4. Saldo der statistisch nicht aufgliederbaren Transaktionen
5. Devisenbilanz (Veränderung der Nettoauslandsaktiva der Zentralbank)

Die Teilbilanzen der Zahlungsbilanz enthalten stets wirtschaftlich gleichartige Transaktionen. Ihre Verbuchung geschieht in der Form, dass alle Vorgänge, die zu Devisenzuflüssen führen, auf der Aktivseite der jeweiligen Teilbilanz registriert werden; umgekehrt erfolgt die Erfassung von grenzüberschreitenden Transaktionen, welche Devisenabflüsse nach sich ziehen, auf der Passivseite der Teilbilanz. Sind die Devisenzuflüsse innerhalb einer Teilbilanz größer als die Devisenabflüsse, so ist diese **„aktiv"**, es liegt ein **Überschuss** vor. Entsprechend ist eine Teilbilanz **„passiv"** bzw. **defizitär**, falls die Devisenabflüsse größer als die Devisenzuflüsse sind.

Die **Leistungsbilanz** heißt auch „Bilanz der laufenden Posten". Sie enthält sämliche güterwirtschaftlichen Vorgänge sowie wiederkehrende einseitige Wertübertragungen. Der Export und Import von Waren findet Eingang in die Handelsbilanz. Immaterielle Güter werden in der Dienstleistungsbilanz erfasst. Hierzu zählen die Bereiche Tourismus, Transport, bestimmte Versicherungsleistungen, Messewesen oder Patent- und Lizenzgebühren. Fasst man die Handels- und Dienstleistungsbilanz zusammen, so erhält man den **Außenbeitrag zum Bruttoinlandsprodukt**.

Der dritte Posten innerhalb der Leistungsbilanz erfasst die **Erwerbs- und Vermögenseinkommen**, die zwischen Inländern und Ausländern fließen. Hierzu gehören etwa die Löhne und Gehälter von „Grenzgängern", also Personen, die im Inland (Ausland) ihren Wohnsitz und im Ausland (Inland) ihren Arbeitsplatz haben. Ebenso sind hierin grenzüberschreitende Kapitalerträge wie Zinseinkommen erfasst. Bekanntlich bildet der Saldo der Erwerbs- und Vermögenseinkommen in der

Volkswirtschaftlichen Gesamtrechnung den Unterschied zwischen dem Inlandsprodukt und dem Nationaleinkommen (frühere Bezeichnung: Sozialprodukt).

Zur Leistungsbilanz gehören schließlich noch die **laufenden Übertragungen**. Es handelt sich dabei um wiederkehrende unentgeltliche Leistungen an das Ausland bzw. aus dem Ausland. Derartige einseitige Leistungen ohne Gegenleistung („Schenkungen") können sowohl öffentlich sein (z. B. Regierungszahlungen an internationale Organisationen wie die EU oder Wiedergutmachungsleistungen), als auch privat (Überweisungen der Gastarbeiter in ihre Heimatländer, Renten und Pensionen, Erbschaften, Schenkungen). Das entscheidende Kriterium, dass eine Übertragung als „laufend" eingestuft wird, ist deren vorhandener Einfluss auf Einkommen und Verbrauch.

Die zweite Teilbilanz der Zahlungsbilanz ist die Bilanz der **Vermögensübertragungen**. Hierunter fallen sämtliche einseitigen Wertübertragungen zwischen Inländern und Ausländern, die einmaliger Natur sind. Sie können ebenfalls von öffentlichen Stellen (z. B. finanzielle Hilfe für ein Land, das sich einer Naturkatastrophe ausgesetzt sah) oder von Privaten (Schenkungen, Erbschaften usw.) stammen. Im Gegensatz zu den laufenden Übertragungen haben Vermögensübertragungen keinen direkten Einfluss auf Einkommen und Verbrauch, denn zunächst verändert sich lediglich das Vermögen der beteiligten Länder. Die Teilbilanzen (1.) bis (4.) bilden zusammen die **Nettoposition** (NP) des Inlandes gegenüber dem Ausland, die in einer offenen Volkswirtschaft zu einer Erweiterung der bekannten I-S-Ex-post-Identität führt:

$$I + NP = S$$

Eine aktive (positive) Nettoposition bedeutet, dass das Inland an das Ausland mehr Leistungen abgegeben hat als es vom Ausland bezogen hat. Das Inland hat also mehr produziert als absorbiert (konsumiert oder investiert). In dieser Höhe hat das Inland zugleich Forderungen gegenüber dem Ausland erworben (z. B. Zunahme der Währungsreserven der Zentralbank oder Zunahme der Forderungen der privaten Wirtschaftssubjekte gegenüber dem Ausland). Eine passive Nettoposition des Inlandes gegenüber dem Ausland bedeutet, dass das Inland „über seine Verhältnisse gelebt" hat. Es hat im Verlauf des betreffenden Jahres mehr Leistungen importiert als exportiert. Zur Finanzierung dieses Defizits muss es entweder vorher angesammelte Währungsreserven oder Forderungen gegenüber dem Ausland aufgelöst haben, oder es muss sich per Saldo gegenüber dem Ausland verschuldet haben. Beide Vorgänge schlagen sich in der Devisenbilanz oder in der Kapitalbilanz nieder. Kapital- und Devisenbilanz sind zusammen quasi das Spiegelbild der Nettoposition des Inlandes gegenüber dem Ausland.

In der **Kapitalbilanz** erfolgt eine Gegenüberstellung von Kapitalimporten (Devisenzuflüsse) und Kapitalexporten (Devisenabflüsse). Dabei werden die Kapitalimporte auf der Aktivseite verbucht (Zunahme der Verbindlichkeiten gegenüber dem Ausland bzw. Abnahme von Forderungen an das Ausland). Die Buchung der Kapitalexporte erfolgt auf der Passivseite (Zunahme von Forderungen an das Ausland bzw. Abnahme von Verbindlichkeiten gegenüber dem Ausland). Innerhalb der Kapitalbilanz wird zwischen vier Posten unterschieden, nämlich Direktinvestitionen, Wertpapieranlagen, Krediten und sonstigen Kapitalanlagen. Zu den Direktinvestitionen zählen Beteiligungskapital, reinvestierte Gewinne sowie übrige Anlagen. Die Wertpapieranlagen umfassen Dividendenwerte, festverzinsliche Wertpapiere, Geldmarktpapiere sowie Finanzderivate. Innerhalb der Kredite wird nach Personenkreisen und Fristigkeit unterschieden. Die sonstigen Kapitalanlagen enthalten insbesondere die Veränderung der Beteiligungen des Bundes an internationalen Organisationen.

Die Zahlungsbilanz enthält eine weitere Teilbilanz in Gestalt der **Restpostenbilanz** (genauer: Saldo der statistisch nicht aufgliederbaren Transaktionen). Wie der Name sagt, werden in dieser Restpostenbilanz sämtliche statistischen Ermittlungsfehler, nicht offiziell erfasste Transaktionen (z. B. „Koffergeschäfte") oder das zeitliche Auseinanderfallen von Warenlieferungen und Zahlungen (insbesondere als Folge der Veränderung der terms of payments) erfasst. Die Restpostenbilanz sorgt dafür, dass die Zahlungsbilanz trotz statistischer Ungenauigkeiten immer ausgeglichen ist. Ökonomisch ist sie als Teil der Kapitalbilanz zu interpretieren. Verändern sich beispielsweise die Zahlungsgewohnheiten, zahlen also etwa die ausländischen Importeure schleppender als üblich, so gewähren die Exporteure den Importeuren faktisch einen Handelskredit. Dieser Kredit schlägt sich jedoch wegen der statistischen Ermittlungsprobleme in der Restpostenbilanz nieder.

Die letzte Teilbilanz ist die **Devisenbilanz**. Es handelt sich hierbei um einen institutionell ausgegliederten Teil der Kapitalbilanz. Man könnte die Devisenbilanz daher auch als „Kapitalbilanz der Zentralbank" bezeichnen. Sie enthält die Veränderung der von der Zentralbank gehaltenen Währungsreserven. Hierzu zählen Gold, Devisen und Sorten, die Reserveposition im IWF einschließlich Sonderziehungsrechte, Forderungen an den Europäischen Fonds für Wirtschaftliche Zusammenarbeit, Notenbankkredite und sonstige Forderungen an den Rest der Welt.

Die Devisenreserven der Zentralbank verändern sich überwiegend als Folge von Interventionen der Zentralbank am Devisenmarkt. Kauft sie Devisen (z. B. dänische Kronen), so stützt sie damit den Kronenkurs. Demjenigen, der die Dänenkronen erhalten hat, und der sie verkauft (z. B. dem Exporteur), fließen im Gegenwert Euro zu. Der Vorgang der Devisenmarktintervention (Käufe) ist folglich nicht nur mit einer Zunahme der Währungsreserven der Zentralbank, sondern auch mit einer Zunahme der heimischen Geldmenge verbunden. Es hängt von der Ausgestaltung des internationalen Währungssystems ab, ob die Zentralbank am Devisenmarkt intervenieren muss oder nicht. Interventionszwang herrscht in einem internationalen Währungssystem mit festen Wechselkursen (häufig mit Bandbreite). Keine Interventionsverpflichtung herrscht in einem internationalen Währungssystem mit flexiblen Wechselkursen („Floating").

Die Währungsreserven können sich allerdings auch verändern, ohne dass dies aus dem Leistungs- oder Kapitalverkehr resultiert. Ein Beispiel ist die Zuteilung von Sonderziehungsrechten durch den Internationalen Währungsfonds. In diesem Fall würde der Zunahme der Währungsreserven keine Gegenbuchung in einer anderen Teilbilanz der Zahlungsbilanz gegenüberstehen. Die Zahlungsbilanz wäre unter dem Strich nicht mehr ausgeglichen. Um diese Auswirkung zu vermeiden, erfolgt die Gegenbuchung auf einem Sonderkonto „Ausgleichsposten zur Auslandsposition der Deutschen Bundesbank". Hier wird auch die korrespondierende Gegenbuchung für eine Neubewertung der Währungsreserven vorgenommen. Seit der Umstellung der Zahlungsbilanzstatistik erfasst die Deutsche Bundesbank die Veränderung ihrer Auslandsaktiva nur noch als „Transaktionswerte".

Sind die Leistungsexporte größer als die Leistungsimporte, so weist die **Leistungsbilanz** einen **Aktivsaldo** auf. Wie bereits erwähnt, bedeutet ein solcher Leistungsbilanzüberschuss, dass mehr Leistungen an das Ausland abgegeben worden sind, als vom Ausland bezogen wurden. In Höhe dieses Überschusses erwirbt das Inland Forderungen gegenüber dem Ausland. Diese Zunahme der Forderungen wird in der oben dargestellten Kapitalbilanz auf der rechten Seite erfasst, und zwar entweder in Form einer Zunahme der Nettoforderungen der privaten Wirtschaftssubjekte gegenüber dem Ausland oder in Form einer Zunahme der Nettoforderungen der Zentralbank gegenüber dem Ausland; letztere tritt in der Devisenbilanz in Erscheinung. Weist die Leistungsbilanz beispielsweise einen Überschuss von 100 Mrd. Euro aus, so bedeutet dies (unter Vernachlässigung der Vermögensübertragungen), dass wegen des Prinzips der doppelten Buchhaltung (und unter der Voraussetzung einer unveränderten Devisenbilanz) auch die Kapitalbilanz einen Passivsaldo von 100 Mrd. Euro ausweist. Die Zahlungsbilanz ist dann unter dem Strich wiederum formal ausgeglichen. Entsprechendes gilt für den Fall, dass der Überschuss der Leistungsbilanz in gleicher Höhe zu einer entsprechenden Zunahme der Währungsreserven führt.

Aus diesem Beispiel geht hervor, dass die Zahlungsbilanz trotz des buchhalterisch-formalen Ausgleichs im materiellen Sinne nicht ausgeglichen sein muss: In einer Teilbilanz können durchaus Salden auftreten. Diese partiellen Ungleichgewichte in den Teilbilanzen bilden die Ansatzpunkte zur qualitativen Operationalisierung des Ziels des außenwirtschaftlichen Gleichgewichts.

## 2. Definitionen des außenwirtschaftlichen Gleichgewichts

Die Zahlungsbilanz bildet den Rahmen für die qualitative Operationalisierung des außenwirtschaftlichen Gleichgewichts. Eine einheitliche Methode zur Operationalisierung des Außenwirtschaftsziels gibt es allerdings nicht; vielmehr sind folgende inhaltliche Umschreibungen dieses Ziels anzutreffen:

- Ausgleich der Leistungsbilanz,
- ein bestimmter Überschuss im Außenbeitrag,
- Ausgleich der Devisenbilanz.

Am weitesten verbreitet ist die Interpretation des außenwirtschaftlichen Gleichgewichts als **„Ausgleich der Leistungsbilanz"**. Dahinter steht die Überlegung, dass mit dauerhaften Überschüssen oder Defiziten der Leistungsbilanz **negative Konsequenzen**, wie sie oben beschrieben wurden, einhergehen. Um diese zu vermeiden, ist eine ausgeglichene Leistungsbilanz erforderlich.

Strukturelle (anhaltende) **Leistungsbilanzüberschüsse** sind aus gesamtwirtschaftlicher Sicht problematisch. Sie gehen ex definitione mit einer entsprechenden Zunahme der Nettokapitalexporte einher – und zwar entweder der Privaten oder der Zentralbank. Durch private Nettokapitalexporte wird im Ausland zusätzliches Vermögen geschaffen. Den Nettokapitalexporten des Überschusslandes (Inland) entsprechen immer betragsgleiche Nettokapitalimporte der Defizitländer (Ausland). Die Nettoschuldnerposition des Auslandes erhöht sich also immer mehr. Es ist abzusehen, wann das Defizitland seinen Zinsendienst nicht mehr aufbringen kann und völlig zahlungsunfähig wird.

Spätestens dann zeigt sich, dass Exportüberschüsse ohne Gegenleistung des Auslandes „verschenkt" worden sind. Im Inland wurde dann zwar produziert und gearbeitet, es wurde jedoch nicht der Wohlstand der Bürger erhöht. Darüber hinaus führen strukturelle Leistungsbilanzüberschüsse regelmäßig zu **importierter Inflation**. Entweder dadurch, dass die Exportnachfrage die Preise in die Höhe zieht, oder dadurch, dass infolge von Devisenmarktinterventionen (Käufe) der Zentralbank die inländische Geldmenge steigt und von daher die Inflation anheizt.

Strukturelle **Leistungsbilanzdefizite** sind – wie oben am Beispiel des Auslandes erläutert – auf Dauer nicht finanzierbar. Sie führen zudem zu **importierter Wachstumsschwäche** und zu **Arbeitslosigkeit**. Das Finanzierungsproblem ergibt sich daraus, dass die Leistungsimporte letztlich ja immer in fremder Währung bezahlt werden müssen. Sind die Devisenreserven erst einmal aufgebraucht, so kommt nur noch die Auslandsverschuldung in Betracht. Um die Kapitalimporte in das Inland zu locken, müssen im Zweifel hohe Zinsen geboten werden. Da der Zinsendienst an das Ausland in der Dienstleistungsbilanz verbucht wird, belastet er die Leistungsbilanz zusätzlich. Auf Dauer wird das Inland gegenüber dem Ausland kreditunwürdig. Es gilt als überschuldet; weitere Leistungsbilanzdefizite können dann nicht mehr finanziert werden.

Die hohen Zinsen bremsen auch die wirtschaftliche Aktivität im Inland. Die Folgen sind Wachstumsschwäche und Arbeitslosigkeit. Zudem trägt das Defizitland infolge des Importüberschusses Wachstum und Beschäftigung in das Ausland, während es selbst an Unterbeschäftigung leidet. Die Notenbank kann ein Defizit der Leistungsbilanz nur solange finanzieren, wie sie über eigene Währungsreserven oder Kreditlinien im Ausland (z. B. beim Internationalen Währungsfonds) verfügt. Bei anhaltenden Defiziten stößt auch sie an eine Finanzierungsgrenze (Liquiditätsproblem der Zentralbank). Verkauft die Notenbank zur Finanzierung des Leistungsbilanzdefizits Devisen am Devisenmarkt, so erhält sie hierfür ihre eigene Währung. Die Konsequenz hiervon ist, dass die Geldmenge schrumpft. Auch dies wirkt bremsend auf die wirtschaftliche Aktivität.

Die Definition des außenwirtschaftlichen Gleichgewichts in Form einer ausgeglichenen Leistungsbilanz setzt sich in der wirtschaftspolitischen Praxis immer mehr durch. Gleichwohl sind, wie bereits erwähnt, auch andere Wege der Operationalisierung des Außenwirtschaftsziels üblich. Hierzu zählen insbesondere:

- Die Forderung nach einem bestimmten Überschuss im **Außenbeitrag**. An diese Definition knüpfte in der Vergangenheit die Bundesregierung teilweise an (1,5 bis 2 Prozent des Bruttoinlandsprodukts). Begründet wird dies in der Weise, dass durch einen Überschuss in der Handels- und Dienstleistungsbilanz Devisen verdient werden müssen, um das traditionelle Defizit in der Übertragungsbilanz zu finanzieren. Ist der Saldo im Außenbeitrag gerade so groß bemessen, dass das Defizit in der Übertragungsbilanz abgedeckt wird, so läuft diese Definition im Ergebnis auf die Forderung nach einer ausgeglichenen Leistungsbilanz hinaus. Da die Bundesregierung gemäß Stabilitäts- und Wachstumsgesetz auf die Sprache der Volkswirtschaftlichen Gesamtrechnung verpflichtet ist, wählt sie diese Umschreibung des außenwirtschaftlichen Gleichgewichts.

- Ausgleich der **Devisenbilanz**: In einem internationalen Währungssystem mit festem Wechselkurs (z. B. Bretton-Woods-System) spielte die Devisenbilanz eine dominierende Rolle. Bei güterwirtschaftlichen Ungleichgewichten mussten die Zentralbanken intervenieren. Die Interventionen gehen mit einer Zunahme oder einer Abnahme der Währungsreserven einher. Eine Abnahme der Währungsreserven galt als Schwäche, eine Zunahme der Reserven als Stärke des betreffenden Landes. Darüber hinaus gehen mit den Devisenmarktinterventionen inflatorische oder deflatorische Geldmengeneffekte einher. Gegenüber dem Dollar wurde der Interventionszwang im Frühjahr 1973 aufgehoben. Ein Fest-Wechselkurs-System herrschte auch längere Zeit innerhalb der Europäischen Währungen im Rahmen des Europäischen Währungssystems (EWS). Mit dem Übergang zur Gemeinschaftswährung wurde diese Regelung logischerweise hinfällig. Gegenwärtig bestehen nur noch Festkurse zwischen dem Euro und der dänischen sowie schwedischen Krone. Die Bedeutung der Devisenbilanz als Indikator für außenwirtschaftliche Gleichgewichte oder Ungleichgewichte ist seit dem weitgehenden Verschwinden fester Wechselkurse stark gesunken.

Insgesamt kann festgehalten werden, dass die Außenwirtschaftsposition eines Landes wohl am besten durch die Leistungsbilanz widergespiegelt wird.

### 3. Empirischer Befund

Die Entwicklung der wichtigsten Posten der Zahlungsbilanz der Bundesrepublik Deutschland sind in Tabelle 2 dargestellt. Ein Blick in die darin enthaltenen internationalen Wirtschaftsbeziehungen zeigt ein sehr differenziertes Bild. Das typische Kennzeichen der westdeutschen Zahlungsbilanz waren in der Vergangenheit hohe Überschüsse im Außenhandel, d.h. eine aktive **Handelsbilanz** (siehe auch Abb. F. 1). Der Überschuss stieg seit 1991 nahezu ungebrochen an und erreichte im Jahr 2004 mit 157 Mrd. Euro seinen bisherigen Spitzenwert. Zum einen war dies auf die teilweise sehr günstige konjunkturelle Entwicklung im Ausland zurückzuführen. Zum anderen trug hierzu sicherlich auch die anfängliche Schwäche des Euro bei. Umso erstaunlicher ist es, dass trotz der Aufwertung des Euro, die seit 2002 einsetzte, die Überschüsse weiter kletterten. Diese Entwicklung kann als Beleg für die Wertschätzung, die deutsche Waren im Ausland genießen, gewertet werden.

Die **Dienstleistungsbilanz** ist in Deutschland traditionell passiv. Hauptgrund ist der Reiseverkehr, der im Jahr 2004 zu Devisenabflüssen von per Saldo rund 36 Mrd. Euro führte (die folgenden Werte in Klammern beziehen sich, wenn nicht ausdrücklich anders vermerkt, ebenfalls auf das Jahr 2004) führt. Auch durch Patente und Lizenzen und weitere Dienstleistungen geriet die Dienstleistungsbilanz ins Minus (– 0,5 Mrd. Euro); Devisenzuflüsse verzeichneten dagegen das Transportgewerbe (+ 4,3 Mrd. Euro), Finanzdienstleistungen (+ 1,6 Mrd. Euro) und Regierungsleistungen (+ 5,3 Mrd. Euro).

Die empfangenen und geleisteten **Erwerbs- und Vermögenseinkommen** zeigen kein einheitliches Bild. Während bis 1996 per Saldo zumeist Devisenzuflüsse exis-

| Zeit | Leistungsbilanz: Saldo der Leistungsbilanz[1] | Leistungsbilanz: Außenhandel[1] [2] [3] | Leistungsbilanz: Ergänzungen zum Warenhandel[4] [5] | Leistungsbilanz: Dienstleistungen[6] | Leistungsbilanz: Erwerbs- und Vermögenseinkommen | Leistungsbilanz: laufende Übertragungen | Vermögensübertragungen und Kauf/Verkauf von immateriellen nichtproduzierten Vermögensgütern[7] | Kapitalbilanz[7] | Veränderung der Währungsreserven zu Transaktionswerten[8] | Saldo der statistisch nicht aufgliederbaren Transaktionen | Nachrichtlich: Veränderung der Netto-Auslandsaktiva der Bundesbank zu Transaktionswerten[8] |
|---|---|---|---|---|---|---|---|---|---|---|---|
| | Mio DM | | | | | | | | | | |
| 1991 | − 40 182 | + 21 899 | − 2 804 | − 30 724 | + 29 260 | − 57 812 | − 4 565 | + 12 715 | + 9 605 | + 22 427 | − 319 |
| 1992 | − 35 363 | + 33 656 | − 1 426 | − 44 983 | + 28 611 | − 51 222 | − 1 963 | + 69 462 | − 52 888 | + 20 753 | − 68 745 |
| 1993 | − 31 162 | + 60 304 | − 3 038 | − 52 549 | + 19 272 | − 55 151 | − 1 915 | + 20 652 | + 22 795 | − 10 370 | + 35 766 |
| 1994 | − 49 143 | + 71 762 | − 1 104 | − 62 803 | + 2 457 | − 59 455 | − 2 637 | + 57 861 | + 2 846 | − 8 927 | − 12 242 |
| 1995 | − 42 682 | + 85 303 | − 4 722 | − 63 985 | − 3 863 | − 55 416 | − 3 845 | + 60 472 | − 10 355 | − 3 590 | − 17 754 |
| 1996 | − 21 263 | + 98 538 | − 5 264 | − 64 743 | + 1 195 | − 50 989 | − 3 283 | + 22 407 | + 1 882 | + 256 | + 1 610 |
| 1997 | − 16 463 | + 116 467 | − 7 360 | − 68 692 | − 4 139 | − 52 738 | + 52 | + 31 | + 6 640 | + 9 740 | + 8 468 |
| 1998 | − 26 738 | + 126 970 | − 7 315 | − 75 053 | − 18 036 | − 53 304 | + 1 289 | + 32 810 | − 7 128 | − 234 | − 8 231 |
| 1999 | − 46 941 | + 127 542 | − 14 355 | − 90 036 | − 21 215 | − 48 877 | − 301 | − 44 849 | + 24 517 | + 67 574 | − 72 364 |
| 2000 | − 63 909 | + 115 645 | − 14 019 | − 95 848 | − 14 232 | − 55 456 | + 13 345 | + 55 434 | + 11 429 | − 16 299 | + 94 329 |
| 2001 | + 6 486 | + 186 771 | − 10 615 | − 97 521 | − 18 529 | − 53 621 | − 756 | − 34 865 | + 11 797 | + 17 338 | + 63 911 |
| | Mio € | | | | | | | | | | |
| 1999 | − 24 001 | + 65 211 | − 7 340 | − 46 035 | − 10 847 | − 24 990 | − 154 | − 22 931 | + 12 535 | + 34 550 | − 36 999 |
| 2000 | − 32 676 | + 59 128 | − 7 168 | − 49 006 | − 7 276 | − 28 354 | + 6 823 | + 28 343 | + 5 844 | − 8 333 | + 48 230 |
| 2001 | + 3 316 | + 95 495 | − 5 427 | − 49 862 | − 9 474 | − 27 416 | − 387 | − 17 826 | + 6 032 | + 8 865 | + 32 677 |
| 2002 | + 48 155 | + 132 788 | − 6 357 | − 35 473 | − 14 742 | − 28 061 | − 212 | − 42 825 | + 2 065 | − 7 184 | − 33 292 |
| 2003 | + 45 249 | + 129 921 | − 8 310 | − 33 970 | − 13 707 | − 28 684 | + 312 | − 46 284 | + 445 | + 279 | + 2 658 |
| 2004 | + 83 967 | + 156 704 | − 12 466 | − 31 966 | + 117 | − 28 422 | + 430 | − 99 769 | + 1 470 | + 13 902 | − 3 906 |

**1** Ergebnisse ab Anfang 1993 durch Änderung in der Erfassung des Außenhandels mit größerer Unsicherheit behaftet. – **2** Spezialhandel nach der amtlichen Außenhandelsstatistik: Einfuhr cif, Ausfuhr fob. – **3** Ab Januar 1993 einschließlich der Zuschätzungen für nicht meldepflichtigen Außenhandel, die bis Dezember 1992 in den Ergänzungen zum Warenverkehr enthalten sind. – **4** Hauptsächlich Lagerverkehr auf inländische Rechnung und Absetzung der Rückwaren. – **5** Siehe Fußnote 3). – **5** Ohne die im cif-Wert der Einfuhr enthaltenen Ausgaben für Fracht- und Versicherungskosten. – **7** Kapitalexport: –. – **8** Zunahme: –.

Quelle: Deutsche Bundesbank, Monatsbericht März 2004, S. 68*

*Tab. 2: Wichtige Posten der Zahlungsbilanz in der Bundesrepublik Deutschland*

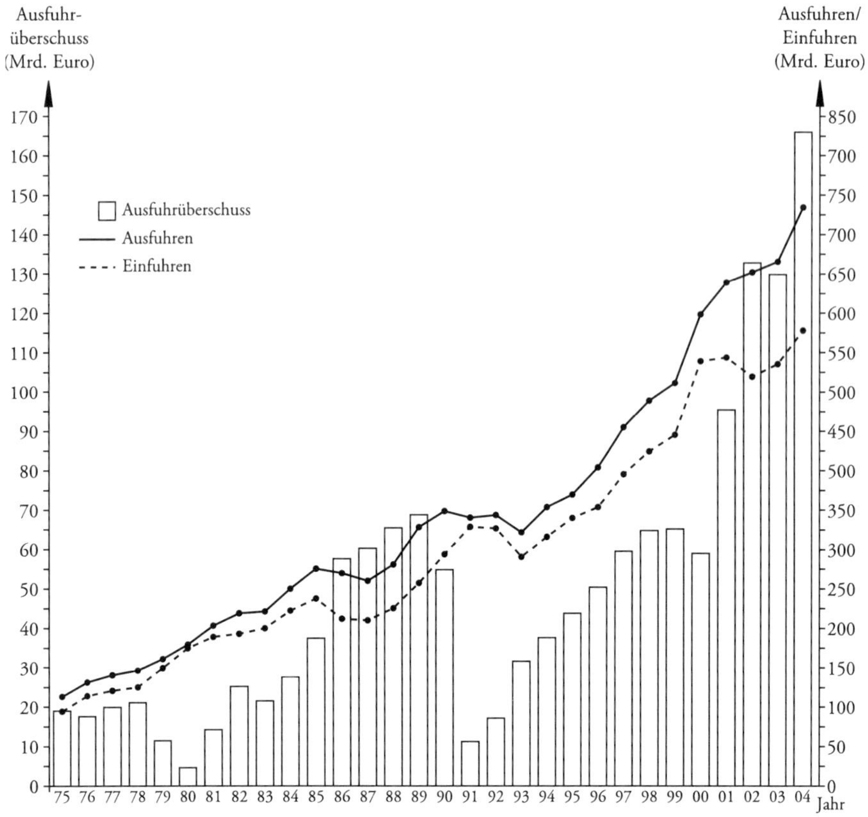


Quelle: Statistisches Bundesamt

*Abb. F.1: Handelsbilanz der Bundesrepublik Deutschland (ab 1991: Gesamtdeutschland)*

tierten, verzeichnete dieser Teil der Zahlungsbilanz seit 1997 ganz überwiegend Defizite, die vor allem auf das Konto rückläufiger Vermögenseinkommen gehen.

Ein „klassisches" Minus mit steigender Tendenz weist auch die Bilanz der **laufenden Übertragungen** auf (–28,4 Mrd. Euro). Hinter den Devisenabflüssen stehen beispielsweise die Überweisungen ausländischer Gastarbeiter in ihre Heimatländer (–3,2 Mrd. Euro), vor allem aber die vom öffentlichen Bereich getätigten Zahlungen an die Europäische Gemeinschaft (–12,7 Mrd. Euro).

Die Leistungsbilanz war in Westdeutschland traditionell aktiv. 1989 wurde mit 53,2 Mrd. Euro der bisherige Rekordüberschuss erzielt. Defizite waren zuvor lediglich in den Jahren 1979 bis 1981 als Folge der zweiten Ölkrise und der dadurch verteuerten Importe zu verzeichnen. Seit 1991 sind im Zuge der deutschen Einheit jedoch bis zum Jahr 2000 hohe Defizite in der Leistungsbilanz aufgetreten. In 2001 schwenkte der Saldo wieder in den positiven Bereich und erreichte 2004 mit

84 Mrd. Euro ihren bisherigen Rekordwert. Maßgeblich verantwortlich für diese Entwicklung waren die hohen Überschüsse in der Handelsbilanz.

Die Bilanz der Vermögensübertragungen weist zumeist vergleichsweise unbedeutende negative Salden auf (+ 0,4 Mrd. Euro). In der jüngeren Vergangenheit waren lediglich sporadisch leichte Überschüsse zu vermelden. Innerhalb dieser Bilanz weisen die privaten Übertragungen zumeist einen Devisenzufluss auf, während öffentliche Vermögensübertragungen durchgängig zu einem Devisenabfluss führen.

Die **Kapitalbilanz** schloss bis 1990 mit einem Defizit ab. Dies überrascht nicht, denn Nettokapitalexporte sind ja logische Konsequenz der Leistungsbilanzüberschüsse. Das negative Vorzeichen in der Kapitalbilanz ist ökonomisch allerdings ein „Plus", denn in Höhe des ausgewiesenen Minusbetrages in der Kapitalbilanz haben die Nettoforderungen des Inlands gegenüber dem Ausland zugenommen, d. h. inländische Wirtschaftssubjekte haben im Ausland Geld- und Kapitalanlagen getätigt. Die Bundesrepublik hat also in dieser Zeit überwiegend Auslandsvermögen gebildet. Im Zeitraum von 1991 bis 1998 war jedoch eine Umkehr in der Kapitalbilanz festzustellen; die in diesen Jahren auftretenden Nettodevisenzuflüsse fielen dabei unterschiedlich hoch aus. Die Bundesrepublik war also während dieser Zeit zu einem Nettokapitalimporteur und damit zu einem Schuldnerland. Erst seit 1999 konnte (mit Ausnahme des Jahres 2000) wieder der Status eines Gläubigerlandes übernommen werden (– 99,8 Mrd. Euro).

Innerhalb der Kapitalbilanz findet der Posten **„Direktinvestitionen"** immer wieder große Beachtung in der Öffentlichkeit. Er wies über viele Jahre hinweg ein Defizit auf. Das bedeutete, dass deutsche Firmen in hohem Umfang im Ausland investierten, während ausländische Firmen in vergleichsweise geringem Maße in Deutschland investierten. Aus diesem Tatbestand wird immer wieder die Schlussfolgerung gezogen, der „Wirtschaftsstandort Deutschland" sei in Gefahr. Allerdings erweist sich eine derartige Interpretation als problematisch. Denn die Tätigung deutscher Direktinvestitionen im Ausland darf nicht nur gleichgesetzt werden mit einer Entscheidung gegen den Produktionsstandort Deutschland. Vielmehr ist die verstärkte Präsenz deutscher Firmen im Ausland auch als Ausdruck der zunehmenden **Globalisierung** zu sehen. Außerdem muss eine so erfolgreiche Exportnation wie Deutschland auf seinen Auslandsmärkten mit entsprechenden After-sale-Leistungen vertreten sein. Seit 2003 ist bei den Direktinvestitionen wieder ein leicht positiver Saldo zu verzeichnen (+ 5,8 Mrd. Euro).

Bei der Interpretation der **Devisenbilanz** der Deutschen Bundesbank ist die Vorzeichenregelung zu berücksichtigen. Eine Zunahme der Währungsreserven wird mit einem „Minus-Vorzeichen" und eine Abnahme mit einem „Plus-Vorzeichen" ausgewiesen. Diese Vorzeichengebung ist aus zahlungsbilanztechnischer Sicht zwar richtig, kann aber zu Problemen bezüglich der Verständlichkeit führen. Eine Zunahme der Forderungen ist in der Kapitalbilanz mit einem Minus-Saldo verbucht. Entsprechendes gilt auch für die Währungsreserven der Bundesbank. Nehmen die Währungsreserven zu, so erscheint ein Minus-Vorzeichen, bei einer Abnahme hingegen ein Plus-Vorzeichen. Dieser Sachverhalt ist bei der Interpretation der letzten Spalte in Tabelle 2 zu berücksichtigen.

In dieser Zahlenreihe ist kein einheitlicher Trend festzustellen, vielmehr fallen die starken Schwankungen bei den Veränderungen der Währungsreserven auf. Sie können auf Entwicklungen der Leistungsbilanz bzw. der Kapitalbilanz beruhen. Dahinter können aber auch Eingriffe der Zentralbank auf den Devisenmärkten stehen. Dies galt für Deutschland vor allem in den neunziger Jahren. Zu dieser Zeit war die Deutsche Bundesbank gezwungen, innerhalb des herrschenden Europäischen Währungssystems (EWS) in teilweise massivem Umfang ausländische Währungen anzukaufen, um deren Kurse im geforderten Maße zu stützen.

## III. Klassifikation der Ursachen von außenwirtschaftlichen Ungleichgewichten

In der Realität sind die Zahlungsbilanzen der meisten Länder durch Ungleichgewichte gekennzeichnet. Die Unausgeglichenheit der Zahlungsbilanz äußert sich in Aktiv- oder Passivsalden der Teilbilanzen der Zahlungsbilanz. Strebt die Wirtschaftspolitik jedoch den Zustand eines außenwirtschaftlichen Gleichgewichts an, so muss es ihr gelingen, die Devisenzuflüsse bzw. Devisenabflüsse in die gewünschte Richtung zu steuern. Hierzu ist die Kenntnis der Ursachen, welche hinter den Devisenströmen stehen, erforderlich. Daraus können dann ursachenadäquate Maßnahmen abgeleitet werden, die auf ein außenwirtschaftliches Gleichgewicht hinwirken. Im folgenden werden die Bestimmungsgründe für Devisenströme systematisch vorgestellt.

Wie die Zahlungsbilanz zeigte, bestehen internationale Wirtschaftsbeziehungen prinzipiell aus Leistungs- und Kapitaltransaktionen. Es erweist sich daher als zweckmäßig, zunächst einmal festzustellen, welche Vorgänge hinter den Devisenbewegungen stehen, die mit Leistungs- und Kapitaltransaktionen einhergehen.

### 1. Determinanten von Devisenzuflüssen

Zunächst soll auf die Determinanten von **Devisenzuflüssen** eingegangen werden. Sie treten, sieht man von den vom Ausland erhaltenen einseitigen Übertagungen ab, prinzipiell infolge von Güterexporten sowie Kapitalimporten auf. Für Devisenzuflüsse, die aus der **Leistungsbilanz** stammen, d. h. die aus **Güterexporten** resultieren, sind vor allem folgende Faktoren verantwortlich:

- ein internationales Preisgefälle zugunsten des Inlandes,
- Wechselkurse und Wechselkurserwartungen,
- die Nichtverfügbarkeit von Gütern im Ausland bzw. Präferenzen bezüglich von Importgütern,
- die Höhe und Entwicklung des ausländischen Sozialprodukts.

Das **internationale Preisgefälle** ist bei gegebenen Wechselkursen definiert als die Differenz zwischen der inländischen und der ausländischen Inflationsrate. Steigen die Preise im Ausland schneller als im Inland, so ergibt sich für die heimische Volkswirtschaft ein **preislicher Wettbewerbsvorteil**. Die „preisbewussten“ ausländischen Wirtschaftssubjekte kaufen jetzt verstärkt Waren und Dienstleistungen im Inland. Dadurch steigen die Importe des Auslandes an, die ausländische Leistungsbilanz wird passiv, die des Inlandes aktiv. Zweifellos waren in der Vergangenheit die vergleichsweise hohen Inflationsraten im Ausland ein wichtiger Motor für den positiven Außenbeitrag der Bundesrepublik Deutschland.

Eine weitere Determinante für Leistungsbilanzüberschüsse stellen die **Wechselkurse** dar. Sie bilden sich auf dem Devisenmarkt, wo Devisenangebot und Devisennachfrage aufeinandertreffen. Insoweit ist der Wechselkurs das Ergebnis des Zusammenwirkens von Devisenzuflüssen und Devisenabflüssen. Allerdings ist hier auf eine wichtige Interdependenz hinzuweisen. Der Wechselkurs ist nicht nur die Folge von Devisenströmen, sondern kann auch deren **Ursache** sein. Steigt der Wechselkurses beispielsweise des US-Dollars, wird also der Euro gegenüber dieser Devise abgewertet, so bewirkt dies eine Aktivierung der Leistungsbilanz. So wird es bei einem steigenden Dollar-Kurs für amerikanische Touristen attraktiv, ihren Urlaub in Deutschland zu verbringen. Dies bedeutet nichts anderes als einen zusätzlichen Export von Dienstleistungen, der einen Devisenzufluss zur Folge hat. Umgekehrt wird es für deutsche Touristen teurer, ihre Ferien in den USA zu verbringen, d. h. die Devisenabflüsse (aus dem Dienstleistungsimport) gehen zurück.

Neben dem aktuellen Wechselkurs spielen auch **Erwartungen** über die künftige Kursentwicklung eine Rolle für die Entwicklung der Leistungsbilanz. Rechnen Ausländer damit, dass ihre Währung in Zukunft gegenüber dem Euro an Wert verliert, so werden sie noch „rechtzeitig" Güter aus der Bundesrepublik erwerben. Infolge der erwarteten Aufwertung des Euro und der damit verbundenen vorgezogenen Güterkäufe im Inland kommt es daher zu einem Devisenzufluss.

Allerdings zeigt die Erfahrung, dass die Exporterfolge einer Volkswirtschaft nicht ausschließlich mit unterschiedlichen Inflationsgeschwindigkeiten oder Wechselkursen erklärt werden können. So mussten etwa in der zweiten Hälfte der achtziger Jahre die Ausländer deutlich mehr für westdeutsche Güter bezahlen. Dies lag weniger an der heimischen Inflationsentwicklung, als vielmehr an der für Ausländer ungünstigen Wechselkursentwicklung. Trotzdem „schluckte" das Ausland die solchermaßen entstandene (indirekte) Verteuerung westdeutscher Produkte in erstaunlichem Maße.

Das deutet darauf hin, dass für eine Volkswirtschaft auch **nichtpreisliche** internationale Wettbewerbsvorteile existieren können. Sie ergeben sich zum einen aus der **Nichtverfügbarkeit** von Gütern im Ausland. Denn wenn das Ausland ein bestimmtes Produkt benötigt, welches nicht im eigenen Land hergestellt wird, dann muss das Ausland dieses Gut zwangsläufig, d. h. unabhängig vom Preis, importieren. Makroökonomisch gesprochen tätigt das Ausland autonome Importe ($\overline{Im}_A$):

$$Im_A = \overline{Im}_A$$

Beispiele für eine derartige preisunelastische Nachfrage bilden vor allem Rohstoffe oder Ersatzteile für bereits installierte Anlagen; aber auch ein bestimmter Fahrzeugtyp kann in den Augen des Auslandes als „konkurrenzlos" eingestuft werden.

In die Kategorie der nichtpreislichen Wettbewerbsvorteile fallen folglich auch **Präferenzen**. Ein Produkt „Made in Germany“ verdankt seinen Ruf unter anderem Faktoren wie Qualität, Liefertreue, After-Sale-Service oder der Fähigkeit heimischer Firmen, Spezialwünsche zu erfüllen. Dieses Bündel von Einflussgrößen dürfte in der Vergangenheit ebenfalls wesentlich zu den Exporterfolgen der deutschen Wirtschaft beigetragen haben.

Von großer Bedeutung für die Exporte eines Landes ist auch die wirtschaftliche Lage in den Abnehmerstaaten. Sie kommt in der Höhe und Entwicklung des **ausländischen Sozialprodukts** ($Y_A$) zum Ausdruck. Läuft die Konjunktur im Ausland günstig, so steigen dort Produktion und Volkseinkommen. Da eine in die weltwirtschaftliche Arbeitsteilung eingebundene Volkswirtschaft zur Herstellung dieser Güter zumindest zum Teil auch Importe benötigt, steigt bei zunehmendem Sozialprodukt im Ausland auch dessen Import. Die Importfunktion des Auslandes hat dann folgende Form:

$$Im_A = Im_A(Y_A)$$

Mit Berücksichtigung der autonomen Importe gilt:

$$Im_A = Im_A(Y_A) + \overline{Im}_A$$

Aus Sicht des Inlandes stellen die Importe des Auslandes aber nicht anderes als Exporte (Ex) dar. Folglich kann man auch schreiben:

$$Ex = Ex(Y_A)$$

Mit Berücksichtigung der autonomen Importe des Auslandes ($\overline{Im}_A$), die ja aus Sicht des Inlandes autonome Exporte ($\overline{Ex}$) sind, folgt:

$$Ex = Ex(Y_A) + \overline{Ex}$$

Die in Deutschland verschiedentlich zu beobachtende Abschwächung des Exportgeschäfts war in der Vergangenheit immer wieder vor dem Hintergrund konjunktureller Probleme wichtiger Abnehmerländer zu sehen. Umgekehrt führte ein Wirtschaftsaufschwung bei wichtigen Partnerländern zu einem Anstieg der Importe und damit auch zu einem Anspringen der Konjunktur im Inland.

Für Devisenzuflüsse innerhalb der **Kapitalbilanz** sind **Kapitalimporte** verantwortlich. Sie können vor allem auf zwei Ursachen zurückgeführt werden:

- internationales Zinsgefälle,
- Wechselkurse und Wechselkurserwartungen.

Unter dem **internationalen Zinsgefälle** versteht man die Zinsdifferenz zwischen dem inländischen und dem ausländischen Zinsniveau. Zinsdifferenzen sind vor allem Folge der unterschiedlichen Geldpolitik in den jeweiligen Ländern. Die Zinsdifferenzen unterscheiden sich nach dem betrachteten monetären Markt; je nachdem, ob die Geldanlage etwa auf dem Geldmarkt, dem Bankeneinlagenmarkt oder dem Wertpapiermarkt erfolgen soll, errechnen sich spezifische Zinsdifferenzen. Ungeachtet dieses mehr technischen Aspektes kommt es ceteris paribus immer dann zu einem Zufluss von Devisen, wenn das inländische Zinsniveau über dem ausländischen Zinsniveau liegt.

Von Bedeutung für die Entwicklung der internationalen Kapitalströme ist auch die Höhe des **Wechselkurses**. Erfährt beispielsweise der US-Dollar eine Aufwertung gegenüber dem Euro, so werden Kapitalanlagen in Deutschland für Ausländer attraktiver; sie müssen nunmehr weniger heimische Währung (Dollars) bezahlen, um deutsche Wertpapiere bei unverändertem Kurs zu kaufen. Eine Aufwertung der ausländischen Währung, d. h. gleichbedeutend eine Abwertung der heimischen Währung regt also die Kapitalimporte an, und es fließen zusätzliche Devisen ins Inland.

Internationale Geldanlagen sind prinzipiell mit einem **Wechselkursrisiko** behaftet. Dies gilt insbesondere bei einem System flexibler Wechselkurse; aber auch bei festen Wechselkursen kann es zu einer Neufestsetzung der Paritäten kommen. Diesem Risiko kann insbesondere im kürzerfristigen Bereich durch Kurssicherungsgeschäfte begegnet werden. Dabei wird bereits am Tag der Geldanlage, an dem der Tageskurs für die Fremdwährung verrechnet wird (Kassakurs), der Wechselkurs für den Tag der Fälligkeit (Terminkurs) vereinbart. Üblicherweise schließen die Banken solche Kurssicherungsgeschäfte jedoch nur bis zu einem Jahr ab. Längerfristige Anlagen sind also mit einem Kursrisiko behaftet.

Internationale Kapitalströme sind vielfach das Ergebnis von **Wechselkurserwartungen**. Zu Kapitalzuflüssen kommt es hierbei immer dann, wenn die ausländischen Kapitalanleger auf eine **Aufwertung** der Währung des Partnerlandes spekulieren. Ein einfaches Beispiel macht dies leicht verständlich. Angenommen, für einen Euro muss ein US-Bürger heute einen US-Dollar bezahlen. Wenn dieser potenzielle Anleger der Meinung ist, der Euro werde innerhalb der nächsten zwölf Monate auf 0,90 US-Dollar fallen (Euro-Abwertung), dann kauft er heute die europäische Gemeinschaftswährung, z. B. 1000 Euro für 1000 US-Dollar. Treffen die Erwartungen des Spekulanten ein, dann wechselt er ein Jahr später seine 1000 Euro in Dollar zurück. Beim Kurs von 0,90 erhält er dafür nunmehr 1111 US-Dollar, d. h. der Anleger macht einen Währungsgewinn von 11,1 %, eventuell zuzüglich Zinsen. Gerade im kurzfristigen Kapitalverkehr führen Wechselkurserwartungen immer wieder zu hohen **spekulativen** Devisenbewegungen.

## 2. Determinanten von Devisenabflüssen

Für Devisenabflüsse gelten im Grunde die analogen Überlegungen wie für Devisenzuflüsse. Grundsätzlich fließen Devisen durch Güterimporte und Kapitalexporte aus dem Inland in das Ausland ab.

Sofern Devisenabflüsse Folge einer Passivierung der **Leistungsbilanz** sind, kann dies zum einen die Folge eines **internationalen Preisgefälles** zugunsten des Auslandes sein. Ist die Inflation im Inland höher als das Ausland, so wird es für Inländer ceteris paribus preisgünstiger, Güter im Ausland zu kaufen. Das internationale Preisgefälle zieht in diesem Fall einen Anstieg der Importe nach sich, bei deren Bezahlung Devisen abfließen.

Bezüglich des **Wechselkurses** sind Devisenabflüsse einerseits dann zu verzeichnen, wenn der Euro aufgewertet wird, d. h. der Kurs der ausländischen Währung sinkt. In diesem Fall bezahlt man beispielsweise für einen US-Dollar statt bisher einen Euro nur noch 0,92 Euro Dadurch wird für Deutsche das Einkaufen von Waren und Dienstleistungen im Dollarraum um 8 % preiswerter, so dass es zu einem Abfluss von Devisen kommt. Neben dem aktuellen Wechselkurs sind wiederum **Wechselkurserwartungen**, d. h. Einschätzungen über die künftige Wechselkursentwicklung, von Bedeutung für internationale güterwirtschaftliche Transaktionen. So kann es zu einer Zunahme der Importe und damit zu einem Abfluss von Devisen kommen, wenn die inländischen Importeure eine Abwertung des Euro befürchten und deshalb Güterkäufe zeitlich „vorziehen".

Steigende Importe können auch die Konsequenz nichtpreislicher Faktoren sein. Benötigt die heimische Volkswirtschaft etwa Rohstoffe, die im eigenen Land nicht vorkommen, oder Ersatzteile, so ist deren Einfuhr unumgänglich. Diese autonomen Importe des Inlandes sind das Ergebnis der **Nichtverfügbarkeit** bestimmter Güter. Ebenso spielen auch **Präferenzen** eine Rolle für Einfuhren. Beispielsweise ist es möglich, dass ein deutscher Verbraucher skandinavische Möbel oder italienische Bekleidung höher schätzt als vergleichbare heimische Produkte. Dadurch kommt es zu Importen. Auch hier ist der Übergang zwischen Nichtverfügbarkeit und Präferenzen fließend: Falls der Verbraucher beschließt, seine Wohnung ausschließlich mit skandinavischen Möbeln auszustatten, d. h. deutsche Möbel für ihn keinesfalls in Betracht kommen, sind für ihn Möbel aus der heimischen Produktion faktisch nicht verfügbar. Im gewerblichen Bereich fallen etwa bestimmte ausländische Leistungen wie pünktliche Zahlungsweise, Gewährleistungen oder persönliche Beratung in die Rubrik der Präferenzen.

Für die Importe ist neben preislichen und nichtpreislichen Wettbewerbsvorteilen auch die Entwicklung des **inländischen Einkommens** entscheidend. Steigt das Inlandseinkommen, so nimmt gemäß der bereits angeführten Importfunktion der Wert der Einfuhren zu. Wachstum im Inland ist also mit Devisenabflüssen verbunden und führt insoweit zu einer Passivierung der Leistungsbilanz. Über den vermehrten Importbedarf kurbelt die inländische Konjunktur zugleich auch die wirtschaftliche Entwicklung im Ausland an. Die Inlandskonjunktur wirkt als „Lokomotive" für die Weltkonjunktur. Diese Lokomotivfunktion können allerdings nur große und stark in die internationale Arbeitsteilung integrierte Länder übernehmen.

Devisenabflüsse sind auch innerhalb der **Kapitalbilanz** zu verzeichnen. Für **Kapitalexporte** ist neben Aspekten wie steuerlichen Überlegungen insbesondere das **internationale Zinsgefälle** verantwortlich. Liegt das ausländische Zinsniveau über demjenigen des Inlandes, so sind – bei unveränderten Wechselkursen – Geldanlagen im Ausland attraktiver als im Inland. Es kommt zu Kapitalabflüssen, die ein Ungleichgewicht in der Kapitalbilanz verursachen.

Ebenso beeinflusst der **Wechselkurs** die in der Kapitalbilanz erfassten Devisenströme. So eröffnet ein gesunkener Dollarkurs die Möglichkeit, die US-Währung preiswerter zu kaufen. Dadurch wird es für inländische Anleger günstiger, zum Beispiel amerikanische Aktien zu erwerben. Die Folge sind höhere Devisenabflüsse, also steigende Kapitalexporte. Umgekehrt wird für Ausländer das „Einsteigen" auf den inländischen Geld- und Kapitalmärkten teurer, was zu sinkenden Kapitalimporten führt.

Noch stärker können sich **Wechselkurserwartungen** auf die Kapitalbilanz auswirken. Rechnen inländische Anleger beispielsweise mit einer Abwertung des Euro, so wird es interessant, im Ausland umgehend eine Geldanlage zu bilden, es kommt wiederum zu steigenden Kapitalexporten. Denn wenn das im Ausland angelegte Geld später zu einem höheren Wechselkurs zurückgetauscht wird, erhält der inländische Anleger für die ausländische Währung eine höhere Euromenge, er macht also einen Spekulationsgewinn. Außerdem lohnt sich die Anlage auch wegen der Verzinsung. Denn die ausländischen Zinsen sind in diesem Fall vielleicht nicht nur höher als im Inland, sondern ihr Eintausch in Euro erfolgt dann ebenfalls zu einem günstigeren Kurs.

Hinzuweisen ist noch auf die **Personenkreise**, welche die Devisenströme induzieren. Bisher wurde davon ausgegangen, dass die internationalen wirtschaftlichen Transaktionen vom **privaten Sektor** abgewickelt werden. Dieser scheint damit für die Bildung des Wechselkurses verantwortlich zu sein. Wie die Erfahrungen zeigen, können prinzipiell auch die **Zentralbanken** die Entwicklung des Wechselkurses beeinflussen. Gibt die Zentralbank Devisen aus ihren Reserven ab, so übt sie einen Druck auf den Wechselkurs aus; umgekehrt führt der Ankauf von Devisen seitens der Währungsbehörde zu einem Anstieg des Wechselkurses. Da der Wechselkurs aber, wie bereits betont, seinerseits auf die Devisenströme einwirkt, ist die Zentralbank in der Lage, über die Beeinflussung des Wechselkurses die Devisenzu- und abflüsse zu steuern und damit Einfluss auf die Zahlungsbilanzsituation zu nehmen. Allerdings darf der Einfluss der Zentralbank auf die Entwicklung des Wechselkurses nicht überschätzt werden. Kurzfristig mag der Kurs durchaus kräftig reagieren. Auch können zentralbankseitige Interventionen am Devisenmarkt psychologische Reaktionen auslösen, die in die gewünschte Richtung führen. Auf Dauer kann sich jedoch eine Zentralbank nicht den Kräften des Marktes entgegenstemmen. Insbesondere die internationalen Finanzströme entscheiden letztlich, welcher Wechselkurs zustande kommt.

Ein abschließender Überblick fasst die wichtigsten Ursachen der Devisenströme und damit des außenwirtschaftlichen Gleichgewichts in schematischer Form zusammen (siehe Abb. F. 2)

Die aufgeführten Gründe für das Zustandekommen von Ungleichgewichten in der Zahlungsbilanz stellen die Ansatzpunkte für eine ursachenadäquate Außenwirtschaftspolitik dar. Die wirtschaftspolitischen Möglichkeiten zur Herbeiführung eines außenwirtschaftlichen Gleichgewichts sollen im Folgenden in

- marktmäßige Maßnahmen und
- administrative Maßnahmen

unterschieden werden. Marktmäßige Bekämpfungsmaßnahmen setzen an den genannten Determinanten der Zahlungsbilanz an; daraus werden dann Rückwirkungen auf den Export und Import von Gütern und Kapital erwartet. Dagegen steuern administrative Maßnahmen die internationalen Güter- und Kapitalströme in direkter Weise.

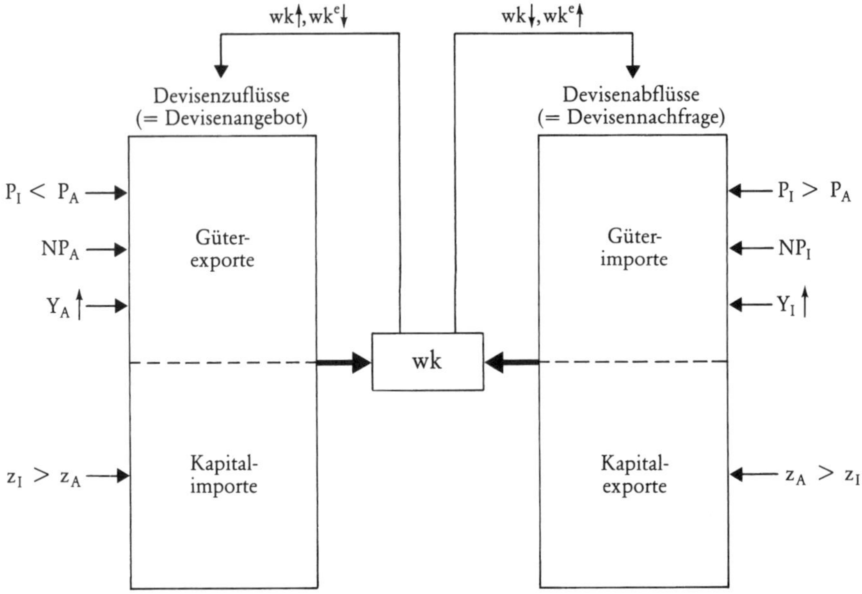


$P_I$ = inländisches Preisniveau
$P_A$ = ausländisches Preisniveau
$Y_I$ = Inlandseinkommen
$Y_A$ = Auslandseinkommen
$z_I$ = inländisches Zinsniveau
$z_A$ = ausländisches Zinsniveau
wk = Wechselkurs
$wk^e$ = Wechselkurserwartungen
$NP_I$ = Nichtverfügbarkeit und Präferenzen des Inlandes
$NP_A$ = Nichtverfügbarkeit und Präferenzen des Auslandes

*Abb. F.2: Determinanten für das Entstehen von außenwirtschaftlichen Ungleichgewichten*

## IV. Marktmäßige Bekämpfungsmöglichkeiten von Zahlungsbilanzungleichgewichten

Marktmäßige Bekämpfungsmaßnahmen von Ungleichgewichten in der Zahlungsbilanz sind darauf ausgerichtet, die Devisenströme auf indirektem Wege zu steuern. Dies geschieht über die Beeinflussung der Determinanten von Devisenzuflüssen und Devisenabflüssen.

### 1. Beeinflussung des Wechselkurses

Wie bereits ausgeführt, nimmt der Wechselkurs eine Doppelstellung ein. Zum einen ist er das Ergebnis von Devisenzuflüssen und Devisenabflüssen, d. h. er ist als Wirkung von Devisenströmen anzusehen. Zum andern stellt er eine wesentliche Ursache von Devisenzu- und abflüssen dar. Angesichts dieser überragenden Bedeutung des Wechselkurses ist daher genauer auf dessen Bildung und Beeinflussung einzugehen.

*a. Der Devisenmarkt*

Der Wechselkurs bildet sich grundsätzlich auf dem Devisenmarkt. Das ist der Ort, wo Devisenangebot (= Devisenzuflüsse) und Devisennachfrage (= Devisenabflüsse) aufeinandertreffen. Aus volkswirtschaftlicher Sicht ist darauf hinzuweisen, dass der Devisenmarkt der Marktform eines **vollkommenen Marktes** sehr nahe kommt, denn auf ihm sind die aus der Mikrotheorie bekannten Vollkommenheitskriterien (homogenes Gut, keine Präferenzen, Markttransparenz, unendliche Reaktionsgeschwindigkeit) nahezu perfekt erfüllt. Technisch läuft der Devisenhandel entweder auf dem freien Markt (zwischen den Banken im sog. Freiverkehr) oder am organisierten Devisenmarkt (amtliche Devisenbörsen) ab. Den sich dabei bildenden **Wechselkurs** (wk) kann man auf zweierlei Weise feststellen:

- Preisnotierung: hierbei wird ermittelt, welchen Preis man für eine Einheit ausländischer Währung bezahlen muss, ausgedrückt in Inlandswährung. Beispiel: 1 US-Dollar kostet 0,8402 Euro („1 Dollar in Euro");
- Mengennotierung: hier wird festgestellt, wie viele Einheiten an ausländischer Währung bezahlt werden müssen, um eine Einheit Inlandswährung zu erhalten. Beispiel: 1 Euro kostet 1,1854 US-Dollar („1 Euro in Dollar"). Die Mengennotierung findet Anwendung für den täglich von der Europäischen Zentralbank festgestellten „Referenzkurs" des Euro.

In Anlehnung an Abbildung F. 2 können die Funktionen für das Devisenangebot ($A_D$) und die Devisennachfrage ($N_D$) geschrieben werden als:

$A_D = A_D\,(P_I, P_A, VP_A, Y_A, z_I, z_A, wk)$ bzw.

$N_D = N_D\,(P_I, P_A, VP_I, Y_I, z_I, z_A, wk)$

Unter Anwendung der ceteris-paribus-Bedingung erhält man in Bezug auf den Wechselkurs die monokausalen Funktionen des Devisenmarktes:

$A_D = A_D\,(wk)$, bzw.

$N_D = N_D\,(wk)$

Grafisch nimmt der Devisenmarkt die aus Abbildung F. 3 ersichtliche Gestalt an. Den Wechselkurs wk* (hier: Preisnotierung) bezeichnet man als den gleichgewichtigen Wechselkurs oder **Gleichgewichtskurs**, die dabei gehandelte Menge an ausländischer Währung heißt Gleichgewichtsmenge.

Von zentraler Bedeutung für außenwirtschaftliche Fragestellungen ist es nun, ob und inwieweit sich der Wechselkurs auf dem Devisenmarkt gemäß den Marktkräften frei bildet. Man unterscheidet hierbei zwei idealtypische Systeme:

- Die Wechselkurse bilden sich völlig frei gemäß Angebot und Nachfrage. Man nennt dies ein **System flexibler Wechselkurse**;
- in die freie Wechselkursbildung wird von staatlicher Seite eingegriffen und ein bestimmter Kurs (eventuell mit Schwankungsbreite) garantiert. Man nennt dies ein **System fester** oder **stabiler Wechselkurse**. Die „Garantiekurse" werden zwischen den jeweiligen Regierungen vereinbart. Es ist dann Aufgabe der beteiligten Zentralbanken, durch Devisenmarktinterventionen dafür Sorge zu tragen, dass die politisch vorgegebenen Wechselkurse auch tatsächlich zustande kom-

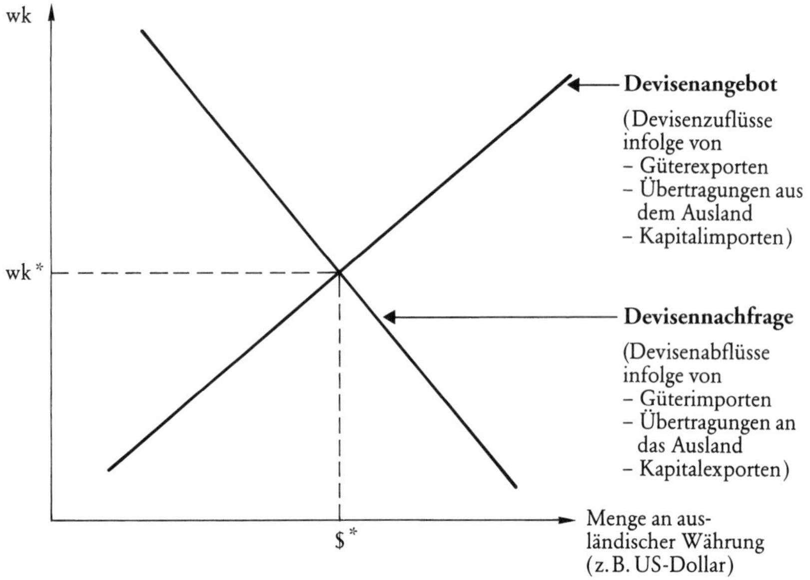


*Abb. F.3: Der Devisenmarkt*

men. Zumeist bedeutet dies, dass sich die tatsächlichen Wechselkurse innerhalb einer bestimmten engen Bandbreite bewegen. Die Zentralbankinterventionen sind dem Interventionssystem auf dem Agrarmarkt vergleichbar: Fällt der Weizenpreis (hier Wechselkurs der betreffenden Devise), so muss Weizen (Devisen) gekauft werden; steigt der Weizenpreis (sinkt der Wechselkurs), so verkauft die staatliche Stelle (Zentralbank) aus ihren Vorratslagern Weizen (Devisen).

Die Ausgestaltung dieser alternativer Wechselkurssystems sowie ihre Implikationen für die Erreichung und Beeinflussung des außenwirtschaftlichen Gleichgewichts werden im folgenden etwas genauer behandelt.

### *b. Das System flexibler Wechselkurse*

Ein System flexibler Wechselkurse besteht gegenwärtig beispielsweise gegenüber den zahlreichen Dollarwährungen. Dieses Wechselkurssystem wurde 1973 auch gegenüber dem US-Dollar eingeführt; ebenso sind der japanische Yen oder der Schweizer Franken frei schwankende Währungen. Am besten wird die Funktionsweise eines Systems flexibler Wechselkurse anhand eines Beispiels klar. Angenommen, die Bundesrepublik liefere dank eines Großauftrages aus den USA eine große Menge an Fahrzeugen in die Vereinigten Staaten. Der amerikanische Importeur bezahlt die auf US-Dollar lautende Rechnung umgehend. Dadurch fließen Devisen an den deutschen Automobilhersteller, der diese bei seiner Bank in Euro umtauscht. Die Bank bietet dann ihrerseits diese Dollarmenge auf dem Devisenmarkt an. Dort verschiebt sich durch diesen Vorgang das Devisenangebot nach rechts:

Infolge des gestiegenen Devisenangebotes sinkt der Preis der US-Währung (Abb. F.4). Man nennt den Rückgang des Wechselkurses (von $wk_1^*$ auf $wk_2^*$, wiederum

Preisnotierung) eine **Euro-Aufwertung**; sie ist gleichbedeutend mit einer **Dollar-Abwertung.** Derselbe Effekt käme auch zustande, falls die Rechnung in Euro ausgestellt würde. In diesem Fall würde nicht die deutsche Bank, sondern der amerikanische Importeur das Angebot an Dollars auf dem Devisenmarkt erhöhen.

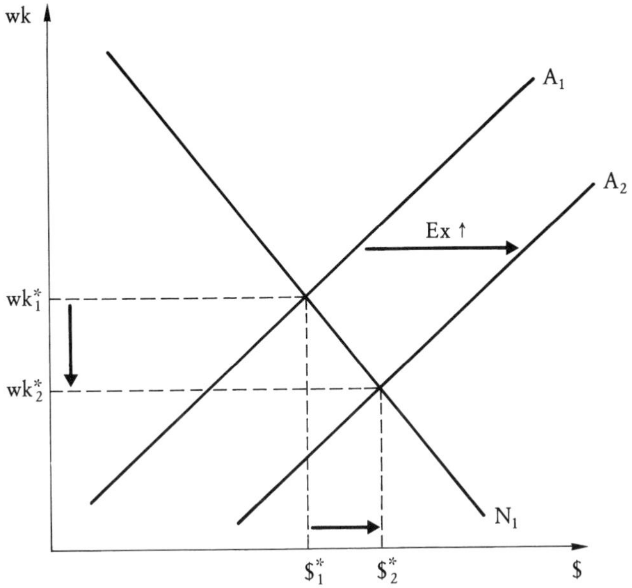


*Abb. F.4: Exportüberschuss bei flexiblen Wechselkursen*

Diese einfache Überlegung macht deutlich, dass ein völlig frei beweglicher Wechselkurs stets die Übereinstimmung von Devisenzuflüssen und Devisenabflüssen herbeiführt. Das ist aber nichts anderes als der Zustand eines Zahlungsbilanzgleichgewichts im Sinne des Ausgleichs der Devisenbilanz. Da die Kursbildung bei einem System flexibler Wechselkurse grundsätzlich ohne das Eingreifen der Zentralbank geschieht, weist der Saldo der Devisenbilanz einen Wert von null auf. Wegen dieses **automatischen Zahlungsbilanzausgleichs** plädieren zahlreiche Ökonomen für ein System flexibler Wechselkurse.

Nun könnte man einwenden, dass sich hinter dem neuen Gleichgewichtskurs $wk_2$* ein Überschuss in der Handels- und Dienstleitungsbilanz und insoweit ein materielles Ungleichgewicht in der Leistungsbilanz verbirgt. Dieses verschwindet aber bald wieder von selber. Denn der gesunkene Wechselkurs macht die heimischen Güter für das Ausland teurer, so dass wieder mit einem Rückgang der Exporte zu rechnen ist, d. h. die Devisenzuflüsse zurückgehen. Gleichzeitig verbilligt der niedrigere Wechselkurs die Importe, und es kommt zu einem Devisenabfluss. Im Endergebnis stellt sich der ursprüngliche Gleichgewichtskurs wieder ein. Man nennt diesen automatischen Ausgleich der Leistungsbilanz auch den **Wechselkursmechanismus.** Sein Funktionieren ist jedoch an verschiedene Voraussetzungen geknüpft. So müssen die Exporte und Importe auf (wechselkursbedingte) Preisänderungen reagieren, also preiselastisch sein; in der Realität sind jedoch zahlreiche

Starrheiten zu beobachten. Auch können Vorgänge innerhalb des Kapitalverkehrs zu Wechselkursänderungen führen, die ihrerseits Ungleichgewichte in der Leistungsbilanz hervorrufen. Ferner ist der Zeitbedarf des Mechanismus unbekannt.

Zu beachten ist auch die Rolle der Zentralbank. Sie muss zwar nicht auf dem Devisenmarkt eingreifen („intervenieren"), kann es aber tun, sofern sie es für erforderlich hält. Derartige Interventionen der Zentralbank in einem System prinzipiell flexibler Wechselkurs bezeichnet man auch als **„schmutziges" oder „managed floating"**. Beispielsweise stellt eine Euro-Abwertung (der Wechselkurs des Dollars steigt) eine Gefahr für die binnenländische Preisniveaustabilität dar, denn dadurch verteuern sich wechselkursbedingt die Importe. In diesem Fall kann die Zentralbank Devisen aus ihrem Besitz verkaufen und so den Wechselkurs herabdrücken. Dadurch behindert sie allerdings den Wechselkursmechanismus.

Genau an dieser Stelle liegt der Ansatzpunkt zur wirtschaftspolitischen Beeinflussung von Devisenströmen in einem System flexibler Wechselkurse. Die Zentralbank kann durch ihre Interventionen auf dem Devisenmarkt nämlich Einfluss auf den Wechselkurs nehmen, also **Wechselkurspolitik** betreiben. Da die Eingriffe auf dem Devisenmarkt erfolgen, handelt es sich um eine marktkonforme Maßnahme. Sie hat zum Ziel, die internationalen wirtschaftlichen Transaktionen in bestimmte Bahnen zu lenken. Allerdings ist die Zentralbank nicht zu derartigen Eingriffen verpflichtet.

Die Erfahrung zeigt jedoch, dass die Währungsbehörde nicht in der Lage ist, sich auf Dauer gegen die Marktkräfte zu stemmen. In diesem Sinne akzeptierte in der Vergangenheit auch die Deutsche Bundesbank die trendmäßige Entwicklung des Dollarkurses. Gleiches gilt inzwischen für das Europäische System der Zentralbanken. Kurzfristig können Eingriffe der Zentralbank in das Marktgeschehen jedoch durchaus sinnvoll sein, um „Ausreißer" des Wechselkurses (sog. „erratische Schwankungen") zu glätten, da diese die Marktteilnehmer irritieren könnten.

Die Devisenmarktinterventionen der Zentralbank sind auch geeignet, auf die **Wechselkurserwartungen** der Marktteilnehmer einzuwirken. Dies spielt vor allem eine wichtige Rolle für Geld- und Kapitalanlagen und hat damit Auswirkungen auf die **Kapitalbilanz**. Kauft die Zentralbank beispielsweise eine ausländische Währung an, so macht sie damit deutlich, dass sie eine (weitere) Aufwertung ihrer Währung nicht zulassen möchte. Bei ausländischen Kapitalanlegern kann dies zu der Erwartung führen, dass nicht mit spekulativen Aufwertungsgewinnen zu rechnen ist. Als Folge davon unterbleiben Kapitalimporte und der Aufwertungsdruck auf die heimische Währung lässt nach.

### *c. Das System fester Wechselkurse*

Im System fester („fixer" oder stabiler) Wechselkurse setzt die Regierung eines Landes die Marktkräfte teilweise, im Extremfall sogar vollständig außer Kraft. Hierzu legt die Regierung (in Absprache mit den betroffenen ausländischen Regierungen) fest, welcher Wechselkurs auf dem Devisenmarkt zu Stande kommen soll. Entweder es wird ein exakt vorgegebener Wechselkurs vereinbart, oder aber eine Spanne (**„Bandbreite"**), innerhalb derer sich der Wechselkurs dann frei bewegen darf. Üblich ist die Vorgabe von Bandbreiten. Der höchste (niedrigste) gerade noch tolerierte Wechselkurs heißt „oberer (unterer) Interventionspunkt". Für die Erreichung bzw. Einhaltung der politisch vorgegebenen Kurse hat dann die **Zentralbank** zu sorgen, indem sie auf dem Devisenmarkt in der erforderlichen Richtung interveniert. Beteiligen sich die Zentralbanken beider Währungen an den Eingriffen, so spricht man von bilateralen Interventionen.

Die Funktionsweise eines Systems fester Wechselkurse soll wiederum am Beispiel eines Exportüberschusses erklärt werden. Als Handelspartner Deutschlands fungiere dabei Dänemark, es bestehe eine Bandbreite (Abb. F. 5.). Wiederum erfolgt die Notierung des Wechselkurses als Preisnotierung, diesmal bezogen auf die dänische Krone (dkr).

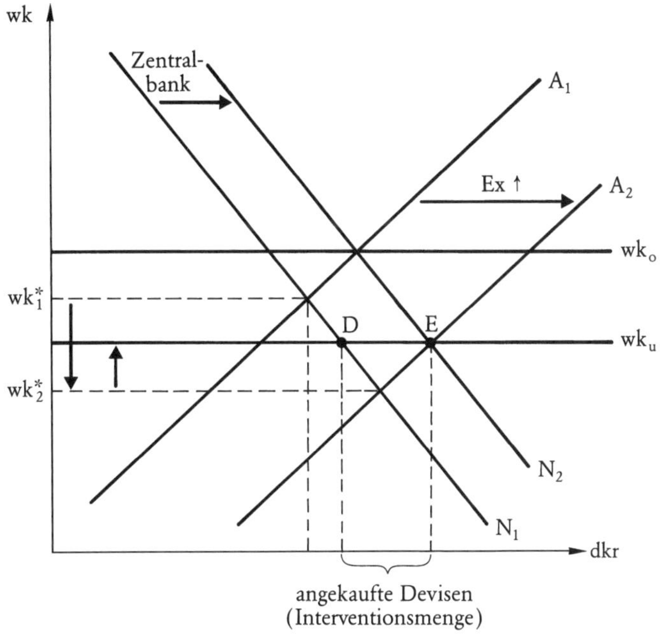


*Abb. F.5: Exportüberschuss bei festen Wechselkursen*

Aufgrund des erhöhten Devisenangebots kommt es zur Verlagerung der Angebotsfunktion nach rechts. Dadurch müsste sich wiederum der niedrigere Wechselkurs $wk_2$* einstellen. Jetzt existieren jedoch institutionelle Barrieren: Der Kronenkurs darf höchstens bis auf $wk_u$ („unterer Interventionspunkt") absinken. Da der marktmäßige Kurs aber niedriger als der untere Interventionspunkt liegen würde, muss die Europäische Zentralbank nun Stützungskäufe zugunsten der dänischen Währung tätigen, d. h. dänische Kronen nachfragen. Im Bild verlagert sich dadurch die Kurve der Devisennachfrage nach rechts. Dies geschieht so lange, bis der untere Interventionspunkt erreicht ist.

Die angekaufte Devisenmenge (Interventionsmenge) entspricht der Strecke DE; in diesem Umfang nehmen die Währungsreserven der EZB zu. Parallel dazu müsste nach den gegenwärtigen Vereinbarungen die dänische Zentralbank ihre eigene

Währung kaufen, d. h. Euro aus ihren Währungsreserven verkaufen; dies würde ebenfalls den Kurs der dänischen Krone in die vorgegebene Richtung treiben.

Mit dem Ankauf der dänischen Währung durch die EZB ist aber im inländischen Währungsraum die Schaffung von Zentralbankgeld verbunden. Dies wirkt dann inflatorisch, wenn (bei konstanter Umlaufgeschwindigkeit des Geldes) die heimische Geldmenge infolge der Interventionen stärker als das Sozialprodukt wächst. Die Folge ist dann ein Anstieg des inländischen Preisniveaus (importierte Inflation). Dieser Effekt verringert die internationale Wettbewerbsfähigkeit der heimischen Volkswirtschaft; die Exporte sinken, während die Importe steigen. In der Folgezeit verschwindet also der ursprüngliche Exportüberschuss wieder von allein; es tritt also auch im System fester Wechselkurse ein Ausgleich der Zahlungsbilanz ein. Man nennt diesen Mechanismus des automatischen Zahlungsbilanzausgleichs bei festen Wechselkursen den sog. **„Geldmengen-Preis-Mechanismus"**. Sein Funktionieren ist jedoch wiederum an verschiedene Prämissen gebunden, die in der Realität nicht immer erfüllt sind.

Versagt dieser Mechanismus, und setzen zudem spekulative Kapitalbewegungen ein, so erhöht sich der Interventionsbedarf für die Zentralbank laufend. Die inländische Geldmenge wächst dann möglicherweise ins Uferlose. Der Zielkonflikt zwischen Stabilisierung des Wechselkurses und Erhaltung der Preisniveaustabilität wird immer offenkundiger. Im Zweifel sehen sich die Regierungen veranlasst, die Paritätskurse neu zu vereinbaren (z. B. $wk_2{}^*$), also das Wechselkursband nach unten zu verschieben (sog. „Realignment"). Durch Herabsetzung des Wechselkurses wird die heimische Währung gegenüber dieser Devise aufgewertet.

Wurde der neue Paritätskurs „richtig" gewählt, so bildet dies die Voraussetzung für das Zustandekommen einer ausgeglichenen Zahlungsbilanz. Würden die Regierungen die Anpassung der Paritätskurse „geräuscharm" und in kurzen Zeitabständen vornehmen, so würde sich dieses System „anpassungsfähiger fester Wechselkurse" kaum von einem flexiblen Wechselkurssystem unterscheiden. In der Praxis halten die Regierungen jedoch möglichst lange an vereinbarten Kursen fest, und zwar auch dann, wenn der vom Markt „gewünschte" Kurs erheblich davon abweicht. Die Folge sind spekulative Kapitalbewegungen. Die ausländischen Kapitalanleger setzen darauf, dass die Aufwertung des Euro über kurz oder lang doch beschlossen wird. Die Folge sind Kapitalimporte großen Ausmaßes, die ihrerseits den Euro noch mehr unter Aufwertungsdruck bringen.

Das feste Wechselkurssystem war viele Jahre im Europäischen **Währungssystem** (EWS) verankert. Feste Wechselkurse weisen für die Wirtschaftsakteure im Vergleich zu flexiblen Wechselkursen den Vorzug der Kalkulationssicherheit auf. Dieser Tatbestand wirkt prinzipiell integrationsfördernd. Daher wurde beschlossen, als Vorstufe für die Einführung einer europäischen Gemeinschaftswährung ein System fester Wechselkurse zu installieren. Dieses sollte den europäischen Einigungsprozess von der Währungsseite her flankieren. Seit der Einführung des EWS im Jahr 1979 traten die beteiligten EU-Länder zu unterschiedlichen Zeitpunkten dem Festkurssystem bei. Die Festsetzung der Wechselkurse geschah dabei über ein **Gitter von Paritätskursen mit Bandbreiten.** Die meisten Wechselkurse durften innerhalb einer Marge von +/– 2,25 % schwanken, einige Währungen hatten vorübergehend eine Bandbreite von + /– 6 %. Im Sommer 1993 wurde die Bandbreite angesichts starker Unruhen an den Devisenmärkten auf + /– 15 % angehoben. Zum 1. Januar 1999 wurde die Bandbreite für die Währungen der elf Länder, die den Euro zu diesem Zeitpunkt einführten, aufgehoben. Die Währungen dieser Länder hatten bis zum 31. Dezember 2001 unwiderruflich absolut feste Wechselkurse. Dies galt zeitverzögert auch für die griechische Währung. Nach vollständiger Einführung des Euro auch als Bargeld zum 1. Januar 2002 stellte sich das Problem des Wechselkurssystems logischerweise nicht mehr, da es seitdem in den zwölf Teilnehmerstaaten das gleiche Geld gibt. Feste Wechselkurse mit Bandbreite weisen gegenwärtig nur noch Dänemark und Schweden (± 2,25 %) sowie die osteuropäischen Beitrittsländer Estland, Lettland, Litauen, Malta, Slowenien und Zypern (± 15 %) auf.

### 2. Beeinflussung des internationalen Preisgefälles

Einen weiteren Ansatzpunkt der Außenwirtschaftspolitik bildet das internationale Preisgefälle. Wie bereits ausgeführt, findet es seinen Ausdruck in unterschiedlich hohen Inflationsgeschwindigkeiten im Inland und im Ausland. Dies hat entsprechende Rückwirkungen auf die Entwicklung der Handels- und Dienstleistungsbilanz. Die folgenden Überlegungen gelten für den Fall, dass die Inflationsrate im Inland höher als im Ausland liegt. Dadurch steigen ceteris paribus die Importe an, während die Exporte zurückgehen. Die Folge ist eine **Passivierung der Leistungsbilanz** und damit ein außenwirtschaftliches Ungleichgewicht.

Die Wirtschaftspolitik steht in einer solchen Situation vor der Aufgabe, eine Umkehr der preisbedingten Güterströme herbeizuführen. Dazu muss es gelingen, über eine entsprechende Beeinflussung des internationalen Preisgefälles die Importe zu drosseln und die Exporte zu steigern. Die **Preisentwicklung im Ausland** ist jedoch für die nationale Wirtschaftspolitik eine exogen vorgegebene Größe, d. h. ein **Datum**. Weder die heimische Regierung noch die Zentralbank haben einen direkten Einfluss auf die Inflationsrate in ausländischen Volkswirtschaften. Daher muss die nationale Wirtschaftspolitik die Preisniveauentwicklung im Inland stabilisieren, damit bei Vorliegen eines Leistungsbilanzdefizits die Importe geringer und die Exporte größer werden.

Die **Möglichkeiten der Inflationsbekämpfung** wurden bereits im Rahmen der Erörterung des Zieles der Preisniveaustabilität behandelt. Besonders die **Geldpolitik** ist hier gefordert, das Geldmengenwachstum einzudämmen. Auf die Technik der Geldmengensteuerung soll an dieser Stelle nicht nochmals eingegangen werden. Entscheidend ist hier vielmehr, dass sich das internationale Preisgefälle im Zuge einer erfolgreichen Geldpolitik zugunsten des Inlandes verringert. Dadurch gehen bei preiselastischer Nachfrage die Importe zurück, während die Exporte ansteigen. Infolge der Aktivierung der Leistungsbilanz kommt es zu einem außenwirtschaftlichen Gleichgewicht.

Allerdings gerät die Geldpolitik bei der Verfolgung des außenwirtschaftlichen Gleichgewichts in eine **Konfliktsituation**. Der restriktive Kurs der Notenbank trägt zwar zum Ausgleich der Zahlungsbilanz bei. Gleichzeitig behindert die restriktive Zentralbankpolitik jedoch das Wachstum und damit die Beschäftigung, da im Zuge des Bremskurses mit einem Anstieg der inländischen Zinsen zu rechnen ist. Der Zielkonflikt zwischen der Erreichung binnenwirtschaftlicher und außenwirtschaftlicher Ziele war in der Vergangenheit immer wieder kennzeichnend für die Situation, in der sich die Deutsche Bundesbank befand.

Bei festen Wechselkursen ist zudem eine hinreichend autonome Wirtschaftspolitik, die nicht außenwirtschaftlich unterlaufen wird, faktisch kaum möglich. Soll die Stabilisierung des Preisniveaus im Inland gelingen, so ist eine restriktive Geldpolitik erforderlich. Logische Konsequenz und Voraussetzung für eine erfolgreiche Stabilisierungspolitik sind hohe Zinsen im Inland. Steigt aber das inländische Zinsniveau über das des Auslandes, so setzen Kapitalimporte ein. Die Folge ist, dass der Euro verstärkt nachgefragt wird, und die entsprechende Devise (z. B. US-Dollar) unter Abwertungsdruck gerät. Um zu verhindern, dass der Wechselkurs des Dollars unter den unteren Interventionspunkt fällt, müsste die Bundesbank Dollars aus dem Markt nehmen.

Die Folge dieser Interventionen ist aber, dass die heimische Geldmenge steigt, obwohl die Zentralbank ja ursprünglich die Absicht verfolgte, das Geldmengenwachstum zu drosseln. In einem internationalen Währungssystem mit festen Wechselkursen wird die Geldpolitik außenwirtschaftlich konterkariert. Wechselkursstabilisierung bedeutet dann aber immer, dass die nationalen Ziele hinter das Außenwirtschaftsziel gestellt werden müssen. Ein System fester Wechselkurse funktioniert nur dann, wenn alle am System beteiligten Länder dasselbe machen: Entweder betreiben sie alle eine Politik der Preisniveaustabilität, oder aber sie inflationieren alle. Es ist jedoch nicht möglich, dass ein Land in diesem System den „Stabilitätsapostel“ spielen will, während andere Länder eine inflatorische Wirtschaftspolitik betreiben. Im Zweifel wird in diesem Fall über die einsetzenden Interventionen der Notenbanken zur Stabilisierung der Wechselkurse die höhere Inflationsrate in das Inland übertragen („importierte Inflation“).

Die Vorstellung einer völlig „harmonisierten“ Wirtschaftspolitik ist um so unrealistischer, je größer der Kreis der Beteiligten an dem Fest-Wechselkurssystem ist und je unterschiedlicher diese Länder sind. Es ist daher kein Wunder, dass das ursprüngliche System von Bretton Woods auf die Dauer nicht aufrechtzuerhalten war. Wie die Erfahrungen zeigen, war es auch innerhalb Europas schwierig, den erforderlichen „Gleichklang“ der Wirtschaftspolitik herbeizuführen, um die Funktionsfähigkeit des Europäischen Währungssystems zu garantieren.

Neben der Zentralbank kann auch die **Regierung** das Ziel verfolgen, das internationale Preisgefälle zu steuern. Ist die inländische Inflationsrate höher als die des Auslandes, so kann der Staat über eine **solide Haushaltspolitik**, d. h. über eine rückläufige Staatsverschuldung bzw. eine Verringerung der Staatsausgaben zur Stabilisierung des Preisniveaus beitragen. Darüber hinaus könnte die Regierung auch zu **protektionistischen Maßnahmen** greifen. Diese sind zwar administrativer Natur; da ihr Einsatz jedoch gezielt zur Beeinflussung der Export- und Importpreise erfolgt, sollen sie hier innerhalb der Kategorie der marktmäßigen Bekämpfungsmaßnahmen erörtert werden. Zu unterscheiden sind Zölle (sog. „tarifäre Handelshemmnisse“) sowie spezifische preispolitische Maßnahmen (als Teil der „nichttarifären Handelshemmnisse“).

Bekanntlich haben **Zölle** eine doppelte Funktion: Zum einen bringen sie als **„Finanzzölle"** dem Staat Einnahmen; dieser Aspekt spielt insbesondere für zahlreiche Entwicklungsländer eine maßgebliche Rolle. Zum andern schützen Zölle die heimische Wirtschaft vor unliebsamer ausländischer Konkurrenz; man spricht daher von **„Schutzzöllen"**, die zum sog. „tarifären Protektionismus" gerechnet werden. Ungeachtet dieser unterschiedlichen Funktionen besitzen Zölle die Eigenschaft, dass sie das internationale Preisgefälle verzerren und damit Handelsströme induzieren, die unter rein marktmäßigen Gegebenheiten nicht zustande kämen.

Sollen die Exporte angeregt werden, so gilt es, bestehende **Exportzölle** abzubauen. Dadurch werden heimische Güter für das Ausland preiswerter, und es kommt zu der erwünschten Zunahme der Exporte und damit zu einem tendenziellen Ausgleich der Zahlungsbilanz. Weitaus verbreiteter als Exportzölle sind **Importzölle**. Sie zielen auf eine Drosselung der Importnachfrage ab. Importzölle verteuern sozusagen künstlich die ausländischen Güter, haben also denselben Effekt wie eine Erhöhung des Preisniveaus im Ausland. Dies verringert den inländischen „Inflationsvorsprung" gegenüber dem Ausland. Die Folge dürfte ein Rückgang der Importe sein, wodurch sich das Leistungsbilanzdefizit zurückbildet.

Aus volkswirtschaftlicher Sicht sind Importzölle jedoch **abzulehnen**. Sie bieten zwar einen kurzfristigen Schutz für heimische Betriebe, deren Wettbewerbsfähigkeit künstlich erhalten bleibt. Die Probleme werden jedoch dadurch nur zeitlich verschoben. Denn der Anpassungszwang an den Strukturwandel wird längerfristig durch Zölle nicht aufgehoben. Verkrustete Sektoren werden es später umso schwerer haben, den Anschluss an die geänderten Strukturen zu finden. Dies gilt umso mehr, als erfahrungsgemäß die Innovationskraft der geschützten Bereiche wegen der Existenz von Zöllen erlahmt.

Im Übrigen sind Zölle generell abzulehnen, da sie den **freien Welthandel behindern** und zu einem weltweit ineffizienten Einsatz von Produktionsfaktoren führen. Damit unterbinden Zölle die Vorteile, die sich aus der internationalen Arbeitsteilung für alle beteiligten Volkwirtschaften ergeben können. Der Abbau von Zöllen ist daher eine wichtige Voraussetzung für die weltweite Steigerung des Lebensstandards. Auf supranationaler Ebene bemühte sich seit dem Jahr 1948 das GATT („General Agreement of Tariffs and Trade") um die schrittweise Beseitigung von Zöllen. Dessen Nachfolgeorganisation zur Liberalisierung des Welthandels wurde die im Jahr 1995 gegründete WTO („World Trade Organisation"). Diesem Handelsabkommen gehört zwar die Mehrzahl der Länder der Erde an, gleichwohl gelang es bisher aber nicht, alle Zölle abzuschaffen.

Neben der Erhebung von Zöllen existieren für die Regierung zahlreiche weitere **preispolitische Instrumente**, um die Export- bzw. Importpreise zu beeinflussen und dadurch die Handelsströme in die gewünschte Richtung zu lenken. Dies kann beispielsweise durch die Gewährung von **Exportsubventionen** geschehen. Sollen die Exporte gesteigert werden, so müssen für das Ausland preisliche Anreize für den Kauf heimischer Güter geschaffen werden. Dies ist durch die Bezuschussung von sonst international nicht konkurrenzfähigen Ausfuhrgütern möglich. Faktisch wirken diese staatlichen Zuschüsse für das Ausland genauso wie eine Verringerung der inländischen Inflationsrate. Dieses Ergebnis lässt sich auch über Maßnahmen wie Zinssubventionen für Exportkredite, Ausnahmetarife für Verkehrsmittel, Exportgarantien bzw. Exportbürgschaften, Sonderabschreibungen auf Exportforderungen, sonstige staatliche Beihilfen oder die staatliche Ausrichtung von Auslandsmessen erreichen. Derartige staatliche Leistungen stellen vielfach versteckte Exportsubventionen dar.

Das internationale Preisgefälle kann auch durch **steuerliche Regelungen** beeinflusst werden. So ist zur Förderung der Ausfuhren eine Umsatzsteuerbefreiung ebenso möglich wie überkompensierende Umsatzsteuerrückvergütungen. Auch können bestehende Ausfuhrsteuern herabgesetzt bzw. abgeschafft werden. Entsprechend lassen sich die Importe drosseln, wenn der Staat die Einfuhrumsatzsteuer erhöht oder sonstige Nebenabgaben erhebt.

Aus fiskalischer Sicht stellen Zölle ebenso wie Importbelastungen eine Möglichkeit zur Erhöhung der Staatseinnahmen dar. Umgekehrt belasten die verschiedenartigen Exporthilfen den öffentlichen Etat. Ungeachtet des dabei entstehenden Saldos muss das Problem der Verzerrung des internationalen Preisgefüges und damit der Behinderung des freien Welthandels durch den Staat gesehen werden. Die Erfahrung zeigt, dass ein Land, welches seine Wirtschaft vor ausländischer Konkurrenz bewahren und die eigene Exportwirtschaft stärken möchte, mit **Gegenmaßnahmen** der Handelspartner rechnen muss. Handelskriege sind aber letztlich für alle beteiligten Länder kontraproduktiv.

Hinzuweisen ist an dieser Stelle auf weitere exportfördernde Aktivitäten des Staates. Zum einen ist die Rolle der Politik als „Türöffner" zu erwähnen. Dahinter steht die Aufgabe der Regierungen, die politischen Kontakte mit anderen Staaten zu pflegen bzw. weiter zu verbessern, um so den Weg für eine Intensivierung der Handelsbeziehungen zu ebnen. Zum andern können staatliche Stellen ihre Exportwirtschaft unterstützen, indem sie durch Initiierung oder Förderung von Auslandsmessen dazu beitragen, den Bekanntheitsgrad der Güter der heimischen Wirtschaft im Ausland zu erhöhen. Umgekehrt werden Exporte verhindert, sofern die Regierung beispielsweise Exportverbote in bestimmte Regionen verhängt.

### 3. Beeinflussung des internationalen Einkommensgefälles

Die Auflistung der Determinanten der Devisenzu- und -abflüsse zeigte, dass auch die konjunkturelle Entwicklung, d. h. die Höhe bzw. Entwicklung des Inlandsprodukts und damit des Einkommens im Inland und im Ausland für die Importe und Exporte eine Rolle spielt. Aus Sicht des Inlandes kommt es ceteris paribus zu einer Passivierung der Leistungsbilanz, wenn

- das Inlandseinkommen hoch ist und damit die (einkommensabhängigen) Importe hoch sind, bzw.
- das Auslandseinkommen niedrig und damit die (aus inländischer Sicht) Exporte gering

sind.

Wird bei Vorliegen eines Leistungsbilanzdefizits ein außenwirtschaftliches Gleichgewicht über steigende **Exporte** angestrebt, so muss das **Auslandseinkommen** zunehmen. Hierauf hat die nationale Wirtschaftspolitik aber keinen unmittelbaren Einfluss. Die Entwicklung des Inlandsprodukts der Handelspartner ist vielmehr in erster Linie das Resultat der dortigen Wirtschaftstätigkeit bzw. der dort betriebenen Wirtschaftspolitik. Aus inländischer Sicht ist das Auslandseinkommen damit eine **autonome** Größe.

Demgegenüber hat die nationale Wirtschaftspolitik sehr wohl einen Einfluss auf das Inlandseinkommen und damit auf die Importe. Um sie zu drosseln, muss das Inlandseinkommen bzw. dessen Wachstum verringert werden. Hierzu bedarf es vor allem einer **restriktiven Geld- und Fiskalpolitik.** Für die Zentralbank heißt dies, das Geldmengenwachstum zu verringern bzw. die Zinssätze zu erhöhen. Der Staat muss seinerseits die Ausgaben reduzieren und Steuern erhöhen.

Allerdings garantiert eine restriktive Geld- und Fiskalpolitik auch dann noch keinen Rückgang der Importe, wenn die Verringerung des Inlandseinkommens gelingt. Denn auf die Importnachfrage wirken neben dem Einkommen noch weitere Einflussfaktoren wie etwa Präferenzen oder die Nichtverfügbarkeit von Gütern. Diese Determinanten besitzen unter Umständen eine höhere „Durchschlagkraft“ auf die Einfuhren als das Einkommen.

Als weiteres Problem tauchen auch hier **Zielkonflikte** auf. Steht die Geld- und Fiskalpolitik im Dienste der Außenwirtschaftspolitik, so bedeutet ein restriktiver Kurs eine Gefahr für Wachstum und Beschäftigung in der heimischen Volkswirtschaft. Sollte im Inland eine hohe Arbeitslosigkeit herrschen, dann wird es sicherlich schwierig, im Parlament eine Mehrheit zu finden, die dem außenwirtschaftlichen Gleichgewicht eine höhere Priorität einräumt als der Vollbeschäftigung.

Für die Zentralbank ergäbe sich insoweit keine Konfliktsituation, als das hohe Inlandseinkommen als Ausdruck eines konjunkturellen Booms vermutlich mit hohen Preissteigerungen einhergehen dürfte. In diesem Fall käme eine restriktive Geldpolitik sowohl dem Ziel des außenwirtschaftlichen Gleichgewichts als auch der Geldwertstabilität zugute; zwischen diesen beiden Zielen bestünde also eine Zielharmonie. Allerdings bliebe der binnenwirtschaftliche Zielkonflikt zwischen Preisniveaustabilität einerseits und Vollbeschäftigung bzw. Wachstum andererseits auch für die Geldpolitik bestehen.

### 4. Beeinflussung des internationalen Zinsgefälles

Das internationale Zinsgefälle wirkt unmittelbar auf die **Kapitalbilanz.** Es beruht auf der Differenz zwischen dem inländischen und dem ausländischen Zinsniveau. Liegen die Zinsen im Inland höher als im Ausland, so werden ceteris paribus die Kapitalimporte zunehmen und die Kapitalexporte abnehmen, d. h. es kommt per Saldo zu einem Devisenzufluss. Umgekehrt entsteht eine passive Kapitalbilanz, d. h. es fließen Devisen ab, wenn die Zinsen im Ausland höher liegen als im Inland.

Die Steuerung des **ausländischen Zinsniveaus** ist wiederum nicht direkt möglich. Prinzipiell könnte zwar auf die ausländische Zentralbank bzw. Regierung politischer Druck ausgeübt werden. Der Erfolg ist jedoch fraglich. Dies gilt umso mehr, je autonomer die ausländische Notenbank ist. Damit ist der ausländische Zinssatz eine weitgehend **autonome** Größe für die binnenländische Wirtschaftspolitik.

Dagegen liegt das **inländische Zinsniveau** im Einflussbereich der nationalen Wirtschaftspolitik. Vorrangig ist hier die **Zentralbank** gefordert, mit Hilfe der ihr zur Verfügung stehenden Mittel die heimischen Zinsen zu steuern. Weist die Kapitalverkehrsbilanz ein Defizit auf, sind also die Kapitalabflüsse größer als die Kapitalzuflüsse, so müssen für die Erreichung einer ausgeglichenen Kapitalbilanz die Zinsen im Inland erhöht werden. Dies lockt Geld aus dem Ausland an, fördert also Kapitalimporte. Gleichzeitig wird es für heimische Anleger attraktiver, ihr Geld im Inland zu belassen, so dass Kapitalexporte unterbleiben. Umgekehrt bedarf ein Überschuss in der Kapitalverkehrsbilanz einer „Politik des billigen Geldes". Sinkende Zinsen bewirken Kapitalabflüsse und sorgen so für einen Ausgleich der Kapitalbilanz.

Wie bereits erwähnt, kann die Zentralbank im Rahmen ihrer außenwirtschaftlich orientierten Geldpolitik jedoch in eine Situation der **Zielkonflikte** geraten. Im Zuge einer restriktiven Politik beeinträchtigen steigende Zinsen die kreditfinanzierte Nachfrage auf den inländischen Gütermärkten, insbesondere die privaten Investitionen. Dadurch kollidiert die Verfolgung des Ausgleichs der Kapitalverkehrsbilanz mit dem Beschäftigungs- und dem Wachstumsziel. Umgekehrt müsste die Zentralbank bei Vorliegen eines Überschusses in der Kapitalverkehrsbilanz die Devisenzuflüsse bremsen. Eine hierzu eingeleitete expansive Geldpolitik könnte zwar die inländischen Zinsen senken und auf diese Weise einen Devisenabfluss erzeugen. Jedoch birgt der Expansionskurs der Notenbank die Risiken einer Inflation in sich.

Auf den ersten Blick scheint die Verantwortung für das internationale Zinsgefälle und damit die Entwicklung der Kapitalbilanz allein in den Händen der Zentralbank zu liegen. Jedoch ist auch die **Regierung** in der Lage, die Zinsdifferenz und damit den Status der Kapitalbilanz zu beeinflussen. Dies geschieht einmal über die Verschuldung an den nationalen Kreditmärkten. Die Finanzierung von **Haushaltsdefiziten** erhöht die inländische Kreditnachfrage und wirkt – ebenso wie eine restriktive Geldpolitik – zinssteigernd. Dadurch kommt es zu höheren Kapitalimporten und rückläufigen Kapitalexporten, d. h. zu einem Überschuss in der Kapitalbilanz. Zu dessen Bekämpfung müsste der Staat seine Nettokreditaufnahme im Inland wieder reduzieren.

In diesem Zusammenhang ist auf eine weitere Möglichkeit hinzuweisen, mit der die Regierung einen direkten Einfluss auf die Kapitalbilanz ausüben kann. Es handelt sich dabei um die staatliche **Kreditaufnahme im Ausland**. Auch über diesen Weg können öffentliche Defizite finanziert werden. Dabei kommt es zu einem Devisenzufluss und damit einem Überschuss in der Kapitalbilanz.

Im Übrigen kann der Staat Maßnahmen ergreifen, die zwar nicht unmittelbar auf das internationale Zinsgefälle wirken, wohl aber für die Kapitalbilanz relevant sind. Ein Beispiel hierfür bieten etwa **Steuergesetze**. Wie die jüngeren Erfahrungen in der Bundesrepublik Deutschland zeigen, kann der Staat dadurch einen beträchtlichen Einfluss auf die Kapitalbilanz ausüben. Die Erhebung der Quellensteuer in der ersten Hälfte des Jahres 1988 hatte zwar keine außenwirtschaftlichen Hintergründe; trotzdem kam es zu außenwirtschaftlichen Wirkungen in Form massiver Devisenabflüsse ins Ausland. Auch die seit 1.1. 1993 gültige Zinsabschlagsteuer sorgte für massive Kapitalexporte, obwohl zu diesem Zeitpunkt das internationale Zinsgefälle durchaus für Geld- und Kapitalanlagen in Deutschland sprach.

Hervorzuheben ist an dieser Stelle auch eine indirekte Einflussnahme des Staates auf den langfristigen Kapitalverkehr. Sie ist über eine Beeinflussung der **Direktinvestitionen** möglich. Ist die Kapitalverkehrsbilanz beispielsweise passiv, so könnte (neben einer restriktiven Politik der Zentralbank) auch die Schaffung günstiger Investitionsbedingungen langfristiges Kapital ins Inland locken bzw. Abflüsse vermeiden. Zu erwähnen sind hier Verbesserungen der Standortbedingungen wie etwa die Senkung der Grenzsteuersätze für die Einkommen- und Körperschaftsteuer oder die Deregulierung. Die Verbesserung der Rahmenbedingungen hat ceteris paribus höhere Direktinvestitionen im Inland bzw. geringere Direktinvestitionen im Ausland zur Folge. Dadurch ergeben sich per Saldo Devisenzuflüsse.

## V. Dirigistische Ansätze zur Bekämpfung von Zahlungsbilanzungleichgewichten

Aus volkswirtschaftlicher Sicht sollte die Wirtschaftspolitik das Ziel des außenwirtschaftlichen Gleichgewichts ausschließlich mit marktkonformen Maßnahmen verfolgen, indem sie Einfluss auf die Determinanten der Zahlungsbilanz nimmt. Die Realität zeigt indes vielfach ein anderes Bild: Sowohl die Güterströme als auch die Kapitalströme werden auf internationaler Ebene immer wieder mit Hilfe von dirigistischen, d. h. **nicht marktkonformen Mitteln** in die gewünschte Richtung gelenkt. Man trifft hierbei zwei Kategorien von Instrumenten an:

- nicht-tarifäre Handelshemmnisse; sie zielen auf die Güterströme ab;
- Devisenbewirtschaftung; sie beeinflusst sowohl Güter- als auch Kapitalströme

Diese nicht marktkonformen Maßnahmen sollen abschließend überblickartig vorgestellt werden.

### 1. Nicht-tarifäre Handelshemmnisse

Die nicht-tarifären Handelshemmnisse haben die dirigistische Steuerung des **internationalen Handels von Gütern** zum Gegenstand. Den formalen Ansatzpunkt der nicht-tarifären Handelshemmnisse bildet die Determinante der **Nichtverfügbarkeit** von Gütern (siehe Abbildung F.2). Mit Hilfe geeigneter Maßnahmen versucht die Regierung, die Wareneinfuhren bzw. Warenausfuhren zu beschränken, im Extremfall sogar vollständig zu unterbinden. Dadurch erhält das Inland nur beschränkten, im Extremfall sogar keinerlei Zugang zu ausländischen Gütern, bzw. das Ausland kann nur begrenzt oder überhaupt nicht in den Besitz inländischer Güter gelangen. In der Realität richten sich die Maßnahmen vorwiegend auf die Kontrolle bzw. Abwehr der **Importe**, d. h. nicht-tarifäre Handelshemmnisse weisen vorwiegend protektionistische Züge auf. Zu unterscheiden sind hierbei:

- mengenbeschränkende Maßnahmen sowie
- administrative Handelsbeschränkungen.

Die bekannteste Form der **mengenbeschränkenden Maßnahmen** sind die **Außenhandelskontingente**. Sie dienen der Begrenzung der Aus- und Einfuhren. Dabei kann für einen bestimmten Zeitraum entweder eine maximale Menge (Mengenkontingent) oder ein maximaler Wert (Wertkontingent) festgesetzt werden. Den Extremfall bilden hierbei Import- bzw. Exportverbote; sie blockieren die internationalen Handelsströme vollständig.

Das Allgemeine Zoll- und Handelsabkommen verbietet prinzipiell sämtliche **Ausfuhrkontingente**. Allerdings gibt es eine Reihe von Ausnahmeregelungen, die auch in EU-Verträgen bzw. in Deutschland im Außenwirtschaftsgesetz (AWG) geregelt sind. Ausfuhrverbote sind beispielsweise möglich, sofern es um den Schutz des Lebens oder um Sicherheitsinteressen geht. Ähnliches gilt für **Einfuhrkontingente**. Sie stellen den wirksamsten Schutz für die heimische Wirtschaft dar; das Ausland besitzt keine bzw. nur geringe Möglichkeiten, seine Preisvorteile gegenüber den international nicht mehr konkurrenzfähigen inländischen Wirtschaftsbereichen auszuspielen.

Eine weitere Form mengenbeschränkender Maßnahmen sind **Selbstbeschränkungsabkommen**. Sie beruhen auf Handelsvereinbarungen zwischen den beteiligten Ländern. Solche Abkommen gelten zwar offiziell als freiwillig, faktisch können sie jedoch unter politischem Druck zustande kommen. Ziel dieser bilateralen Verträge ist es, strukturschwache Branchen vor zu hohen Importen zu schützen. Ein Beispiel hierfür bildet das Abkommen zwischen der EU und Japan im Bereich der Automobilindustrie, in dem Japan den Export von Fahrzeugen nach Europa freiwillig auf eine bestimmte Stückzahl begrenzt. Mit derartigen Exportselbstbeschränkungsabkommen soll die geschützte Branche genügend Zeit gewinnen, um ihre internationale Wettbewerbsfähigkeit wieder zu erlangen. Ob dieses Vorhaben allerdings gelingt, erscheint häufig fraglich.

Zur Gruppe der mengenmäßigen Beschränkungen von Handelsströmen gehören noch zahlreiche andere Maßnahmen wie Mindestpreisvorschriften, Verwendungszwänge oder Außenhandelskartelle. Es würde jedoch an dieser Stelle zu weit führen, die vielfältigen Techniken genauer zu erörtern.

Zu den nicht-tarifären Handelshemmnissen zählen auch die **administrativen Handelsbeschränkungen**. In diese Kategorie fällt ebenfalls eine große Zahl von Einzelregelungen. Beispiele hierfür sind die Einfuhrüberwachung, Ursprungskontrollen, Lizenzvergaben, Formvorschriften für Warenbegleitpapiere, Bevorzugung inländischer Produzenten, permanente Änderung der Einfuhrformalitäten, Willkür bei der Anwendung von Handelsgesetzen, Verbraucherschutzbestimmungen, technische Normen und technische Standards, Boykottaufrufe oder Embargos. Die genannten Beispiele verdeutlichen, dass derartige Maßnahmen häufig auf eine **Gängelei** der Handelspartner hinauslaufen. Beabsichtigt ist damit in aller Regel, „unangenehme“ ausländische Anbieter vom inländischen Markt fernzuhalten.

Die beschriebenen Praktiken mögen zwar vorübergehend zu einer Aktivierung der Zahlungsbilanz beitragen. Dennoch sind sie **abzulehnen**, und das nicht nur wegen ihres teilweise sehr „unsportlichen“ Charakters. Sie bringen vielmehr gravierende ökonomische Nachteile mit sich. In der heimischen Volkswirtschaft behindern sie die Anpassung an den strukturellen Wandel; dies gefährdet auf längere Sicht die Beschäftigung und das Wachstum im Inland. Zu beachten ist auch die Gefahr der importierten Inflation, da protektionistische Maßnahmen die Einfuhren verteuern. Darüber hinaus kann es auch im Ausland zur Fehlallokation von Ressourcen kommen. Außerdem ist mit Gegenmaßnahmen der Handelspartner zu rechnen, die bis hin zu „Handelskriegen" gehen können. Dies stört aber den freien Welthandel, wodurch die letzten Endes für alle beteiligten Volkswirtschaften entstehenden Vorzüge der internationalen Arbeitsteilung nicht genutzt werden. Wenngleich die WTO auch die nicht-tarifäre Handelshemmnisse grundsätzlich verbietet, finden sich immer wieder neue Versuche zur Umgehung der Vorschriften.

### 2. Devisenbewirtschaftung

Die Devisenbewirtschaftung umfasst die Gesamtheit der dirigistischen Eingriffe in den internationalen Zahlungsverkehr. Sie kontrolliert bzw. verbietet die freie Entscheidung über die Verwendung von Devisen. Damit läuft dieses Instrument eindeutig der marktwirtschaftlichen Ordnung zuwider. Den Gegensatz zur Devisenbewirtschaftung bildet die sog. **Konvertibilität** (oder Konvertierbarkeit), die den völlig freien Austausch von Devisen beinhaltet. Dieses System wurde in der Bundesrepublik Deutschland im Jahr 1958 für die D-Mark eingeführt.

Für die Devisenbewirtschaftung kann einmal ein **Devisenmangel** verantwortlich sein. Er zeigt sich in einer passiven Leistungs- bzw. Kapitalbilanz, die auf hohe Güterimporte oder Kapitalabflüsse zurückzuführen ist. Diese Situation ist typischerweise für Entwicklungsländer zutreffend, deshalb ist dort die Devisenzwangswirtschaft weit verbreitet. Aber auch ein **Devisenüberfluss** kann Anlass für dirigistische Maßnahmen sein. So sah sich die Bundesrepublik Deutschland zu Beginn der siebziger Jahre massiven Kapitalzuflüssen gegenüber, die eine große Gefahr für die Preisniveaustabilität darstellten. Daher ergriff man administrative Maßnahmen zur Abwehr von Kapitalimporten.

Die **Techniken** der Devisenbewirtschaftung sind äußerst vielfältig. Einige Beispiele machen dies deutlich:

- Transaktionen zwischen Gebietsansässigen und Gebietsfremden werden generell verboten oder sind genehmigungspflichtig,
- Devisen werden nur begrenzt zugeteilt,
- Devisen müssen an eine Behörde abgeliefert werden,
- die Einfuhr von Devisen ist anzumelden,
- Verbot des privaten Devisenumtausches,
- Einführung eines „gespaltenen" (multiplen) Wechselkurses; damit können beispielsweise lebensnotwendige Güter zu einem günstigeren Wechselkurs importiert werden als Luxusgüter.

Mit solchen Maßnahmen ist sowohl die Steuerung der internationalen Güterströme als auch der Geld- und Kapitalströme möglich. Entsteht in einem Land z. B. ein Devisenmangel infolge eines Handelsbilanzdefizits, so sind die **Güter-**

**importe** zu drosseln. Dies kann etwa dadurch geschehen, dass es für Reisen ins Ausland lediglich geringe Beträge an Devisen gibt, und dies evtl. nur innerhalb größerer Zeitabstände. Oder die Zuteilung wird an Importkontingente bzw. Importlizenzen gebunden. Ziel solcher Maßnahmen ist es, ein außenwirtschaftliches Gleichgewicht herbeizuführen.

Sofern die Devisenbewirtschaftung an der Kapitalbilanz ansetzt, spricht man von **Kapitalverkehrskontrollen**. Bei den hierbei praktizierten Eingriffen ist es die Absicht, die durch kurz- und langfristige Finanztransaktionen induzierten Devisenbewegungen zu behindern. Dies kann in Form von Kontrollen oder gar durch Verbote von internationalen Geld- und Kapitalgeschäften geschehen. Weist ein Land eine defizitäre Zahlungsbilanz auf, so wird es versuchen, durch dirigistische Maßnahmen die **Kapitalabflüsse** zu unterbinden. Umgekehrt kann es aber auch passieren, dass die Regierung administrative Instrumente einsetzt, um sich unerwünschten **Kapitalzuflüssen** entgegenzustemmen; den Hintergrund hierfür bildet in der Regel die Inflationsgefahr, die mit hohen Kapitalimporten verbunden ist.

Zu Beginn der siebziger Jahre war in der Bundesrepublik Deutschland die Abwehr von **Kapitalimporten** ein großes Problem. Damals lösten Spekulationen über eine Aufwertung der D-Mark umfangreiche Kapitaleinfuhren aus. Sowohl die Bundesbank als auch die Bundesregierung sahen die Stabilität des Preisniveaus in hohem Maße gefährdet und ergriffen verschiedene Gegenmaßnahmen. Für einen solchen Fall der Bedrohung der Kaufkraft der heimischen Währung lässt das Außenwirtschaftsgesetz eine Einschränkung des freien Kapitalverkehrs zu. Als **Abwehrmaßnahmen** (sog. „Devisenbannwirtschaft“) kommen in Betracht:

- Genehmigungspflicht für Wertpapierkäufe durch Gebietsfremde im Inland,
- Genehmigungspflicht der Verzinsung von Ausländerguthaben bei inländischen Banken,
- Genehmigung für eine Kreditaufnahme von Inländern im Ausland,
- im Ausland aufgenommene Kredite müssen zu einem bestimmten Prozentsatz (bis zu maximal 100 %) zinslos bei der Zentralbank gehalten werden („Bardepot“),
- erhöhte Mindestreservesätze (bis zu maximal 100 %) für reservepflichtige Einlagen von Gebietsfremden bei heimischen Kreditinstituten.

Aus gesamtwirtschaftlicher Sicht müssen die im Zuge der Devisenbewirtschaftung ergriffenen Maßnahmen jedoch auf scharfe **Kritik** stoßen, denn auch sie behindern die internationale Arbeitsteilung. Wie die Erfahrung zeigt, entstehen in einem System der Devisenbewirtschaftung freie Märkte oder Schwarzmärkte, die den Handel stören. Aus diesem Grunde entschlossen sich auch die Regierungschefs der Europäischen Gemeinschaft, mit dem EU-Binnenmarkt die Freizügigkeit des Güter- und Kapitalverkehrs einzuführen. Damit wurde quasi europaweit jeglicher Form der Devisenbewirtschaftung eine klare Absage erteilt.

Ein zusammenfassender Überblick über die Instrumente der Außenwirtschaftspolitik und deren Ansatzpunkte ist Abbildung F.6 zu entnehmen.

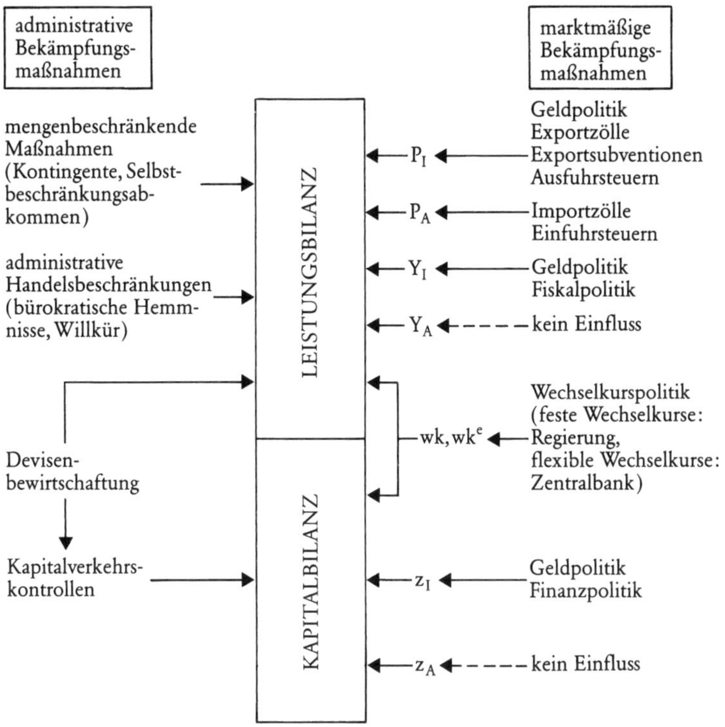


*Abb. F.6: Instrumente der Außenwirtschaftspolitik*

# G. Ökologisches Gleichgewicht

## I. Begründung und Operationalisierung des Umweltziels

### 1. Nachhaltige Entwicklung

Den entscheidenden Anstoß für das Erkennen des Umweltproblems lieferte die in den siebziger Jahren verfasste Studie „Grenzen des Wachstums" durch den „Club of Rome". Mit dieser Studie wurde erstmals einer breiteren Öffentlichkeit bewusst gemacht, dass die natürlichen Ressourcen endlich sind und sich von daher „Grenzen des Wachstums" ergeben.

Das Ziel der „Sozialen Marktwirtschaft" ist es, die marktwirtschaftliche Ordnung um einen sozialen Rahmen zu ergänzen. Angesichts der zunehmenden Umweltprobleme wird heute allenthalben gefordert, die Marktwirtschaft zu einer **„sozialen und ökologischen Marktwirtschaft"** weiterzuentwickeln.

Im Fall der Umweltbelastung funktioniert allerdings der marktwirtschaftliche Anpassungsmechanismus nicht. Da die Nutzung des **„freien Gutes"** Umwelt in einem reinen Marktsystem keinen Preis hat, signalisiert das System, dass die natürlichen Ressourcen im Überfluss vorhanden seien. Die Marktsignale lenken also die Produzenten und Konsumenten in die falsche Richtung, denn in einer sich selbst überlassenen Marktwirtschaft gibt es keine Anreize, mit dem kostenlosen Gut „natürliche Umwelt" sparsam umzugehen. Anders ausgedrückt, der marktwirtschaftliche Selbstregulator versagt.

Es ist zweifellos die Aufgabe des Staates, diesen Defekt der Marktwirtschaft zu korrigieren. Die politisch Verantwortlichen müssen die richtigen Daten setzen, die den Marktteilnehmern bewusst machen, dass Umwelt eben keine freie, unbegrenzt zur Verfügung stehende Ressource ist, sondern ein Gut, mit dem alle sorgsam umgehen müssen. Hierzu braucht die Marktwirtschaft einen **ökologischen Ordnungsrahmen**. Erforderlich sind Vorschriften, Gesetze, Gebote und Verbote, Kontrollen und Strafen, also Maßnahmen, die den Marktteilnehmern die richtigen Signale für einen sorgsameren Umgang mit unseren natürlichen Ressourcen geben.

Anzustreben ist eine **„nachhaltige Entwicklung" (sustainable development)**, die dadurch gekennzeichnet ist, dass – vergleichbar der Forstwirtschaft – die Nutzung der Umwelt nicht größer ist als deren natürliche Regenerationsfähigkeit, und die Freisetzung von Schadstoffen die Aufnahmefähigkeit der Umweltmedien Luft, Gewässer und Boden nicht übersteigt. Eine derartige Entwicklung dient vor allem der **Erhaltung der natürlichen Lebensgrundlagen** für die nachfolgenden Generationen.

Im „Brundtland-Bericht" wird unter nachhaltiger Entwicklung eine „Entwicklung verstanden, die den gegenwärtigen Bedarf zu decken vermag, ohne gleichzeitig späteren Generationen die Möglichkeit zur Deckung des ihren zu verbauen". Ausgehend von dem Postulat einer Gerechtigkeit zwischen den Generationen (intergenerative Gerechtigkeit) wird ein Wachstum gefordert, das die **Erhaltung der Umwelt** und ihrer mannigfaltigen Funktionen auch für die Menschen **künftiger Generationen** sichert. Das Prinzip der **intergenerativen Gerechtigkeit** bedeutet offensichtlich, dass die Wohlfahrt der gegenwärtigen Generation nur gesteigert werden darf, wenn die Wohlfahrt zukünftiger Generationen sich hierdurch nicht verringert. Sustainable Development ist inzwischen das zentrale Leitbild der Umweltpolitik. Dies zeigen die Konferenz von Rio de Janeiro (1992), die Berliner UN-Klimakonferenz (1995) sowie der UN-Umweltgipfel von New York (1997). In diesem Sinne kann das Ziel des **ökologischen Gleichgewichts** mit der Forderung nach „nachhaltiger Entwicklung" qualitativ **operationalisiert** werden.

Einigkeit besteht darüber, dass umweltgerechtes Wirtschaften zumindest drei grundlegenden Kriterien genügen muss, die auch als **„Regeln der Nachhaltigkeit"** bezeichnet werden können:

- Die Nutzung **erneuerbarer Naturgüter** (z. B. Wälder oder Fischbestände) darf auf Dauer nicht größer sein als ihre Regenerationsrate – andernfalls ginge diese Ressource zukünftigen Generationen verloren.
- Die Nutzung **nicht-erneuerbarer Naturgüter** (z. B. fossile Energieträger oder landwirtschaftliche Nutzflächen) darf auf Dauer nicht größer sein als die Substitution ihrer Funktionen (Beispiel: Substitution fossiler Energieträger durch Wasserstoff aus solarer Elektrolyse).
- Die **Freisetzung von Stoffen und Energie** darf auf Dauer nicht größer sein als die Absorptionsfähigkeit der natürlichen Umwelt (Beispiel: Anreicherung von Treibhausgasen in der Atmosphäre oder von säurebildenden Substanzen in Waldböden).

## 2. Ursachen des Umweltproblems

Die **Ursachen** der Umweltprobleme sind komplex. Zu den wesentlichsten Ursachenfaktoren zählen:

- die Bevölkerungszunahme,
- das Wirtschaftswachstum,
- der zunehmende Energieverbrauch.

Die heutigen Umweltprobleme wie verschmutzte Gewässer, Müllhalden, die Ausdünnung der Ozonschicht oder der Treibhauseffekt sind letztlich auf die zunehmende Produktionstätigkeit der Menschen zurückzuführen. Der Mehrbedarf an Gütern ist sowohl auf die weltweit stetig steigende Bevölkerung als auch auf gestiegene Bedürfnisse – speziell in den Industrieländern – zurückzuführen. Für die Herstellung der immer größer und komplexer werdenden Gütermengen werden zunehmend Energie, Rohstoffe und natürliche Ressourcen (einschließlich Umwelt) verbraucht.

Das dominierende globale Umweltproblem ist das **Klimaproblem.** Das Klimaproblem hat seinen Ursprung darin, dass der Mensch durch seine vielfältigen Aktivitäten bestimmte klimarelevante Spurengase in die Atmosphäre entlässt. Diese

Spurengase führen zu einer zusätzlichen Erwärmung der Erdoberfläche und der unteren Luftschichten, dem **„Treibhauseffekt"**. Von größter Bedeutung ist dabei das Kohlendioxid ($CO_2$), welches vor allem durch die Verbrennung fossiler Brennstoffe (Erdöl, Kohle, Erdgas) in die Atmosphäre entweicht. Der weltweite $CO_2$-Ausstoß ist damit eng an den weltweiten Energieverbrauch gekoppelt, da die Energiegewinnung vor allem auf fossilen Energieträgern basiert. Zudem ist der motorisierte Verkehr eine wichtige Determinante der $CO_2$-Entwicklung. Das Kohlendioxid hat einen Anteil von etwa 50 % an dem durch den Menschen verursachten (anthropogenen) Treibhauseffekt. Vom Menschen in die Atmosphäre emittiertes $CO_2$ hat eine typische Verweildauer von etwa 100 Jahren, was die Langfristigkeit des Klimaproblems verdeutlicht. Andere wichtige Spurengase sind Methan ($CH_4$), Distickstoffoxid ($N_2O$), und die Fluor-Chlor-Kohlenwasserstoffe (FCKW). Messungen belegen zweifelsfrei, dass sich die Konzentration von $CO_2$ in der Atmosphäre seit Beginn der industriellen Revolution rasant erhöht hat. Dass der Mensch für diesen Anstieg verantwortlich ist, ist unstrittig. Bereits für die letzten 100 Jahre ist eine offensichtlich anthropogene Erwärmung der Erdtemperatur nachweisbar (IPCC-Bericht).

Hätte die Erde keine Atmosphäre, würde sich die Oberflächentemperatur ausschließlich aus der Bilanz zwischen eingestrahlter Sonnenenergie und der vom Baden abgestrahlten Wärme (Infrarot-)Strahlung ergeben und im globalen Mittel etwa $-18\ ^\circ C$ betragen. $CO_2$ und andere Spurengase absorbieren die von der Erdoberfläche ausgehende Wärmestrahlung, mit der Folge, dass die Temperatur der Erdoberfläche im globalen Mittel etwa $+15\ ^\circ C$ beträgt. Dieser „natürliche" Treibhauseffekt ermöglicht erst das Leben auf der Erde.

Die Konzentration der langlebigen Treibhausgase nimmt systematisch zu: seit Beginn der Industrialisierung bis heute bei $CO_2$ um etwa 30 %, bei Methan um 120 % und bei Distickstoffoxid um etwa 10 %. Die Folge ist eine langfristige Erwärmung der unteren Atmosphäre und der Erdoberfläche. Ein verstärkter Treibhauseffekt führt auch zu Veränderungen des Niederschlags, der Bewölkung, der Meereisausdehnung, der Schneebedeckung und zu einem Anstieg des Meeresspiegels sowie zu extremeren Wettersituationen; die Folge ist eine **globale Klimaveränderung**. Bis zum Jahr 2100 rechnen Klimaforscher mit einem Temperaturanstieg von bis zu $3\ ^\circ C$. Zusammen mit der bereits realisierten Erwärmung von etwa $0{,}7\ ^\circ C$ entspräche dies fas dem Temperaturunterschied von der letzten Eiszeit bis heute. Es würde sich also um eine für die Menschheit einmalig rasante globale Klimaänderung handeln, für die es in den letzten Millionen Jahren kein Analogon gäbe.

Das Klimaproblem steht inzwischen auch an oberster Stelle auf der Agenda der Weltpolitik. Am 10. Dezember 1997 haben 159 Vertragsstaaten der Rahmenkonvention der Vereinten Nationen zu Klimaänderungen einstimmig das sog. **Kyoto-Protokoll** angenommen. In dem Protokoll verpflichten sich die Industriestaaten erstmals völkerrechtlich verbindlich dazu, ihre Treibhausgasemissionen zwischen 2008 und 2012 insgesamt um mindestens 5 % unter das Niveau von 1990 zu senken. Die Europäische Union muss im Mittel ihre Emissionen um 8 Prozent reduzieren. Völkerrechtlich verbindlich wird das Kyoto-Protokoll, wenn mindestens 55 der zurzeit 175 Vertragsstaaten, die mindestens 55 Prozent aller $CO_2$-Emissionen des Jahres 1990 umfassen, ratifiziert haben. Aus Sicht der Klimaforscher ist das allenfalls ein Einstieg in eine Weltklimapolitik. Hinreichend sind die Reduktionsraten nicht, um die drohende Klimaerwärmung der Erde in den nächsten hundert Jahren abzuwehren. Hierzu müsste der Ausstoß von Treibhausgasen bis zum Jahr 2100 auf einen Bruchteil des heutigen Ausstoßes reduziert werden. Die jährlich stattfindenden Klimakonferenzen bieten jedoch die Chance für Nachbesserungen – einschließlich der Erweiterung des Teilnehmerkreises.

## II. Externe Effekte in der Umweltökonomie

### 1. Begriff und Inhalt externer Effekte

Die natürliche Umwelt ist ein „öffentliches Gut"; sie steht allen zur Verfügung. Ohne staatliche Intervention, kann von ihrer Nutzung kein Wirtschaftssubjekt ausgeschlossen werden. Die Folge ist eine zu intensive Inanspruchnahme der Umwelt. Aber auch sog. „externe Effekte" sind für das Versagen des Marktmechanismus verantwortlich.

Unter **externen Effekten** versteht man diejenigen Wirkungen, die von den ökonomischen Aktivitäten (Produktion oder Konsum) der Wirtschaftssubjekte (Unternehmen oder Konsumenten) ausgehen und die wirtschaftliche Situation anderer Wirtschaftssubjekte positiv (Nutzen- oder Gewinnsteigerung) oder negativ (Nutzen- oder Gewinnminderung) beeinflussen. Bei externen Effekten handelt es sich also um Wirkungen, die **nicht über das Preissystem erfasst** werden. Von besonderer Bedeutung für die Umweltpolitik sind die negativen externen Effekte (**„externe Kosten"**).

Das Problem soll an einem Beispiel verdeutlicht werden. Eine Fabrik A produziere ein Gut (z. B. Zement), bei dessen Herstellung große Mengen an Staub in die Luft emittiert werden, der die benachbarten Konsumenten dadurch belastet, dass z. B. die Wäsche öfter gewaschen werden muss bzw. die Lebensqualität infolge der hohen Luftbelastung beeinträchtigt wird oder z. B. die Produzenten einer Halbleiterfabrik zwingt, zusätzliche Investitionen zu tätigen, um die erforderlichen Reinluftbedingungen für die Chip-Produktion wiederherzustellen. Während bei den Geschädigten (Konsumenten oder Produzenten) höhere Kosten anfallen oder Beeinträchtigungen der Lebensqualität zu verzeichnen sind (immaterielle Kosten), muss der Verursacher (hier der Zement-Produzent; Verursacher können prinzipiell aber auch Konsumenten sein) für die von ihm verursachten „externen" Kosten – einschließlich der Beeinträchtigungen der Lebensqualität – nicht aufkommen. Beim Verursacher fallen nur die „internen" Kosten an, z. B. die Lohn- und Kapitalkosten sowie die Kosten für Roh-, Hilfs- und Betriebsstoffe. Sein Produkt ist folglich preiswerter, als es wäre, wenn dem Verursacher auch noch die Kosten, die der Allgemeinheit angelastet werden („externe Kosten"), in Rechnung gestellt würden. Die Nachfrage nach dem Produkt ist deswegen zu hoch. Die folglich zu hohe Produktion führt zu einer zu hohen Belastung der natürlichen Umwelt.

Die Folge des Versagens des Preismechanismus bei externen Effekten ist eine **Fehlallokation der Produktionsfaktoren** (einschließlich des Faktors natürliche Umwelt). Es müsste allgemein sichergestellt werden, dass der Emittent bei seinen Entscheidungen auch die externen Kosten berücksichtigt. Nur so kann ein volkswirtschaftliches Optimum erreicht werden. Das Anlasten der externen Kosten auf den Verursacher bezeichnet man als **„Internalisierung der externen Effekte"**.

## 2. Produktionsentscheidung und externe Effekte

Die Folgen einer Nichtbeachtung externer Effekte wurden schon angedeutet. Im Folgenden soll auf dieses Problem sowie auf die Internalisierung externer Kosten genauer eingegangen werden.

### *a. Produktionsentscheidung ohne Berücksichtigung externer Kosten*

Bei der Produktion von Gütern entstehen für den Produzenten zunächst „interne" Kosten in Form von Löhnen, Zinsen, Rohstoffen, Energie etc. Ein Teil dieser Kosten sind Fixkosten; sie sind von der erzeugten Gütermenge unabhängig (z. B. Anschaffungskosten für eine Maschine). Der andere Teil der internen Kosten variiert mit der produzierten Stückzahl des jeweiligen Produktes; es liegen variable Kosten vor (z. B. Lohnkosten bei Stückakkord). Der Produzent wird bei einer Produktionsentscheidung überlegen, welche Kosten jeweils anfallen, wenn er eine Produktionseinheit mehr herstellt. Die Kosten der jeweils letzten Produktionseinheit nennt man **„Grenzkosten"**. Müssen z. B. für die Produktionssteigerung von zehn auf elf Stück zusätzlich 10,– € aufgewendet werden, dann betragen die Grenzkosten hierfür 10,– €.

Aus dem Verkauf der Güter erhält der Unternehmer einen Erlös (Umsatz). Er errechnet sich aus der Multiplikation von Preis pro verkauftem Stück und der Stück-

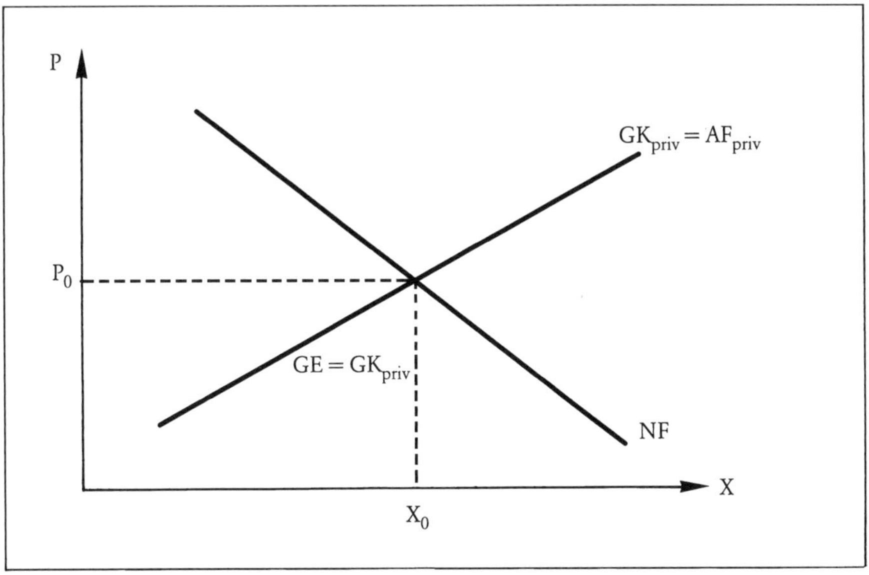


*Abb. G.1: Marktlösung ohne externe Kosten*

zahl. Für jede Einheit des Gutes, die er mehr verkauft, erhält er den Stückpreis als zusätzlichen Erlös; dies ist der sog. **Grenzerlös.** Es stellt sich für den Unternehmer daher die Frage, welche Menge er vernünftigerweise produzieren soll. Er wird überlegen, wie lange er seinen Gewinn mit zunehmender Produktion ausdehnen kann. Hierzu wird er bei jeder zusätzlichen Gütereinheit die Grenzkosten mit den Grenzerlösen vergleichen. Er wird die Produktion so lange steigern, bis er am letzten Stück gerade nichts mehr verdient, bis also Grenzkosten und Grenzerlös übereinstimmen. In dieser Situation ist der **maximale Gesamtgewinn** erreicht; der Grenzgewinn, d. h. der Gewinn an der letzten Produktionseinheit, wird gerade Null.

Die voranstehende Abbildung G.1 zeigt eine solche Situation. Sie enthält die Grenzkostenkurve eines privaten Unternehmens ($GK_{priv}$); dies entspricht zugleich der Angebotsfunktion ($AF_{priv}$) des Produzenten. Abbildung G.1 enthält zudem die Nachfragekurve (NF) nach dem Gut X. Als Ergebnis des Zusammenwirkens von Angebot und Nachfrage am Markt ergeben sich im Gleichgewicht der Marktpreis $P_0$ und die abgesetzte Menge $X_0$. Diese Marktkonstellation ist aus einzelwirtschaftlicher Sicht die gewinnmaximale Preis-Mengen-Konstellation, denn bei der Produktionsmenge $X_0$ entsprechen die Grenzkosten ($GK_{priv}$) gerade dem Grenzerlös (GE) und damit dem Güterpreis ($P_0$). Sie ist zudem auch gesamtwirtschaftlich dann optimal, wenn keine externen Effekte zu berücksichtigen sind. Befinden sich alle Güter- und Faktormärkte in der skizzierten Form im Gleichgewicht, so sind die Produktionsfaktoren optimal eingesetzt (optimale Allokation). Diese Situation wird auch als **Pareto-Optimum** bezeichnet. Denn durch einen veränderten Einsatz der Produktionsfaktoren („Re-Allokation") kann kein Individuum mehr besser gestellt werden, ohne dass ein anderes schlechter gestellt wird. Das gilt allerdings nur dann, wenn – wie erwähnt – bei der Produktion keine externen Effekte (externe Kosten oder Nutzen) auftreten.

### *b. Produktionsentscheidung mit Berücksichtigung externer Kosten*

Bei Auftreten externer Effekte ist die Produktionsentscheidung aus gesamtwirtschaftlicher Sicht hingegen nicht optimal. Die bei Dritten entstehenden externen Kosten müssten bei der Produktionsentscheidung des Unternehmens berücksichtigt werden; nur dann wird auch die volkswirtschaftlich optimale Menge erzeugt.

Dieser Sachverhalt ist in der nachstehenden Abbildung G.2 verdeutlicht. Addiert man zu den Grenzkosten der privaten Unternehmen ($GK_{priv}$) die „externen" Grenzkosten der Geschädigten ($G_{Kext}$), so erhält man die **gesamtwirtschaftliche Grenzkostenkurve** ($GK_{ges}$) bzw. die gesellschaftliche Angebotsfunktion ($AF_{ges}$). Die Einbeziehung der externen Kosten der Geschädigten führt also dazu, dass sich die Grenzkostenkurve bzw. die Angebotsfunktion nach oben verlagert. In der Abbildung wird unterstellt, dass mit zunehmender Produktion des Gutes X die externen Kosten zunehmen.

Bei gegebenem Verlauf der Nachfragefunktion (NF) nach dem Gut X bedeutet dies offensichtlich, dass sich die neue Gleichgewichtskombination $P_1/X_1$ einstellen würde. Bei dieser neuen Gleichgewichtskonstellation ist die Produktionsmenge kleiner als im Fall ohne Berücksichtigung der externen Kosten. Folglich ist auch

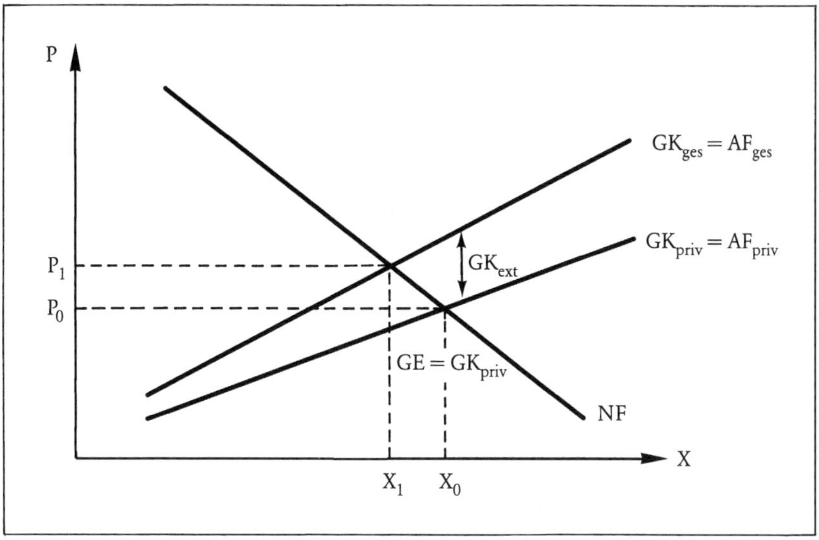


*Abb. G.2: Marktlösung mit Berücksichtigung externer Kosten*

die Umweltbelastung geringer. Zudem ergäbe sich ein höherer Marktpreis für das betreffende Produkt.

Die Konsequenz ist: Der Staat muss den Verursachern die Umweltschädigungen, d. h. die externen Kosten, anlasten; nur dann kann eine für die gesamte Gesellschaft optimale Situation erreicht werden. Solange der Staat nicht als Anwalt der Umwelt eingreift, bleiben die externen ökologischen Kosten unberücksichtigt. Erforderlich ist daher die **Internalisierung der externen Effekte** durch die Politik.

## 3. Theoretische Möglichkeiten zur Internalisierung externer Effekte

### *a. Das Internalisierungskonzept nach Pigou*

In der tagespolitischen Diskussion findet sich in jüngster Zeit verstärkt die Forderung nach Erhebung von „Umweltsteuern" oder „Öko-Abgaben" (beide Begriffe werden im Folgenden synonym verwendet). Es handelt sich hierbei um ein umweltpolitisches Instrument, das bereits vor einem dreiviertel Jahrhundert theoretisch entwickelt worden ist. Schon in den zwanziger Jahren hat Arthur Cecil Pigou (1877–1959) in seinem 1922 erschienenen grundlegendem Werk zur „Wohlfahrtsökonomik" ein Besteuerungsmodell zur Internalisierung externer Effekte entwickelt: Der Verursacher von Umweltbelastungen wird mit der Zahlung einer Abgabe bzw. Steuer in Höhe der Grenzkosten der Geschädigten belastet; es werden so beim Verursacher die externen Kosten internalisiert und die Produktion des betreffenden Gutes entsprechend verteuert. Grafisch gesprochen würde also die Grenzkostenkurve des Produzenten gerade um die externen Kosten nach oben verschoben. Die Folge der Internalisierung der externen Kosten ist, dass nicht nur der

Preis des Gutes steigt, sondern auch die Produktion auf das (allokationspolitisch optimale Niveau) gesenkt wird.

Die Abgabe oder Steuer fungiert in diesem Modell als **Lenkungssteuer**. Durch sie wird das Verhalten der Produzenten in die (allokationsoptimale) gewünschte Richtung gelenkt. Die Produzenten werden versuchen, die Zahlung der Abgabe zu vermeiden. Das ist dadurch möglich, dass z. B. durch Einbau von Filtern, Errichtung von Kläranlagen oder durch lärmdämmende Maßnahmen, die Emissionen reduziert werden. Diese Investitionen lohnen sich immer dann, wenn die Aufwendungen niedriger sind als die entsprechende Abgabenbelastung.

Der optimale Pigou-Steuersatz ist t*. Er ergibt sich in Abbildung G.3 aus dem Schnittpunkt der Grenzkostenkurve der Geschädigten ($GK_{ext}$) mit der Grenzvermeidungskostenkurve der Emittenten (GVK). Die Grenzvermeidungskostenkurve gibt an, welche Aufwendungen getätigt werden müssen, um die Emissionen (E) um eine Einheit zu reduzieren. Konsequenter Weise nehmen diese Grenzvermeidungskosten mit zunehmender Annäherung an den Koordinatenursprung also mit zunehmendem Reinheitsgrad zu. Im Bereich (1) sind die Vermeidungskosten höher als die Grenzkosten der Geschädigten. Die Vermeidung wäre also suboptimal. Im Bereich (2) sind die Grenzkosten der Geschädigten höher als die Kosten der Vermeidung. E* ist das allokationsoptimale Emissionsniveau; t* ist der **allokationsoptimale Steuersatz** („Pigou-Steuer"). Wird den Emittenten diese Steuer angelastet, so wird die Produktion auf das allokationsoptimale Niveau reduziert.

Der Pigou-Ansatz ist elegant und überzeugend. Er ist jedoch mit einem großen Mangel behaftet: dem Informationsproblem. Zur Bestimmung des notwendigen Abgabesatzes muss die staatliche Instanz den Verlauf der Grenzkostenkurve der Geschädigten kennen bzw. diesen hinreichend genau abschätzen können. Zudem müsste der Verlauf der Grenzvermeidungskosten bekannt sein. Nur dann kann

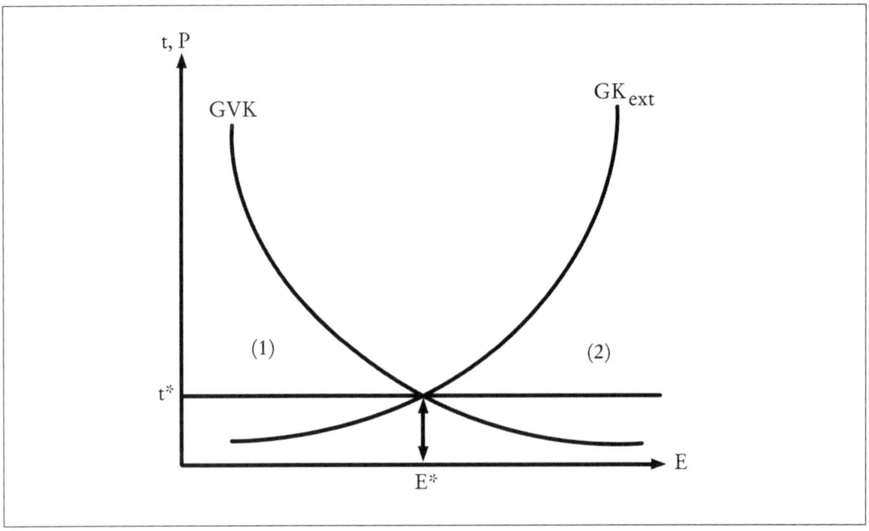


*Abb. G.3: Allokationsoptimale Pigou-Steuer*

sie den optimalen Steuersatz festlegen. In der Praxis lässt sich dieses Problem kaum lösen, denn die politischen Entscheidungsinstanzen sind i. d. R. nicht darüber informiert, wie die Individuen die negativen externen Effekte bewerten. Diese Informationen sind im „Besitz" der privaten Wirtschaftssubjekte. Selbst wenn die einzelnen Wirtschaftssubjekte ihre Bewertungen korrekt und zweifelsfrei äußern würden, gelänge es kaum, diese Informationen in eine in sich schlüssige gesamtwirtschaftliche Rangordnung zu bringen. Die Verläufe der Grenzvermeidungskosten dürften dagegen mit einem etwas höheren Grad an Genauigkeit abgeschätzt werden können.

In der Praxis kann das Pigou-Konzept nur dahingehend zur Anwendung kommen, dass sich der Staat im Wege von **Versuch und Irrtum („trial and error")** an denjenigen Abgabesatz herantastet, mit dem ein gegebenes umweltpolitisches Ziel **(Umweltstandard)** möglichst kosteneffizient erreicht werden kann. Dieser praxisorientierte Weg wurde von Baumol und Oates vorgeschlagen.

Die Einführung einer Umweltsteuer hätte zudem gesamtwirtschaftlich den unerwünschten Begleiteffekt, dass beim Staat ein **Steueraufkommen** entsteht. In Höhe des anfallenden Steueraufkommens wird den privaten Wirtschaftssubjekten Einkommen entzogen. Soll ein Anstieg der volkswirtschaftlichen Steuerquote (Steueraufkommen in Prozent des Bruttoinlandsprodukts) verhindert werden, so müssten an anderer Stelle Steuerentlastungen vorgenommen werden.

Trotz der Probleme, die bei der Umsetzung des von Pigou entwickelten Konzepts in die umweltpolitische Praxis auftreten, ist die Pigou-Steuer mittlerweile zum Ausgangspunkt für eine Reihe von praktikablen Varianten der Besteuerung externer Umwelteffekte (sog. **Öko-Steuern** oder **Öko-Abgaben**) geworden. Entscheidend ist dabei, dass der Staat den **Preis der Umweltnutzung** so setzt, dass das angestrebte Ziel der Emissionsminderung auch erreicht wird.

### *b. Das Internalisierungskonzept nach Coase*

Ein etwas anders gearteter Ansatz geht auf den englischen Ökonomen Ronald Coase zurück. Er stellt darauf ab, dass die eigentlichen Defekte des Marktes darin bestehen, dass Umwelt als **öffentliches Gut** von jedermann kostenlos genutzt werden kann. Öffentliche Güter sind Güter, an denen niemand ein Eigentumsrecht hat. Die tragende Säule der Marktwirtschaft sind jedoch private Güter, d. h. die Existenz privater Eigentums- und Verfügungsrechte. Wäre es möglich, auch mit Blick auf die Umwelt ein umfassendes System von einklagbaren Eigentums-, Verfügungs- und Nutzungsrechten zu schaffen, so wären – über die rechtliche Verankerung und Durchsetzung dieser Eigentumsrechte hinaus – keine weiteren staatlichen Interventionen mehr erforderlich, um externe Effekte die bei der Produktion oder beim Konsum von Gütern auftreten zu internalisieren.

Das öffentliche Gut Umwelt müsste also in ein privates Gut umgewandelt werden. Die Umwelt wäre also quasi in private Hände zu übergeben. Sobald diese **„Privatisierung der Umwelt"** erfolgt ist, sobald also ein entsprechender umweltpolitischer Ordnungsrahmen geschaffen ist, könnten die Marktkräfte die „Bewirtschaftung" dieses Gutes allein übernehmen. Für diesen auf den ersten Blick recht theoretisch anmutenden Ansatz erhielt Coase im Jahr 1991 den Nobelpreis für Wirtschaftswissenschaften.

Coase vertritt die Ansicht, dass permanente staatliche Eingriffe zur Internalisierung der externen Kosten der Umweltnutzung nicht notwendig sind; vielmehr würden sich Verursacher und Geschädigter im Wege von **Verhandlungen** einigen. Entscheidend ist nur, dass der genannte eigentumsrechtliche Ordnungsrahmen durch den Staat geschaffen worden ist, und dass dessen Durchsetzung seitens der Betroffenen eingeklagt werden kann. Was im Nachbarschaftsrecht gilt, dass nämlich niemand seinen Müll auf dem Grundstück des Nachbarn entsorgen darf, müsste nur auf die Umwelt übertragen werden. Würde für jeden einzelnen ein Recht auf eine saubere Umwelt bestehen, so könnte der Geschädigte den Schädiger mit Erfolg auf Unterlassung oder Schadensersatz verklagen. Der Schädiger könnte also nicht mehr kostenlos die Umwelt belasten. Die entsprechenden externen Kosten würden beim Verursacher internalisiert.

Klar ist allerdings: Direkte Eigentumsrechte an dem Gut Umwelt können nur in speziell gelagerten Fällen geschaffen werden. In vielen Fällen ist es jedoch praktisch unmöglich, einzelnen Personen Eigentumsrechte an „ihrer" Umwelt zuzuordnen. Selbst wenn jemand behaupten könnte, er sei rechtmäßiger „Eigentümer" eines Teils unserer Umwelt (z. B. einiger Kubikmeter Luft), so wäre es wohl kaum möglich, dieses Recht einzuklagen und durchzusetzen. Mit einem derartigen „Eigentum" könnte faktisch niemand etwas anfangen. Dazu müsste er nämlich in der Lage sein, andere Wirtschaftssubjekte von der Benutzung (oder Verschmutzung) „seiner" Luft auszuschließen. Luft ist jedoch ein öffentliches Gut – sie steht allen Bürgern zur Verfügung.

Gleichwohl ist es vielversprechend, bei den schädlichen Emissionen anzusetzen. Der Umweltpolitiker könnte eine bestimmte Menge an **Emissionsrechten** ausgeben und den Individuen zuteilen. Sie erhielten somit das Recht, eine bestimmte Schadstoffmenge in die Umweltmedien Luft, Wasser oder Boden zu emittieren. Entscheidend ist, dass diese **Umweltnutzungsrechte** gehandelt und damit an andere Wirtschaftssubjekte (z. B. Unternehmen) verkauft bzw. von Wirtschaftssubjekten gekauft werden können. Auf diese Weise entsteht ein Markt für Emissionen bzw. für Emissionsrechte; dadurch wird der Preis eines Rechts über die Marktkräfte bestimmt. Die Politik muss lediglich entscheiden, welche Emissionen in der jeweiligen Periode zugelassen und wie rasch diese Emissionen im Zeitablauf reduziert werden sollen. Die Politik entscheidet also über die **Menge** der zulässigen Emissionen; der Preis der Umweltnutzung bildet sich dagegen am Markt. In zunehmendem Maße wird versucht, das Instrument handelbarer Umweltnutzungsrechte in die praktische Umweltpolitik einzuführen.

Zudem kann sich die Umweltpolitik zum Ziel setzen, die Haftung der Verursacher von Umweltbelastungen zu erweitern, um auf diese Weise zu erreichen, dass die Verursacher von Umweltbelastungen und Gesundheitsbeeinträchtigungen zur Rechenschaft gezogen werden. Das ist Gegenstand des **Umwelthaftungsrechts**.

## III. Prinzipien der Umweltpolitik

Politik bedarf immer gewisser Orientierungen, anhand derer sie ihre Maßnahmen ausrichtet. Die praktizierte Umweltpolitik in der Bundesrepublik Deutschland orientiert sich im Wesentlichen an folgenden drei Prinzipien:

- Verursacherprinzip
- Gemeinlastprinzip
- Vorsorgeprinzip

Diese drei Prinzipien werden im Folgenden näher erläutert.

### 1. Das Verursacherprinzip

Das Verursacherprinzip stellt den Kern der Umweltpolitik dar. Dem Verursacher der Umweltbelastungen sind die Kosten seiner Tätigkeit aufzubürden. Anders ausgedrückt: Die negativen externen Effekte sind beim Verursacher (z. B. beim Emittenten) zu internalisieren.

Die politische Umsetzung des Verursacherprinzips stößt allerdings auf Schwierigkeiten. Im umweltpolitischen Alltag ist es vielfach nicht möglich, den **Verursacher** von Schädigungen zu **identifizieren.** Viele Umweltschäden entstehen nicht nur infolge einer einzigen Ursache (z. B. eines einzigen Schadstoffes), sondern aufgrund des Zusammenwirkens mehrerer Einflüsse (**Summationseffekt**). Man kann Wirkungsketten häufig erst dann feststellen, wenn der Schaden bereits entstanden ist. Das bedeutet aber, dass vielfach nicht genau ermittelt werden kann, wer für eine Umweltschädigung verantwortlich ist. Insbesondere bei grenzüberschreitenden Emissionen ist das Verursacherprinzip nicht ohne weiteres anwendbar. Man denke beispielsweise an das Baumsterben im Schwarzwald, das nicht nur durch deutsche, sondern auch ausländische Emissionen entsteht.

Darüber hinaus stellt sich ein grundlegendes Problem, nämlich die Frage: **„Wer ist Verursacher"?** In der praktischen Politik und der öffentlichen Meinung wird darunter vielfach der unmittelbare bzw. **„technische" Verursacher** verstanden. Das erscheint auf den ersten Blick einleuchtend. Der technische Verursacher von Umweltschäden – z. B. der Produzent von Gütern – emittiert Schadstoffe in die Luft, in Gewässer oder in den Boden, und er erhält dafür den Erlös aus dem Verkauf der erzeugten Güter. Diese **verkürzte Sicht des Verursacherproblems** leistet allerdings auch einer **verkürzten Sicht der Umweltpolitik** Vorschub. Eine Umweltpolitik, die immer im Emittenten den Verursacher von Umweltschäden sieht, wird im Zweifel bestrebt sein, Maßnahmen zu treffen, die direkt beim Emittenten ansetzen (z. B. Festlegung von Grenzwerten für Emissionen). Sie wird sich darauf konzentrieren, die Technologien „am Ende des Produktionsprozesses" (sog. End-of-pipe-Politik) zu perfektionieren (z. B. Einbau immer wirksamerer Filter in Schornsteine). Eine solche Politik verfehlt aber möglicherweise ihr Ziel, da sie nicht die dahinterliegenden eigentlichen Ursachen der Umweltbelastung beseitigt.

Die gesamte Produktionstätigkeit in einer Volkswirtschaft ist letztlich auf die Herstellung von Konsumgütern ausgerichtet. Die bei der Produktion von Gütern entstehenden Umweltbelastungen sind also **indirekt von den Konsumenten „verursacht“**, denn deren Bedürfnisse sind dafür verantwortlich, dass überhaupt Güter produziert werden. Nach dieser weiten Definition des Verursacherprinzips müssten die Konsumenten für die externen Effekte der Güterproduktion aufkommen. Umweltpolitik muss diese interdependenten Zusammenhänge berücksichtigen, d. h. sie muss sich um einen **„integrierten Umweltschutz“** bemühen, wenn sie erfolgreich sein will. Ein solcher integrierter Umweltschutz muss auch zum Ziel haben, die **Nachfrage nach umweltbelastenden Gütern zu verringern oder in umweltfreundliche Bahnen** zu lenken.

## 2. Das Gemeinlastprinzip

Gleichwohl kann Umweltpolitik nicht allein auf dem Verursacherprinzip aufbauen, wenn sie ökologisch erfolgreich sein will. Diese Feststellung gilt insbesondere für akute Umweltprobleme, die im Interesse der Allgemeinheit umgehend bekämpft werden müssen. Bestehen Gefahren für Leib und Leben, dann kann der Schuldige nicht lange gesucht werden. Erforderlich sind vielmehr Sofortmaßnahmen durch staatliche Institutionen. An diesem Gedanken setzt das **Gemeinlastprinzip** an.

Ein Beispiel bildet die Frage der **Altlastensanierung**. Hier kann das Verursacherprinzip häufig nicht zum Tragen kommen, wenn etwa auf einem ehemaligen Fabrikgelände hochgiftige Stoffe entdeckt werden, die für die umliegenden Bewohner lebensbedrohlich sein können. Das Gemeinlastprinzip muss daher ergänzend zum Verursacherprinzip zur Anwendung kommen. Dies schließt allerdings nicht aus, dass der Verursacher im Nachhinein zur Rechenschaft gezogen wird.

Das Verursacherprinzip kann somit nicht immer als Richtschnur umweltpolitischer Maßnahmen dienen. Entstandene Schäden müssen beseitigt werden, auch wenn der Verursacher nicht mehr bzw. noch nicht festgestellt werden kann. In solchen Fällen ist der Staat gehalten, zu handeln. Die notwendigen Finanzmittel sind über allgemeine **Steuern**, die alle Bürger belasten, aufzubringen. Die **Gemeinschaft kommt also für Schäden** auf, die unter Umständen nur wenige Personen verursacht haben. Dies ist das Kennzeichen des Gemeinlastprinzips.

Im Gegensatz zum Verursacherprinzip sorgt das Gemeinlastprinzip jedoch nicht für ökonomisch sinnvolle Anreize, um Emissionen zu vermeiden. Warum sollte ein Emittent sich umweltschonender verhalten, wenn er weiß, dass die Gemeinschaft die Last trägt? Er wird sich vielmehr wie der **Trittbrettfahrer** einer Straßenbahn verhalten (sog. „free rider“) und der Allgemeinheit die Last aufbürden. Die Steuer zur Finanzierung der Umweltschutzausgaben trifft ihn da vergleichsweise wenig.

## 3. Das Vorsorgeprinzip

Ziel des Vorsorgeprinzips ist es, **potentielle Umweltgefahren** zu vermeiden, also nicht erst dann zu handeln, wenn das Kind schon in den Brunnen gefallen ist. Es muss vielmehr **vorausschauend** gehandelt werden. Umwelt ist ein erhaltenswertes Gut, an dem auch noch **künftige Generationen** partizipieren wollen. Inwieweit dieses Prinzip in der praktizierten Umweltpolitik zur Geltung kommt, hängt vom Stellenwert ab, den die Gesellschaft dem Erhalt der Umwelt für künftige Generationen zuschreibt – es geht also um Fragen der Gerechtigkeit zwischen den Generationen (**„intergenerative Gerechtigkeit"**). Das oben angesprochene Konzept der **nachhaltigen Entwicklung** („sustainable development") ist in erster Linie am Vorsorgeprinzip orientiert. Inhaltlich geht es darum, den Bestand an natürlichen Ressourcen auch für künftige Generationen zu bewahren.

Das Vorsorgeprinzip kann mit fast allen Instrumenten der Umweltpolitik erreicht werden. Besonders geeignet sind jedoch Instrumente, die sicherstellen, dass die Umweltvorsorge zu geringst möglichen Kosten erfolgt. Dem Kriterium der **Kosteneffizienz** genügen vor allem die marktwirtschaftlichen Instrumente der Umweltpolitik (**Umweltabgaben, Umweltzertifikate, Umwelthaftungsrecht**). Beispielsweise würde die Erhebung einer Umweltabgabe dem Vorsorgeprinzip dann entsprechen, wenn sie stärker dosiert ist, als dies den aktuellen umweltpolitischen Erfordernissen der heute lebenden Menschen entspricht; auch die Belastung der im Rahmen ordnungsrechtlicher Vorschriften (z. B. Grenzwerte, die bei der Einleitung von Schadstoffen in Gewässer einzuhalten sind) erlaubten sog. Restverschmutzung mit einer Abgabe dient dem Vorsorgeprinzip. Damit würde den umweltpolitischen Interessen künftiger Generationen bereits heute Rechnung getragen werden.

## IV. Ordnungsrechtliche Instrumente der Umweltpolitik

### 1. Ordnungsrecht bzw. Auflagenpolitik

Die wohl am stärksten einengende Form der Umweltpolitik sind Auflagen in Form von Geboten und Verboten. Hierunter werden Vorschriften verstanden, die bestimmte Vorgaben staatlicherseits für Emittenten und Verursacher von Umweltschäden beinhalten.

Beispiele sind:

- Höchstgrenzen für den Schwefelgehalt leichter Heizöle,
- Einhaltung bestimmter Grenzwerte bei der Einleitung von Schadstoffen in Gewässer (Wasserhaushaltsgesetz),
- Vorgabe von Grenzwerten bei Emissionen in die Luft (Bundesimmissionsschutzgesetz bzw. Technische Anleitung Luft, sog. TA-Luft),
- Einhaltung bestimmter Normen beim Lärmschutz (Bundesimmissionsschutzverordnung, Fluglärmgesetz),
- Begrenzung des Phosphatgehaltes in Waschmitteln (Waschmittelgesetz).

Ordnungsrechtliche Instrumente stellen das traditionelle und auch heute noch überwiegend verwendete Instrumentarium der Umweltpolitik dar. Eine derartige Umweltpolitik, die mit Geboten und Verboten arbeitet, entspringt letztlich der

**polizei- und gewerberechtlichen Tradition**. Die umweltpolitische Flut von Gesetzen und Verordnungen hat inzwischen zu einem dichten Geflecht an Vorschriften geführt. Etwa 90 Prozent der Umweltpolitik basiert auf dem Ordnungsrecht.

Das Prinzip des Ordnungsrechts ist auf den ersten Blick einleuchtend: Umweltgefährdende Handlungen können auf diesem Wege wirksam unterbunden werden. Den Erfolg von Auflagen sollen Strafen und Bußgelder garantieren, die bei Nichteinhaltung verhängt werden. Das angestrebte Niveau der Umweltqualität kann mittels des ordnungsrechtlichen Instrumentariums wirksam erreicht werden. Das Ordnungsrecht ist wegen seines Zwangscharakters **ökologisch wirksam**; es ist dort unverzichtbar, wo es um die **unmittelbare Gefahrenabwehr** geht.

### 2. Problematik des Ordnungsrechts

Beim Ordnungsrecht wird jeder Emittent gleich behandelt, d. h. jedem werden die gleichen Auflagen vorgegeben. Gleichwohl ist das Ordnungsrecht dort, wo es nicht mehr nur um die Abwehr akuter Umweltbedrohungen geht, ein teures Instrument der Umweltpolitik. Wirtschaftswissenschaftler stimmen darin überein, dass bei gleichen Kosten mit marktwirtschaftlichen Instrumenten etwa doppelt so viel für den Umweltschutz getan werden könnte. Das ordnungsrechtliche Verfahren, jedem Emittenten die gleiche Auflagenerfüllung abzuverlangen erscheint somit zwar „gerecht", aber **ökonomisch ineffizient**. Der Wirtschaft und der Bevölkerung wird damit eine vergleichsweise höhere Belastung auferlegt als bei alternativen Instrumenten der Umweltpolitik.

Im Einzelnen weist das Ordnungsrechts insbesondere drei Mängel auf, nämlich

- mangelnde Kosteneffizienz (statische Kostenineffizienz),
- unzureichende Förderung des umwelttechnischen Fortschritts (dynamische Ineffizienz) und eine
- verkürzte Sicht des Verursacherproblems.

Diese Mängel sollen kurz erläutert werden.

Das Ordnungsrecht ist, wie bereits erwähnt, **kostenineffizient**, d. h. es ist ein teures Instrument der Umweltpolitik. Es gibt Unternehmen mit hohen (Grenz-)Vermeidungskosten und solche mit geringen Vermeidungskosten. Wird jedem Emittenten der gleiche Grenzwert vorgeschrieben, so mag dies populär sein – ökonomisch rational ist es gleichwohl nicht.

Anhand eines einfachen Zahlenbeispiels wird dieser Sachverhalt schnell deutlich. In Tabelle 3 sind sechs verschiedene Produktionsanlagen A bis F aufgeführt. Falls keinerlei Maßnahmen zur Vermeidung von Emissionen ergriffen werden, beträgt der Schadstoffausstoß pro Anlage 2 Einheiten, insgesamt werden also 12 Schadstoffeinheiten emittiert (Spalte 1). Aufgrund der technischen Gegebenheiten seien die erforderlichen Investitionsaufwendungen zu Verringerung der Emissionen um eine Einheit (Grenzvermeidungskosten) bei den Anlagen jedoch unterschiedlich hoch (Spalte 2).

Angenommen, es trete ein Gesetz in kraft, welches eine Reduzierung der Schadstoffemission um 50 % vorschreibt. Im Beispiel müsste dadurch der Schadstoff-

*Tab. 3: Unterschiedliche Vermeidungskosten*

| Produktionsanlage | Emission von Schadstoffeinheiten | Grenzvermeidungskosten (Kosten der Emissionsminderung um eine Einheit) |
|---|---|---|
| Emittent | (1) | (2) |
| A | 2 | 10.000 € |
| B | 2 | 20.000 € |
| C | 2 | 40.000 € |
| D | 2 | 80.000 € |
| E | 2 | 160.000 € |
| F | 2 | 320.000 € |
| Gesamt | 12 | 630.000 € |

ausstoß um 6 Einheiten reduziert werden. Dies wäre möglich, indem jedem Betreiber die Auflage gemacht würde, seine individuellen Emissionen jeweils zu halbieren. Gemäß des Zahlenbeispiels entstünden dadurch Vermeidungskosten von insgesamt 630 000 €. Denselben Umweltentlastungseffekt könnte man allerdings auch wesentlich kostengünstiger erzielen: Wenn nämlich nicht jedem Betreiber die Auflage gemacht würde, seine individuellen Emissionen zu halbieren, sondern ein Weg gefunden würde, der dazu führt, dass jeweils diejenigen Unternehmen mit den geringsten Grenzvermeidungskosten aktiv werden und quasi stellvertretend für die anderen Unternehmen die Umwelt entlasten.

Würden in unserem Beispiel die Betreiber A, B und C ihre Emissionen vollständig beseitigen, d. h. um jeweils zwei Schadstoffeinheiten (insgesamt also um sechs Einheiten) reduzieren, so würden lediglich Gesamtkosten in Höhe von 140 000 € anfallen. Dies setzt allerdings voraus, dass von dem ökonomisch teuren Prinzip der „Gleichbehandlung" aller Emittenten Abstand genommen wird. Man müsste umweltpolitisch zumindest erlauben, dass die betroffenen Emittenten einer bestimmten Region („Glocke") miteinander aushandeln können, welche Unternehmen die Umweltschutzinvestitionen tätigen. Seitens derjenigen Unternehmen, die keine (oder geringere) Umweltschutzmaßnahmen durchführen, wären dann allerdings Ausgleichszahlungen an diejenigen Unternehmen zu leisten, die stellvertretend für alle Betriebe die Umwelt entlasten (**Ausgleichsstrategie**).

Aus Tabelle 3 ist die maximale „Zahlungsbereitschaft" der Unternehmen D bis F unschwer erkennbar. Diese drei Betriebe sparen infolge unterlassener Umweltschutzinvestitionen zusammen 560 000 €. Auf der anderen Seite zeigt die Tabelle auch, welche Ausgleichsforderungen die Unternehmen A bis C mindestens stellen werden: Die Vermeidung von jeweils einer weiteren Schadstoffeinheit ist mit zusätzlichen Kosten von 70 000 € verbunden. Die Aufteilung dieser Zusatzkosten auf die Unternehmen D, E und F ist dann Verhandlungssache.

Dieses Beispiel zeigt: Wenn Unternehmen mit hohen Grenzvermeidungskosten gezwungen werden, eine teure Filteranlage einzubauen, damit die Emissionen um einen bestimmten Wert gesenkt werden, kommt dies insgesamt teurer, als wenn Emittenten mit geringen Grenzvermeidungskosten mehr für den Umweltschutz tun. Es wäre also wesentlich günstiger, wenn erreicht werden könnte, dass die Umweltschutzmaßnahmen zuerst bei denjenigen Unternehmen erfolgen, bei denen die Grenzvermeidungskosten (je zusätzlicher Emissionseinheit) am geringsten sind.

Erst dann, wenn bei sämtlichen Unternehmen die Grenzvermeidungskosten gleich sind, gibt es keine kostengünstigeren Lösungen mehr, um ein gegebenes Umweltziel zu erreichen. Unterschiedliche Auflagen sind allerdings schon aus Rechtsgründen (Gleichbehandlungsprinzip) unzulässig.

Der **zweite Problembereich** des Ordnungsrechts betrifft die **dynamische Ineffizienz**. Die ordnungsrechtlichen Auflagen orientieren sich am **gegenwärtigen Stand der Technik**. Bei der Entscheidung über die Frage nach dem „Stand der Technik" ist der Staat auf Informationen und die Mithilfe der von den Auflagen betroffenen Wirtschaft angewiesen. Es ist keineswegs unrealistisch, davon auszugehen, dass die Wirtschaft im Zweifel für geringere technische Anforderungen eintreten wird.

Ist der Stand der Technik erst einmal in einem Gesetz bzw. einer Verordnung festgeschrieben, so besteht die Gefahr, dass es für die Unternehmen keine Veranlassung mehr gibt, die bestehenden Grenzwerte mit einer noch effizienteren (aber unter Umständen teureren) Technik zu unterschreiten. Im Gegenteil: Würden die Grenzwerte unterschritten, so würde sich das Risiko ergeben, dass über kurz oder lang die neuen technischen Verfahren vom Ordnungsgeber zum neuen „Stand der Technik" erklärt werden und damit zusätzliche Kosten auf die Emittenten von Schadstoffen zukommen. Angesichts der „Zähflüssigkeit" von Bürokratien ist allerdings mit langen time-lags bei der Anpassung der Auflagen an den neuesten Stand der technischen Entwicklung zu rechnen. Vom Ordnungsrecht gehen daher kaum Anreize zur weiteren Verminderung von Umweltschäden aus.

Strenge ordnungsrechtliche Auflagen erzwingen zudem in der Praxis **Ausnahmeregelungen für Altanlagen**. Die Lebensdauer der Altanlagen würde dadurch künstlich verlängert. Besser wäre es, die Unternehmen dazu zu bewegen, den Stand der Umwelttechnik aus eigenem Interesse immer weiter voranzutreiben und so die Kosten des Umweltschutzes zu verringern. Das leisten allerdings nur marktwirtschaftliche Anreizinstrumente der Umweltpolitik.

Der dritte Problemkreis des Ordnungsrechts ist in der **verkürzten Sicht des Verursacherproblems** zu sehen. Als Verursacher der Umweltbelastungen gilt beim Ordnungsrecht immer der unmittelbare Emittent im technischen Sinn. Dabei wird nicht berücksichtigt, dass „Verursacher" letztlich alle diejenigen sind, die am Wirtschaftsleben teilnehmen. Umweltschutz muss auch darauf abzielen, die vor- und/oder nachgelagerten Aktivitäten in umweltgerechtere Bahnen zu lenken – sei es durch Verringerung des Verbrauchs, sei es im Wege der Substitution umweltschädlicher Güter durch umweltfreundlichere Produkte oder Produktionsverfahren. Auflagen sind zwar geeignet, unmittelbare Schadstoffeinträge in die Umweltmedien Luft, Boden und Wasser zu verhindern. Sie tragen aber kaum dazu bei, die eigentlichen Ursachen der Umweltbelastung einzudämmen. Erforderlich ist integrierter Umweltschutz und nicht nur die Perfektionierung von „End-of-pipe-Technologien" wie Schornsteinfiltern und Kläranlagen.

Als **Fazit** kann festgehalten werden:

- **Ökologische Effizienz:**
Auflagenpolitik ist ökologisch effizient, weil sich – bei entsprechender Ausgestaltung – das angestrebte ökologische Ziel sicher erreichen lässt. Sie ist insbesondere zur unmittelbaren Gefahrenabwehr geeignet.

- **Statische Kostenineffizienz** (bei gegebenem Stand der Technik):

Auflagenpolitik ist statisch kostenineffizient. Bei gegebenen und zwischen den Emittenten divergierenden Kostenfunktion ermöglicht sie nicht, die Auflagen so auszugestalten, dass zuerst diejenigen Emittenten Reduktionen der Umweltbelastung vornehmen, welche die geringsten Grenzvermeidungskosten haben. Gesamtwirtschaftlich geringst mögliche Kosten werden damit nicht erreicht.

- **Dynamische Kostenineffizienz und unzureichende Förderung des technischen Fortschritts**

Auflagenpolitik ist dynamisch kostenineffizient. Von ihr gehen keine selbständigen Anreize zur Senkung der Grenzvermeidungskosten über die Zeit hinweg aus. Das Ordnungsrecht enthält keinen eigenständigen Übererfüllungsanreiz.

- **Administrative Ineffizienz**:

Ein Übermaß an ordnungsrechtlichen Gesetzen und Verordnungen geht mit hohen administrativen Kosten einher und schädigt den Standort Deutschland.

## V. Marktwirtschaftliche Anreizinstrumente der Umweltpolitik

### 1. Kriterien und Anforderungen

Grundgedanke der marktwirtschaftlichen Umweltpolitik ist es, die Marktkräfte dem Umweltschutz dienstbar zu machen. Das Ziel besteht vor allem darin, einen gegebenen Umweltstandard mit möglichst geringen Kosten zu erreichen bzw. begrenzte Mittel dort einzusetzen, wo sie den größten Nutzen für die Umwelt erzielen. Marktwirtschaftliche Anreizinstrumente sind

- Umweltsteuern (Preisvariante der Marktlösung),
- Umweltzertifikate (Mengenvariante der Marktlösung) und das
- Umwelthaftungsrecht.

Allerdings erfordern auch marktwirtschaftliche Instrumente staatliche Aktivitäten. Der Staat muss die Rahmendaten setzen, erst dann passen sich die Wirtschaftssubjekte in der gewünschten Weise an diese Daten an. Der vorrangige Einsatzbereich der marktwirtschaftlichen Instrumente der Umweltpolitik ist die **Vorsorgepolitik**. Zur akuten Gefahrenabwehr sind sie kaum geeignet.

Der Vorzug der marktsteuernden Umweltpolitik besteht vor allem darin, dass den Wirtschaftssubjekten ein größtmögliches Maß an **individueller Entscheidungsfreiheit** und **Anpassungsflexibilität** verbleibt. Der Umweltpolitik kann es schließlich egal sein, **wer** seine Emissionen vermindert. Entscheidend ist nur, **dass** das Emissionsniveau insgesamt abgesenkt und die Umweltqualität verbessert wird. Die erklärte Absicht der marktsteuernden Umweltpolitik besteht gerade darin, dass die Umweltentlastung durch denjenigen erfolgen sollte, der sie am kostengünstigsten bewerkstelligen kann **(Kosteneffizienz)**. Dadurch wird die Wohlfahrt in einer Gesellschaft insgesamt erhöht – sei es dadurch, dass wegen einer kostengünstigeren Umweltpolitik mit einem gegebenen Budget mehr für den Umweltschutz getan werden kann, oder dadurch, dass für die übrige Güterversorgung mehr Ressourcen verbleiben.

## 2. Umweltabgaben – die Preisvariante der Marktlösung

### *a. Der Standard-Preis-Ansatz von Baumol und Oates*

Umweltabgaben bzw. -steuern verzichten von vornherein auf das aussichtslose Unterfangen, ein optimales Pigou-Steuer-System zu etablieren. Es wird vielmehr versucht, sich in einer Art „trial-and-error-Prozess“ an die „richtigen“ Abgaben- bzw. Steuersätze heranzutasten. Die Umweltpolitik gibt dabei das zu erreichende Umweltziel als politisch definierten **Umweltstandard** vor. Sodann wird derjenige Abgabensatz gesucht, der sicherstellt, dass die Umweltbeeinträchtigungen so weit reduziert werden, bis das vorgegebene Umweltziel erreicht ist. Die Wirtschaftswissenschaftler Baumol und Oates haben diesen Vorschlag als **„Standard-Preis-Ansatz“** bezeichnet. Wird das angestrebte Umweltniveau (z. B. eine politisch bestimmte Emissionsmenge an Schadstoffen) nicht erreicht, so werden die Abgabensätze erhöht bzw. im umgekehrten Fall gegebenenfalls gesenkt (trial and error).

In Abbildung G.3 wird unterstellt, dass die bestehende Emission $E_0$ (z. B. 1,2 Mio. Tonnen $CO_2$ im Jahr 1990) auf den politisch angestrebten Umweltstandard $E^*$ (z. B. –21 Prozent bis 2010 bezogen auf das Ausgangsjahr 1990) gesenkt werden soll. Es wird angenommen, dass die Grenzvermeidungskostenkurve der Unternehmen (GVK) wie dargestellt verläuft, d. h. dass in Richtung Ursprung (also mit zunehmender Verringerung der Emissionen) die Kosten, die bei der Vermeidung der letzten Einheit entstehen, überproportional ansteigen. Da das umweltpolitische Ziel darin besteht, den Emissionsstandard $E^*$ nicht zu überschreiten, wird die umweltpolitische Behörde denjenigen Steuersatz $t^*$ wählen, der die Emittenten veranlasst, ihre Emissionen von $E_0$ auf $E^*$ zu reduzieren. Rechts von $E^*$ ist es für das Unternehmen offensichtlich kostengünstiger, die Emission zu vermeiden und so der Steuerzahlung auszuweichen. Links von $E^*$ ist es dagegen teurer, Umweltschutzmaßnahmen zu ergreifen, als die Abgabe zu zahlen. Bei $E^*$ sind die Grenzvermeidungskosten dagegen gerade gleich dem Abgabensatz für die jeweilige Emissionseinheit.

Die Gesamtkosten der umweltpolitischen Maßnahme setzen sich aus den schraffierten Feldern A und B zusammen. Feld A repräsentiert die Kosten, die nach der Verringerung der Emissionen von $E_0$ auf $E^*$ entstehen. Feld B repräsentiert die Kosten infolge der Zahlung der Steuer an den Staat für die verbleibende Restverschmutzung. Jedes Unternehmen verhält sich also so, dass die Gesamtkosten minimiert werden. Würden keinerlei emissionsmindernde Maßnahmen durch das Unternehmen erfolgen, so würde die zu zahlende Abgabe den Flächen A + B + C entsprechen. Durch seine Umweltschutzaktivitäten spart das Unternehmen also Kosten in Höhe der Fläche C.

Die **ökologische Treffsicherheit** der Abgabenpolitik hängt offensichtlich ganz entscheidend davon ab, ob es dem Staat gelingt, den Verlauf der Grenzvermeidungskosten der Emittenten sowie die mutmaßlichen Anpassungsreaktionen einigermaßen zutreffend abzuschätzen. Nur dann wird der politisch gesetzte Umweltstandard

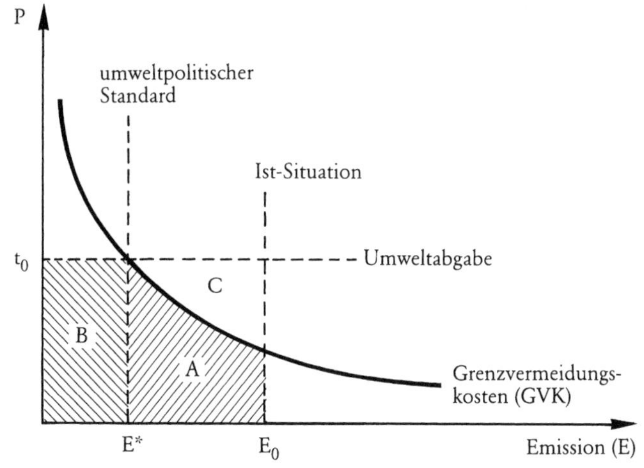


*Abb. G.4: Standard-Preis-Ansatz*

auch erreicht. In der Praxis wird man sich an den „richtigen“ Abgabensatz nur im Wege von Versuch und Irrtum herantasten können. Die ökologische Treffsicherheit der Umweltabgabe ist daher umweltpolitisch unsicher.

*b. Vor- und Nachteile von Umweltabgaben*

Allgemein erlauben Umweltabgaben im Vergleich zu Umweltauflagen (Ordnungsrecht) eine kostengünstigere Erreichung des gleichen Umweltschutzniveaus. Nicht weniger bedeutsam ist jedoch, dass nun die Umweltnutzung zu einem **Kostenfaktor** wird. Die Folge ist, dass das einzelwirtschaftliche Verhalten darauf ausgerichtet sein wird, die Umweltbelastungen infolge der Existenz von Umweltabgaben weiter zu senken. Das gilt auch für die verbleibende Restverschmutzung, die ja noch mit einer Abgabe belastet wird. Bei der *bestehenden* Technologie zur Vermeidung von Umweltbelastungen, d. h. beim bestehenden Verlauf der Grenzvermeidungskostenkurve, ist es zwar günstiger, die Abgabe zu zahlen, anstatt in Umweltschutzmaßnahmen zu investieren. Dennoch wird das Unternehmen nach Möglichkeiten suchen, die Zahlung der Abgabe weiter zu verringern. Das ist dann möglich, wenn durch *neue* Umweltschutztechnologien die Grenzvermeidungskostenkurve nach unten verschoben werden kann. Die Abgabenpolitik fördert daher auch den **umwelttechnischen Fortschritt**.

Diese Überlegung zeigt auch, dass Umweltabgaben sehr gut mit dem ordnungsrechtlichen Instrument der Auflage verbunden werden können. Werden z. B. in Höhe $E_0$ für alle Unternehmen gleiche Grenzwerte zwingend vorgeschrieben, um ein bestimmtes Mindestniveau der Umweltentlastung zu erreichen, und wird darüber hinaus die verbleibende **Restverschmutzung** mit einer Abgabe in Höhe $t_0$ belastet, so werden die beschriebenen Anpassungsprozesse dazu führen, dass die Umweltbelastung weiter gesenkt wird. Zudem bleiben Anreize bestehen, die Umweltbelastung durch technischen Fortschritt weiter zu reduzieren und damit die Abgabenlast so weit wie möglich zu verringern. Dies ist bei einer isolierten Auflagenpolitik (Ordnungsrecht) nicht der Fall.

Zusammenfassend haben Umweltabgaben folgende Vorteile:

- sie sichern eine kostengünstigere Erreichung des politisch vorgegebenen Umweltstandards,
- sie fördern den umwelttechnischen Fortschritt,
- sie können sehr gut mit der traditionellen Auflagenpolitik kombiniert werden, und zwar dadurch, dass die verbleibende Restverschmutzung mit einer Abgabe belegt wird.

Mit Umweltabgaben ist allerdings auch eine Reihe von **Problemen** verbunden:

- Durch ihre Erhebung wird die Abgabenlast der Privatwirtschaft erhöht und ihr Liquidität entzogen. Die Abgabenlast würde sich insgesamt nur dann nicht erhöhen, wenn tatsächlich kompensatorisch an anderer Stelle die Abgaben des Staates oder die Sozialversicherungsbeiträge gesenkt werden.
- Umweltabgaben sind fiskalisch unsichere Abgaben. Mit zunehmender ökologischer Wirkung sinkt zwangsläufig das Aufkommen aus diesen Abgaben. Zudem würde das Steuersystem weiter verkompliziert werden.
- Mit dem Anstieg der gesamtwirtschaftliche Abgaben- bzw. Steuerquote wären langfristig negativen Auswirkungen auf Wachstum und Beschäftigung verbunden.
- Die isolierte Einführung von Umweltabgaben beeinträchtigt die internationale Wettbewerbsfähigkeit der heimischen Wirtschaft. Innerhalb der EU ist allerdings der Spielraum für nationale Alleingänge ohnehin begrenzt.
- Nur bei Umweltsonderabgaben kann das Aufkommen zweckgebunden für Umweltschutzmaßnahmen verwendet werden. Im Übrigen besteht die Gefahr, dass das Abgabenaufkommen in den allgemeinen Haushalt fließt.
- Umweltabgaben können sozialpolitisch bedenklich sein, sofern sie die finanzschwachen Bevölkerungskreise überproportional stark treffen.

### *c. Ausgestaltungsvarianten von Umweltabgaben*

Allgemein handelt es sich bei Steuern und Abgaben um staatlicherseits erzwungene Geldleistungen von natürlichen und juristischen Personen, um öffentliche Aufgaben zu finanzieren (**Finanzierungsabgaben**). Sie dienen also der allgemeinen Finanzierung des Haushaltes. Neben dem Finanzierungszweck kann die Steuererhebung allerdings auch mit anderen Zielen verknüpft werden, so beispielsweise mit verteilungspolitischen Zielen (progressive Gestaltung der Einkommensteuer), gesundheitspolitischen Zwecksetzungen (Tabaksteuer, Branntweinsteuer) oder verkehrspolitischen Zielen (Mineralölsteuer, Kfz-Steuer). Steuern können also zweifellos auch umweltpolitischen Lenkungszwecken dienen (**Lenkungsabgaben**). Kennzeichnend für Steuern ist, dass es sich um Geldleistungen der Bürger handelt, für die der Staat keine konkrete Gegenleistung erbringt (sog. Nonaffektationsprinzip).

Eine spezielle Form von Abgaben sind **Sonderabgaben.** Im Unterschied zu Steuern ist die Erhebung von Sonderabgaben an bestimmte Formen der Verausgabung geknüpft. Für Sonderabgaben gilt das Nonaffektationsprinzip nicht, ihr Aufkommen ist für bestimmte staatliche Leistungen zu verwenden, die der Gruppe der Zahler von Sonderabgaben als spezifische Gegenleistung zugute kommen. Auch mit Sonderabgaben können Finanzierungszwecke oder Lenkungszwecke verfolgt werden.

Steuern und Sonderabgaben können zweifellos auch in den Dienst der Umweltpolitik gestellt und als umweltpolitische **Lenkungsabgaben** ausgestaltet werden. Der Staat ist dabei nicht in erster Linie am Aufkommen aus der Abgabe, sondern vor allem an deren umweltpolitischen Wirkungen interessiert. Das Aufkommen ist allenfalls ein angenehmer Nebeneffekt. „Gute" Umweltabgaben erbringen über die Zeit gesehen allerdings rückläufige Staatseinnahmen; denn die betroffenen Zahler werden versuchen, ihre Emissionen zu senken, um so Zwangszahlungen an den Staat zu sparen. **„Gute" Umweltabgaben sind somit „fiskalisch schlechte" Abgaben.** Gleichwohl ist es geradezu Ziel der Umweltabgaben, die betroffenen Abgabenzahler zu animieren, ihre Abgabenlast zu verringern, und zwar dadurch, dass sie emissionsmindernde Umweltschutzmaßnahmen ergreifen.

Eine der ältesten **Umweltsonderabgaben** ist die **Abwasserabgabe.** Sie dient dem umweltpolitischen Lenkungszweck „Gewässerschutz"; ihr Aufkommen ist zweckgebunden für den Bau von Kläranlagen, für Gewässerschutzinvestitionen oder ähnliche Zwecke zu verwenden. Die Rechtsgrundlage für diese erste Öko-Abgabe in Deutschland wurde 1976 geschaffen; sie wird seit 1981 erhoben. Die Abwasserabgabe galt damals als **wegweisender Schritt** zur Einführung marktwirtschaftlicher Instrumente in der Umweltpolitik. Kritisiert wird nicht das Prinzip, sondern lediglich die konkrete Ausgestaltung in der Praxis (zu geringe Abgabensätze, nur stichprobenweise Überprüfung, die zulässige Restverschmutzung wird nicht mit einer Abgabe belegt u. a. m.).

Um das Verhalten der Wirtschaftssubjekte wirksam zu beeinflussen, sollten die Umweltabgaben beim umweltbelastenden Verhalten ansetzen. Bei der konkreten Ausgestaltung von Umweltabgaben stehen insbesondere zwei Varianten im Mittelpunkt, nämlich

- Emissionsabgaben und
- Produktabgaben.

Diese Instrumente sollen im Folgenden kurz vorgestellt werden.

**Emissionsabgaben** setzen prinzipiell an der Ausstoßmenge von Schadstoffen an. Besonders geeignet sind Abgaben auf Emissionen in die Medien Luft (Luftschadstoffabgaben), Boden (Naturschutzabgaben, Deponie- oder Müllabgaben, Bodenversiegelungsabgaben) und Wasser (Abwasserabgaben).

Insbesondere die Befürworter einer **ökologischen Steuerreform** plädieren dafür, **Emissionsabgaben** einzuführen. Speziell das Beispiel der Einführung mengenabhängiger Müllgebühren hat gezeigt, dass das Müllaufkommen mit marktwirtschaftlichen Mitteln deutlich verringert werden kann. Da auch „gute" Umweltabgaben zumindest in der Anfangsphase für den Staat ein Aufkommen erbringen, sollten die Steuerzahler an anderer Stelle kompensatorisch entlastet werden (z. B. Entlastung bei der Einkommensteuer oder Herabsetzung der Beiträge zur Sozialversicherung), um zu vermeiden, dass die Abgabenlast insgesamt steigt.

Besondere Beachtung innerhalb der Diskussion um die Einführung von Umweltabgaben findet zurzeit die **$CO_2$-Steuer**. Mit einer derartigen Umweltabgabe würde das Ziel verfolgt werden, den $CO_2$-Ausstoß, der vor allem Folge der Verbrennung fossiler Energieträger ist, zu verteuern und damit Prozesse in Gang zu setzen, die den $CO_2$-Ausstoß und den dadurch verursachten **Treibhauseffekt** verringern. Würden die Primärenergieträger Steinkohle, Braunkohle, Erdgas, Mineralöle jeweils nach ihrem $CO_2$-Gehalt besteuert, so würden nicht nur allgemeine Energieeinsparprozesse in Gang gesetzt (**Nachfragedämpfungseffekt**), sondern Primärenergieträger mit hohem $CO_2$-Gehalt und einer hohen Besteuerung durch Primärenergieträger mit einem geringeren $CO_2$-Gehalt und geringer Steuerlast ersetzt (**Substitutionseffekt**). Darüber hinaus würde eine $CO_2$-Steuer der Verbreitung effizienterer **Kraftwerkstechnologien** und der **Kraft-Wärme-Koppelung** Vorschub leisten. Mit einer $CO_2$-Steuer würde zudem nicht nur der Einsatz fossiler Primärenergien in Kraftwerken verteuert, sondern auch der Verbrauch von Energie in der gewerblichen Wirtschaft, im Verkehr und in den Haushalten gedämpft. Die Verteuerung des fossilen Energieeinsatzes könnte zudem dazu beitragen, dass die **regenerativen Energien** (Solarenergie, Wasserkraft) stärker Verbreitung finden.

Die Europäische Kommission hatte bereits 1992 ein Konzept für eine **kombinierte $CO_2$-/Energiesteuer** vorgelegt, die nach ihrer Vorstellung europaweit eingeführt werden sollte. Das Aufkommen aus dieser Steuer soll in die Mitgliedstaaten zurückfließen; es wurde in der Endstufe auf etwa ein Prozent des gemeinschaftlichen Bruttoinlandsprodukts geschätzt. In Dänemark und in den Niederlanden sind bereits kombinierte $CO_2$-/Energiesteuern eingeführt worden.

Die deutsche Bundesregierung hat angekündigt, dass sie – ausgehend vom Basisjahr 1987 – die $CO_2$-Emissionen bis zum Jahr 2005 um 25 Prozent senken werde. Auf europäischer Ebene hat sich die Bundesregierung im Rahmen des sog. **„burden sharing"** innerhalb der Europäischen Gemeinschaft zudem verpflichtet, die $CO_2$-Emissionen (und fünf weitere Treibhausgase) ausgehend von 1990 bis zur Periode 2008/12 um 21 Prozent zu senken. Konkret bedeutet dies, dass die $CO_2$-Emissionen von etwa 1,2 Mrd. Tonnen im Jahr 1990 auf etwa 934 Mio. Tonnen in der Periode 2008/12 zu verringern sind (einschließlich fünf weiterer Gase gemessen in $CO_2$-Äquivalenten).

Neben Emissionsabgaben kommen in besonders gelagerten Fällen **Produktabgaben** als Instrument der Umweltpolitik in Betracht. Sie zielen darauf ab, den Verbrauch bzw. die Verwendung bestimmter Produkte einzudämmen. Im Gegensatz zu Emissionsabgaben (z. B. Abwasserabgabe, $CO_2$-/Energieabgabe) sind Produktabgaben problematisch. Zum einen wäre eine ausufernde Differenzierung des Abgabensystems die Folge. Zum andern sind Abgaben, die lediglich einzelne Produkte belasten, aus EU-rechtlicher Sicht problematisch, denn sie laufen dem Ziel der Harmonisierung der indirekten Steuern innerhalb der EU diametral entgegen. Im Gemeinsamen Europäischen Markt ist daher der nationale Spielraum für Produktabgaben ausgesprochen gering. Produkte, die gefährlich oder krebserregend sind, müssen verboten und nicht etwa mit einer prohibitiv hohen Abgabe belegt werden. Produktabgaben sollten daher auf begründete Ausnahmefälle beschränkt werden. Eine Phosphatabgabe könnte ein derartiger Ausnahmefall sein.

### *d. Die deutsche Ökosteuer*

Der Bundestag hat auf Initiative der Bundesregierung am 3. 3. 1999 das „Gesetz zum Einstieg in die ökologische Steuerreform" beschlossen. Zum 1. 4. 1999 wurden in einer ersten Stufe die Steuersätze für **Kraftstoffe**, **Heizöl** und **Gas** angehoben sowie eine neue Stromsteuer eingeführt (Braun- und Steinkohle werden nicht zusätzlich besteuert). Die letzte Stufe ist zum 1. 1. 2003 in Kraft getreten. Um Doppelbelastungen zu vermeiden, werden die in der Stromerzeugung eingesetzten Energieträger nicht besteuert. Für das produzierende Gewerbe und andere Bereiche der Wirtschaft werden nur 20 Prozent der regulären Steuersätze erhoben.

Das Ziel der „Ökosteuer" ist es, eine **„doppelte Dividende"** zu erzielen:

- **„Ökologische Dividende"**: Hieraus erhofft sich die Regierung die erwünschte Entlastung der Umwelt.
- **„Ökonomische Dividende"**: Hierbei besteht das erklärte Ziel darin, mit der Ökosteuer positive Wachstums- und Beschäftigungseffekte zu erzielen („beschäftigungspolitische Dividende"), und zwar dadurch, dass mit dem Ökosteueraufkommen die Beiträge zur Rentenversicherung und damit die Arbeitskosten verringert werden.

Bereits hier wird ein erster entscheidender Unterschied zum theoretischen Konzept einer Umweltabgabe deutlich: Die ökologischen Anreizeffekte der deutschen Ökosteuer sind eher zweitrangig. Es dominieren vielmehr beschäftigungspolitische und fiskalische Überlegungen. Speziell die Dosierung der Ökosteuer folgt fiskalischen Erwägungen. Das erklärte Ziel besteht darin, ein bestimmtes Aufkommen zu erzielen, um die Beiträge zur Rentenversicherung in dem erwünschten Maß (0,8 Prozentpunkte) abzusenken.

Bei der **„ökologischen Dividende"** hängen die Umwelteffekte einer ökologischen Steuerreform in erster Linie von deren Ausgestaltung ab. Das eigentliche ökologische Ziel der Ökosteuer sollte darin bestehen, die $CO_2$-Emissionen zu reduzieren. Die deutsche Ökosteuer ist jedoch nicht als Emissionssteuer ausgestaltet. Aus ökologischer Sicht wäre konsequenterweise die Kohlendioxid-Emission als **Bemessungsgrundlage** zu wählen. Eine derartige Kohlendioxid-Steuer hätte den Vorteil, dass sie sich unmittelbar auf die Emissionen bezieht und die erwünschen Anpassungsreaktionen der Emittenten bei der Produktion, im Verkehr und bei den privaten Haushalten in Gang setzt. Bei einer Steuer auf den Energieverbrauch wird $CO_2$ dagegen nur mittelbar erfasst. Es ergeben sich bei einer derartigen Stromsteuer zwar Energieeinsparungseffekte, allerdings unabhängig davon, ob die zur Stromerzeugung eingesetzten Primärenergieträger $CO_2$-intensiv sind oder nicht. Es gibt mithin keine Anreize zur Substitution emissionsintensiver Energie (z. B. mit Braun- oder Steinkohle erzeugter Strom) durch emissionsarme Energieträger (z. B. mit Wasserkraft, Wind oder $CO_2$-freier Kernenergie erzeugter Strom). Verglichen mit einer $CO_2$-Steuer ist die gewählte Energiesteuer für die Klimapolitik mithin eindeutig der Ansatz mit der geringeren Treffsicherheit.

Aus der klimapolitischen Begründung der Ökosteuer folgt zudem, dass jede Einheit $CO_2$ mit dem gleichen Steuersatz belegt werden sollte, und zwar unabhängig davon, ob sie von Unternehmen, privaten Haushalten oder vom Staat verursacht wird, und ohne Rücksicht darauf, in welchem Produktionszweig sie entsteht. Eine Sonderbehandlung bestimmter Wirtschaftszweige (Kohle, NE-Metallerzeugung, Landwirtschaft usw.) lässt sich ökologisch nicht begründen. Vor allem ist klimapolitisch nicht zu rechtfertigen, dass emissionsintensive wirtschaftliche Tätigkeiten verschont bleiben. Es versteht sich von selbst, dass die Bevorzugung einzelner Primärenergieträger wie der Kohle (einschließlich deren Subventionierung) einer klimapolitisch motivierten Ökosteuer widerspricht. Vergleicht man vor diesem Hintergrund die beschlossenen Steuersätze mit der tatsächlichen Belastung je Tonne $CO_2$, die durch Einsatz der verschiedenen Energieträger verursacht wird, so ergeben sich beachtliche Unterschiede; sie reichen nach Berechnungen des Sachverständigenrates zur Begutachtung der gesamtwirtschaftlichen Entwicklung in einer Größenordnung von 6,50 € für Heizöl über 12 € bei Benzin bis 18 € bei Strom. Stellt man zudem nicht nur auf die Steuererhöhung, sondern auf das bestehende Niveau der Steuerbelastung ab, so ergeben sich gravierende Unterschiede in den impliziten Steuern je Tonne $CO_2$; so ist eine Tonne $CO_2$ aus Motorenbenzin etwa zwölfmal so hoch belastet wie eine Tonne $CO_2$ aus Strom.

Bei der **„ökonomischen Dividende"** erhofft sich die Bundesregierung von der Ökosteuer vor allem positive **Beschäftigungseffekte**. Dabei wird insbesondere unterstellt, dass Umwelt oder Energie nach ihrer Verteuerung tendenziell durch Arbeit ersetzt werden kann. In der Realität ist allerdings damit zu rechnen, dass dieser **Substitutionseffekt** nur eine untergeordnete Rolle spielt, denn insgesamt dürfte sich Energie nur begrenzt durch Arbeit ersetzen lassen. Über die bisher diskutierten Wirkungen hinaus gibt es einen weiteren Substitutionseffekt zugunsten von Arbeit dadurch, dass die Lohnnebenkosten gesenkt werden (**Subventionierungseffekt**). Wenn die beabsichtigte Senkung der Lohnnebenkosten auf die Arbeitskosten durchschlägt und diese tatsächlich vermindert, könne ein verstärkter Einsatz des unterbeschäftigten – weil bislang zu teuren – Produktionsfaktors Arbeit erwartet werden. Durch die Entlastung des Faktors Arbeit könnten daher Investitionen am Standort Deutschland attraktiver werden.

Diese Argumentation darf aber die Kosten eines **internationalen Alleingangs** in der Klimapolitik nicht verdrängen. Denn umweltintensive und energieintensive Produktionen werden mit der Ökosteuer teurer; in diesen Bereichen verschlechtert sich die Wettbewerbsfähigkeit. Insbesondere emissionsintensive Wirtschaftszweige (Stahlindustrie, NE-Metallerzeugung, Zementindustrie und Chemische Industrie) werden zurückgedrängt. Der internationale Wettbewerb beschränkt aber auch die Preisüberwälzungsspielräume der übrigen Industriesektoren. Unternimmt ein einzelnes Land einen umweltpolitischen Alleingang, so sind die Kosten der Umweltpolitik höher, als wenn Umweltpolitik im Verbund von Staaten durchgeführt wird. Von daher empfiehlt sich nicht nur aus ökologischer, sondern auch aus wirtschaftlicher Sicht eine Vorreiterfunktion nur im Verbund der Industriestaaten, wenigstens aber im Verbund in Europa.

Eine entscheidende Frage für die erhoffte positive Wirkung einer Ökosteuer auf die Beschäftigung ist, ob über die **Senkung der Lohnnebenkosten** die Arbeitskosten für die Unternehmen tatsächlich auch zurückgehen. Dies hängt entscheidend von der Strategie der Gewerkschaften ab. Die Ökosteuer führt zuerst einmal zur Verteuerung von Energie (z. B. Benzin). Sie induziert damit tendenziell kostenbedingte Preisniveausteigerungen. Setzen die Gewerkschaften im Zuge der Inflation höhere Lohnsteigerungen durch, so verpufft der lohnpolitische Subventionierungseffekt. Die Übernahme der Lohnzusatzkosten durch den Staat bliebe in bezug auf die Beschäftigung wirkungslos. Zudem besteht die Gefahr einer **Lohn-Preis-Spirale**. Die Erfahrung zeigt, dass eine solche Entwicklung ein durchaus realistisches Szenario ist.

Zudem ist es aus einer Reihe von Gründen verfehlt, die **Finanzierung der Sozialversicherung** an die Einnahmen aus Ökosteuern zu koppeln. Zum einen geht eine Finanzierung der Lohnzusatzkosten durch Ökosteuern nicht an den Kern der notwendigen Reform der sozialen Sicherungssysteme heran. Eröffnet der Staat für die soziale Sicherung neue Finanzierungsmöglichkeiten durch eine Ökosteuer, so ist damit zu rechnen, dass die dringend gebotenen Reformen ausbleibt. Werden immer neue Geldquellen erschlossen, um das Umlageverfahren des Rentensystems durch Staatszuschüsse zu stützen, so geht allmählich der Zusammenhang zwischen Beitragszahlung und erhaltener Rente verloren. Völlig verfehlt wäre es zum anderen, wenn es zu einer Eigendynamik käme, bei der die Ökosteuer erhöht würde, obwohl dies umweltpolitisch nicht (mehr) geboten ist.

Eine **Zweckbindung** zu Gunsten der Quersubventionierung der Rentenfinanzierung verstößt zudem gegen das **Nonaffektationsprinzip**. Sie wird in der finanzwissenschaftlichen Literatur insbesondere mit der Begründung kritisiert, dass die „Gleichwertigkeit der Staatsaufgabe" durchbrochen wird. Zudem leistet jede Zweckbindung der Verselbständigung von Gruppeninteressen Vorschub.

Insgesamt ist festzuhalten: Umweltpolitik muss sich ökologisch begründen. Eine emissionsorientierte Ökosteuer wäre daher sachgerecht. Die Entlastung der Arbeitskosten aus den Einnahmen der Ökosteuer kann nicht die Rechtfertigungsgrundlage für die Ökosteuer liefern; vor allem darf der fiskalische Zweck bei einer Umweltsteuer nicht die Oberhand gewinnen. Eine Verbindung der Ökosteuereinnahmen mit der Finanzierung der Sozialversicherung ist problematisch. Will man die Arbeitslosigkeit verringern, so muss man anders ansetzen. Gebraucht werden insbesondere eine beschäftigungsorientierte Lohnpolitik, eine stärkere Differenzierung der Löhne, eine größere Flexibilität des Arbeitsmarkts sowie der weitere Abbau von Regulierungen. Einen substantiellen Beitrag zur Lösung des Problems der Arbeitslosigkeit erwartet der Sachverständigenrat von der Ökosteuer aus diesen Gründen nicht.

#### *e. Fazit*

Als **Fazit** kann festgehalten werden:

- **Unzureichende ökologische Effizienz:**

Umweltabgaben sind ökologisch unsicher. Das angestrebte Umweltziel kann nur nach einem langwierigen Prozess des Versuch und Irrtums erreicht werden.

- **Statische Kosteneffizienz** (bei gegebenem Stand der Technik):
Umweltabgaben sind statisch kosteneffizient, weil beim Einsatz dieses Instruments bei gegebenem Stand der Technik und gegebenen Kostenfunktionen die gesamtwirtschaftlichen Kosten minimal sind.
- **Dynamische Kosteneffizienz**
Umweltabgaben sind dynamisch effizient; sie initiieren umwelttechnische Fortschritte und führen über die Zeit hinweg zu sinkenden Emissionsminderungskosten.

Ein Verzicht auf das Ordnungsrecht ist mit Umweltabgaben allerdings kaum möglich. Mit dem Instrument „Umweltabgaben" kann das herrschende Ordnungsrecht gleichwohl entlastet und der Umweltschutz mit marktwirtschaftlichen Anreizen intensiviert werden. Als besonders geeignet erweisen sich **Emissionsabgaben**. Sie eignen sich auch besonders gut in Verbindung mit dem bestehenden Ordnungsrecht, indem auch die (erlaubte) Restemission einer Abgabe unterworfen wird, und so Anreize zur Minderung dieser Restemission entstehen.

Bei der Einführung von Umweltabgaben muss jedoch auch auf die **Erhaltung der internationalen Wettbewerbsfähigkeit** der Wirtschaft geachtet werden. Nationale Alleingänge sollten auf begründete Ausnahmefälle begrenzt werden. Erforderlich ist ein international koordiniertes Vorgehen. Das ist ohnehin sinnvoll, da es sich bei zahlreichen Umweltproblemen um supranationale Erscheinungen handelt. Um einen **Anstieg der Abgabenquote zu vermeiden**, sind **Steuersenkungen an anderer Stelle** vorzunehmen. Das Aufkommen aus den Umweltabgaben sollte grundsätzlich dem Staatshaushalt ohne eine bestimmte Zweckbindung zufließen. Bei der Durchsetzung von Umweltabgaben ist allerdings mit großen politischen Widerständen zu rechnen.

## 3. Handelbare Umweltzertifikate – die Mengenvariante der Marktlösung

### *a. Funktionsweise von Umweltzertifikaten*

Eine interessante Alternative zu Umweltabgaben sind **handelbare Umweltzertifikate**, sie sind auch unter dem Etikett **„Umweltnutzungsrechte"** bekannt. Während der Staat bei den Umweltabgaben den Preis der Umweltnutzung über die Abgabenhöhe festlegt und sich dann als Folge des Anpassungsverhaltens der Privaten eine bestimmte Menge an Umweltentlastung einstellt (Preisvariante der marktwirtschaftlichen Instrumente), geht man bei den Umweltnutzungsrechten genau umgekehrt vor: Der Staat begrenzt die zulässige *Menge* der Umweltbeeinträchtigung in einer Region dadurch, dass er an die Emittenten (gestückelte) „Emissionsrechte" oder „Umweltnutzungsrechte" ausgibt. Aufgrund der Kräfte von Angebot und Nachfrage stellt sich dann am Markt für die Nutzungsrechte ein Preis ein.

Zertifikate berechtigen die Emittenten, eine bestimmte festgelegte Emission pro Zeiteinheit zu emittieren. Darüber hinausgehende Emissionen sind verboten. Ein Unternehmen, das über die konzessionierte Menge hinaus emittiert, muss sich die hierfür erforderlichen zusätzlichen Emissionslizenzen beschaffen. Dies ist dergestalt möglich, dass andere Unternehmen, die ihre Nutzungsrechte nicht vollständig

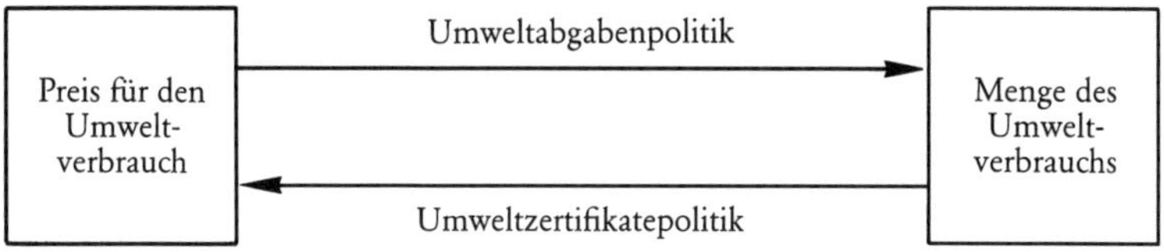


*Abb. G.5: Umweltpolitik als Preis- oder Mengenpolitik*

„verbraucht" haben, diese auf einem eigenen Markt anbieten. Er funktioniert wie eine Börse, nur dass dort keine Wertpapiere etc. gehandelt werden, sondern Umweltzertifikate. Als Ergebnis von Angebot und Nachfrage der knappen Nutzungsrechte ergibt sich ein Preis. Steigende Börsenpreise für Emissionslizenzen schlagen sich bei demjenigen Unternehmen, das diese Lizenzen zukaufen muss, in höheren Kosten nieder. Analog zur Umweltabgabe gibt es jetzt Anreize, diese Kosten durch umwelttechnische Fortschritte zu senken.

Im Grenzfall führen Umweltabgaben und Umweltzertifikate zum gleichen Ergebnis. Der ökologische *Vorteil* der Zertifikate besteht aber darin, dass das umweltpolitische Ziel – im Unterschied zu den Umweltabgaben – sicher erreicht werden kann. Denn es wird ja lediglich diejenige Menge an Umweltnutzungsrechten ausgegeben, die umweltpolitisch für tolerabel gehalten wird. Der Preis, der sich aus Folge dieser Mengenvorgabe herausbildet, ist Ergebnis der Marktkräfte. Bei der Umweltabgabe wird dagegen, wie erwähnt, der Preis festgelegt; die Umweltentlastung, die als Folge der Abgabe eintritt, ist unsicher, sie ist abhängig von den Anpassungsreaktionen der privaten Wirtschaftssubjekte.

Der entscheidende Unterschied zur Festlegung von Emissionsgrenzen für *jeden einzelnen* Emittenten besteht letztlich nur darin, dass die Umweltnutzungsrechte zwischen den Emittenten gehandelt werden können. Tauschvorgänge sind die Folge. Die Verteilung der Rechte auf die einzelnen Schadstoffemittenten bleibt dem Markt überlassen. Bereits dieser Vorgang senkt die Kosten des Umweltschutzes erheblich. Denn die Unternehmen werden nicht „über einen Kamm geschoren": Effiziente Unternehmen mit geringen (Grenz-)Vermeidungskosten werden mehr für die Umwelt tun und Zertifikate verkaufen; dagegen verzichten ineffiziente Vermeider mit hohen Grenzvermeidungskosten zumindest vorläufig auf teure Umweltschutzinvestitionen und erwerben Umweltnutzungsrechte am Markt. Der Nachteil gleicher Auflagen für jedes Unternehmen, die hohe Kostenineffizienz, wird damit vermieden.

Im Unterschied zur Abgabenvariante ist zudem die Belastung der Wirtschaftssubjekte geringer als beim Ordnungsrecht oder der Abgabenlösung. Geht man – wie in Abbildung G.5 dargestellt – wiederum davon aus, dass das ursprüngliche Emissionsvolumen $E_0$ ist, und dass dieses Volumen auf $E^*$ gesenkt werden soll, so würden also lediglich so viele Umweltnutzungsrechte ausgegeben, dass das Emissionsniveau $E^*$ nicht überschritten wird. Unternehmen mit einem günstigen Verlauf der Grenzvermeidungskostenkurve (in diesem Fall liegt die GVK-Kurve unterhalb der in Abbildung G.5 gezeichneten durchschnittlichen GVK-Kurve) werden in Umweltschutzmaßnahmen investieren und dadurch frei gewordene Umweltnutzungsrechte verkaufen. Unternehmen mit ungünstigem Verlauf der Grenzvermeidungskostenkurve (in diesem Fall liegt die GVK-Kurve oberhalb der durchschnittlichen

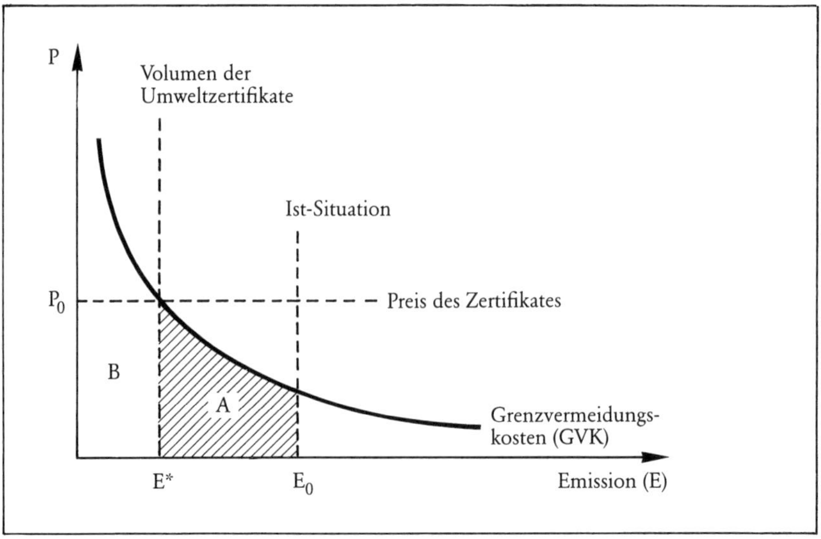


*Abb. G.6: Umweltzertifikate*

GVK-Kurve) werden als Käufer der Emissionszertifikate auftreten und Umweltschutzinvestitionen im Zweifel unterlassen.

Am Markt für Zertifikate bilde sich der Preis $P_0$. Bei diesem Preis entstehen infolge der Begrenzung des Emissionsvolumens von ursprünglich $E_0$ auf nunmehr $E^*$ Vermeidungskosten in Höhe des schraffierten Feldes A. Bei einer Abgabe in Höhe von $P_0$ würde zusätzlich noch eine Abgabe auf die Restverschmutzung in Höhe des Feldes B zu zahlen sein. Diese Zahlungen fallen bei der Zertifikatpolitik nicht an. Im Vergleich zur Abgabenpolitik ist daher die Zertifikatpolitik für den Einzelnen zugleich auch preiswerter (wenn man nicht davon ausgeht, dass das Aufkommen aus der Öko-Abgabe ihm in gleicher Höhe auch wieder zufließt).
Bevor mit dem Emissionsrechtehandel begonnen werden kann, müssen die entsprechenden Zertifikate den Verpflichteten zugeteilt werden. Bei der **Anfangsallokation** können grundsätzlich zwei Varianten von **Zuteilungsverfahren** unterschieden werden:

- die Gratisvergabe (grandfathering),
- die Versteigerung der Emissionsrechte.

Ökonomisch vorteilhafter ist das Versteigerungsverfahren. Es stößt in der Praxis jedoch auf Akzeptanzprobleme, so dass faktisch eher das Grandfathering-Verfahren zum Einsatz kommen dürfte. Auch eine Kombination beider Verfahren ist möglich; so könnte z. B. die freie Vergabe eines Teils der Rechte und die Versteigerung des anderen Teils erfolgen.

Handelbare Umweltzertifikate erfreuen sich im Kreis marktwirtschaftlicher Ökonomen einer großen Beliebtheit. Dieser Ansatz wird geradezu als Königsweg zur marktwirtschaftlichen Lösung des Umweltproblems gefeiert. Der entscheidende Vorteil besteht vor allem darin, dass das gewünschte Umweltergebnis sicher vorherbestimmt werden kann (**ökologische Wirksamkeit**), und dass die Lösung zu einer kostenminimalen Verteilung der Umweltschutzmaßnahmen bei den Verursachern führt (**statische Kosteneffizienz**). Zertifikate geben zudem Anreize zu umwelttechnischen Neuerungen; denn durch den Verkauf von Zertifikaten kann ja am Markt ein Erlös erzielt werden – es entsteht ein Markt für neue Umweltschutztechnologien (**dynamische Kosteneffizienz**).

Die am häufigsten angeführten **Beispiele** im Zusammenhang mit einem System handelbarer Zertifikate sind das nationale amerikanische Zertifikatesystem für $SO_2$ (**Acid Rain Program**, ARP) sowie das regionale **Reclaim-Programm** (Regional Clean Air Incentives Market) im Bundesstaat Kalifornien. Das ARP wurde 1990 in Kraft gesetzt. Es stellt das erste Bundesprogramm zur Reduktion des sauren Regens dar. Es bedient sich zu diesem Zweck nicht des traditionellen Ordnungsrechts, sondern hat über die Definition einer Emissionsobergrenze ein System handelbarer Emissionsrechte (Allowances) eingeführt. Die Zertifikate werden jährlich ausgegeben und berechtigen zur Emission einer Tonne $SO_2$ im Jahr. Sie können innerhalb des Bundesgebietes frei gehandelt werden. Die Erstzuteilung erfolgte (aus Gründen der politischen Durchsetzbarkeit) im **Grandfathering-Verfahren**. Der im Internet abrufbare Zertifikatepreis entspricht in etwa den Grenzvermeidungskosten der Emittenten. Während das nationale ARP auf den sauren Regen abzielt, ist das zentrale Umweltproblem, auf das sich das Reclaim-Programm konzentriert, die Ozonbildung im Raum Südkalifornien.

Insgesamt kann vor allem das ARP-Programm als erfolgreiche praktische Umsetzung des Zertifikatgedankens angesehen werden. Das Handelsvolumen ist hinreichend hoch, um eine stetige und stabile Preisentwicklung für die Zertifikate hervorzubringen. Durch das Programm wurden erhebliche Kostensenkungen bei der Verringerung der $SO_2$-Emissionen bewirkt (etwa 50 Prozent), die bei der traditionellen Auflagenpolitik vermutlich nicht eingetreten wären. Die ökologischen Wirkungen werden ebenfalls positiv bewertet. Beim Reclaim-Programm wirkte sich der vergleichsweise enge kalifornische Markt nachteilig aus. Notwendig ist in jedem Fall – wie bei anderen Instrumenten auch – eine strikte Kontrolle (monitoring). Gleichwohl zeigt die Erfahrung, dass der bürokratische Aufwand vergleichsweise gering ist.

### *b. Probleme der Umsetzung von Umweltzertifikaten*

Problematisch ist die Frage der Vergabe der Zertifikate. Wie erwähnt kommt sowohl die **Gratisverteilung** als auch die **Versteigerung** in Betracht. Orientiert man sich bei der Vergabe der Zertifikate an den zurzeit bestehenden Emissionsbelastungen (Status quo), so bedeutet dies bereits, dass dieser Status quo mit geringerem Kostenaufwand erreicht wird, denn im Zeitablauf werden sich die Zertifikate auf die einzelnen Emissionsquellen effizient verteilen. Zudem hat der Staat vielfältige Möglichkeiten, das Volumen der Emissionsrechte nachträglich zu reduzieren und so die Anforderungen an den Umweltschutz zu verschärfen. Am einfachsten ist das Verfahren, bei dem die Behörde im Wege einer Art von **Offenmarktpolitik** die Zertifikate selbst wieder zurückkauft. Aber auch eine **Abwertung der Zertifikate** kommt – sieht man von der verfassungsrechtlichen Problematik des „enteignungsgleichen Vorgangs" ab – in Betracht. Das anfängliche Belastungsvolumen lässt sich so vergleichsweise problemlos absenken. Je rascher der Rückkauf oder die Entwertung der Zertifikate erfolgt, umso rascher wird die Umweltbelastung verringert. Die Umweltnutzungsrechte werden zunehmend knapper und damit teurer. Der umwelttechnische Fortschritt und die Suche nach Lösungen zur Reduktion der Emissionen wird intensiviert.

Schwierig ist auch die **Abgrenzung des Emissionsgebietes**. Eine zu große Abgrenzung der „Glocke" würde den Umweltbelastungen in der Region nur unzureichend Rechnung tragen und die ökologische Effizienz mindern; eine zu enge Abgrenzung des Gebietes würde den Markt für den Handel der Emissionszertifikate im Zweifel zu sehr einengen, mit der Folge, dass die Preisbildung nicht mehr Marktgesetzen folgt. Es gibt also einen Konflikt zwischen ökologischen und ökonomischen Zielen.

Allerdings ist vor einem weit verbreiteten Missverständnis zu warnen: Auch das marktwirtschaftlichste Instrument – die Zertifikate – kommt nicht ohne Bürokratie aus. Die Emissionen müssen lückenlos kontrolliert und der Missbrauch der Rechte scharf sanktioniert werden. Ohne Sanktionen sind auch Zertifikate ein Tiger ohne Zähne. Als einziges Instrument der Umweltpolitik kommen jedoch auch Zertifikate nicht in Betracht.

### *c. Der Kyoto-Prozess*

Im Kyoto-Protokoll zur **UN-Klimarahmenkonvention** vom Dezember 1997 haben sich 159 Länder verpflichtet, die Emissionen von sechs Treibhausgasen zum Zeitraum 2008 bis 2012 um 5,2 % gegenüber dem Emissionsniveau von 1990 bis 1995 zu verringern. Dabei geht es in erster Linie um Kohlendioxid ($CO_2$). Im Prinzip ist damit die weltweit zulässige Gesamtmenge der Emissionen festgelegt und eine Aufteilung der Emissionsrechte auf die Länder der Erde vereinbart (siehe Abbildung G.7). Nach der – bisher nicht erfolgten – Ratifikation der Mehrheit der Vertragsstaaten ist das Protokoll völkerrechtlich verbindlich.

Die Länder der Europäischen Union haben sich in Kyoto auf eine $CO_2$-Minderung (einschließlich fünf weiterer Klimagase) um 8 % des Ausgangsniveaus verpflichtet. Auf der Grundlage dieses Protokolls hat der EU-Umweltministerrat im Jahr 1998 einen Verteilungsbeschluss für die Mitgliedsländer gefasst (**„burden-sharing"**). Danach entfällt auf Deutschland eine durchschnittliche Emissionssenkung von 21 %. Deutschland darf also 2008/2012 nur noch 79 Prozent der Emissionen der Jahre 1990 bis 1995 emittieren. Angesichts vorliegender Projektionen über die Emissionsentwicklung (Prognos/EWI rechnen bei $CO_2$ bis 2010 mit einem Rückgang der deutschen Emissionen um lediglich 15,9 %) ergibt sich ein dringender Handlungsbedarf.

Im Kyoto-Protokoll werden auch sog. **flexible Mechanismen** verankert, die dazu dienen sollen, das gesetzte Minderungsziel zu erreichen. Hierzu zählt neben anderen Instrumenten in erster Linie der **internationale Handel mit Treibhausemissionsrechten** („emissions trading"). Weitere Instrumente sind die gemeinsame Umsetzung von Klimaschutzmaßnahmen auf Projektebene („joint implementation") und gemeinsame Projekte mit Entwicklungsländern, die nicht im Annex I des

Kyoto-Protokolls enthalten sind, im Rahmen des Mechanismus für umweltverträgliche Entwicklung („clean development mechanism").

Die Initiative zur Einführung des Instruments der handelbaren Emissionszertifikate ging ursprünglich vor allem auf die USA zurück, die das Kyoto-Protokoll allerdings bisher nicht ratifiziert haben. Die Vertragsstaaten können die vereinbarten Emissionskontingente verbriefen und untereinander handeln. Sie können sie aber auch an ihre nationalen Emittenten (z. B. an die Unternehmen) vergeben und diesen die Möglichkeit zum Emissionsrechtehandel eröffnen. Im Endeffekt wird das verkaufende Unternehmen (bzw. das verkaufende Land) weniger und das kaufende Unternehmen (bzw. Land) entsprechend mehr emittieren. Die Gesamtemissionsmenge bewegt sich innerhalb des vereinbarten Emissionskontingents.

**Verpflichtungen zur Emissionsreduktion und Emissionsbegrenzung**
(Alle 6 Kyoto-Treibhausgase, Ziel: Zeitraum 2008–2012, bezogen auf 1980)

**Laut Kyoto-Protokoll**

| | |
|---|---|
| Australien | + 8 % |
| Bulgarien | – 8 % |
| Estland | – 8 % |
| Europäische Union | – 8 % |
| Island | + 10 % |
| Japan | – 6 % |
| Kanada | – 6 % |
| Kroatien | – 5 % |
| Lettland | – 8 % |
| Liechtenstein | – 8 % |
| Litauen | – 8 % |
| Monaco | – 8 % |
| Neuseeland | +/– 0 % |
| Norwegen | + 1 % |
| Polen | – 6 % |
| Rumänien | – 8 % |
| Russland | +/– 0 % |
| Schweiz | – 8 % |
| Slowakei | – 8 % |
| Tschechien | – 8 % |
| Ukraine | +/– 0 % |
| Ungarn | – 6 % |
| USA | – 7 % |

**Aufteilung der EU-Verpflichtung**

| | |
|---|---|
| Belgien | – 7,5 % |
| Dänemark | – 21 % |
| Deutschland | – 21 % |
| Finnland | +/– 0 % |
| Frankreich | +/– 0 % |
| Griechenland | + 25 % |
| Großbritannien | – 12,5 % |
| Irland | + 13 % |
| Italien | – 6,5 % |
| Luxemburg | – 28 % |
| Niederlande | – 6 % |
| Österreich | – 13 % |
| Portugal | + 27 % |
| Schweden | + 4 % |
| Spanien | + 15 % |

*Abb. G.7: Emissionsreduktionen gemäß Kyoto-Protokoll und EU burden-sharing*

### *d. Nationaler Allokationsplan in Deutschland*

Zur Umsetzung der im Kyoto-Protokoll fixierten Reduzierungsverpflichtungen hat die **EU-Kommission** eine Richtlinie zur Einführung handelbarer $CO_2$-Emissionszertifikate ab dem Jahr 2005 vorgelegt. Das Europäische Parlament hat dieser Richtlinie mit Änderungen zugestimmt. Danach werden an die betroffenen Unternehmen Emissionszertifikate zugeteilt, die zum Ausstoß von $CO_2$ und weiteren

Treibhausgasen berechtigen. Unternehmen, die ihre CO2-Emissionen reduzieren, können überzählige Rechte an Unternehmen verkaufen, die einen Bedarf an Emissionsrechten haben. Das System kam mit Wirkung vom 1. Januar 2005 zur Anwendung. Es ist zunächst freiwillig. Ab dem Jahr 2008 wird es verbindlich. Betroffen sind vorerst europaweit 4500 Anlagen (Energie und Industrie), davon 2600 in Deutschland. Insgesamt soll das europaweite Handelssystem einmal rund 12 000 Anlagen umfassen.

Zur Umsetzung der Richtlinie in Deutschland hat die Bundesregierung auf Vorschlag des Bundesumweltministeriums einen sog. **Nationalen Allokationsplan** (NAP) beschlossen. Dieser Allokationsplan ist das Kernelement des Emissionshandelssystems. Er legt die Gesamtmenge der Treibhausgase fest, die den betroffenen Unternehmen der Energiewirtschaft und der Industrie (Stahl, Papier, Baustoffe und Keramik) zugeteilt („alloziiert") werden. Die Sektoren Gewerbe, Verkehr und Haushalte nehmen vorerst nicht am Emissionshandel teil. Sie sollen aber auf andere Weise ihren Beitrag zur Reduktionsverpflichtung leisten. Auch für die sonstigen Treibhausgase werden derzeit keine Rechte vergeben. Der Allokationsplan bildet zugleich die Grundlage für ein Gesetz, welches die Verteilung der Emissionszertifikate rechtsverbindlich regelt. An die am Handelssystem teilnehmenden Unternehmen wurden Emissionsrechte im Umfang von 503 Mio. Tonnen ausgegeben. Durch Reduktion der Rechte soll die Emission dieser Branchen auf 490 Mio. Tonnen verringert werden (siehe hierzu Abbildung G.8).

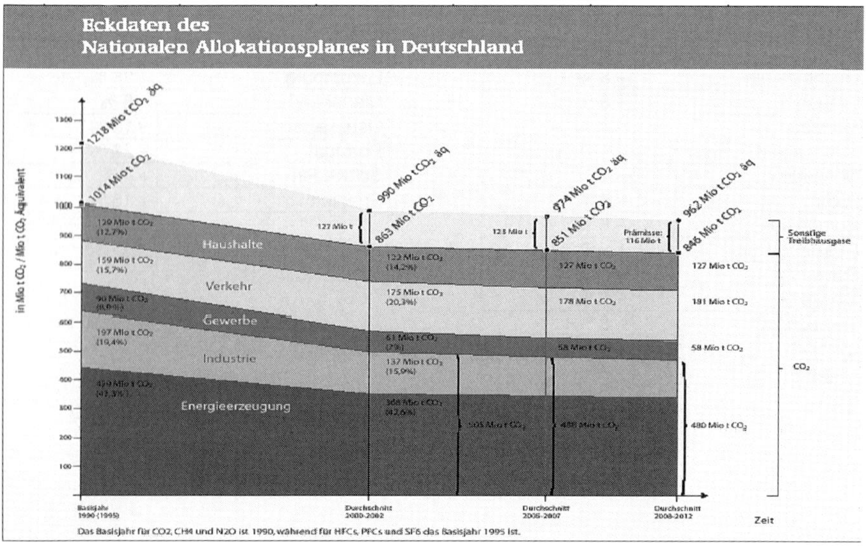


*Abb. G.8: Nationaler Allokationsplan in Deutschland*

Die Zuteilung der Rechte erfolgte in der ersten Stufe kostenlos nach dem **Grandfathering-Verfahren**. In weiteren Stufen ist sukzessive eine Versteigerung der Emissionszertifikate vorgesehen. Die Zuteilung der Rechte erfolgt durch die Deutsche Emissionshandelsstelle, Berlin (DEHSt). Es handelt sich dabei um „virtuelle" Rechte, die ausschließlich elektronisch gehandelt werden. Sie vergibt etwa 1,5 Mrd.

Emissionsberechtigungen an die Anlagenbetreiber. Die Rechte können seit dem 1. Januar 2005 zwischen den Emittenten gehandelt werden. Der Handel wird von der DEHSt überwacht. Der offene Handel mit den Emissionsrechten begann am 9. März 2005 an der European Energie Exchange (EEX) in Leipzig. Der Preis für eine Tonne $CO_2$ pendelte sich im Frühsommer 2005 bei ca. 17 Euro ein.

#### *e. Fazit*

Als **Fazit** kann festgehalten werden:

- **Ökologische Effizienz**

Das Instrument der handelbaren Zertifikate ist ökologisch effizient, weil sich durch Einsatz dieses Instruments das angestrebte ökologische Ziel sicher erreichen lässt.

- **Statische Kosteneffizienz** (bei gegebenem Stand der Technik)

Das Instrument der handelbaren Zertifikate ist statisch kosteneffizient, weil beim Einsatz dieses Instruments – bei gegebenem Stand der Technik und gegebenen Kostenfunktionen – die gesamtwirtschaftlichen Kosten minimal sind.

- **Dynamische Kosteneffizienz**

Das Instrument der handelbaren Zertifikate ist dynamisch effizient, weil es technische Fortschritte initiiert und damit über die Zeit hinweg die Emissionsminderungskosten sinken.

Bei der Umsetzung des Zertifikatmodells sind allerdings noch schwierige **praktische Probleme** zu überwinden. Zudem ist die Akzeptanz in der Öffentlichkeit noch gering. Es ist sicher noch ein Stück Weg, bis derartige Instrumente weltweit in der Klimaschutzpolitik zum Einsatz kommen werden. Der Kyoto-Prozess macht aber deutlich, dass die Entwicklung in Richtung handelbare Emissionszertifikate geht.

### 4. Umwelthaftungsrecht als Internalisierungsstrategie

#### *a. Grundgedanke des Umwelthaftungsrechts*

Ebenfalls in Richtung marktwirtschaftliche Steuerung geht die Forderung nach Ausbau des **Umwelthaftungsrechts**. Risiken und Schäden sollen nicht mehr „kostenlos" auf Dritte abwälzbar sein; es wird vielmehr eine Internalisierung dieser externen Kosten über weitergehende Haftungsregelungen angestrebt. Zwei Haftungsregelungen sind zu unterscheiden:

- **Verschuldungshaftung**; hier haftet derjenige, der schuldhaft (vorsätzlich oder fahrlässig) als Emittent von Schadstoffen einem Dritten einen Schaden zufügt. Den Nachweis muss der Geschädigte führen.
- **Gefährdungshaftung**; hier wird der Emittent von Schäden auch dann zu Ersatzleistungen herangezogen, wenn er mit verkehrsüblicher Sorgfalt gehandelt hat, d. h. wenn er keine Schuld an einem eingetretenen Schaden trägt, weil z. B. eine emittierende Anlage in der existierenden Form genehmigt worden ist. Üblicherweise wird hier eine **Beweislastumkehr** vorgenommen, d. h. der Schädiger muss nachweisen, dass er den Schaden nicht verursacht hat.

Über die Weiterentwicklung des Umwelthaftungsrechts wird insbesondere seit dem Brand bei der Chemiefirma Sandoz Anfang November 1986 diskutiert. Müssen Unternehmen damit rechnen, für Schäden an der Umwelt und für Gesundheitsbeeinträchtigungen zur Rechenschaft gezogen zu werden, so ergibt sich daraus ein Anreiz, die Umweltverträglichkeit von Produktionsverfahren oder Produkten vorher zu überprüfen. Die Konsequenzen können im Unterlassen der risikobehafteten Tätigkeit, in risikomindernden Eigenmaßnahmen und/oder in der Risikoübertragung auf Versicherungen liegen. Die Belastung umweltgefährlicher Produktionsprozesse mit einer strengen **Gefährdungshaftung** verteuert diese Produkte am Markt und reduziert das Gefährdungspotential.

Die entscheidende Anreizwirkung besteht darin, dass es im wirtschaftlichen Interesse der Unternehmen liegt, durch Vorsorgemaßnahmen die finanziellen Risiken von Ersatzansprüchen zu vermindern. Strengere Haftungsvorschriften entlasten zugleich den Staat vom Erlass immer neuer detaillierter Umweltschutzvorschriften. Die Internalisierung der Kosten der Risiken oder Schäden ergibt sich auch dann, wenn die Risikoabsicherung seitens einer Versicherung erfolgt. Hohe Risiken werden dann mit hohen, geringere Risiken mit geringeren Versicherungsbeiträgen belegt. Zudem übernimmt die Versicherung – quasi stellvertretend für den Staat – die Risikobewertung.

### *b. Das deutsche Umwelthaftungsrecht*

Am 1. 1. 1991 trat in der Bundesrepublik das Umwelthaftungsgesetz (UmweltHG) in Kraft. Das Umwelthaftungsgesetz erweitert die im BGB geregelte Verschuldungshaftung um eine vom Verschulden unabhängige **Gefährdungshaftung**. § 1 UmweltHG regelt die Gefährdungshaftung für Schäden, die durch eine – im Gesetz genauer bestimmte – Anlage entstehen. Die Haftung erstreckt sich auf Personen und Sachen. Eine allgemeine Gefährdungshaftung für ökologische Schäden wurde mit dem UmweltHG nicht eingeführt. Gestärkt wurde die Stellung des Geschädigten bezüglich der Beweislast; gelockert wurden zudem die Anforderungen an den Kausalitätsnachweis. Sobald eine Anlage geeignet ist, den aufgetretenen Schaden zu verursachen, wird vermutet, dass der Schaden durch diese Anlage entstanden ist (vgl. § 6 UmweltHG). Das Gesetz sieht weiter vor, dass Betreiber von bestimmten Anlagen sich um eine Deckungsvorsorge kümmern müssen (vgl. § 19 UmweltHG), damit sie ihren gesetzlichen Verpflichtungen, die durch einen Schaden entstehen können, im Notfall auch nachkommen können. § 15 UmweltHG sieht allerdings eine Haftungshöchstgrenze vor, welche die Unternehmen (bzw. die Versicherer) vor dem wirtschaftlichen Ruin schützen soll.

Auch die **EU-Kommission** ist inzwischen auf dem Gebiet des Umwelthaftungsrechts aktiv geworden. Sie strebt für die Europäische Union eine **Rahmenrichtlinie** an, welche die Staaten dann in nationales Recht umzusetzen hätten. Kernpunkt ist eine **verschuldensunabhängige Haftung** für Umweltschäden.

## 5. Öko-Audit

In der derzeitigen Umweltpolitik der Bundesrepublik Deutschland sind Tendenzen zu einer Deregulierung im Umweltschutz unverkennbar. Beispiele hierfür sind Selbstverpflichtungserklärungen der Wirtschaft sowie die sog. Öko-Audit-Verordnung der Europäischen Union. Das **Öko-Audit** ist ein neuartiges Instrument der Umweltpolitik, mit dem vor allem die Eigenverantwortung der Unternehmen für den Umweltschutz gestärkt werden soll. Als Öko-Audit oder auch Umwelt-Audit wird die periodisch wiederkehrende Untersuchung und Bewertung der produktionstechnischen Aktivitäten und der Organisation eines Unternehmens in Bezug auf die hiermit verbundenen Umweltwirkungen bezeichnet. Ein solches Öko-Audit wird von besonders ausgebildeten und unabhängigen Gutachtern durchgeführt. Seit 1995 ist in allen Mitgliedstaaten der Europäischen Union die EG-Öko-Audit-Verordnung in Kraft. Das europäische Öko-Audit ist ein Instrument zur Stärkung der gesellschaftlichen Umweltverantwortung der Unternehmen. Öko-Audit geht damit über den rein reaktiven Ansatz einer end-of-pipe-orientierten Umweltschutzpolitik hinaus.

Die Eigenverantwortung soll insbesondere durch den Aufbau eines **Umweltmanagements** umgesetzt werden. Dieses unterliegt der Kontrolle durch unabhängige Gutachter, deren Aufgabe darüber hinaus in der Überprüfung der Umweltwirkungen des unternehmerischen Handelns besteht. Die Unternehmen beteiligen sich grundsätzlich **freiwillig** am Öko-Audit. Neben der Errichtung eines Umweltmanagementsystems müssen sich die umweltauditierten Unternehmen verpflichten, regelmäßig interne Umweltbetriebsprüfungen durchzuführen, eine Umwelterklärung zu veröffentlichen und sich zu einem über die gesetzlichen Anforderungen hinausgehenden betrieblichen Umweltschutz verpflichten.

Als **Anreizinstrument** für die freiwillige Teilnahme am Öko-Audit fungiert vor allem die Umwelterklärung, die bei Erfüllung der Kriterien der Öko-Audit-Verordnung eine umweltfreundliche Unternehmenspolitik attestiert und damit seitens der auditierten Unternehmen aktiv als Marketinginstrument eingesetzt werden kann. Um tatsächlich eine kontinuierliche Verringerung der Umweltauswirkungen von Produktionsprozessen zu erreichen, müssen aber auch entsprechende Technologien des integrierten Umweltschutzes zum Einsatz kommen. Auditierung könnte diesen technologischen Entwicklungsprozess vorantreiben.

Die Entscheidung eines Unternehmens, an der Öko-Auditierung teilzunehmen, hängt von dem erwarteten Nutzen im Vergleich zu den Kosten des Öko-Audits ab. Im Zuge der geforderten Einrichtung eines Umweltmanagements und -controlling können sich durch die Verbesserung der umweltbezogenen unternehmensinternen Informationen für ein Unternehmen verschiedene Vorteile ergeben. Allgemein wird zwischen internen und externen Vorteilen unterschieden.

Die **internen Vorteile** bestehen in einer Steigerung der Effizienz des Unternehmens. Als Vorteile des Öko-Audits gelten die Erhöhung der Transparenz im Unternehmen, d. h. die Offenlegung von Schwachstellen und die hierdurch ermöglichte Reduzierung des Risikos von Störfällen, die Ausschöpfung von Energie- und Rohstoffeinsparpotenzialen sowie die Minderung des Haftungsrisikos für Umweltschäden nach dem Umwelthaftungsgesetz. Nach dem weiter oben dargestellten Umwelthaftungsgesetz haftet der Anlagenbetreiber auch für Umweltschäden, die bei „Normalbetrieb“ verursacht werden, soweit er nicht nachweisen kann, dass er für diese Schäden nicht verantwortlich ist (Prinzip der Beweislastumkehr).

Hierbei kann das Öko-Audit als Nachweis einer eindeutigen innerbetrieblichen Delegation und Kontrolle der Umweltschutzverantwortung gegenüber Behörden dienen.

Die **externen Vorteile** des Öko-Audits beziehen sich vor allem auf die Außenbeziehungen des Unternehmens. Externe Vorteile ergeben sich vor allem durch die Verringerung von Emissionen und Abfällen, die nicht nur zu Kosteneinsparungen, sondern auch zur Verbesserung der allgemeinen Umweltsituation beitragen. Außerdem besteht die Chance der Erringung von Wettbewerbsvorteilen gegenüber nicht auditierten Konkurrenten infolge einer zunehmend ökologie-sensiblen Güternachfrage.

Infolge der genannten internen und externen Vorteile des Öko-Audits kann sich auditiertes Umweltmanagement für ein Unternehmen also durchaus rechnen. Den Vorteilen und Nutzen stehen allerdings auch **Kosten** gegenüber. Sie setzen sich einerseits aus den direkten Kosten für die Umweltbegutachtung und die Registrierung der Umwelterklärung sowie für externe Berater, die vor allem bei einer erstmaligen Auditierung zu konsultieren sind, zusammen. Hinzu kommen die Kosten für die Mitarbeiter, die mit Errichtung und laufenden Durchführung des betrieblichen Umweltmanagements beauftragt sind.

Umwelt-Audit ist ein noch junges Instrument zur Stärkung der umweltpolitischen Eigenverantwortung der Unternehmen. Abschließende Urteile über die Eignung dieses Instruments können daher noch nicht gefällt werden. Tendenziell lassen die ersten Erfahrungen jedoch den Schluss zu, dass die Unternehmen durch die Teilnahme an einer Öko-Auditierung durchaus betriebliche Vorteile erzielen können und gleichzeitig der Umweltschutz verbessert wird. Die Stärkung der Eigenverantwortung fördert zudem den integrierten Umweltschutz. Öko-Audit ist außerdem ein geeigneter Ansatz zur angestrebten Deregulierung der Umweltpolitik. Dennoch muss darauf hingewiesen werden, dass Öko-Audit nur unterstützend eingesetzt werden kann. Es ist insbesondere kaum geeignet, die marktorientierten Instrumente der Umweltpolitik zu ersetzen. Öko-Audit dient aber der besseren Kooperation zwischen Wirtschaft auf der einen und Staat auf der anderen Seite. Es kann den Staat aber nicht aus seiner Verantwortung für die Internalisierung der negativen externen Effekte des Handelns von Unternehmen und Konsumenten entlassen.

## VI. Ökologische Erweiterung der Volkswirtschaftlichen Gesamtrechnung

Mit einem höheren realen Sozial- bzw. Inlandsprodukt wird insbesondere im politischen Bereich gewöhnlich ein höheres Wohlstandsniveau einer Volkswirtschaft verbunden. Diese Schlussfolgerung ist seit Ende der sechziger Jahre jedoch zunehmend kritisiert worden.

Einer der Kritikpunkte bezieht sich auf die mit der Produktion verbundenen Umweltschäden. Werden durch die Güterproduktion z. B. die Luft oder das Wasser verschmutzt, so wird dies in der traditionellen Sozialproduktrechnung nicht als

Werteverzehr an der natürlichen Ressource „Umwelt“ gewertet und damit nicht als sozialprodukts- bzw. wohlfahrtsmindernd erfasst. Auch eine mit der Produktion einhergehende Lärmbelästigung oder Gesundheitsminderung reduziert den Wert des traditionellen Sozial- bzw. Inlandsprodukts nicht, obwohl von all diesen Einflüssen eine Minderung der Wohlfahrt ausgeht.

Werden dagegen Umweltschäden beseitigt, Kläranlagen oder Lärmschutzwälle gebaut bzw. Aufwendungen für die Gesundheit getätigt, so steigt das Sozial- bzw. Inlandsprodukt, obwohl hierdurch lediglich eine ursprüngliche Wohlfahrtseinbuße kompensiert wird, und zwar häufig nur teilweise. Das traditionelle Sozial- bzw. Inlandsproduktmaß ist daher denkbar ungeeignet, wenn es darum geht, die ökologischen Wohlfahrtseffekte in einem Land zu erfassen. Es ist für die Konjunkturanalyse recht gut geeignet. Als Wohlfahrtsindikator taugt das Sozial- bzw. Inlandsprodukt dagegen nicht.

In den letzten Jahren sind vielfältige Versuche unternommen worden, die Wohlfahrtsentwicklung eines Landes besser zu erfassen. Die Forschungen weisen dabei in drei Richtungen:

- Ermittlung eines Öko-Nationalprodukts
- Satellitenrechnungen
- Soziale Indikatoren

Diese Konzeptionen sollen kurz beleuchtet werden.

## 1. Ermittlung eines Öko-Nationalprodukts

Ein Ziel der Revision der Volkswirtschaftlichen Gesamtrechnung ist es, die umweltrelevanten Sachverhalte adäquat zu erfassen und zu bewerten und in die traditionelle Sozialproduktrechnung zu integrieren. Damit soll das bisherige Sozial- bzw. Inlandsproduktmaß auch hinsichtlich seiner ökologischen Aussagefähigkeit verbessert werden. Letztlich zielen diese **Korrekturansätze** darauf ab, ein **„Netto-Wohlfahrtsprodukt“** oder ein **„Öko-Nationalprodukt“** zu ermitteln.

Der neueste Versuch, einen Index der nachhaltigen ökonomischen Entwicklung (Index of Sustainable Economic Walfare, ISEW) zu entwickeln und damit dem Sozial- bzw. Inlandsprodukt ein Maß für die allgemeine Wohlfahrt gegenüberzustellen, wurde von Clifford Cobb (1989) und H. E. Daly u. J. B. Cobb jr. (1994) für die USA unternommen. Inzwischen liegen entsprechende Berechungen für die Bundesrepublik Deutschland, England und Österreich vor. Dabei zeigt sich, dass das Nettowohlstandsmaß (ISEW) wesentlich langsamer gestiegen ist als das reale Brutto- oder Nettonationalsprodukt (NSP). Die Differenz zwischen dem ISEW und dem NSP repräsentiert die „Wohlstandskosten“. Diese Kosten der Wohlstandsentwicklung haben nicht nur absolut, sondern auch relativ zum NSP zugenommen. Für eine zusätzlich Einheit an Nettowohlstand (ISEW) muss inzwischen etwa das Doppelte an zusätzlichem Sozialprodukt (ISEW + Wohlstandskosten) hergestellt werden.

### 2. Satellitenrechnungen

Die praktische Statistik geht zurzeit einen anderen Weg: Sie versucht nicht, das traditionelle Sozial- bzw. Inlandsproduktmaß durch ein „Öko-Sozialprodukt" zu ersetzen, sondern verfolgt das Ziel, die **Volkswirtschaftliche Gesamtrechnung** um Aussagen über eine Veränderung der Umweltqualität zu **ergänzen.** Hierzu werden zurzeit „**Satellitensysteme** zu den Volkswirtschaftlichen Gesamtrechnungen", die auch die Umwelt einbeziehen, erarbeitet. Mit diesen Satellitensystemen wird das Ziel verfolgt, Angaben zu bestimmten, gesellschaftlich wichtigen Informationsfeldern zusammenzustellen. Hierzu zählen neben der Umwelt z. B. auch das Gesundheitswesen, das Ausbildungssystem und die Forschungsaktivitäten. Ende der achtziger Jahre beschloss das Statistische Bundesamt, das Satellitensystem „Umwelt" zu einer **„Umweltökonomischen Gesamtrechnung"** (UGR) auszubauen. Ziel eines solchen Systems ist es, die in der Sozialproduktberechnung nicht berücksichtigten externen Effekte der Produktion und des Konsums auf die Umwelt quantitativ zu erfassen. Die Umweltökonomische Gesamtrechnung (UGR) soll sowohl eine laufende Umweltberichterstattung als auch wissenschaftliche Analysen im Bereich der Umweltökonomie ermöglichen. Die entsprechenden Informationen werden parallel zum traditionellen Inlandsprodukt ausgewiesen.

### 3. Soziale Indikatoren

Die praktische Statistik greift damit einen Ansatz auf, der in der Wissenschaft bereits in den siebziger Jahren entwickelt wurde und als „Soziale Indikatoren" bekannt ist. Mit einem gesellschaftlichen Kennziffernsystem wird der Rahmen der Volkswirtschaftlichen Gesamtrechnung verlassen, und es wird versucht, auf der Basis eines umfassenden Berichtssystems die verschiedenartigsten Komponenten der Wohlfahrt eines Landes zu erfassen und einem internationalen Vergleich zugänglich zu machen. Angesichts der Bewertungsproblematik wird auf eine Aggregation zu einer „Wohlfahrtsgröße" bewusst verzichtet.

## VII. Umweltschutz und Standortqualität

In der Debatte um den Wirtschaftsstandort Deutschland nimmt neben der Höhe der Löhne und der Steuerbelastung auch die Intensität der Umweltschutzauflagen einen wachsenden Stellenwert ein. Einerseits wird darauf verwiesen, dass hohe deutsche Umweltstandards die Wettbewerbsfähigkeit der deutschen Firmen beeinträchtigen und als Investitionshemmnis wirken. Insbesondere die Kompliziertheit der Umweltschutzvorschriften und die Länge der Genehmigungsverfahren wirke abschreckend auf die Investoren. Andererseits wird argumentiert, dass die anspruchsvolle deutsche Umweltschutzpolitik maßgeblich dafür verantwortlich sei, dass die deutsche Wirtschaft eine sehr gute Position auf dem Markt für Umweltschutzgüter erreicht habe. Eine Vorreiterrolle in der Umweltschutzpolitik löse daher Investitionsimpulse aus, die auch zu Vorsprüngen beim internationalen Wettbewerb in der Umwelttechnologie führten. Darüber hinaus wird argumentiert, dass eine geringe Umweltbelastung in einem Land ein zunehmend wichtigerer positiver („weicher“) Standortfaktor sei.

**„Weiche Standortfaktoren“** sind im Unterschied zu „harten“ Standortfaktoren (wie Lohnkosten, Produktivität, Steuersätze, Verkehrsanbindungen, Versorgungs- und Entsorgungsleistungen, Verfügbarkeit und Ausbildung der Arbeitskräfte) **qualitative Aspekte**; Beispiele sind Wohn- und Freizeitwert, kulturelles Angebot, Bildungsangebote, Imagewerte und die Umweltgüte der betreffenden Region. Die Umweltqualität einer Region hat besondere Bedeutung für die Wohn- und Freizeitqualität. Sie wirkt sich damit positiv auf die Möglichkeit aus, qualifiziertes Fach- und Führungspersonal zu halten oder zu gewinnen. Eine hohe Umweltqualität ist für einige Unternehmen sogar ein bedeutender Produktionsfaktor. Land- und Forstwirtschaft, Fremdenverkehr, Fischerei, Mineralwasserhersteller, aber auch verschiedene Bereiche der Mikrotechnologie (z. B. Chip- und Solarzellenhersteller) bedürfen intakter Umweltbedingungen.

Es ist nicht ausgeschlossen, dass in einem „globalen Weltmarkt“ ohne Schranken auch hohe Umweltauflagen Anlass für Standortverlagerungen in das Ausland sein können. Wettbewerbs- und Standortnachteile sind aber vor allem auch Folge einer ökonomisch ineffizienten Umweltpolitik. Solange sich die Umweltschutzpolitik den Luxus leistet, Schadstoffe nicht dort zu verringern, wo dies am kostengünstigsten erfolgen kann, ist mit stärkeren negativen Standorteffekten zu rechnen als bei einer intelligenten Umweltschutzpolitik, die sich marktsteuernder Instrumente bedient.

Statt integriertem Umweltschutz mit marktwirtschaftlichen Instrumenten herrscht in Deutschland immer noch der additive oder nachsorgende Umweltschutz vor, der sich in erster Linie auf das teure Instrument des Ordnungsrechts stützt. Die schnelle Abfolge neuer Auflagen verhindert die systematische Suche der Unternehmen nach ökonomisch effizienten (integrierten) Lösungen. Auch die Beschäftigungseffekte einer marktsteuernden Umweltschutzpolitik sind höher einzuschätzen als die Beschäftigungseffekte einer Umweltschutzpolitik, die am Ende des Produktionsprozesses ansetzt (end-of-pipe-Strategie). Denn integrierter Umweltschutz ist in der Regel wirtschaftlicher als nachsorgender Umweltschutz.

# Literaturverzeichnis


*Aberle, G.:* Wettbewerbstheorie und Wettbewerbspolitik, 3. Aufl., Stuttgart 1997

*Altmann, J.:* Umweltpolitik, Stuttgart 1997

*Altmann, J.:* Wirtschaftspolitik, 7. Aufl., Stuttgart 2000

*Arndt, H.:* Vollbeschäftigung. Einführung in Theorie und Politik der Beschäftigung, Berlin 1984

*Assenmacher, W.:* Konjunkturtheorie, 8. Aufl., München 1998

*Belge, A.:* Beschäftigungsentwicklung und Arbeitsmarktpolitik, Berlin 1992

*Bofinger, P. u. a.:* Geldpolitik, München 1997

*Bombach, G.* u. a. (Hrsg.): Der Keynesianismus, I–IV, Berlin u. a. 1981

*Borchert, M.:* Außenwirtschaftslehre. Theorie und Politik, 7. Aufl., Wiesbaden 2001

*Bringezu, S.:* Umweltpolitik: Grundlagen, Strategien und Ansätze ökologisch zukunftsfähigen Wirtschaftens, München, Wien 1997

*Buscher, H. u. a. (Hrsg.):* Wachstum, Beschäftigung und Arbeitslosigkeit, Baden-Baden 2000

*Caesar, R.:* Der Handlungsspielraum von Notenbanken. Theoretische Analyse und internationaler Vergleich, Baden-Baden 1981

*Cansier, D.:* Umweltökonomie, 2. Aufl., Stuttgart 1996

*Carlberg, M.:* Theorie der Arbeitslosigkeit. Angebotspolitik versus Nachfragepolitik, München 1988

*Cassel, D., H. J. Thieme:* Stabilitätspolitik, Vahlens Kompendium der Wirtschaftstheorie und Wirtschaftspolitik, Bd. 2, 6. Aufl., München 1996

*Claassen, E.-M.:* Monetäre Außenwirtschaftslehre, München 1996

*Deutsche Bundsbank*, Mehr Flexibilität am deutschen Arbeitsmarkt, Monatsbericht September 2004

*Dieckheuer, G.:* Internationale Wirtschaftsbeziehungen, 4. Aufl., München 1998

*Duwendag, D., Ketterer, K.-H., Kösters, W.:* Geldtheorie und Geldpolitik in Europa. Eine problemorientierte Einführung mit einem Kompendium monetärer Fachbegriffe, 5. Aufl., Köln 1999

*Eckart, H.:* Umwelthaftungsrecht und einzelwirtschaftliche Anpassung, in: Wirtschaftswissenschaftliches Studium (WiSt), 33. Jg., 11/2004

*El-Shagi, E.:* Umweltzertifikate, in: Wirtschaftsstudium (WISU), 22. Jg., 12/1993

*El-Shagi, E.:* Umweltpolitik als grenzüberschreitende bzw. globale Aufgabe, in: Wirtschaftswissenschaftliches Studium (WiSt), 33. Jg., 1/2004

*Eckey, H. F.:* Grundlagen der regionalen Strukturpolitik, Köln 1978

*Eucken, W.:* Grundsätze der Wirtschaftspolitik, 6. Aufl., Tübingen 1990

*Europäische Zentralbank:* Die stabilitätsorientierte geldpolitische Strategie des Eurosystems, Monatsbericht Januar 1999

*Europäische Zentralbank:* Die einheitliche Geldpolitik in Stufe 3. Allgemeine Regelungen für die geldpolitischen Instrumente und Verfahren des Eurosystems, November 2000

*Feess, E.:* Umweltökonomie und Umweltpolitik, 2. Aufl., München 1998

*Fehl, R.:* Der strukturell bedingte Anstieg der Arbeitslosigkeit in Europa, Baden-Baden 1997

*Fels, G.* und *G. M. v. Fürstenberg* (Hrsg.): Supply-Side Agenda for Germany, Berlin, Heidelberg u. a. 1989

*Finking, G.:* Grundlagen der sektoralen Wirtschaftspolitik, Köln 1978

*Flaschel, P. u. G. Groh:* Keynesianische Makroökonomik, Heidelberg 1996

*Flassbeck, H.:* Was ist Angebotspolitik?, in: Konjunkturpolitik, 28. Jg., 1982

*Fleming, J.:* Neuere Ansätze zur Erklärung der unfreiwilligen Arbeitslosigkeit bei Inflation seit der neoklassischen Synthese, Marburg 1999

*Förterer, J.:* Die stabilitätspolitischen Vorschläge Milton Friedmans, Berlin 1979

*Franz, W.:* Der Arbeitsmarkt, Mannheim 1993

*Franz, W.:* Arbeitsmarktökonomik, 4. Aufl., Heidelberg 1999

*Franzmeyer, S. u. a.:* Industriepolitik im westlichen Ausland. Rahmenbedingungen, Strategien, Außenhandelsaspekte, Berlin 1987

*Frenkel, M. u. a.:* Probleme der Inflationsmessung, in: WISU, 32. Jg., 4/2003

*Frey, B. S.:* Internationale Politische Ökonomie, (WiSo Kurzlehrbücher), München 1985

*Friedman, M.:* Capitalism and Freedom, Chicago u. a. 1962

*Fürst, G., P. Klemmer* und *K. Zimmermann:* Regionale Wirtschaftspolitik, Tübingen und Düsseldorf 1976

*Gahlen, B. u. a. (Hrsg.):* Arbeitslosigkeit und Möglichkeiten ihrer Überwindung, Tübingen 1996

*Gijsel, P. u. a. (Hrsg.):* The Unemployment Debate, Current Issues, Marburg 2000

*Glastetter, W.:* Konjunktur- und Wachstumspolitik, Mannheim u. a. 1993

*Giersch, H.:* Konjunktur- und Wachstumspolitik in der offenen Wirtschaft, Wiesbaden 1977

*Giersch, H.:* Arbeitslosigkeit in Deutschland, was geht sie uns an?, Tübingen 1998

*Göggelmann, K.:* Fiskalpolitik und Geldpolitik in einem makroökonomischen Ungleichgewichtsmodell, Baden-Baden 1998

*Görgens, E.:* Beschäftigungspolitik, (WiSt Taschenbücher), München 1981

*Görgens, E. u. a.:* Europäische Geldpolitik, 2. Aufl., Düsseldorf 2003

*Görres, P. A.:* Die Umverteilung der Arbeit. Beschäftigungs-, Wachstums- und Wohlfahrtseffekte einer Arbeitszeitverkürzung, Frankfurt a. M. 1984

*Goßner, A.:* Stagflation, Verteilungskonflikt und Stabilitätspolitik, Tübingen 1984

*Grömling, M.:* Zur Interpretation von Leistungsbilanzsalden, in: Wirtschaftswissenschaftliches Studium (WiSt), 33. Jg., 4/2005

*Großeschmidt, B.:* Kritik der postkeynesianischen Stabilitätspolitik, Ein Beitrag zur Phillips-Kurven-Diskussion, Berlin 1976

*Haslinger, F.:* Die Zahlungsbilanz, in: Wirtschaftswissenschaftliches Studium (WiSt), 26. Jg., 7/1997

*Heise, A. (Hrsg.):* Beschäftigungskrise in Europa, Marburg 1997

*Herdzina, K.:* Wirtschaftliches Wachstum, Strukturwandel und Wettbewerb, Berlin 1981

*Herdzina, K.:* Wettbewerbspolitik, 5. Aufl., Stuttgart 1999

*Hesse, H.:* Theoretische Grundlagen der ‚Fiscal Policy', München 1983

*Heubes, J.:* Konjunktur und Wachstum, München 1991

*Heubes, J.:* Inflationstheorie, (WiSo Kurzlehrbuch), München 1989

*Holst, E.:* Die Stille Reserve am Arbeitsmarkt, Berlin 2000

*Issing, O.:* Die Laffer-Kurve, in: Wirtschaftswissenschaftliches Studium (WiSt), 10. Jg., 8/1981

*Issing, O.:* Theoretische und empirische Grundlagen der Geldmengenpolitik der Deutschen Bundesbank, in: Wirtschaftsdienst, 10/1992

*Issing, O. (Hrsg.):* Allgemeine Wirtschaftspolitik, München 1993

*Issing, O.:* Einführung in die Geldpolitik, 6. Aufl., München 1996

*Issing, O.:* Von der D-Mark zum Euro, Tübingen 1998

*Jarchow, H.-J.:* Der Keynesianismus, in: Wirtschaftswissenschaftliches Studium (WiSt), 12. Jg., 9/1983

*Jarchow, H.-J.:* Theorie und Politik des Geldes 11. Aufl., Göttingen 2003

*Jarchow, H.-J.* und *P. Rühmann:* Monetäre Außenwirtschaft II. Internationale Währungspolitik, 5. Aufl., Göttingen 2002

*Klauder, W.:* Zur Entwicklung der Produktivität und der Beschäftigungsschwelle, in Mitteilungen aus Arbeitsmarkt- und Berufsforschung, 23. Jg., 1/1990

*Klaus, J.:* Erweiterung der Volkswirtschaftlichen Gesamtrechnung aus umweltökonomischer Sicht, in: Wirtschaftsstudium (WISU), 21. Jg., 1/1992

*Kleps, K.:* Lohnpolitische Konzeptionen und Vermögensbildung. Ein Weg aus der stabilitäts- und verteilungspolitischen Sackgasse, Baden-Baden 1982

*Klump, R.:* Einführung in die Wirtschaftspolitik, 3. Aufl., München 1998

*Koch, E.:* Internationale Wirtschaftsbeziehungen, Band 1: Internationaler Handel, 2. Aufl., München 1997

*Kommission der Europäischen Gemeinschaften:* Weissbuch zur Umwelthaftung, KOM (2000) 66, Brüssel 9. 2. 2000

*Kommission der Europäischen Gemeinschaften:* Grünbuch zum Handel mit Treibhausgasemissionen in der Europäischen Union, KOM (2000) 87, Brüssel 8. 3. 2000

*Kromphardt, J.:* Arbeitslosigkeit und Inflation. Eine Einführung in die makroökonomischen Kontroversen, 2. Aufl., Göttingen 1998

*Kromphardt, J.:* Wachstum und Konjunktur. Grundlagen ihrer theoretischen Analyse und wirtschaftspolitischen Steuerung, 3. Aufl., Göttingen 1993

*Külp, B. u. N. Berthold:* Grundlagen der Wirtschaftspolitik, München 1992

*Lachmann, W.:* Fiskalpolitik, Berlin 1986

*Linz, S., Eckert, G.:* Zur Einführung hedonischer Methoden in der Preisstatistik, in: Wirtschaft und Statistik, 10/2002

*Luckenbach, H.:* Theoretische Grundlagen der Wirtschaftspolitik, München 1986

*Luckenbach, H:* Internationale Wirtschaftspolitik, Band 1 (Handelspolitik) und Band 2 (Währungspolitik), München 1993

*Maenning, W. u. B. Wilfing:* Außenwirtschaft. Theorie und Politik, München 1998

*Meadows, D.:* Die Grenzen des Wachstums, Stuttgart 1972

*Mertens, D.* und *J. Kühl:* Artikel „Arbeitslosigkeit I (Arbeitsmarktpolitik)“, in: Handwörterbuch der Wirtschaftswissenschaften, Band 1, Stuttgart u. a. 1977

*Müller, R.* und *W. Röck:* Konjunktur- und Stabilisierungspolitik. Theoretische Grundlagen und wirtschaftspolitische Konzepte, 4. Aufl., Stuttgart 1993

*Mussel, G.:* Einführung in die Makroökonomik, 8. Aufl., München 2004

*Mussel, G.:* Grundlagen des Geldwesens, 6. Aufl., Sternenfels 2003

*Olson, M.:* Aufstieg und Niedergang von Nationen. Ökonomisches Wachstum, Stagflation und soziale Starrheit, Tübingen 1985

*Olsson, M. u. D. Pieckenbrock:* Umweltpolitik und Wirtschaftspolitik, 3. Aufl., Wiesbaden 1998

*Pätzold, J.:* Stabilisierungspolitik im Konflikt zwischen sozialpolitischer Verantwortung und Sicherung der dynamischen Effizienz, in: Jahrbücher für Nationalökonomie und Statistik, Bd. 205, Tübingen 1988

*Pätzold, J.:* Tautologien und Theorien in den Wirtschaftswissenschaften – das Beispiel der Beschäftigungspolitik, in: Wirtschaftswissenschaftliches Studium (WiSt), 19. Jg., 6/1989

*Pätzold, J.:* Stabilisierungspolitik. Grundlagen der nachfrage- und angebotsorientierten Wirtschaftspolitik, 6. Aufl., Bern und Stuttgart 1997

*Pätzold, J., Mussel, G:* Umweltpolitik, Sternenfels, Berlin 1996

*Patzig, W.:* Stagflation und Phillips-Kurve. Eine völlig neue Interpretation des alten Trade off zwischen Inflation und Arbeitslosigkeit, Freiburg i. Br. 1990

*Peters, H. R.:* Grundlagen der Mesoökonomie und Strukturpolitik, Frankfurt a. M. 1976

*Rasmussen, T.:* Sektorale Strukturpolitik in der Bundesrepublik Deutschland. Theoretische Vorgaben, Maßnahmen und Ergebnisse, Göttingen 1983

*Rennings, K. (Hrsg.):* Innovation durch Umweltpolitik, Baden-Baden 1999
*Riese, H.:* Theorie der Inflation, Tübingen 1986
*Risch, B.:* Alternativen der Einkommenspolitik, Tübingen 1983
*Rose, K.:* Theorie der Außenwirtschaft, 13. Aufl., München 1999
*Rothschild, K.:* Theorien der Arbeitslosigkeit, 2. Aufl., München 1994
*Ruckriegel, K.:* Der neue Aufbau der Zahlungsbilanz, in: Wirtschaftsstudium (WISU), 25. Jg., 2/1996
*Sachverständigenrat zur Begutachtung der gesamtwirtschaftlichen Entwicklung:* Diverse Jahresgutachten
*Sachverständigenrat Umwelt (SRU):* Der Rat von Sachverständigen für Umweltfragen: Diverse Umweltgutachten
*Schaal, P.:* Geldtheorie und Geldpolitik, 4. Aufl., München 1998
*Schmid, H.:* Ökonomik des Arbeitsmarktes 2. Problembereiche und Lösungsansätze, Bern und Stuttgart 1991
*Schmidt, I.:* Wettbewerbspolitik und Kartellrecht. Eine interdisziplinäre Einführung, 7. Aufl., Stuttgart 2001
*Schneider, H. K.:* Grundfragen der Stabilisierungspolitik, Tübingen 1974
*Schneider, H. K., W. Wittmann* und *H. Würgler* (Hrsg.): Stabilisierungspolitik in der Marktwirtschaft, Schriften des Vereins für Socialpolitik, N. F. Bd. 85/I und II, Berlin 1975
*Seifert, H. (Hrsg.):* Reform der Arbeitsmarktpolitik. Herausforderung für Politik und Wirtschaft, Köln 1995
*Siebert, H.:* Außenwirtschaft, 6. Aufl., Stuttgart 1994
*Siebert, H.:* Perspektiven der deutschen Vereinigung, Stuttgart 1993
*Siebke, J. (Hrsg.):* Geldpolitik. Zwanzig Jahre Geldmengensteuerung in Deutschland, Baden-Baden 1995
*Sieg, G.*: Produktionspotenzial und Produktionslücke, WISU, 32. Jg., 4/2003
*Sinn, G.* und *H.-W. Sinn:* Kaltstart. Volkswirtschaftliche Aspekte der deutschen Vereinigung, 3. Aufl., München 1993
*Soltwedel, R.* u. a. (Hrsg.): Deregulierungspotentiale in der Bundesrepublik Deutschland, Tübingen 1986
*Sperber, H.* und *J. Sprink:* Monetäre Außenwirtschaftslehre, München 1996
*Starbatty, J.:* Stabilitätspolitik in der freiheitlich-sozialstaatlichen Demokratie, Baden-Baden 1977
*Stern, K., P. Münch* und *K. H. Hansmeyer:* Das Gesetz zur Förderung der Stabilität und des Wachstums der Wirtschaft, 2. Aufl., München 1982
*Ströbele, W.:* Inflation, 4. Aufl., München 1995
*Ströbele, W. u. H. Wacker:* Außenwirtschaft. Einführung in Theorie und Praxis, 2. Aufl., München 2000
*Teichmann, U.:* Lohnpolitik, Stuttgart 1974
*Teichmann, U.:* Grundlagen der Wachstumspolitik, 2. Aufl., München 1996
*Teichmann, U.:* Grundriß der Konjunkturpolitik, 5. Aufl., München 1997
*Teichmann, U.:* Wirtschaftspolitik, 5. Aufl., München 2001
*Thurow, L. C.:* Gefährliche Strömungen. Wirtschaftspolitik in der Krise, Frankfurt und New York 1984
*Tichy, G.:* Konjunkturpolitik. Quantitative Stabilisierungspolitik bei Unsicherheit, 4. Aufl., Berlin u. a. 1999
*Vomfelde, W.:* Abschied von Keynes? Eine Antwort auf die monetaristisch-neoklassische Gegenrevolution, Frankfurt a. M. und New York 1985
*Vorkötter, U.* und *S. Wied-Nebbeling:* Gesamtwirtschaftliche Auswirkungen einer beschleunigten Verkürzung der Wochenarbeitszeit, Tübingen 1981

*Wagner, H.:* Stabilitätspolitik, Theoretische Grundlagen und institutionelle Alternativen, München und Wien 1989
*Wagner, H. (Hrsg.):* Globalization and Unemployment, Berlin 2000
*Walter, H.:* Wachstums- und Entwicklungstheorie. Stuttgart 1983
*Welfens, P.J.J.:* Theorie und Praxis angebotsorientierter Stabilitätspolitik, Baden-Baden 1985
*Wepler, C.:* Europäische Umweltpolitik, Marburg 1999
*Wicke, L.:* Umweltökonomie, 4. Aufl., München 1993
*Wilhelm, S.:* Ökosteuern – Marktwirtschaft und Umweltschutz, München 1990
*Willms, M.:* Internationale Währungspolitik, 2. Aufl., München 1995
*Windisch, P.:* Supply-Side Policy. Theoretische Grundlagen und prozesspolitische Konsistenz, Frankfurt a. M., Berlin, New York, Nancy 1984

## Internetadressen

### Wirtschaftsforschungsinstitute

- DIW Deutsches Institut für Wirtschaftsforschung, Berlin
  *http://www.diw-berlin.de/*
- HWWA Institut für Wirtschaftsforschung, Hamburg
  *http://www.hwwa.uni-hamburg.de/*
- ifo Institut für Wirtschaftsforschung, München
  *http://www.ifo.de/*
- IFW Institut für Weltwirtschaft an der Universität Kiel
  *http://www.uni-Kiel.de/ifw*
- IWH Institut für Wirtschaftsforschung Halle
  *http://www.iwh.uni-halle.de/*
- NIW Niedersächsisches Institut für Wirtschaftsforschung e.V., Hannover
  *http://www.niw.de/*
- RWI Rheinisch-Westfälisches Institut für Wirtschaftsforschung, Essen
  *http://www.rwi-essen.de/*
- ZEW Zentrum für Europäische Wirtschaftsforschung, Mannheim
  *http://www.zew.de/*
- Institut für Arbeitsmarkt- und Berufsforschung (IAB), Nürnberg
  *http://www.iab.de*

### Staatliche Institutionen

- Deutsche Bundesbank, Frankfurt
  *http://www.bundesbank.de/*
- Europäische Zentralbank, Frankfurt
  *http://www.bundesbank.de/ezb/index.htm/*
- Statistisches Bundesamt, Wiesbaden
  *http://www.statistik-bund.de/*
- Bundeskartellamt, Bonn
  *http://www.bundeskartellamt.de/*

- Bundesministerium für Wirtschaft und Technologie
  *http://www.bmwi.de/*
- Bundesfinanzministerium, Berlin
  *http://www.bundesfinanzministerium.de/*
- Europäische Union
  *http://www.europa.eu.int/*


## Sachverständigenräte


- Sachverständigenrat zur Begutachtung der gesamtwirtschaftlichen Entwicklung
  *http://www.sachverstaendigenrat-wirtschaft.de*
- Der Rat von Sachverständigen für Umweltfragen (Umweltrat)
  *http://www.umweltrat.de*


## Weitere Internetadressen


- Wirtschaftswissenschaften in Deutschland
  *www.rz.uni-karlsruhe.de/Outerspace/VirtualLibrary/33.de.html*
- Homepage der Autoren
  *http://juergen-paetzold.de*
  *http://gerhard-mussel.de*

# Sachverzeichnis


Abwertung 5 f., 209
administrierte Preise 102, 122
Allokationsfunktion 2, 93
Allokationsplan, nationaler 255 ff.
Allokationspolitik 4 ff.
Angebotsorientierte Wirtschaftspolitik 55, 85 f., 164 ff.
Arbeitslosenquote 25 ff.
Arbeitslosigkeit 23 ff.
– altersspezifische- 64, 71 f.
– berufsspezifische- 63 f., 697 ff.
– demographische- 81 ff.
– friktionelle- 37 f.
– geschlechtsspezifische- 64, 72
– Hochlohn- 80
– Kapitalmangel- 79, 89
– konjunkturelle- 39 ff., 95
– Mobilitätsdefizit- 57, 63 f.
– nationalitätsbedingte- 64, 72
– natürliche- 96
– qualifikationsspezifische- 63 f., 69 ff.
– regionale- 63, 67 ff.
– saisonale- 38
– sektorale- 60 ff., 65 ff.
– strukturelle- 37, 57 ff.
– systemwandelbedingte- 89
– technologische- 76
– wachstumsdefizitäre- 37, 73 ff.
Arbeitsproduktivität 74 ff., 118 ff., 176 ff.
Aufwertung 115 f., 126, 203, 209
Auflagenpolitik (s. Ordnungsrecht)
Ausfuhrkontingente 220
Ausgleichsstrategie 239
Außenbeitrag 53, 191, 194 f.
Außenwirtschaftliches Gleichgewicht 21, 187 ff.
Außenwirtschaftspolitik 53 f., 115 f., 206 ff.

Bandbreite 212 ff.
Bankenliquidität 50, 142
Beschäftigungsschwelle 78
Beschäftigungsstand 23 ff.
Bildungspolitik 69, 182 f.
built-in stabilizer 44 f.
Bundesbankgewinn 188

Coase-Theorem 233 ff.
crowding-out-Effekt
– inflatorischer- 84, 171
– steuerlicher- 84
– zinsbedingter- 48, 84, 171

Defizit 44 ff., 109
– konjunkturelles- 44
– strukturelles- 47, 170 f.
deficit spending 44
Deflation 91
Deflator 100
demand management 18, 113
Deregulierung 178 f.
Devisenbewirtschaftung 221 f.
Devisenbilanz 193
Devisenmarkt 207 ff.
Dienstleistungsbilanz 191, 196
Dienstleistungsgesellschaft 59
Direktinvestitionen 199
Disinflation 91
Drei-Sektoren-Hypothese 59 f.

Einfuhrkontingente 220
Einkommenspolitik 125
Einlagefazilität 141
Einschaltgrad 31
Emissionsabgaben 245 ff.
End-of-pipe-Politik 235, 240
Energiesteuer 246
Erwerbspersonenpotenzial 29
Europäische Zentralbank (s. Eurosystem)
Eurosystem 49 f., 131 ff.
Exportsubventionen 116, 215 f.
Exportzölle 215
externe Effekte 228 ff.
externe Kosten 228

Feinsteuerungsoperationen 140
Finanzierungsabgaben 244
Finanzpolitik 169 ff.
Fiskalisten 17, 42
Fiskalpolitik 42 ff., 113 ff., 210
Floating 193

Forschungs- und Entwicklungspolitik 180 ff.

Geldmarkt 50
Geldmarktsätze 51
Geldmenge 50, 133 ff., 173 f.
Geldmengen-Preis-Mechanismus 212
Geldpolitik 49 ff., 129 ff., 173 ff., 213 ff.
Geldmengenziel 132 ff., 173 f.
Geldwertstabilität (s. Preisniveaustabilität)
Gemeinlastprinzip 236
Gläubiger-Schuldner-Hypothese 98
Globalsteuerung 18
Grandfathering 252 f., 256
Grenzerlös 229 ff.
Grenzkosten 230 ff.
Grenzvermeidungskosten 239

Handelsbilanz 191, 196 f.
harmonisierter Verbraucherpreisindex 102 f., 131
Hauptrefinanzierungsgeschäfte 140
hedonischer Preisindex 104
Humanisierungspolitik 6 ff.
Hyperinflation 91

Industriepolitik 9
Inflation 91 ff.
– Angebots- 107, 117 ff.
– cost-push- 118
– demand-pull- 109
– Geldmengen- 108, 127 ff.
– Gewinndruck- 118, 124 f.
– hausgemachte- 111
– importierte- 111, 122 ff., 186
– Investitionsnachfrage- 110
– konjunkturelle- 108 ff.
– Konsumnachfrage- 110
– Kostensteuern- 121 f.
– Kostendruck- 118 f.
– Lohnkosten- 118 ff., 125
– Marktmacht- 118, 124 f.
– Nachfrage- 108 ff.
– offene- 92
– Staatsnachfrage- 110 f.
– Verteilungskampf- 117 ff.
– zurückgestaute- 92
inflatorische Lücke 109
Informationsgesellschaft 60
Inlandsprodukt 18, 148 ff.
Instabilitäten 4
integrierter Umweltschutz 236, 263
Internalisierung 219, 231 ff.
Investitionsfalle 52

Kapitalbilanz 192 f., 197 f., 217 ff.
Kapitalverkehrskontrollen 222
Kerninfaltion 102
Keynesianismus 15 ff., 41 ff., 159 ff.
Konjunkturausgleichsrücklage 44, 114
Konjunkturpolitik 7, 41 ff.
Konzertierte Aktion 125

längerfristige Refinanzierungsgeschäfte 140
Laffer-Theorem 167 f., 172
Laspeyres-Methode 102
Leistungsbilanz 191, 194 ff., 213
Leitzinsen 140
Lenkungsabgaben 244
Lenkungssteuer 232
Liquiditätsfalle 47, 52
Lohn-lag-Hypothese 97
Lohnpolitik 67 f., 85, 118 ff., 123, 175 ff., 249
Lohn-Preis-Spirale 94, 249

magisches Viereck 19 ff.
managed floating 210
Marktergänzungspolitik 4 ff.
Marktsubstitutionspolitik 4 ff.
Marktwirtschaft 1 ff.
Mengentender 138
Mindestreservepolitik 141 f., 222
Mismatch-Arbeitslosigkeit 58
Multiplikator 19, 49 f., 84 f.

nachhaltige Entwicklung 225 f.
Neoklassik 11 ff.
nicht-tarifäre Handelshemmnisse 53, 219 ff.
Nonaffektationsprinzip 249

Öko-Abgaben (s. Umweltsteuern)
Öko-Audit 258 f.
ökonomische Dividende 248 f.
Ökosozialprodukt 153, 260 f.
Offenmarktpolitik 137 ff., 254
Operationalisierung 24 f.
Ordnungsrecht 237 ff.

Paasche-Methode 102
Pareto-Optimum 230
Pensionsgeschäfte 138 ff.
Phillips-Kurve 53, 93 ff.
Pigou-Steuer 232 f.
Preisindizes 99 ff.
Preismechanismus 2
Preisniveaustabilität 19, 21, 91 ff.
Produktabgaben 246 f.
Produktionspotenzial 14, 42, 148 ff.
Prognosen 25
Protektionismus 53 f., 65 f., 214, 219 f.

Quantitätsgleichung 127 ff.
Qualitätsänderungen 104
quartärer Sektor 60

Realverzinsung 98
Reallöhne 120
Ressourcenpolitik 183

Sättigungsthese 78 f., 160
Sanktionsfunktion 2
Satellitenrechnungen 262
Saysches Theorem 13, 166 f.
Schumpeter-Hypothese 167, 181 f.
Selbstbeschränkungsabkommen 220
Sonderabgaben 245 ff.
soziale Indikatoren 262
Sozialpolitik 6, 180 f.
Sozialprodukt (s. Inlandsprodukt)
Spitzenrefinanzierungsfazilität 141
Staatsverschuldung (s. Defizit)
Stabilisierungskrise 55, 112
Stabilisierungspolitik 7 ff.
Stabilitätshypothese 11 ff., 166 f.
Stabilitäts- und Wachstumsgesetz 20, 45, 145, 185
ständige Fazilitäten 140 f.
Stagnation (s. Wirtschaftswachstum)
Standard-Preis-Ansatz 242 f.
Steuern 44, 114, 162, 167, 170
Stille Reserve 29 ff.
Stop-and-go-Politik 47
strukturelle Operationen 140
Strukturwandel 58 ff.
Subventionen 41, 66, 170
sustainable development 225

Tarifpolitik (s. Lohnpolitik)
Technologiepolitik 67
terms of trade 123
time lag 52
Transfers 42 f., 170

Übertragungsbilanz 191 f.
Umlaufgeschwindigkeit des Geldes 128 ff.
Umverteilungspolitik 6
Umwelt
– abgaben 242 ff.
– haftungsrecht 234, 257 ff.
– management 259
– politik 5, 147 f., 183, 235 ff.
– steuern 231 ff.
– zertifikate 234, 237, 250 ff.
– ziel 21, 225 ff.

Verbraucherpreisindex 101
Verursacherprinzip 235 f.
Vollbeschäftigung (s. Beschäftigungsstand)
Vorsorgeprinzip 226 f.
Verteilungskonflikte 9 ff., 92, 97 ff., 117 f., 146 ff.

Warenkorb 100 ff.
Wechselkurs 53 f., 200 ff.
– erwartungen 201, 210
– system 53 f., 210 ff.
– mechanismus 212
– politik 210
– risiko 188
Wettbewerbspolitik 5, 126 f., 177 ff.
Wirtschaftsprozess 1
Wirtschaftswachstum 8, 145 ff.

Zahlungsbilanz 190 ff.
Zentralbank 49 ff., 129 ff., 173 ff., 188 ff., 217 ff.
– geldmenge 50, 136 ff., 174
Zentralverwaltungswirtschaft 1
Zielprojektionen 25
Zinstender 138
Zwei-Säulen-Strategie 132
zweiter Arbeitsmarkt 31, 70 ff.